JN492073

입재집

이 책은 2017~2018년도 정부(교육부)의 재원으로 한국고전번역원의 지원을 받아
수행된 '권역별거점연구소협동번역사업'의 결과물임.

This work was supported by Institute for the Translation of Korean Classics - Grant funded by the Korean Government.

한국고전번역원 한국문집번역총서 / 경북대학교 영남문화연구원

입재집 8

立齋集

정종로 鄭宗魯 지음

송희준 이미진 김승호 옮김

일러두기

1. 이 책의 번역 대본은 한국고전번역원에서 간행한 한국문집총간 제253~254집에 실린 《입재집(立齋集)》으로 하였다. 번역 대본의 원문 텍스트와 원문 이미지는 한국고전종합DB(http://db.itkc.or.kr)에서 확인할 수 있다.
2. 내용이 간단한 역주는 간주(間註)로, 긴 역주는 각주(脚註)로 처리하였다.
3. 한자는 필요한 경우 이해를 돕기 위하여 넣었으며, 운문(韻文)은 원문을 병기하였다.
4. 맞춤법과 띄어쓰기는 한글 맞춤법과 표준어 규정을 따랐다.
5. 이 책에서 사용한 부호는 다음과 같다.

   ( ) : 번역문과 음이 같은 한자를 묶는다.
   〔 〕: 번역문과 뜻은 같으나 음이 다른 한자를 묶는다.
   " " : 대화 등의 인용문을 묶는다.
   ' ' : " " 안의 재인용 또는 강조 문구를 묶는다.
   「 」: ' ' 안의 재인용을 묶는다.
   『 』: 「 」 안의 재인용을 묶는다.
   《 》: 책명 및 각주의 전거(典據)를 묶는다.
   〈 〉: 책의 편명 및 운문·산문의 제목을 묶는다.
   □ : 글자의 자리를 비워 둠을 나타낸다.
   ▨ : 마멸 또는 삭제된 원문 글자의 자리를 나타낸다.

차례

잠명箴銘

상량문上樑文

입재집 제31권

축문祝文

제문祭文

입재집 제32권

제문祭文

애사哀詞

입재집 제33권

비명碑銘

입재집

제30권

발(跋)
잠명(箴銘)
상량문(上樑文)

발 跋

퇴도서절요[1]발

退陶書節要跋

이 《퇴도서절요(退陶書節要)》는 우리 대산(大山) 선생이 《주자서절요(朱子書節要)》[2]를 본떠 만든 것이다. 대개 주자의 글은 지부해함(地負海涵)[3]과 같아 학자들이 쉽게 궁구하여 관찰하지 못할

1 퇴도서절요 : 대산(大山) 이상정(李象靖, 1711~1781)이 퇴계(退溪) 이황(李滉)의 편지 가운데 긴요한 것들만을 선별하여 31세 때인 1741년(영조17)에 편찬한 것으로, 10권 5책이다. 그의 본관은 한산(韓山), 자는 경문(景文), 대산은 그의 호이며 시호는 문경(文敬)이다. 문집으로 《대산집(大山集)》이 있다.

2 주자서절요 : 퇴계 이황이 송(宋)나라의 대학자인 주희(朱熹)의 편지 중에서 긴요한 것들만을 골라 모아 편찬한 것으로, 원래 책이름은 《회암서절요(晦庵書節要)》이며 20권 10책이다. 황준량(黃俊良, 1517~1563)이 성주(星州) 목사로 재임하던 1561년(명종16) 〈회암서절요발(晦庵書節要跋)〉을 짓고 활자로 간행하였으며, 그 뒤에 유중영(柳仲郢, 1515~1573)이 정주(定州) 목사로 재임하던 1572년(선조6) 목판으로 인쇄할 때에는 《주자서절요(朱子書節要)》로 명칭을 고치고 퇴계의 서문을 첨가하였다.

3 지부해함(地負海涵) : 대지는 만물을 지고 있고 바다는 백천(百川)을 받아들인다는 말로, 각종 학설과 사상을 받아들여 풍부한 지식이 무한광대함을 비유하는 말로 쓰인다.

점이 있으니, 받아들여 사용함에 절실한 것의 경우는 문인, 지구(知舊)와 왕복한 편지만 한 것이 없다. 그런 까닭으로 퇴도 부자가 취하여 절요(節要)하여 후배들에게 아름답게 은혜를 베푸셨다. 지금 퇴도 부자의 글이 비록 주자의 글이 많은 것만 못하지만, 받아들여 사용함에 절실함 또한 오직 문인 지구(知舊)와 왕복한 편지에 있으니, 선생이 후배들에게 아름답게 은혜를 베푸는 뜻을 가지고 또 어찌 취하여 절요하기를 퇴도 부자께서 주자의 글에 한 것과 같이 하지 않을 수 있겠는가.

다만 《주자서절요》는 퇴도 부자가 스스로 서문을 지었으니, 비록 퇴도 부자가 돌아가신 뒤에 나왔으나 책머리에 실려 있어 천하 후세 사람들이 모두 퇴도 부자가 절요하신 바임을 안다.[4] 그러나 이 책은 대산 선생이 스스로 서문을 짓지 않았으니, 대개 겸손한 뜻에서 또 그 성대한 덕으로 한 일임을 볼 수 있다. 그러나 만약 이 책이 세상에 유포되었지만 세상에서 이 책을 보는 사람들이 장차 누구 손에서 편집된 것인지를 알지 못한다면, 선생이 영원무궁토록 아름답게 은혜를 베푼 뜻이 숨겨져 드러나지 않을 것이다. 이런 까닭으로 이 지역의 학자들이 장차 판각하여 그 전해짐을 오래도록 하고자 하여 나에게 책의 발문으로 몇 마디 말을 부탁하기를, 또 《주자서절요》에 기고봉(奇高峯)[5]의 발문이 있는 것과

4 주자서절요는……안다 : 기대승(奇大升)의 《고봉집》 권3 〈주자서절요의 서문에 대한 발문〔朱子書節要序跋〕〉에 의하면, 퇴계(退溪)의 이 서문은 58세 때인 가정(嘉靖) 무오년(1558, 명종13)에 이루어졌다. 그러나 이것을 찬술했다고 자처하려 하지 않아서 상자에 보관하고 일찍이 꺼내어 남에게 보여 주지 않았다. 퇴계 사후 원고를 정리하는 과정에서 이 서문이 발견되었다.

같이 하였다. 내가 어떤 사람이기에 감히 이 발문을 쓸 수 있겠는가. 유독 선생께서 일찍이 이 절요하는 일로 문하의 김천사(金川沙)[6] 등 여러 공에게 편지를 왕복하였는데, 지금 그 편지가 문집

5 기고봉(奇高峯) : 기대승(奇大升, 1527~1572)으로, 본관은 행주(幸州)이고, 자는 명언(明彦)이며, 호는 고봉(高峰) 또는 존재(存齋)이고, 시호는 문헌(文憲)이다. 스승 이황과 12년 동안 서한을 주고받으면서 사단칠정(四端七情)을 주제로 펼친 논쟁이 유명하다. 광주(光州)의 월봉서원(月峰書院)에 배향되었다. 저술로 《고봉집》, 《주자문록(朱子文錄)》, 《논사록(論思錄)》 등이 있다. 《고봉집》 권3에 〈주자서절요발(朱子書節要跋)〉이 있다.

6 김천사(金川沙) : 김종덕(金宗德, 1724~1797)으로, 본관은 안동이고, 자는 도언(道彦), 호는 천사(川沙)이다. 의성군 점곡면(點谷面) 사촌리(沙村里) 출신이며, 이상정(李象靖)의 문인이다. 1753년(영조29)에 생원시에 합격하였으나 벼슬길에 나가지 않고 오직 학업에만 열중하였다. 학행(學行)으로 천거되어 의금부 도사를 지냈다. 저서로는 《천사집》, 《예문일통(禮門一統)》, 《초려문답(草廬問答)》 등이 있다. 《대산집》 권26 〈답김도언형제, 임진(答金道彦兄弟, 壬辰)〉에 "《퇴도선생서절요(退陶先生書節要)》를 보셨습니까? 참람된 행위라는 것을 알기에 그대의 눈을 빌려 빠지고 잘못된 것을 보충하고 고치려고 하였는데 오랫동안 한마디도 해 주지 않으시니 매우 답답합니다.〔退節已經覽過否? 自覺僭妄欲藉明眼, 爲補闕修弊之地, 久靳一言之惠, 深覺泄鬱, 幸仍便見寄, 兼惠指點也.〕"라는 대목이 있고, 《대산집》 권26 〈답김도언형제, 계사(答金道彦兄弟, 癸巳)〉에 "퇴도(退陶)의 편지를 참람되게 절요한 것은 단지 개인적으로 편하게 보려고 한 것이기 때문에 감히 다른 사람에게 보이지 않았습니다. 지난번에 간곡히 요구하시기에 마침내 이 기회에 조언을 구했던 것인데, 이러저러한 말씀을 해 주신 것은 과분합니다. 몇 단락의 거취(去取)는 단지 제 뜻에 의거한 것인데 안목 있는 사람이 뭐라고 할지 모르겠습니다. 등사하여 남에게 보이는 것이 처음에는 망녕된 행위였지만 지금은 굳이 끝까지 숨길 필요가 없어졌습니다. 다만 볼 때마다 참으로 잘못되고 빠진 것이 있어서 계속 수정하여 다시 몇 년을 기다리면서 혹시 큰 진전이 있기를 기대합니다."라는 대목이 있다. 또한 《천사집》 권3에 〈상대산선생품목퇴계서절요(上大山先生稟目退溪書節要)〉가 있고, 《대산집》 권26에 그에 대한 답장인 〈답김도언별지, 퇴도선생서절요(答金道彦別紙, 退陶先生書節要)〉가 있다.

가운데 분명히 실려 있으니, 이 한 가지 일은 드러내어 남들에게 알리지 않을 수 없다. 그런 까닭으로 머뭇거리며 굳게 사양한 끝에 감히 위와 같이 간략히 쓴다.

송계 신 선생 실기[7]발

松溪申先生實紀跋

위 《송계신선생실기(松溪申先生實紀)》 한 권은 선생의 유사(遺事) 가운데 여러 선배들이 기록한 바 및 사림들이 존숭하여 받든 문자, 조정에서 표장한 문자에 흩어져 보이는 것으로 대략 갖추었고, 또 구호(龜湖) 승선(承宣) 김굉(金㙆)[8]의 서문(序文)[9]에 이미 상세하다. 다만 생각건대 성인의 도는 말을 잘하는 것이 어려운 것이 아니라 오직 실제 체득하는 것을 어렵게 여긴다. 대개 도라는 것은 잠시도 우리 몸에서 떠나서는 안 되며, 또한 털끝만큼도 어긋나서는 안 된다. 이런 까닭으로 군자는 존양성찰(存養省察)에 대해 항상 모두 그 공부를 지극히 하여 중화(中和)를 극진하게 한 뒤에 그만둔다. 그러나 '본성을 존중함〔尊性〕'에 치우치면 상산

7 송계 신 선생 실기 : 신계성(申季誠, 1499~1562)의 행적을 기록한 책으로, 상하 2책 1권이다. 그의 본관은 평산(平山), 자는 자함(子諴), 송계는 그의 호이다. 송당(松堂) 박영(朴英)의 문하이다. 몸가짐에 법도를 지킴이 있었고 영달함을 구하지 않고 삶을 마감하였다. 밀양 예림서원(禮林書院)과 김해 신산서원(新山書院)에 배향되었다. 《송계실기》에 의하면 발문은 을해년(1755)에 쓰여졌다.

8 김굉(金㙆) : 1739~1816. 본관은 의성, 자는 자야(子野), 호는 구호(龜湖) 또는 구와(龜窩)이며, 이상정(李象靖)의 문인이다. 지평, 정언, 시강원 문학, 예조 참판을 지냈다. 문학과 서체에 뛰어났다. 저서에 《구와집》이 있다.

9 서문(序文) : 저본에는 서문으로 되어 있으나, 《구와집》 속집 권4에는 〈송계선생신공실기발(松溪先生申公實紀跋)〉로 되어 있다. 또 《송계실기》에도 발문으로 되어 있다.

(象山)[10] 같은 선학(禪學)이 되고, '이치를 궁구함〔窮理〕'에 치우치면 요진(饒陳)[11] 같은 천학(淺學)이 된다. 저들이 주 부자(朱夫子)와의 관계에서 한 사람은 동시대에 살았고, 두 사람은 급문제자가 되었지만 오히려 이런 폐단을 면하지 못했으니, 체용(體用)의 명백한 공부는 대개 이처럼 어렵다.

지금 선생은 성학(聖學)이 이미 끊어진 뒤에 태어났기에 포은(圃隱)의 지결은 전하는 것이 없고 한훤(寒暄 김굉필(金宏弼)), 일두(一蠹 정여창(鄭汝昌))가 저술한 것은 없었으나, 박송당(朴松堂)[12]

10 상산(象山) : 육구연(陸九淵, 1139~1193)을 가리킨다. 중국 남송(南宋)의 철학자로, 자는 자정(子靜)이며 상산은 그의 호이다. 끊임없는 탐구와 연구를 강조한 주희(朱熹)와 달리 내면의 성찰과 자습(自習)을 중시하였다. 사람의 본성은 본질적으로 선하여 그 선이 물욕으로 더럽혀지고 소멸했다 하더라도 자신의 노력에 의해 다시 생성·발전시킬 수 있고, 그러한 과정에서 도(道)의 가장 높은 지식을 습득할 수 있다고 보았기 때문이다. 이것이 그의 사상을 심학(心學)이라고 부르는 이유이다. 육구연의 사상은 이후 3세기가 지나 명나라의 성리학자 왕양명(王陽明)에 의해 완성되었는데, 이들을 통틀어 육왕학파(陸王學派)라고 불러 정주학파(程朱學派)와 구별하였다. 시호는 문안(文安)이며, 저서로 《상산선생전집(象山先生全集)》이 있다.

11 요진(饒陳) : 쌍봉 요씨(雙峰饒氏)와 신안 진씨(新安陳氏)를 아울러 말한다. 쌍봉 요씨는 송나라 때의 학자 요로(饒魯)를 말하는데, 자는 백여(伯輿) 또는 중원(仲元)이고 쌍봉(雙峰)은 그의 호이다. 신안 진씨는 송나라 말 원나라 초의 학자 진력(陳櫟, 1252~1334)을 말하는데, 자는 수옹(壽翁), 호는 정우(定宇)·동부노인(東阜老人)이다. 경전의 본의를 궁구하여 밝히지 못하고 한갓 주희의 사서집주의 내용을 부연설명하여 겨우 소주(小註)에 편입될 정도로 학식이 얕은 사람을 뜻한다.

12 박송당(朴松堂) : 박영(朴英, 1471~1540)으로, 본관은 밀양(密陽), 자는 자실(子實), 시호는 문목(文穆), 송당은 그의 호이다. 신계성의 스승이다. 본래는 무인이었으나 뒤에 고향인 선산(善山)으로 돌아가 정붕(鄭鵬)의 문하에서 학문에 힘썼다. 저서에 《송당집》이 있다.

및 조남명(曺南冥),[13] 이황강(李黃江)[14]과 사우(師友)가 되어 학문의 근본 공용(功用)이 오로지 《대학장구》의 팔조목에 있고, 날마다 일삼아야 할 바는 성경(誠敬) 두 자를 넘지 않는다는 것을 알았다. 참으로 오랫동안 힘써 노력하여 도가 밝아지고 덕이 섬에 이르러서는 충실(充實)한 아름다움이 밖으로 드러난 것이 진실로 실기 가운데 기록된 바와 같은 점이 있었다. 그러나 학문에 대한 조예가 심오한 점에 대해서는 그윽이 생각건대 선배들이 일컫고 기술함이 오히려 미진한 바가 있으니, 그 도를 실제 체득한 바가 어떻게 그렇게 지극할 수 있었던가.

홀로 임천(林泉)에서 자취를 감추고 세상을 경영할 뜻을 끊은 것은 이유 없이 영원히 세상을 떠나는 것과 가까움이 있는 듯하다. 그러나 당시는 무오사화(戊午士禍)[15]를 당한 뒤라서 실로 앞 수레의 경계[16]가 있었다. 또 공자와 맹자 이래로 도를 실천하면서

13 조남명(曺南冥) : 조식(曺植, 1501～1572)으로, 본관은 창녕(昌寧), 자는 건중(楗仲), 호는 남명, 시호는 문정(文貞)이다. 저술로 《남명집》이 있다. 《남명집》 권2에 신계성의 묘지(墓誌) 〈처사신군묘표(處士申君墓表)〉가 있다.

14 이황강(李黃江) : 이희안(李希顔, 1504～1559)으로, 본관은 합천(陜川), 자는 우옹(愚翁), 호는 황강(黃江)이며, 초계 출신이다. 김안국(金安國)의 문인이다. 1517년(중종12) 사마시에 합격하였고, 1525년(중종20) 동당시(東堂試)에 장원하였다. 1531년(중종26) 황강정(黃江亭)을 지어 소요하였다. 저서로 《황강실기》가 있다.

15 무오사화(戊午士禍) : 연산군 4년(1498)에 김일손(金馹孫) 등 신진사류(新進士類)가 유자광(柳子光)을 중심으로 한 훈구파(勳舊派)에 의하여 화를 입은 사건이다.

16 앞 수레의 경계 : 후인이 경계해야 할 과거의 일을 말한다. 《대대례(大戴禮)》 〈보부(保傅)〉에, "앞의 수레가 엎어진 것을 뒤의 수레가 경계로 삼아야 한다.〔前車覆, 後車戒.〕"라고 하였다.

도 정사를 잘할 수 있었던 사람이 있었던가. 이 때문에 겸선천하(兼善天下)[17]의 뜻이 없이 세상에 대한 마음을 완전히 접고 오직 스스로 즐기는 것으로 마음을 삼았다. 무릇 날마다 새롭게 하고 또 새롭게 함[18]에 묵묵히 계합하고 오묘히 나아가는 즈음, 그 무궁한 의미를 천하의 어떤 사물로 바꿀 수 있겠는가.

나는 재악산(載岳山)[19] 산중에서 20년 동안 평상이 닳도록 공부한 것이 반드시 관유안(管幼安)[20]이 50년 동안 터득한 공부보다

17 겸선천하(兼善天下) : 《맹자》 〈진심 상(盡心上)〉에 "곤궁해지면 자기 몸 하나만이라도 선하게 하고, 뜻을 펴게 되면 온 천하 사람들과 그 선을 함께 나눈다.〔窮則獨善其身, 達則兼善天下.〕" 하였다. 나뿐만 아니라 다른 사람까지 감화시켜 착하게 만드는 것을 이른다.

18 날마다……함 : 《대학장구》 전(傳) 제2장에 "진실로 어느 날 새롭게 하였으면 이를 계기로 나날이 새롭게 하고, 다시 날마다 더 새롭게 되도록 해야 한다.〔苟日新, 日日新, 又日新.〕"라는 말이 나온다.

19 재악산(載岳山) : 경상남도 밀양시 단장면 구천리에 있는 재약산(載藥山)의 옛 이름으로, 울산광역시 울주군 상북면과 걸쳐 있고, 최고봉이 수미봉(須彌峰)이다. 산세가 수려하여 삼남금강(三南金剛)이라 부르며, 영남 알프스 산군(山郡)에 속하는 산이다. 김종직(金宗直)의 손자인 박재(璞齋) 김유(金紐, 1527～1580)가 쓴 신계성의 행장에는 "중년에 장남을 잃자 자못 상심하고 애통해하더니 바로 재악산 꼭대기로 들어가 금강암(金剛菴)에 살았다. 날마다 경서를 보며 스스로 즐길 뿐 세상과 서로 통하지 않은 것이 거의 몇 년이나 되었다."라고 하였다. 이런 행동은 불교적 색채가 짙기 때문에 신계성 당시에는 언급하기 꺼린 듯하다. 그래서 "선생이 산에 들어간 일은 당시에 꺼려서 감히 언급하지 않았으나 행장에 이 한 가지 일을 전혀 기록하지 않을 수 없어 박재가 이렇게 언급했다."라는 내용의 주(註)가 첨가되어 있다.

20 관유안(管幼安) : 삼국 시대 위(魏)나라 은일 학자 관녕(管寧, 158～241)으로, 유안은 그의 자이다. 《삼국지(三國志)》 권11 〈위지(魏志) 관녕전(管寧傳)〉의 "이는 관녕이 자신의 뜻과 조행을 온전히 지키려고 한 일이지 일부러 청고(淸高)함을 지키

나음이 있어 세상을 달아나 숨어 살면서도 근심이 없었음을 알겠으니, 남들에게 옳다고 인정을 받지 못해도 근심이 없는 사람은 아마 선생을 두고 말하는 것이리라. 어떤 이는 선생의 격언(格言)과 지론(至論)이 많이 전하지 않는 것을 한스럽게 생각한다. 그러나 이는 공자 문하의 제자들부터 이미 그러하였다. 또 엄자릉(嚴子陵)의 경우 다만 "인을 품고 정의를 보필하면 천하가 기뻐한다."라는 말 한마디만 있으며,[21] 동중서(董仲舒)의 경우 다만 "정의를 바르게 하고 이익을 꾀하지 않으며, 도를 밝히고 공을 헤아리지 않는다."[22]와 〈천인대(天人對)〉[23] 약간의 말이 있었을 뿐이

려고 한 일이 아니다."에 대한 배송지(裴松之)의 주에 진(晉)나라 황보밀(皇甫謐)의 〈고사전(高士傳)〉을 인용하여 "관녕은 늘 나무 의자 하나에 앉아 50여 년을 지내면서 한 번도 양다리를 쭉 뻗고 앉은 적이 없었다. 이 때문에 평상의 무릎 닿은 곳이 다 닳았다."라고 하였다. 관유안이 187년에 난리를 피해 요동으로 가서 위와 같이 담박한 생활을 하였기 때문에 한 말이다.

21 엄자릉(嚴子陵)의……있으며 : 엄자릉은 동한(東漢)의 은자(隱者)인 엄광(嚴光)으로, 자릉은 그의 자(字)이다. 회계(會稽) 여요(餘姚) 사람이다. 어렸을 적에 광무제와 동문수학한 사이로, 광무제가 즉위하여 절개 있는 은사(隱士)를 숭상하여 엄광을 백방으로 찾아내어 서울로 불러왔다. 이때 사도(司徒) 후패(侯霸)가 그와 평소 친분이 있었기에 서찰을 보내 초청하자, 엄광은 구두로 답하기를 "군방 족하는 삼공 벼슬에 이르렀으니 매우 훌륭합니다. 인을 품고 정의를 보필하면 천하가 기뻐하지만, 아부하여 뜻만 맞추면 허리와 목이 끊어질 것이오.〔君房足下, 位至鼎足甚善. 懷仁輔義天下悅, 阿諛順旨要領絶.〕"라고 하였다. 후패가 이 말을 광무제에게 전하니 광무제가 웃으며, "광노의 옛 버릇이로다.〔狂奴故態〕"라고 하였다고 한다. 광무제가 갖은 수단으로 환대하고 간의대부(諫議大夫)에 제수해도 엄광은 은거할 뜻을 굽히지 않고서, 다만 광무제와 함께 하룻밤 자고서 끝내 부춘산(富春山)으로 돌아가 은거하였다. 《後漢書 卷113 逸民列傳 嚴光》

22 동중서(董仲舒)의……않는다 : 동중서는 전한(前漢) 때 학자로, 경제(景帝) 때

다. 그런데도 천하 사람들이 만세토록 모두 높이고 우러르며, 혹 그가 왕을 보좌할 인재라고 칭찬하거나 혹 그가 참된 선비라고 칭찬하니, 대개 하은주(夏殷周) 삼대를 뛰어넘고 제자백가들을 초월한 바는 말이 많은 데 달린 것이 아니다. 안자(顏子)가 실제 보고 깨우치게 된 것을 후학들이 의거할 만한 것은 또한 박문약례(博文約禮) 한 장(章)[24]에 불과하다.

무릇 선생은 학문의 맥이 끊어진 뒤에 성인의 도를 체득하여 존양성찰의 공부가 그 극진함을 다할 수 있어 참으로 맑고 밝으며 높고 원대한 기상이 있었고, 참으로 두루 응함에 곡진하고 마땅한 오묘함을 볼 수 있었으니, 다만 이 몇 구절의 말에서 그분이 나아간 바가 천덕(天德)과 왕도(王道)에 참여함에서 벗어나지 않

박사(博士)가 되었다. 무제(武帝) 때 현량대책(賢良對策)으로 유술(儒術)만을 존중할 것을 주장했는데, 무제가 받아들여 이후 2천 년 동안 유학(儒學)이 정통 학술로 자리매김하는 계기를 만들었다. 저술로 《춘추번로(春秋繁露)》 등이 있다. 《한서(漢書)》 권56 〈동중서전(董仲舒傳)〉에 "대저 인인(仁人)은 그 옳음을 바르게 지키고 그 이익을 도모하지 않으며 그 도를 밝히고 그 공로를 계산하지 않는다. 그 때문에 중니의 문하에서는 오척 동자도 오패를 입에 담는 것을 수치로 여겼으니, 간사함과 무력을 앞세우고 인의를 소홀히 했기 때문이다.〔夫仁人者, 正其誼不謀其利, 明其道不計其功. 是以仲尼之門, 五尺之童羞稱五伯, 爲其先詐力而後仁誼也.〕"라고 하였다.

23 천인대(天人對) : 한 무제(漢武帝) 때 동중서(董仲舒)가 올린 대책문(對策文)을 가리키는 것으로, 그 글이 천인감응설(天人感應說)을 요지로 삼았기 때문에 이렇게 이름한 것인데, 무제는 그의 의론을 흔쾌히 채납(采納)했었다.

24 박문약례(博文約禮) 한 장(章) : 《논어》 〈자한(子罕)〉 제10장을 말하는 것으로, 안연(顏淵)이 스승인 공자의 도에 대해서 감탄하며 술회한 뒤에 "선생님께서는 차근차근 사람을 잘 이끌어 주시면서, 학문으로 나의 지식을 넓혀 주시고 예법으로 나의 행동을 단속하게 해 주셨다.〔夫子循循然善誘人, 博我以文, 約我以禮.〕"라고 하였다.

았음을 이로부터 상상할 수 있겠다.

애석하도다, 세상에 쓰이지 못해 오직 그 자신의 몸만 선하게 하는 데서 그쳤고, 또 입언(立言)한 것이 후세에 전해져 사람들이 그분의 마음속에 온축된 학문의 완전함을 보도록 하지 못함이여. 이는 또 후학들의 다함이 없는 유감이다. 그런 까닭으로 선생의 후손 아무개[25] 씨의 부탁으로 인해 감히 비루한 나의 견해를 위와 같이 써서 발문으로 삼는다.

25 후손 아무개 : 《송계실기》에는 '중영(重榮)'으로 되어 있다.

반간집[26]발

槃澗集跋

위 반간(槃澗) 황 선생(黃先生)의 유고는 부록을 아울러 4권이다. 현손 경중(敬中) 씨가 여러 종친들과 판각하여 세상에 전할 것을 도모하였으나, 불행하게도 일을 마치지 못하고 세상을 떠났다. 그 족손(族孫) 상사(上舍) 신로(莘老)[27]와 반로(磻老)[28]가 바야흐로 막 판각하여 세상에 전하고자 하면서 나에게 한마디 말로 그 책의 끝에 발문을 부탁하였다. 나는 생각건대 선생의 자품과 학문, 덕행과 문장은 대산(大山) 이 선생(李先生)의 서문[29]에서 이미 상세히 말하였으니, 아득한 후생이 어찌 감히 말을 덧붙이겠는가. 홀로 생각건대 송(宋)나라 여형공(呂滎公)[30]의 말에 "사람이 살아

26 반간집 : 황뉴(黃紐, 1578~1626)의 시문집으로, 4권 2책이다. 그의 본관은 장수(長水), 자는 회보(會甫)이며, 반간은 그의 호이다. 정경세(鄭經世)의 문인이다. 1612년(광해군4) 생원이 되고, 이듬해 증광 문과에 을과로 입격하였다. 어릴 때부터 뜻이 높고 재능이 뛰어났으며, 관직 생활 중에는 거취를 분명히 하였다. 정종로(鄭宗魯)의 발문은 1813년(순조13)에 쓰였다.

27 신로(莘老) : 황신로(黃莘老, 1755~1792)로, 본관은 장수(長水), 호는 양와(懹窩)이며, 자는 맹경(孟耕)이다. 정종로의 문인이다.

28 반로(磻老) : 황반로(黃磻老, 1766~1840)로, 본관은 장수(長水), 호는 백하(白下), 자는 숙황(叔璜)이다. 저서에 《백하집》이 있다.

29 대산(大山) 이 선생(李先生)의 서문 : 《대산집》 권43 〈반간황공유집서(槃澗黃公遺集序)〉로, 1774년(영조50)에 쓰였다.

30 여형공(呂滎公) : 송나라의 학자인 여희철(呂希哲)을 가리킨다. 자는 원명(原

가면서 안으로 어진 부형이 없고 밖으로 엄한 사우가 없으면서 성취할 수 있는 사람은 드물다."[31]라고 하였으니, 이는 공자가 자천(子賤)을 칭찬한 뜻[32]과 같다. 그러나 가만히 선생의 사람됨과 어버이와 스승에게 얻은 바를 가지고 형공(滎公)의 사람됨과 정헌공(正獻公) 및 초 선생(焦先生)의 어버이와 스승됨[33]에 비교해 보니, 미치지 못함은 없고 나은 점이 있는 듯하다.

그 성품이 심후하고 완벽하면서도 순수하여 재주와 기상이 빼어남은 바로 옛사람이 이른바 '큰일을 받을 만한〔可大受〕'[34] 그릇

明)이며, 여공저(呂公著)의 아들이다. 어려서는 손복(孫復), 호원(胡瑗) 등에게 종학하였으며, 나중에는 이정(二程)과 장재(張載)에게 수학하였다. 《여씨잡기(呂氏雜記)》를 저술하였다.

31 사람이……드물다 : 《소학(小學)》 〈선행(善行)〉에 보인다.

32 공자가……뜻 : 자천(子賤)은 공자의 제자인 복부제(宓不齊)이다. 《논어》 〈공야장(公冶長)〉에 공자가 자천을 두고 말하기를 "군자답도다. 이 사람이여! 노(魯)나라에 군자가 없다면 이 사람이 어디에서 이러한 덕을 취했겠는가." 하였다. 이상정의 서문에 의거하면, 상주는 추로지향으로 축옹(畜翁) 황효헌(黃孝憲)과 우복(愚伏) 정경세(鄭經世) 등 훌륭한 덕이 있는 사람이 많았기에, 반간이 그들의 영향을 받았다는 말이다.

33 정헌공(正獻公)……스승됨 : 정헌공은 여형공(呂滎公)의 아버지인 여공저(呂公著, 1018~1089)로, 자는 회숙(晦叔)이다. 신국공(申國公)에 봉해졌으며, 시호는 정헌(正獻)이다. 초 선생은 초천지(焦千之)로, 자는 백강(伯强)이다. 구양수(歐陽脩)에게 수학하여 고제(高弟)라 일컬어졌다. 일찍이 여공저가 그를 초빙하여 자신의 자식인 여희철(呂希哲) 등을 가르치게 하였다. 초천지는 제자들이 조금이라도 과실이 있으면 그 제자를 불러 놓고 정좌하고 대면한 채 종일토록 말을 하지 않다가, 그 제자가 두려워하며 깊이 반성해야 비로소 안색을 조금 누그러뜨렸다고 한다. 《小學 善行》

34 큰일을 받을 만한 : 《논어》 〈위령공(衛靈公)〉 제33장에 "공자께서 말씀하시기를, 군자는 작은 일에 알 수는 없으나 큰일을 받을 만하고, 소인은 큰일을 받을 수는

이란 것이며, 학문에 완색하고 체득하여 징험하며 공부에 독실함은 또 옛사람이 이른바 '바야흐로 전진하기만 하고 그만두지 않는〔方進而未已〕'[35] 학문이란 것이다. 어버이를 섬김에 그 효도를 다하고 사람을 대우함에 그 공경을 다하며, 과거 급제함에 홀로 꽃 한 송이만 꽂은 뜻[36]이 있었고 상소를 올려 임금 측근의 간신배들을 물리쳤으니, 은둔하고 벼슬하는 사이에 발현한 것이 어떠하였겠는가. 육경을 조종으로 삼고 《춘추좌씨전》과 《한서》를 참고하여 심후하고 정미함이 절로 일가를 이루었으니, 중국 사신을 접대하고 사명(辭命 외교문서)을 짓는 관리에 선발됨에 이르러서는 마음속에 가득한 것을 밖으로 드러낸 것이 또 어떠하였겠는가.

이 몇 가지는 형공(滎公)과 비교해서 이미 서로 우열을 겨룰

없으나 작은 일에 알 수는 있는 것이다.〔子曰, 君子, 不可小知而可大受也, 小人, 不可大受而可小知也.〕"라고 한 데서 인용한 말이다.

35 바야흐로……않는 : 《논어》 〈자한(子罕)〉 제20장에 공자가 안회(顏回)의 죽음을 애석해하며 회상하기를 "나는 그가 전진하는 것만을 보았고 그가 중지하는 것을 보지 못하였다.〔吾見其進也, 未見其止也.〕"라고 하였는데, 주자의 집주에 "안자가 죽은 뒤에 공자께서 애석하게 여겨, 그가 바야흐로 전진하기만 하고 그만두지 않았음을 말씀하신 것이다.〔顏子旣死, 而孔子惜之, 言其方進而未已也.〕"라고 하였다.

36 홀로……뜻 : 북송의 사마광(司馬光, 1019~1086)의 고사를 원용한 것이다. 그는 본디 화미(華靡)한 것을 싫어하고 검소함을 좋아하였으므로, 인종(仁宗) 보원(寶元) 초에 20세의 나이로 진사(進士) 갑과(甲科)에 급제하여 문희연(聞喜宴)에 참석했을 적에도 혼자 어사화(御賜花)를 꽂지 않고 그대로 있었는데, 그의 동년(同年)이 "임금이 내린 것이니, 꽂지 않으면 안 된다.〔君賜不可違也〕"라고 하자, 그제야 비로소 꽃가지 하나를 머리에 꽂았다는 고사가 전한다. 《宋史 司馬光列傳》 반간이 임자년(1612, 광해군4)에 사마시에 합격하였고, 계축년(1613)에 등제하여 괴원(槐院)에 뽑혀 보임되었으나, 자신을 드러내거나 자랑하지 않았음을 말한다.

만하지만 축옹(畜翁)[37]이 기묘년의 명현(名賢)으로 기미를 보고 일어난 것은 또 정헌공(正獻公)에게 없었던 바이다. 나의 선조 우복(愚伏 정경세(鄭經世)) 선생이 위로 도산 학맥의 적전을 이어서 성대하게 백세(百世)의 사표가 되어 차근차근 이끌어 그 재주를 펴게 하였으니, 저 초 선생(焦先生)이 다만 방정하고 엄격함으로 교화하여 이끈 것에 비하면 같은 기준으로 말하지 못할 점이 있다.

무릇 이 같은 가정과 이 같은 사문(師門)으로 공이 당시에 가르침에 물들고 훈도된 것이 어찌 다만 형공(滎公) 같을 뿐이었겠는가. 그러니 그가 빛나게 성취함이 있는 바를 이를 통해 상상할 수 있겠다. 또 게다가 선생의 학문의 바름은 형공이 분명한 지결을 들은 것이 없는 것과는 다름이 있음에랴. 오직 한스럽게도 저 하늘이 장수함을 허락하지 않아 장도에 빨리 달리는 말이 갑자기 중간에 쓰러지게 하였다. 그래서 큰일을 받을 그릇이 끝내 그 기량을 다 채우지 못하고, 바야흐로 전진하는 학업이 마침내 그 지극함에 나아가지 못했다. 빼어난 명망으로 겨우 영주(瀛洲)의 선발에 뽑혀 들어가[38] 오직 잠시 그 풍절(風節)을 떨쳐 보불(黼黻)

37 축옹(畜翁) : 황효헌(黃孝獻, 1491~1532)으로, 본관은 장수(長水), 자는 숙공(叔貢), 호는 축옹(蓄翁), 현옹(玄翁), 신재(愼齋) 등이다. 반간의 증조이다. 한성 출신이며 영의정 황희의 현손이다. 1514년(중종9) 별시 문과에 입격하였다. 1530년 이행(李荇) 등과 함께 《신증동국여지승람》의 편찬에 참여하였다. 1532년 안동 부사로 외보(外補)되었다가 갑자기 죽었다.

38 영주(瀛洲)의……들어가 : 영주는 삼신산(三神山)의 하나로 선경(仙境)을 가리키는 말인데, 당 태종(唐太宗)이 일찍이 인재들을 망라하여 문학관(文學館)을 설치하고 두여회(杜如晦), 방현령(房玄齡) 등 18인의 문관(文官)을 학사(學士)로 임명하고서 한가한 때면 이들에게 정사(政事)를 자문하기도 하고 함께 전적(典籍)을 토

같은 문장이 이미 중국에서 외울 정도로 전파되었으나 임금의 큰 계책에는 도움이 될 수 없었다. 우리 유학의 도가 드디어 이 때문에 곤궁해지고 큰 운수가 이 때문에 꺾였으니, 저 푸른 하늘이 공에게 그 처음에는 풍성하게 주었다가 그 끝에 인색함이 이와 같은 까닭은 과연 무슨 뜻인지 알지 못하겠다.

또한 공이 혼탁한 임금을 만나서는 당시에 큰 기러기가 높이 날 듯[39] 하였으며, 맑고 밝은 임금을 만나서는 조정에서 봉황처럼 위의[40]를 갖추었으니, 그 벼슬에 나아가고 물러남이 처음부터 끝까지 아버지와 스승의 도에 참으로 부합하였다. 이는 대개 마음속에 쌓은 공부가 두텁고 학문의 원류가 원대하기 때문이리라.

그 후세에 관직과 녹봉을 받음이 반드시 여씨(呂氏) 집안이 대대로 그 아름다움을 이루어 천하에 현달하게 쓰인 경우와 비교해

론하기도 하면서 이들을 십팔학사(十八學士)라 불렀으므로, 당시 사람들이 그들을 사모하여 '영주에 올랐다.〔登瀛洲〕'라고 일컬었던 데서 학사(學士)로서 지극히 명예로운 지위를 차지하는 것을 말한다. 《舊唐書 褚亮列傳》 반간이 신유년(1621)에 제술관에 충원된 것을 말한다.

39 큰……듯 : 난세(亂世)에 화를 피해 멀리 숨어 살려는 뜻을 비유한 것이다. 한(漢)나라 양웅(揚雄)의 《법언(法言)》 〈문명(問明)〉에 "기러기가 저 보이지 않는 하늘 속으로 높이 날아가면 어떻게 주살로 쏘아 맞힐 수 있겠는가.〔鴻飛冥冥, 弋人何簒焉?〕"라고 한 데에서 온 말이다.

40 봉황처럼 위의 : 훌륭한 임금의 덕이 사람과 귀신, 미물까지 감동시킨다는 뜻으로, 봉황의 자태와 같이 아름다운 사람들이 있는 조정을 가리킨다. 《서경》 〈익직(益稷)〉에 "생과 용을 번갈아 울리니 새와 짐승이 너울너울 춤을 추며, 소소를 아홉 번 연주하니 봉황이 와서 춤을 춘다.〔笙鏞以間, 鳥獸蹌蹌, 簫韶九成, 鳳凰來儀.〕"라고 한 데서 온 말이다.

도 그 두터움은 같을 것이다. 또 이미 지난 조상에 대해 비분강개한 바가 앞으로 올 후손에게 크게 발하지 않을 줄 알겠는가. 문집을 여러 번 반복해서 장엄하게 읽은 끝에 비루한 나의 견해를 위와 같이 쓴다.

매산집[41] 발
梅山集跋

위 매산(梅山) 정 선생(鄭先生) 문집 12권을 목판에 새기는 작업을 한 지 몇 해가 되었다. 그 증손 인휴(麟休)가 그 아버지[42]의 명으로 한 부를 인쇄하여 받들고 와서 나에게 보여 주며 발문을 구하고, 아울러 부록 한 책을 보여 주며 행적을 고찰하여 한마디 말을 해 달라고 하였다. 나는 사양했으나 받아들여지지 않아, 곧 절하고 받아 공경히 읽어 보니, 무릇 선생의 자질의 순수함과 학문의 바름과 연원의 확실함과 조예의 깊음과 벼슬에 나아가고 물러나는 의리와 언론(言論) 행사(行事)의 성실함이 대개 이미 여기에 다 드러나 있었다. 그 가운데 《근사록(近思錄)》에 관련된 책문[43]과 춘궁(春宮 세자)에게 올리려 했던 상소[44]는 또 주자(周

41 매산집 : 매산(梅山) 정중기(鄭重器, 1685～1757)의 시문집으로, 12권 6책이다. 한국문집총간 속 67에 포함되었다. 그의 본관은 영일(迎日), 자는 도옹(道翁), 매산은 그의 호이다. 정규양(鄭葵陽)의 문인이며 이광정(李光庭), 권만(權萬) 등과 교유했다. 승정원 주서, 사간원 정언, 형조 참의 등을 역임하였다.

42 그 아버지 : 정하란(鄭夏瀾)으로, 행적은 자세하지 않다.

43 근사록(近思錄)에 관련된 책문 : 《매산집》 권8 〈대근사록책(對近思錄策)〉을 말한다. 정미년(1727, 영조3)에 《근사록》으로 시험하였는데, 많은 선비들이 모두 놀라서 눈을 둥그렇게 뜨고서 대답할 바를 알지 못하였다. 정중기가 붓을 잡고 쓰기 시작하니 글이 활달하고 뜻이 분명하였다. 답안지를 내니 시험관이 감탄하기를 "이것은 틀에 박힌 솜씨가 아니다."라 하였고, 마침내 제일 높은 성적으로 뽑혔다.

44 춘궁(春宮)에게……상소 : 1753년(영조29) 매산 나이 69세 때 사헌부 지평을

子)와 이정(二程)[45] 이후 학자들의 정미한 뜻과 요순(堯舜) 이래 전수한 지결을 발휘(發揮)하였으니, 평소 마음속에 온축된 학문과 당시 시행하고자 한 포부는 순정한 선비로서의 학업과 어진 보좌로서의 치도가 아님이 없음을 볼 수 있다. 편찬한 바 《가례집요(家禮輯要)》[46]와 《주서절요집해(朱書節要集解)》[47] 등의 책은 비록 아직 판각되지 않았으나, 요컨대 모두 고증함에 편리하고 환히 이해함에 용이하니, 그분이 후학들에게 아름답게 은혜를 베푼 뜻이 또 다만 정성스러울 뿐만이 아니었다.

아, 선생 같은 분은 어찌 체(體)도 있고 용(用)도 있어서 자신을 이루어 남에게까지 미치는 군자가 아니겠는가. 그러나 지위는 그 덕에 미치지 못하고, 쓰임에 그 재주를 다하지 못하여 고향 언

사직하는 글로, 당시 세자가 대리청정하고 있었기 때문에 춘궁에 올리려고 한 것이다. 《매산집》 권3의 〈사사헌부지평서(辭司憲府持平書)〉를 말하는데, 원주(原註)에 "계미년 4월 지평으로 부름을 받고 비안현(比安縣)에 이르렀을 때, 이미 외직으로 체차되었다는 명이 있음을 들었기에 과연 글을 올리지는 않았다.〔癸酉四月, 承召至比安縣, 聞有在外遞差之命, 故未果上.〕"라고 하였다.

45 주자(周子)와 이정(二程) : 송(宋)나라의 성리학자 주돈이(周敦頤)와 정호(程顥)·정이(程頤)를 말한다.

46 가례집요(家禮輯要) : 1752년(영조28) 8월, 매산의 나이 68세 때 완성하였으며, 6권 3책이다. 김장생(金長生)의 《상례비요(喪禮備要)》에 오류도 있고 관례와 혼례가 빠졌기 때문에 수정·보완하였다.

47 주서절요집해(朱書節要集解) : 1746년(영조22) 봄, 매산의 나이 62세 때 완성하였는데, 퇴계가 편찬한 《주자서절요(朱子書節要)》는 당시의 일을 말한 곳과 고금의 일을 인용한 글에 어렵고 애매하여 쉽게 이해하지 못하는 곳이 많았기 때문에 정중기가 근세의 여러 학자들의 기록을 취하여 이리저리 숙고하여 취사(取捨)하고 그 사이에 자신의 뜻을 보충하여 지은 것으로, 8권 4책이다.

덕에서 세상에 나갈 뜻을 접고 그 남은 생을 마쳤다. 대개 쇠퇴한 주나라 이후로 선비들은 이미 이와 같음을 근심하였으니, 하늘의 뜻이 끝내 어떻게 하려는 것인지 알지 못하겠다. 다행스러운 바는 오직 이 입언(立言)한 저술이 있는 것이다. 백세(百世) 뒤에 그분의 시를 외우고 그분의 글을 읽으며 또 그 시대를 논하여 그 마음을 얻어서 진실로 서로 더불어 사모하고 우러르는 마음이 쇠하지 않아 영원무궁토록 본받는다면, 그 당시에 때를 만나 한 시대에 출세한 사람과 비교해 과연 누가 더 존귀하고 누가 더 위대하겠는가. 이는 하늘이 정한 바가 진실로 이 점에 있는 것으로, 내가 이 말을 외운 지 오래되었는데, 지금 선생에게 거듭 느낌이 있어 마침내 이렇게 써서 매산집발로 삼는다.

옥계사 오현실기발

玉溪祠五賢實紀跋

위 《옥계사오현실기》는 합천(陜川) 이동벽(李東璧)[48] 군이 그 선조 가운데 옥계사에 배향된 다섯 현인의 사적을 모아서 만든 것이다. 대개 참판공(參判公)[49]은 김모재(金慕齋)가 그 비명을 지었으며,[50] 수찬공(修撰公)[51]은 김사재(金思齋)가 그 묘갈문을 지었으

48 이동벽(李東璧) : 1745~1819. 본관은 합천(陜川), 자는 사휘(士輝), 호는 면운(眠雲)으로, 합천군 쌍책면 성산리에 거주하였다. 둔촌(遯村) 양주(陽柱)의 아들로, 자기 아버지를 위하여 관수정(觀水亭)을 지었는데, 지금까지 건재하다.

49 참판공(參判公) : 이윤검(李允儉, 1451~1520)으로, 자는 자문(子文)이다. 1472년(성종3)에 무과에 급제하고, 평안도 절도사·동지중추부사 겸 오위도총부 부총관을 역임하였다. 호조 참판으로 정조사가 되어 명나라에 다녀왔다. 합천의 충현사(忠賢祠)에 제향되었다.

50 김모재(金慕齋)가……지었으며 : 김모재는 김안국(金安國, 1478~1543)으로, 본관은 의성(義城), 자는 국경(國卿), 모재는 그의 호이며, 시호는 문경(文敬)이다. 사재(思齋) 김정국(金正國)의 형이다. 조광조(趙光祖) 등과 함께 김굉필(金宏弼)의 문인으로 도학에 정진하여 지치주의(至治主義) 사림파의 선도자가 되었다. 저서에 《모재집》이 있다. 인종(仁宗)의 묘정(廟庭)에 배향되고, 여주의 기천서원(沂川書院)과 이천의 설봉서원(雪峰書院) 그리고 의성의 빙계서원(冰溪書院)에 제향되었다. 저본에는 비명으로 되어 있는데, 《모재집》에는 비명이 없고, 권13에 묘갈명인 〈가선대부충청도병마절도사이공묘갈명(嘉善大夫忠淸道兵馬節度使李公墓碣銘)〉이 있다.

51 수찬공(修撰公) : 이희증(李希曾, 1486~1509)으로, 자는 노옹(魯翁), 호는 월휘당(月暉黨)이다. 이윤검(李允儉)의 첫째 아들이며, 정여창(鄭汝昌)의 문인이다. 사학(史學)의 중요성을 강조하면서, 무오·갑자사화 때 사법(史法)을 어지럽힌 자들은 그 경중에 따라 처벌하고, 사사(史事)로 억울하게 죽은 자들은 모두 봉증하여 실

나,[52] 교리공(校理公)[53]과 돈녕공(敦寧公)[54]의 경우 그들을 위해 행장과 묘갈을 지은 것이 없어 《기묘록(己卯錄)》, 이설학(李雪壑)의 《설학소문(雪壑謏聞)》,[55] 권충재(權冲齋)의 일기,[56] 이음애(李陰厓)[57]

추된 사법을 다시 일으켜야 한다고 주장하였다. 합천 옥계사(玉溪祠)에 제향되었다.

52 김사재(金思齋)가……지었으나 : 김사재는 김정국(金正國, 1485~1541)으로, 본관은 의성(義城), 자는 국필(國弼), 호는 사재(思齋) 또는 팔여거사(八餘居士), 시호는 문목(文穆)이며, 김굉필(金宏弼)의 문인이다. 저서로 《사재집》이 있다. 묘갈문은 《사재집》 권3의 〈홍문관수찬이군묘갈명(弘文館修撰李君墓碣銘)〉을 말한다.

53 교리공(校理公) : 이희민(李希閔, 1498~?)으로, 자는 효옹(孝翁), 호는 추계(秋溪)이다. 이윤검(李允儉)의 둘째 아들이며, 조광조(趙光祖)의 문인이다. 1510년(중종5) 진사가 되고, 1516년 별시 문과에 급제하였다. 기묘사화가 일어나던 날 밤, 이연경(李延慶)·권장(權檣)과 함께 궐문으로 들어가려 하였으나 관직이 이미 삭탈되었다 하여 제지당하였다. 고향인 선산에 돌아가서 살았다.

54 돈녕공(敦寧公) : 이천수(李天受, ?~?)로, 자는 일초(一初), 호는 개석정(介石亭)이다. 이휘증(李希曾)의 아들이고, 고재(古齋) 이정열(李正閱)의 문인이다. 설학(雪壑) 이대기(李大期), 전치원(全致遠) 등과 도의(道義)로써 교유하였다. 1626년(인조4) 숭정대부 판돈녕(崇政大夫判敦寧)으로 증직되었다. 그의 시문이 《합천이씨세고(陜川李氏世稿)》의 《개석정실기》에 남아 있다.

55 이설학(李雪壑)의 설학소문(雪壑謏聞) : 이대기(李大期, 1551~1628)가 지은 것으로, 조선 시대 사화(士禍)를 기록한 야사(野史)이다. 그의 본관은 전의(全義), 자는 임중(任重), 호는 설학이며, 조식(曺植)을 사사하였다. 임진왜란 때 고향에서 의병을 모집하여 창의장(倡義將) 정인홍(鄭仁弘)의 휘하에서 공을 세워 장원서 별제(掌苑署別提)가 되었다. 형조 정랑, 함양 군수 등의 관직을 역임하였고, 저서로는 《백령지(白翎志)》가 있다.

56 권충재(權冲齋)의 일기 : 권벌(權橃, 1478~1548)이 서울에서 관직 생활을 할 때 직접 기록한 친필로서, 일명 충재일기라 불린다. 구성은 한원일기(翰苑日記) 2책, 당후일기(堂后日記) 1책, 승선시일기(承宣時日記) 2책, 신창령추단일기(新昌令推斷日記) 1책 등 모두 6책이다. 그의 본관은 안동(安東), 자는 중허(仲虛), 호는 충재(沖齋), 시호는 충정(忠定)이다. 1519년(중종14)의 기묘사화에 연루되었으며,

의 문집, 성부사(成浮槎)의 〈계서록(雞黍錄)〉[58] 같은 것에 흩어져 보이는 것들은 비록 편언척자(片言隻字)라도 모두 갖추어 기재하였다. 장의공(壯毅公)[59]은 미수(眉叟) 허 문정공(許文正公)[60]이 지은 묘표(墓表)와 이백헌(李白軒)[61]이 지은 신도비명(神道碑銘) 그

명종이 즉위한 해에 또 을사사화를 당하여 삭주로 귀양 갔다가 죽었다.

57 이음애(李陰厓) : 이자(李耔, 1480~1553)로, 본관은 한산(韓山), 자는 차야(次野), 호는 음애・몽옹(夢翁)・계옹(溪翁)이다. 시호는 문의(文懿)이다. 기묘사화(己卯士禍) 때 파직되어 용인(龍仁)에 은거하다 졸하였다. 문집으로 《음애집》이 전한다.

58 성부사(成浮槎)의 계서록(雞黍錄) : 성부사는 성여신(成汝信, 1546~1632)으로, 본관은 창녕(昌寧), 자는 공실(公實), 호는 부사 혹은 야로(野老)이며, 조식(曺植)의 문인이다. 사마시에 입격하였고 당시에 문명을 떨쳤으며, 저서로는 《부사집》이 있다. 〈계서록〉은 《부사집》 권5 잡저(雜著)에 실려 있다.

59 장의공(壯毅公) : 이윤서(李胤緖, 1574~1624)로, 자는 선승(善承), 시호는 장의(壯毅)이다. 이천수의 아들이다. 1623년(인조1)에 위장(衛將)이 되어 부원수 이괄(李适)이 영변에 병영을 설치할 때 중군으로 그 휘하에 있었다. 이괄이 난을 일으키자 별장 이순무(李舜懋)와 함께 도원수 장만(張晩)에게로 탈출하였다가 난이 점점 확대되자 반역자를 처단하지 못한 일을 자책하며 자결하였다.

60 허 문정공(許文正公) : 허목(許穆, 1595~1682)으로, 본관은 양천(陽川), 자는 문보(文甫)・화보(和甫), 호는 미수(眉叟), 시호는 문정(文正)이다. 산림으로 벼슬은 우의정에 이르렀다. 사상적으로 한강(寒岡) 정구(鄭逑, 1543~1620)의 학통을 이어받아 이익(李瀷, 1681~1763)에게 연결시킴으로써 기호 남인의 선구이며 남인 실학파의 기반이 되었다. 저서로는 《기언(記言)》, 《동사(東事)》 등이 있다. 《기언》 별집(別集) 권22에 〈증찬성이공묘표(贈贊成李公墓表)〉가 있다.

61 이백헌(李白軒) : 이경석(李景奭, 1595~1671)으로, 본관은 전주(全州), 자는 상보(尙輔), 백헌은 그의 호이다. 종실 덕천군(德泉君)의 6대손이다. 병자호란 때 청나라가 삼전도(三田渡)에 송덕비(頌德碑)를 세우고 비문을 요구하자, 인조가 장유(張維)와 조희일(趙希逸) 등이 쓴 글을 보냈으나 그들의 뜻에 맞지 않는다 하여

리고 이현와(李弦窩)[62]와 이간옹(李艮翁)[63]이 지은 행장과 시장(諡狀)이 있고 또 인조의 사제문[64]을 그 아래에 붙였으니, 다섯 현인의 사적이 대략 그 가운데 갖추어져 있다. 내가 다시 무슨 말을 하겠는가.

오직 생각건대 인걸은 땅의 신령함 덕분이다. 그런 까닭으로 곤륜산(崑崙山)의 줄기가 나누어져 오악(五嶽)이 되고, 백두산(白頭山)의 줄기가 나누어져 삼산(三山)이 됨으로부터 그 사이에 태어난 사람은 대개 그 산의 신령함을 닮는다. 신령함이 모여 빼어난 인재를 수태함에 한 집안에서 부자 형제 조손(祖孫)이 서로 이어져 성대하게 한 시대의 현인이 되는 경우, 중국의 유서간(劉西澗),[65] 채서산(蔡西山)[66] 같은 여러 공은 일단 논할 겨를이 없

다시 요구하였다. 인조가 직접 이경석에게 비문을 쓰게 하니, 할 수 없이 써서 바치고는 형에게 문자를 배운 것을 후회한다고 말하며 개탄하였다. 저서로 《백헌집》이 있다. 《백헌집》 권43에 〈구성부사증우찬성이공신도비명(龜城府使贈右贊成李公神道碑銘)〉이 있다.

62 이현와(李弦窩) : 이도(李蒢, 1593～1668)로, 본관은 전주(全州), 자는 자소(子韶), 현와는 그의 호이다. 양녕(讓寧)대군의 6세손이다. 인조 반정 이후 대북파인 장인 이대기를 따라 경남 합천으로 내려왔다. 병자호란 때는 사서(沙西) 전식(全湜)의 의병 진영에서 활약하였고, 안기도(安奇道) 찰방을 지냈다.

63 이간옹(李艮翁) : 이헌경(李獻慶, 1719～1791)으로, 본관은 전주(全州), 초명은 성경(星慶), 자는 몽서(夢瑞), 호는 간옹(艮翁), 백운정(白雲亭), 현포(玄圃) 등이다. 홍명한(洪名漢), 신광수(申光洙) 등과 교유하였다. 저서로 《간옹집》이 있다. 《간옹집》 권17에 〈증숭정대부의정부우찬성겸판의금부사행가선대부구성도호부사이공시장(贈崇政大夫議政府右贊成兼判義禁府事行嘉善大夫龜城都護府使李公諡狀)〉이 있다.

64 인조의 사제문 : 이준(李埈)의 《창석집(蒼石集)》 권15에 〈이윤서사제문(李胤緖賜祭文)〉이 실려 있다.

다. 우리 동방으로 말해 보면, 사빈서원(泗濱書院)[67]과 물계서원(勿溪書院)[68]에 배향된 여러 현인들이 모두 그런 분이다. 그러나

65 유서간(劉西澗) : 유환(劉渙)으로, 자는 응지(凝之)이다. 송(宋)나라 때 구양수(歐陽脩)와 동년(同年) 진사(進士) 출신으로, 30년 동안 여산(廬山)에서 은거하였는데, 그의 아들 유서(劉恕)가 노친을 위해 남강(南康)의 군주(軍酒)로 자리를 옮겼다. 남강은 여산 아래 고을 이름이며 그곳 낙성저(落星渚)에 유환이 숨어 살았다고 한다. 유환이 남강으로 돌아갈 때 그의 절조를 여산에 비겨 읊은 구양수의 〈여산고(廬山高)〉라는 시가 특히 유명하고, 또 주희(朱熹)의 〈답이빈로(答李濱老)〉에, "여산으로 말하면, 원래 동남쪽 지방의 웅장하고 기특한 승경이 있을 뿐만 아니라, 도정절(陶靖節)의 조손(祖孫)과 유서간(劉西澗) 부자의 유풍(遺風)이 있는 곳이다."라는 말이 나오기도 한다. 《朱子大全 卷46》

66 채서산(蔡西山) : 주자의 제자인 채원정(蔡元定, 1135~1198)으로, 자는 계통(季通), 호는 서산이다. 채원정의 두 아들인 채연(蔡淵)과 채침(蔡沈)도 학식이 훌륭하였다. 원정이 주희(朱熹)에게 배우려고 찾아갔을 때, 주희가 그의 학문 수준을 알아보고는 크게 놀라면서 노우(老友)로 대우하며 함께 강론한 고사가 유명하다. 채연은 절재선생(節齋先生)이라고 일컬어졌는데, 《역상의언(易象意言)》과 《주역괘효경전훈해(周易卦爻經傳訓解)》를 저술하였다. 동생 채침은 구봉선생(九峯先生)이라고 일컬어졌는데, 스승인 주희의 부탁을 받고 침잠한 지 10여 년 만에 《서경집전(書經集傳)》을 완성하였다.

67 사빈서원(泗濱書院) : 경상북도 안동시 임하면 사의리에 있는 서원으로, 1681년(숙종7)에 지방 유림의 공의로 의성 김씨(義城金氏) 청계(靑溪) 김진(金璡, 1500~1580)의 학문과 덕행을 추모하기 위해 창건하여 위패를 모셨다. 1681년 김진의 아들인 약봉(藥峯) 김극일(金克一, 1522~1585), 구봉(龜峯) 김수일(金守一, 1528~1583), 운암(雲巖) 김명일(金明一, 1534~1570), 학봉(鶴峯) 김성일(金誠一, 1538~1593), 남악(南嶽) 김복일(金復一, 1541~1591)을 추가 배향하였다. 대원군의 서원철폐령으로 1868년(고종5)에 훼철되었다가 1908년에 복원되었다.

68 물계서원(勿溪書院) : 경상남도 창녕군 대지면 모산리에 있었던 서원으로, 1712년(숙종38) 지방 유림의 공의로 창녕 성씨(昌寧成氏) 성송국(成松國), 성삼문(成三問), 성담수(成聃壽), 성수침(成守琛), 성운(成運), 성제원(成悌元), 성혼(成

이들은 모두 몇 세대에 그칠 뿐이다. 옥계사(玉溪祠)에 이르러서는 부자・형제・조손으로 모두 4대에 다섯 현인이 배출되었으니, 어찌 더욱 아름답고 성대하지 않은가. 이는 땅의 신령함이 이씨(李氏) 집안에 모여 길러진 것이 가장 현저함을 알겠으니, 참판공은 곤륜산과 백두산에 비견되고 남은 네 공은 오악과 삼산에 비견되니, 그 또한 신령한 수기(秀氣)를 동일하게 받은 것이 있다.

만약 이와 같다면 산악이 신령함을 내려 준 것이 의당 이에 그칠 뿐만 아닐 것이다. 다섯 현인의 자손들이 진실로 아침 일찍부터 밤늦도록 본받아서 계승하고 조술할 바를 생각하게 된다면, 어찌 훗날 다시 세상에 이름난 사람이 나와 조상의 남긴 뜻을 잘 계승하여 영원무궁한 데까지 이르지 않겠는가. 이군(李君)은 바로 수찬공(修撰公)의 9대손으로, 이 책을 가지고 와서 나에게 보여주며 한마디 말을 지어 달라고 부탁하기에 마침내 이것으로 발문을 삼는다.

渾), 성윤해(成允諧) 등의 학문과 덕행을 추모하기 위해 창건하여 위패를 모셨다. 그 뒤 성여환(成汝完), 성희(成熺), 성수경(成守慶), 성문준(成文濬), 성람(成灠), 성여신(成汝信) 등을 추가 배향하고 1814년(순조14)에 성안의(成安義)를, 1857년(철종8)에 성준득(成準得)을 추가 배향하였다. 대원군의 서원철폐령으로 훼철되었다가, 1995년에 복원되었다.

백담집[69]발
白潭集跋

군자가 세상을 살아감에 귀하게 여기는 바는 천지의 양강(陽剛)한 기운을 얻는 것이다. 그 평소 생활할 때부터 이미 우뚝이 스스로 서고 빼어나게 스스로 마음을 보존하여 날로 생활하는 떳떳한 인류도덕의 사이에 그 분수를 다할 수 있은 뒤, 하루아침에 일의 변고를 만나 강상(綱常)의 윤리로 대처함에 큰 절개가 규범을 넘지 말아야 함을 알게 되면, 곧 드디어 비분강개하고 분발하여 곧장 앞으로 나아감에 두려움이 없을 것이다. 그래서 남들이 감히 말할 수 없는 바를 말하고, 남들이 감히 할 수 없는 일을 할 수 있으며, 생사를 도외시하여 그 수립하는 바를 얻는다. 이는 그 사람이 어찌 반드시 모두 학문에 종사하여 그런 것이겠는가. 오직 그 양강(陽剛)한 기운이 도울 수 있기 때문이다. 게다가 위대한 현인의 문하에서 유학하면서 '곧음으로 길러서 해침이 없고'[70] '의

69 백담집 : 조우신(趙又新, 1583~1650)의 시문집으로, 4권 2책이며, 한국문집총간 속 21에 포함되었다. 현행본은 《백담유집(白潭遺集)》으로 되어 있다. 그의 본관은 한양(漢陽), 자는 여집(汝緝), 백담은 그의 호이다. 정경세(鄭經世), 이준(李埈)의 문인이며, 홍호(洪鎬), 이식(李植), 조경(趙絅) 등과 교유하였다. 홍상민(洪相民)의 서문이 있으며, 발문은 정종로가 1807년에 썼다.

70 곧음으로……없고 : 호연지기를 말하는 것으로, 《맹자》 〈공손추 상(公孫丑上)〉에 "호연지기의 속성은 지극히 크고 지극히 강한 것이다. 따라서 곧음으로 길러 해침이 없게 하면, 장차 천지 사이에 가득 차게 될 것이다.〔其爲氣也, 至大至剛. 以直養而無害, 則塞于天地之間.〕" 하였다.

가 모여 생겨나서 주림이 없다[71]는 설을 들을 수 있었음에랴.

백담(白潭) 선생 조공(趙公)은 아버지를 여읜 소년[72]으로서 분발하여 일어났으니, 가정에서 이끌어 주는 정성스러움이 있지 않았다. 그러나 학식을 쌓고 문장을 갈고 닦음에 신묘하고 유능하다는 이름을 드러내었고, 마음에 새기고 행실을 닦음에 성대한 명성을 이룬 것은 이미 남들보다 크게 빼어난 일이었다. 혼조(昏朝 광해군(光海君))가 인륜을 무시하는 때를 만나 간사하고 흉악한 신하들이 나라의 실권을 잡아 그 위세의 불꽃이 하늘을 태울 듯하니, 그 날카로운 칼날에 감히 조금이라도 맞설 사람이 없었다. 공은 당시에 제염(虀鹽)[73]을 먹으며 떠돌아다니는 신세였지만 나라가 위태로워 망함을 애통히 여기고, 충성스러운 현인들이 쫓겨남에 분개하여 몸을 떨쳐 홀로 나아가 상소하여 올곧은 말을 하였다. 혼자 힘으로 임금의 뜻을 돌리고자 생각하여 칼과 톱, 죄인을 삶는 솥 같은 형벌 도구를 봄이 옷깃이나 자리를 보는 것과 다르지 않았으니, 대개 장차 아홉 번 죽더라도 후회가 없었을 것이다. 이

71 의가……없다 : 《맹자》 〈공손추 상(公孫丑上)〉에서 맹자는 호연지기를 기르는 방법을 설명하면서 "이 호연지기는 의를 쌓아서 생기는 것이지 의가 엄습해서 얻어지는 것이 아니다. 행하여 마음에 만족함이 없다면 주리게 될 것이다.〔是集義所生者, 非義襲而取之也, 行有不慊於心則餒矣.〕"라고 하였다.

72 아버지를 여읜 소년 : 1592년(선조25) 2월, 조우신의 나이 10세 때 부친상을 당하였다.

73 제염(虀鹽) : 제(虀)는 절인 채소, 염(鹽)은 소금이다. 나물 반찬과 소금 또는 절인 나물 반찬을 뜻하며, 청빈한 생활을 비유하는 말로 쓰인다. 한유(韓愈)의 〈송궁문(送窮文)〉에 "태학에서 4년을 공부하는 동안 아침에는 절인 채소를 먹고 저녁에는 소금을 먹었다.〔太學四年, 朝虀暮鹽.〕"라고 한 데서 유래하였다.

는 그분의 절개가 늠름함이 다만 가을 서리나 뜨거운 태양과 같을 뿐만이 아니다. 비록 옛날의 호담암(胡澹庵)[74]과 우 좨주(禹祭酒)[75] 같은 이들도 또한 어찌 이보다 나을 수 있었겠는가. 그러나 후원(喉院 승정원(承政院))에서 저지당하여 비록 공의 뜻을 이루지는 못했으나[76] 그 몸은 화를 면할 수 있었다.

그 밖에 일에 따라 소장(疏章)을 작성하여 자신의 신분에서 벗

74 호담암(胡澹庵) : 적에게 잡혀갔다가 풀려난 송(宋)나라 충신 호전(胡銓, 1102~1180)으로, 자는 방형(邦衡)이고, 담암은 그의 호이며, 시호는 충간(忠簡)이다. 고종(高宗) 때 금(金)나라의 침입을 당하여 진회(秦檜)가 화친을 주장하자, 상소하여 진회, 손근(孫近), 왕륜(王倫) 등의 목을 베라고 주청하기까지 했다.《宋史 卷374 胡銓列傳》

75 우 좨주(禹祭酒) : 우탁(禹倬, 1265~1342)으로, 본관은 단양(丹陽), 자는 천장(天章)·탁보(卓甫), 호는 백운(白雲)·단암(丹巖), 시호는 문희(文僖)이다. 성균관 좨주를 지내서 '우 좨주'라 하였고, 세상에서 '역동선생(易東先生)'이라 일컬었다. 벼슬에서 물러난 뒤에 예안(禮安)에 은거하면서 후진 교육에 전념하였다. 예안의 역동서원(易東書院)에 배향되었다. 우탁은 당시 임금인 충선왕(忠宣王)의 잘못을 지적하는 상소를 올리면서, 간언을 받아들이든지 자신을 죽이든지 하라는 의미로 도끼를 함께 가지고 갔다.《高麗史 卷109 禹倬列傳》

76 후원(喉院)에서……못했으나 : 광해군이 즉위하고 정인홍(鄭仁弘), 이이첨(李爾瞻) 등의 대북(大北) 세력이 득세하게 되자 대북 세력은 선조의 계비이자 영창대군의 어머니인 인목대비(仁穆大妃)를 위험 세력으로 여겨 어린 영창대군을 역모로 몰아 죽이고, 인목대비를 끊임없이 폐서인 할 것을 주장하였다. 조우신은 순(舜) 임금과 정장공(鄭莊公)이 효도했던 고사를 인용하여 모자 관계를 회복하고 간신 이위경(李偉卿, 1586~1623), 정조(鄭造, 1559~1623), 윤인(尹訒, 1555~1623) 등을 처벌하기를 청하는 글을 작성하여 올리려 서울까지 갔으나, 당시 먼저 상소하였던 조직(趙溭, 1592~1645)이 옥에 갇히고 승정원에 명하여 흉악한 소(疏)는 올리지 못하도록 하였다. 죽는 것은 무익하다고 여겨 돌아와 소장을 불태우고 거의 10년간 두문불출하였다.

어난다는 혐의를 돌아보지 않음과, 곳곳마다 의견을 제시하여 뭇 사람들의 뜻에 어긋난다는 꾸짖음을 피하지 않은 것에 이르러서는 또 낱낱이 다 열거할 수 없다. 그러니 그분의 꿋꿋하고 충성스런 마음과 간절하고 지극한 뜻은 오직 우리 임금을 잘 인도하여 왕도정치를 실천하여 이 백성을 위해 그들의 곤궁함을 조금이나마 풀어 주게 할 것만 안 것이 실로 적지 않았다.

그러나 그 근본을 미루어 찾아보면 이 양강(陽剛)의 기운을 하늘에서 얻은 것이 이와 같게 하지 않음이 없지만, 이에 그분이 양강의 기운을 기름에 그 방법을 얻은 것은 유래가 있다. 공은 나의 선조 문장공(文莊公 정경세(鄭經世))과 창석(蒼石) 이 선생(李先生)[77]에게 유학하였고, 또 당시의 여러 이름난 선비들과 교유하며 절차탁마하였다. 이는 마치 간장(干將)·막야(鏌鎁)[78] 같은 칼을 이미 위대한 대장장이의 도가니에서 주조하여 맑은 물로 칼날을 담금질하고 월(越)나라 숫돌로 날을 세움에 교룡이 울부짖고 연꽃이 피는 것과 같으니,[79] 이것으로 육지에서 자르고 물에서 자르

77 창석(蒼石) 이 선생(李先生) : 이준(李埈, 1560~1635)으로, 본관은 흥양(興陽), 자는 숙평(叔平), 창석은 그의 호이며, 시호는 문간(文簡)이다. 유성룡(柳成龍)의 문인으로, 1582년(선조15) 생원시를 거쳐 1591년(선조24) 문과에 급제하였다. 1634년 대사간을 거쳐 이듬해 부제학에 임명되었다. 상주의 옥성서원(玉城書院)과 풍기의 우곡서원(愚谷書院)에 제향되었다. 저서로는 《창석집》이 있으며, 《형제급난지도(兄弟急難之圖)》를 편찬하였다.

78 간장(干將)·막야(鏌鎁) : 명검(名劍)의 이름이다. 춘추 시대 오나라 사람 간장(干將)이 그의 아내인 막야(鏌鎁)와 함께 한 쌍의 검을 만들었는데, 간장이 만든 것을 웅검(雄劍)이라 하고 막야가 만든 것을 자검(雌劍)이라 하였다. 《北堂書鈔 卷122》

79 위대한……같으니 : 한(漢)나라 왕포(王褒)의 〈성주득현신송(聖主得賢臣頌)〉

는 것이 어디를 가든 이롭지 않음이 없음은 진실로 마땅하다. "바람이 먼 곳에서부터 가까운 곳으로 가는 것〔風之自遠之近〕"[80]은 곧 내면의 공부가 마음속에 쌓인 것이 그렇게 할 수 있다. 대개 그 근본이 없이 그 끝이 있을 수 있는 경우는 있지 않다. 그러나 어려운 시대를 만났기에 60세가 넘어서 비로소 과거시험에 합격할 수 있었다.[81] 또 얼마 되지 않아 갑작스럽게 세상을 하직하여 그분이 평소 가슴속에 온축한 경륜을 당시에 펼 수 없게 되었으니, 이는 후인들의 다함이 없는 유감이다. 그러나 남긴 풍모와 운치는 백세가 지난 지금까지도 사람들이 크게 흠모하고 있다.

지금 고을의 사림들이 서로 더불어 사당에서 제사를 지내고,

에 "뛰어난 대장장이가 명검인 간장을 만들기 위해 쇠붙이를 주조하여 맑은 물에 칼끝을 담그고, 월나라 숫돌에 그 칼날을 세워 놓음에 미쳐서는, 물에서는 교룡을 자르고 뭍에서는 무소 가죽을 끊을 수 있다.〔及至巧冶, 鑄干將之樸, 淸水淬其鋒, 越砥斂其鍔, 水斷蛟龍, 陸剸犀革.〕"라고 한 것을 원용하였다.

연꽃이 피는 것에 대한 전거는 자세하지 않다.

80 바람이……것 : 풍지자(風之自)는 밖으로 드러나는 덕이 내면의 수양에서 비롯됨을 비유한 말이고, 원지근(遠之近)은 먼 저곳에 나타나는 것이 가까운 이곳을 말미암아 간 것임을 비유한 말이다. 《중용장구》 제33장에 "군자의 도는 담박하나 싫지 않으며 간략하나 문채가 나며 온화하나 조리가 있으니, 멂이 가까운 데로부터 시작함을 알며 바람이 불어 일어나는 근원지를 알며 은미함이 드러남을 안다면 더불어 덕에 들어갈 수 있을 것이다.〔君子之道, 淡而不厭, 簡而文, 溫而理. 知遠之近, 知風之自, 知微之顯, 可與入德矣.〕"라고 한 데서 온 말이다.

81 60세가……있었다 : 조우신은 31세 되던 해인 1613년(광해군5) 5월, 진사시(進士試)에 합격하였다. 인목대비 폐위론에 대해 올곧은 소장을 올리려 하였으나 뜻을 이루지 못하자 과거시험을 그만두고 두문불출한 적이 있다. 63세 되던 해인 1645년(인조23) 9월, 한성(漢城) 동당시(東堂試)에 합격하였다.

남긴 원고 몇 권이 또 장차 간행되어 세상에 전해지려 한다. 공의 후손 주(粙)가 나에게 발문 한마디를 부탁하였다. 아, 그분의 글을 읽고 그분이 가슴속에 보존한 바를 더욱 상상해 볼 수 있다. 거슬러 올라가 옛사람을 논하는 선비가 어찌 내 말을 기다린 뒤에 결정되겠는가. 그러나 의리상 사양할 수 없어 마침내 비루한 나의 견해를 위와 같이 써서 돌려보낸다.

야촌집[82]발

野村集跋

야촌(野村) 선생 손공(孫公)의 유집 다섯 권과 부록 한 권을 공의 후손 아무개[83] 등이 장차 판각하여 세상에 전하고자 하면서 나에게 발문 한마디를 부탁하였다.

나는 생각건대, 공의 생애와 행실 및 치적은 권하당(權荷塘),[84] 이병와(李甁窩),[85] 권청대(權淸臺)[86] 같은 여러 현인들의 행장, 묘

82 야촌집 : 손만웅(孫萬雄, 1643~1712)의 시문집으로, 6권 3책이며 한국문집총간 속 46에 포함되었다. 그의 본관은 경주(慶州), 자는 적만(敵萬), 야촌은 그의 호이다. 정도응(鄭道應)의 문인이며, 이만부(李萬敷), 이형상(李衡祥), 정석교(鄭錫僑) 등과 교유하였다. 벼슬은 동래 부사를 거쳐 경주 부윤에 이르렀다.

83 후손 아무개 : 《야촌집》에 의하면 손필경(孫必慶)으로, 손만웅의 5대손이다.

84 권하당(權荷塘) : 권두인(權斗寅, 1643~1719)으로, 본관은 안동(安東), 자는 춘경(春卿), 하당은 그의 호이다. 벼슬에 뜻을 두지 않고 학문에 전념하여 학행으로 장원서 별제(掌苑署別提), 공조 좌랑을 역임하였다. 저서로는 《하당집》이 있다. 《하당집》 권1에 손만웅의 묘지비명인 〈경주부윤손공묘비명(慶州府尹孫公墓碑銘)〉이 있다.

85 이병와(李甁窩) : 이형상(李衡祥, 1653~1733)으로, 본관은 전주로 효령대군파이고, 자는 중옥(仲玉), 호는 병와·순옹(順翁)이다. 주로 외직을 전전하였는데 이르는 곳마다 폐정을 개혁하고 후학 양성에 힘써 명성이 드러났다. 이만부(李萬敷) 등과 교유하였다. 저서로는 《병와집》이 있다. 《병와집》 권16에 〈통정대부경주부윤손공묘지명(通政大夫慶州府尹孫公墓誌銘)〉이 있다.

86 권청대(權淸臺) : 권상일(權相一, 1679~1759)로, 본관은 안동(安東), 자는 태중(台仲)이며, 청대는 그의 호이다. 〈사칠설(四七說)〉을 지어 이(理)와 기(氣)를 완전히 둘로 분리해, 이는 본연의 성이며 기는 기질의 성이라고 주장했다. 저서로는

비명, 묘지명에 이미 다 기술되었고, 대산(大山 이상정(李象靖)) 부자(夫子)의 서문[87]에도 또한 성대하게 갖추어져 더 이상 드러낼 만한 것이 없다. 나처럼 어리석고 보잘것없는 사람이 어찌 감히 덧붙일 말이 있겠는가.

오직 생각건대 공의 조부 상사공(上舍公)[88]은 나의 선조 문장공(文莊公)의 문하에서 유학한 적이 있으며, 공도 또한 나의 고조 무첨재(無忝齋)[89]에게 배워 제자의 예를 잡은 것이 대개 수십 년이었고, 나의 증조 환성재(喚惺齋)[90]와 막역지교를 맺었다. 지금

《청대집》 18권, 《관서근사록집해(觀書近思錄集解)》와 《일기(日記)》 30여 권이 있다. 죽림정사(竹林精舍), 근암서원(近嵒書院)에 향사되었다. 《청대집》 권14에 손만웅의 행장인 〈통정대부행경주부윤손공행장(通政大夫行慶州府尹孫公行狀)〉이 있다.

87 대산(大山) 부자(夫子)의 서문 : 이상정의 《대산집》 권43의 〈야촌손공유집서(野村孫公遺集序)〉를 말한다.

88 조부 상사공(上舍公) : 손당(孫瑭, 1567~1629)으로, 본관은 경주(慶州), 자는 여수(汝受), 호는 정옹(鼎翁)이며, 상주(尙州) 율리(栗里)에 거주하였다. 월천(月川) 조목(趙穆, 1524~1606)의 문하에서 유학하였으며, 우복(愚伏) 정경세(鄭經世, 1563~1633)의 작은 할아버지인 정국성(鄭國成, 1526~1592)의 딸에게 장가갔다. 지조가 굳어 고을 사람들이 모두 공경하고 추중하였다. 통정대부 승정원 좌승지(通政大夫承政院左承旨)에 추증되었다.

89 무첨재(無忝齋) : 정도응(鄭道應, 1618~1667)으로, 본관은 진주(晉州)이고, 자는 봉휘(鳳輝)이며, 무첨재는 그의 호이다. 우복 정경세의 손자이며, 홍여하와 도의로 사귀었다. 단성(丹城) 현감과 창녕(昌寧) 현감을 지냈다. 효종이 즉위한 뒤에 자의(諮議)에 임명되었으나 사직하고 향리로 돌아갔다. 저서에 《국조명신록》, 《소대명신행적(昭代名臣行蹟)》, 《소대수언(昭代粹言)》 등이 있다. 정상리(鄭象履, 1774~1848)의 《제암집(制庵集)》 권8에 〈오세조고무첨재부군 묘지(五世祖考無忝齋府君墓誌)〉가 있다.

90 환성재(喚惺齋) : 정석교(鄭錫僑, 1646~1700)로, 자는 희백(希伯)이며 환성재

까지도 대대로 쌓은 교분이 좋아 끊어지지 않았으니, 의리상 또한 사양치 못할 점이 있다. 그런 까닭으로 마침내 절하고 다음과 같이 아뢴다.

무릇 하은주 삼대 이후로 오직 송조(宋朝)의 인물이 가장 성대한데, 우리 조선의 인물도 실로 그와 유사하다. 대개 천지 사이 문명의 운행이 이에 비로소 돌아와 회복되어, 위로는 해와 별이 밝게 조응하고 아래로는 오악(五嶽)과 사독(四瀆)이 신령함을 다하였으니, 신령하고 빼어나며 맑고 깨끗한 기운이 곳곳에 모이고 길러졌다. 그런 까닭으로 무릇 그 기운을 품부받아 태어난 사람은 모두 길상선서(吉祥善瑞)하며 풍류독후(風流篤厚)한 군자가 되니, 이름나고 위대한 공경(公卿)이나 현명한 사대부를 따질 것 없이 도를 지켜 행하고 의(義)를 잡아 서지 않음이 없다. 그래서 억지로 힘써 바로잡고 꾸미는 바가 있지 않아도 날마다 생활하는 모든 일이 절로 법이 되는 떳떳한 윤리의 밖을 벗어나지 않으며, 기대하고 바라며 법으로 삼는 바가 있지 않아도 대체(大體)를 공정하게 살펴보면 모두 성인과 철인(哲人)의 테두리 안에 포함될 수 있었다. 이것은 무엇 때문이겠는가. 하늘로부터 품부받은 자질이 원래 남들보다 크게 빼어나며, 상제(上帝)가 내려 준 본성이 가는 곳마다 발현해서 밝게 드러나지 않음이 없기 때문이 아니겠는가.

지금 우리 공을 보건대, 집안에서 효도와 우애를 돈독히 하였고, 고을에서 충성과 신의를 미덥게 하였고, 성스럽고 밝은 조정

는 그의 호이다. 학행으로 숭릉 참봉을 지냈고, 영양(英陽) 현감을 지냈다. 《제암집(制庵集)》 권8에 〈고조고환성재부군묘지(高祖考喚惺齋府君墓誌)〉가 있다.

에서 직언과 극간(極諫)을 과감히 하였고, 두루 역임한 고을살이에서 번거롭고 어려운 정사를 잘 다스림에 힘을 다하였다. 의리상 타당하지 못한 점이 있으면 힘써 사양하여 구차하게 벼슬하지 않았으며, 마음에 긍휼히 여기는 바가 있으면 어려운 일에 급히 달려가 마치 자신이 당한 일처럼 하였다. 그리고 자신의 몸을 단속함이 청렴하고 분명했으며, 남을 대우함이 온화하고 두터웠으며, 의논을 지킴이 공평했으며, 일을 처리함이 관대했으며, 자손을 가르침에 반드시 정성과 삼감으로 했으며, 선배를 제향함에 반드시 예의와 법식으로 했으며, 물러남을 만나서도 원망하거나 탓하는 바가 없었으며, 죽음을 맞아서도 매우 여유롭고 태연하였다. 이런 점들은 어찌 우리 도의 성대한 덕과 아름다운 행실이 아님이 없겠는가만 선생은 이에 한평생 자질이 자연스러움에 맡겨 두었으니, 저 저울대를 들고 먹줄을 긋는 것처럼 법도에 맞기에만 절실히 한 사람과 비교해 보면, 더 훌륭한 점이 있고 부족한 점은 없었다. 나는 송조(宋朝)와 우리 조선의 인물 가운데 누가 마땅히 공과 동일하게 그렇게 하였는지 모르겠다.

총괄하면 빼어나고 순수한 자질을 품부받고 평범하며 진실한 이치를 따라서 우뚝이 애쓰지 않아도 터득함이 있는 군자가 되는 것은 동일하다. 이런 까닭으로 나의 조부인 침랑공(寢郎公)[91]도

91 침랑공(寢郎公) : 정주원(鄭胄源, 1686~1756)으로, 자는 원보(元甫)이며, 장릉 참봉(章陵參奉)을 지냈다. 세거지였던 율리를 떠나 우산으로 이거하였다. 정상리(鄭象履, 1774~1848)의 《제암집(制庵集)》 권8에 〈증조고침랑부군묘지(曾祖考寢郎府君墓誌)〉가 있다.

또한 평소에 귀와 눈으로 보고 기억한 것을 불초한 나에게 정성스럽고 자세하게 말씀해 주셨으니, 대개 다만 권하당(權荷塘 권두인), 이병와(李甁窩 이형상), 권청대(權淸臺 권상일), 이대산(李大山 이상정) 같은 여러 현인들의 말을 증거로 삼을 뿐이겠는가. 아, 공의 위대한 기량과 빼어난 명망으로 만약 옥서(玉署 홍문관(弘文館)의 별칭))의 사이에 날아 오르내리고, 암랑(巖廊 의정부(議政府))의 위에 모습이 드러나게 했더라면, 아름다운 빛을 드리워 후세에 밝힌 것이 또 어떠했겠는가. 그러나 끝내 그런 일을 할 수 없었으니, 이는 실로 후인들이 유감이 없을 수 없는 바이다. 그러나 공에게 있어서는 도리어 무슨 손상됨이 있겠는가.

공은 총명함이 남들보다 뛰어나 이미 경전(經傳)을 외우고 꿰뚫은 것이 마치 자신의 말과 같았고, 또 주자서(朱子書), 《예기(禮記)》, 《심경(心經)》 등의 글을 좋아하여 아침저녁으로 보며 자신을 성찰하여 그 말에 깊이 맛을 보았으니, 그 학문의 근원에 유래가 있음을 이에서 또 상상할 수 있다. 그러나 공은 이미 학문으로 자처하지 않았고 또 저술하기를 좋아하지 않아 무릇 유림의 문자 요청에 대해 일체 사양하였다. 그런 까닭으로 지금 다만 시와 문 약간 편이 있는 것이 이와 같을 뿐이다. 그러나 말 한마디, 구절 하나도 모두 중후하고 절실하여, 꾸미는 데로 치달려 가는 뜻이 전혀 없고 의리에 근거한 뜻이 넉넉하였다. 나는 거슬러 올라가 옛사람을 논하는 선비는 또한 장차 이에서 취할 것이 있을 줄 알겠다.

효자 구암 김공 사적의 뒤에 쓰다
書孝子龜巖金公事蹟後

위 효자 현감 구암(龜巖) 김공(金公)[92] 사적은 군수 김세량(金世良)[93] 공이 만력(萬曆) 연간[94]에 묘갈(墓碣)에 썼고, 지금 금연(錦淵) 신체인(申體仁)[95] 군이 그 묘지를 쓴 것에 대개 상세한데도, 공의 자손이 더욱 천양하고자 하여 또 일대(一代)의 여러 이름난 선비들에게 서술해 달라고 부탁하였다. 지금 또 나에게 한마디 말을 구하기에 시험 삼아 읽어 보니, 어떤 이는 그분이 군자의 효가 됨을 칭찬하였고, 어떤 이는 어버이의 일을 잘 계승한[96] 도로써 권면하였고, 어떤 이는 그분이 소학의 가르침을 실천할 수 있었던

92 구암(龜巖) 김공(金公) : 김근신(金謹信, 1448~1517)으로, 본관은 경주(慶州), 자는 효겸(孝兼), 호는 구암재(龜巖齋)이다. 학행으로 영일 현감(迎日縣監)에 제수되었다.

93 김세량(金世良) : 자세하지 않다.

94 만력(萬曆) 연간 : 중국(中國) 명(明)나라 신종 때의 연호(年號)로, 서기 1573년부터 1619년까지이다.

95 신체인(申體仁) : 1731~1812. 본관은 아주(鵝洲), 자는 자장(子長), 호는 회병(晦屛) 또는 금연이며, 이상정(李象靖)의 문인이다. 저서로는 《회병집》 12권 6책과 《숭경록(崇敬錄)》 4권 2책이 있다. 《회병집》 권10에 김근신의 묘지명인 〈고통훈대부영일현감구암김공묘지명(故通訓大夫迎日縣監龜巖金公墓誌銘)〉이 있다.

96 어버이의……계승한 : 원문은 '善繼'인데, 《중용장구》 제19장에 "효는 어버이의 뜻을 훌륭히 계승하고, 어버이의 일을 훌륭히 이어 가는 것이다.〔夫孝者, 善繼人之志, 善述人之事者也.〕"라는 구절에서 온 말이다.

것에 감탄하였으며, 어떤 이는 남에게 알려지기를 구하지 않는 그분의 담박한 마음을 칭송하였다. 세상에서 명교를 주장한 사람은 드러내어 선양함이 있음이 마땅하다고 여겼으니, 좋도다 또한 극진함이여. 내가 어떻게 여기에 더 첨가할 수 있겠는가.

다만 생각건대, 효성이 지극한 사람은 다만 하늘이 알 뿐만 아니라 금수(禽獸)와 초목(草木) 또한 안다. 그래서 지나간 역사에서 살펴보면 그 감응함이 밝게 빛남은 속일 수 없으니, 어찌 하늘과 사람과 사물이 본래 일리(一理)이면서 또 일기(一氣)이기 때문이 아니겠는가.

공은 어려서부터 한결같은 성품이 오직 어버이를 독실하게 사랑하여 동산의 과일을 주우면 자신이 먹지 않았으며, 옛 훈계를 걸어 놓고 스스로 가슴에 새겼다. 당을 내려오다가 그 손이 다치기라도 하면 회초리를 꺾어 때리길 청하며, 병들었을 때 모시다가 어버이가 위태로움을 보면 손가락에 피를 내어 약에 섞었으며, 대변을 맛보고 하늘에 기도하며 여묘살이하고 죽을 마시면서 극진히 하지 않음이 없는 데 이르렀다. 아버지 상을 당하였을 때, 노쇠한 나이였지만 오직 그 지극한 효성은 이와 같았다. 그래서 하늘은 그분이 피를 내어 약에 섞고 하늘에 기도한 것에 감응하여 그 어버이의 병을 낫게 하였으며, 금수(禽獸)는 그분이 여묘살이하는 것에 감응하여 호랑이가 와서 지켜 주었으며, 초목은 그분이 차마 수박을 먹지 못한 것에 감응하여 무덤 앞에 수박이 나게 하였으니, 그 감응함이 메아리와 같았다. 지난 역사 가운데 효자로서 이런 것을 겸한 사람이 과연 몇 명이나 되는지 나는 알지 못하겠다.

이런 까닭으로 종족들과 화목하고 벗들에게 믿음이 있었고, 관직에 있을 때는 청렴결백함으로 드러났고, 사람을 가르칠 때는 행의(行誼)를 우선시하였으니, 조정에서 그분의 행실을 포창하고 고을 백성들이 그 은혜를 칭송한 것은 지극한 효성이 근본이 된 것이 아님이 없다.

옛사람이 이른바 '온갖 행실의 근원'이라 한 것을 공에게 있어 어찌 더욱 잘 볼 수 있지 않겠는가. 대개 사람은 효성이 지극하지 않음을 근심해야 하니, 효성이 진실로 지극하다면 그 감응의 이치는 실로 분명할 것이다. 그래서 나는 이에 대해서 특별히 말하여 김공의 사적 뒤에 붙인다.

오산지발
吳山誌跋

위 《오산지(吳山誌)》 한 권은 겸암(謙庵) 유 선생(柳先生)[97]이 인동(仁同) 현감으로 있을 때 야은(冶隱) 길 선생(吉先生 길재(吉再))을 위하여 이미 그 분묘에 봉분을 쌓고 나무를 심고, 작은 묘갈을 고쳐 세워 야은 선생의 성과 이름을 그대로 쓴 잘못을 고쳤으며, 또 오산서원(吳山書院)[98]을 창건하여 천백세토록 제사를 받드는 터전으로 삼았는데, 무릇 건물의 규모와 배치 그리고 크고 작은 제향의 기강을 직선을 긋듯 명백하게[99] 조례를 세우고 준행하도록

97 겸암(謙庵) 유 선생(柳先生) : 유운룡(柳雲龍, 1539~1601)으로, 본관은 풍산(豊山), 자는 응현(應見), 겸암은 그의 호이다. 성룡(成龍)의 형으로, 이황(李滉)의 문하에서 수학하였다. 저서로 《겸암집》이 있다. 1584년(선조17) 인동(仁同) 현감에 제수되었고, 이듬해 봄에 야은 길재의 묘를 개수하고 오산서원(吳山書院)을 창건하였다.

98 오산서원(吳山書院) : 경북 선산(善山)에 있었던 서원으로, 야은(冶隱) 길재(吉再)의 충절과 학문을 추모하기 위하여 창건되었다. 1609년(광해군1) '오산(吳山)'이란 사액(賜額)을 받았으며, 1868년(고종5) 대원군의 서원철폐령(書院撤廢令)으로 훼철(毁撤)되었다.

99 직선을 긋듯 명백하게 : 원문은 '畫一'로 간단하고 명쾌해서 누구나 환히 알 수 있다는 뜻이다. 한(漢)나라 초기에 소하(蕭何)가 간편하게 법을 제정하였는데, 조참(曹參)이 그의 뒤를 이어 상국(相國)이 된 뒤에도 변경하는 일 없이 그대로 준수하자, 백성들이 노래를 지어 부르면서 "소하가 법을 만들어 선을 그은 듯 가지런히 정비하자, 조참이 그 뒤를 이어 고수하며 어기지 않았나니, 청정 무위의 정사를 행함에 백성들이 편안하게 되었다.〔蕭何爲法, 顜若畫一, 曹參代之, 守而勿失, 載其淸淨, 民

하였다. 이것이 《오산지》를 지은 까닭이다.

대개 이 당시에 우리나라에는 다만 주신재(周愼齋)[100]가 백운동(白雲洞)에 창건한 바의 서원[101] 하나만 있었는데, 퇴계 이 선생이 매우 중시한 바가 되었다.[102] 곧 보수와 윤색을 더하고 품격과 격식을 상세히 정하여 역동서원(易東書院)[103]과 영봉서원(迎鳳書

以寧一.〕"라고 찬미한 고사가 있다. 《史記 卷54 曹相國世家》

100 주신재(周愼齋) : 주세붕(周世鵬, 1495~1554)으로, 본관은 상주(尙州), 자는 경유(景遊), 호는 신재(愼齋) 또는 손옹(巽翁) 등이며, 시호는 문민(文敏)이다. 1522년(중종17) 별시 문과(別試文科) 을과에 급제한 뒤 정자(正字)가 되었고, 검열(檢閱)·부수찬(副修撰)을 역임하였다. 칠원(漆原)의 덕연서원(德淵書院)에 배향되고, 소수서원에도 배향되었다. 저서에 《무릉잡고(武陵雜稿)》가 있고, 편서로는 《죽계지(竹溪誌)》, 《동국명신언행록(東國名臣言行錄)》, 《심도이훈(心圖彝訓)》 등이 있다.

101 백운동(白雲洞)에……서원 : 1541년 주세붕이 풍기 군수로 나가 백운동(白雲洞)에 안향(安珦)의 사당 회헌사(晦軒祠)를 세우고 주희(朱熹)의 백록동학규(白鹿洞學規)를 본받아 사림 자제들의 교육기관으로 백운동서원(白雲洞書院)을 세워 우리나라 서원의 시초를 이루었다. 이후 이황의 건의로 소수서원(紹修書院)의 사액을 받고 풍기 사림의 중심 기구가 되었으며, 그 후 이를 모방한 서원들이 각지에 건립되었다.

102 퇴계……되었다 : 이황(李滉)이 1550년(명종5) 풍기 군수로 부임해 와서 조정에 상주하여 소수서원(紹修書院)이라는 사액(賜額)과 사서오경(四書五經), 《성리대전(性理大全)》 등의 내사(內賜)를 받게 되어 최초의 사액서원이자 공인된 사학(私學)이 된 것을 말한다.

103 역동서원(易東書院) : 경북 예안(禮安)의 오담(鼇潭) 가에 있었던 서원으로, 1570년(선조3) 이황(李滉)의 발의로 세워진 안동 지역 최초의 서원이며, 고려 말의 명현(名賢)인 역동(易東) 우탁(禹倬, 1263~1342)의 위패를 모셨다. 1683년에 사액되었으나, 1871년(고종8)에 훼철되었다가 1969년 11월 안동대학교 교정으로 이건·복원되었다.

院)[104] 같은 데 이르렀을 뿐이다. 그 밖의 경우는 오직 이 서원을 겸암 선생이 비로소 건립함으로부터 그 규모와 법제가 모두 매우 존엄하면서도 모두 갖추어져 어느 하나도 장구하고 크게 되며 먼 훗날을 경영하는 염려에서 나오지 않은 것이 없었다.

아, 겸암 선생이 옛 선철(先哲)에 대해 어떤 점인들 존숭하지 않았겠는가만 그 가운데서 길 선생(吉先生)의 명절(名節)이 신하로서 벼슬에 있으면서 직분을 다하며 나라의 이익을 생각하고 충성을 다한 도 같은 것에 있어서 수백 년 뒤에 보기 드물게 감동한 것의 경우는 절로 특별할 뿐만이 아니다. 또 바야흐로 본 고을에 와서 다스릴 때, 길 선생을 높이는 이 일은 다만 선생의 손안에 있는 일이었다. 선철을 위해 정성을 다하고 힘을 다하는 것은 본디 그렇게 해야 한다. 그러나 이보다 앞서 얼마나 오랜 시간 동안 무릇 몇 사람이 있었겠는가만 모두 기꺼이 뜻을 둔 사람이 없고 한결같이 방과(放過)하였지만 선생에 이르러서야 비로소 표장(表章)함이 이와 같았다. 그러니 이는 선생이 퇴도 부자가 백운동서원에 남기신 뜻에 대해 그 체현(體現)한 것이 그 지극함을 다하고, 그 사모한 것이 그 깊음을 다한 것임을 알겠다. 이 책에 쓰

104 영봉서원(迎鳳書院) : 경북 성주군 벽진면 수촌리에 있었던 서원으로, 1555년(명종10)에 노경린(盧慶麟)이 성주 목사로 부임하여 건립하고 황준량(黃俊良)이 중수하였다. 정자(程子), 주자(朱子), 김굉필(金宏弼), 이언적(李彦迪)의 위패를 모셨다. 정구(鄭逑)가 1568년(선조1) 봄에 퇴계 선생에게 품의(稟議)하여 천곡서원(川谷書院)으로 고쳤다. 이후 정구, 장현광(張顯光)을 추가로 배향하였는데, 1868년(고종5) 흥선대원군(興宣大院君)의 서원철폐령으로 없어졌다. 1560년(명종15) 7월에 이황이 지은 〈영봉서원기(迎鳳書院記)〉가 《퇴계집》 권42에 실려 있다.

여진 바는 엄연히 서원 가운데 하나의 큰 전례(典禮)가 되어 후세에 무릇 선배를 제향하는 사람들이 모두 사법(師法)으로 삼고 본받아서 감히 소홀하게 하거나 태만하게 하는 뜻이 있지 않게 되었다.

이런 점으로 말해 보면 무릇 퇴계 부자가 남긴 뜻이 있는 바에 대해 가는 곳마다 그를 위해 마음을 다하지 않음이 없는 것을 또한 미루어 알 수 있으니, 또한 어찌 다만 이 한 가지 일만 그러할 뿐이겠는가. 이는 또 선생의 성대한 덕과 지극한 선함이고, 후학들이 마땅히 본받아 공경히 계승해야 할 것이다. 또 게다가 길 선생 당시의 아름다운 행적 가운데 제현들이 일컫고 기술한 것에 흩어져 보이는 것을 이 한 편의 글 가운데 모두 모았다. 사람들이 책을 펴면 분명하고 뚜렷하기가 마치 눈으로 보고 직접 체험한 듯하여 모두 공경히 강상(綱常)의 윤리를 잡아 지킬 뜻이 있게 한다면, 이 책이 명교(名教)에 크게 관계가 있고 나라에 깊이 도움이 있는 것이 장차 만세가 지나더라도 영원히 도움이 되어 마땅히 거센 물결 가운데 지주(砥柱)[105]가 버티고 서 있는 것과 함

105 지주(砥柱) : 중국의 하남(河南) 삼문협(三門峽) 동북쪽 황하(黃河) 중심에 있는 산 이름이다. 황하의 물결이 아무리 거세도 이 산을 무너뜨리지 못하고 이 지점에 와서 갈라져 두 갈래로 산을 싸고 흐른다. 혼탁한 세속에 휩쓸리지 않고 꿋꿋하게 자신의 절조를 지키는 군자에 곧잘 비유된다. 1586년(선조19)에 유운룡(柳雲龍)이 인동 현감(仁同縣監)으로 재직하면서 감사(監司) 이산보(李山甫)와 선산 부사(善山府使) 유덕수(柳德粹)의 도움을 받아 선산(善山)에 고려 충신 야은(冶隱) 길재(吉再)의 유적비(遺蹟碑)인 중류지주비(中流砥柱碑)를 세웠는데, 전면(前面)은 중국 사람 양청천(楊晴天)이 '지주중류(砥柱中流)'라 쓰고, 음기(陰記)는 유성룡(柳成龍)이 썼다. 《冶隱集 卷下 砥柱碑陰記》《西厓集 碑碣, 年譜》

께 그 유구하게 빛남은 동일할 것이다. 또 어찌 하나의 오산서원에 대한 기록이 될 뿐이겠는가.

제사를 받드는 때와 성묘하는 날에 이르러서 그것으로 감발하고 흥기하여 선으로 향해 가는 것들이 모두 이 책 안에 포함되어 있으니, 별도로 말할 필요가 없다. 그래서 선생의 후손 한조(漢祚) 씨가 받들고 와서 보여 줌으로 인하여 대략 큰 개요를 논하고 겸하여 마음에 느낀 바를 덧붙여 돌려보낸다.

구산군실기[106]발

龜山君實紀跋

우리 조선 초 영의정 구산군(龜山君) 박공(朴公)[107]은 왜구(倭寇)가 크게 충척(充斥 많아서 자꾸 퍼짐)한 때를 당하여 주사(舟師 수군(水軍))의 배 30척으로 왜구를 맞아 공격하여 크게 격파하였고, 또 배 100척으로 대마도의 왜구를 토벌하여 크게 이겼다. 이 때문에 상태(上台 영의정)의 지위가 되어 채읍(采邑)을 받았으나, 공은 그 공을 거두어 전혀 자랑하지 않고 스스로 더욱 겸손하게 물러나 오직 생도 교육하는 것을 즐거움으로 여겼다. 이 일은 《구성읍지(龜城邑誌)》와 《조야기문(朝野記聞)》[108] 그리고 가승(家乘)[109]에 보이는데, 유독 그분이 공신에 책훈(策勳)된 고첩(誥牒)은 전함이 없었다. 지난해 갑술에 고을에 성이 같은 향리(鄕吏) 한 사람이 농장(農莊)의

106 구산군실기 : 구산군(龜山君) 박석보(朴碩輔)에 관한 기록을 모은 실기로, 현재 서울대학교 규장각한국학연구원에 1책 21장의 필사본(筆寫本)이 남아 있다. 실기에 의하면 1816년에 정종로가 발문을 썼다.

107 구산군(龜山君) 박공(朴公) : 박석보(朴碩輔)로, 조선 초에 영의정을 지냈다. 그는 왜구가 출몰할 때 30척의 배로 왜구를 물리쳤으며, 다시 100척의 배로 대마도를 쳐 대승을 거두어 구산군에 봉해졌다. 이후 박석보는 구산으로 물러나 생도들을 가르쳤는데, 자손들이 구산에 세거하면서 구산으로 본관을 삼았다. 경북 군위군 의흥(義興)의 구음서원(龜陰書院)에 제향되었다.

108 조야기문(朝野記聞) : 조선 후기의 문신인 서문중(徐文重, 1634~1709)이 지은 조선 전기에 관한 기사본말체(紀事本末體) 역사서이다.

109 가승(家乘) : 집안의 역사를 적은 기록물 또는 가보(家譜)를 말한다.

문권을 찾다가 먼지 쌓인 상자 안에서 우연히 발견하였다.

대개 향리(鄕吏)의 선조 또한 공을 받들어 조상으로 삼고자 하여 사사로이 보배로 간직한 것이 이미 여러 세대였다. 종이가 오래되어 문드러지려 하고 글자도 또한 간간이 빠진 것이 있었다. 그러나 작호(爵號)와 성명(姓名) 그리고 어보(御寶)의 흔적은 아직도 완연하였다. 이에 공의 여러 자손들이 경사롭고 다행함을 이기지 못하여 곧바로 이 믿을 수 있는 행적을 가지고 시랑(侍郞) 한치응(韓致應)[110]에게 묘갈명(墓碣銘)을 받아 공의 무덤에 묘갈을 세웠다.

묘는 구산(龜山 경북 군위(軍威)) 치소의 북쪽 무검동(舞劍洞)에 있는데, 400년이 지난 지금 이에 비로소 비석을 세워 드러낸 것은 또한 매우 기이하지 않은가. 이는 비록 그 봉분을 잃었다가 다시 찾은 것과는 다름이 있으나, 향리의 집에 남겨진 고첩(誥牒)을 발견한 것의 경우 천수(天水) 조씨(趙氏)가 서인(西人)을 만나고[111] 의령(宜寧) 남씨(南氏)가 여무(余武)를 방문한 것[112]과 비교

110 한치응(韓致應) : 1760~1824. 본관은 청주(淸州), 자는 혜보(徯甫), 호는 병산(甹山)이다. 1784년(정조8) 정시 문과에 장원급제하여 바로 초계 문신(抄啓文臣)에 선발되었다. 1806년 신유사옥 때 관직을 추탈당한 채제공(蔡濟恭)의 신원(伸冤)을 청하는 연합상소에 참여하여 삭출되었다가, 1808년 다시 기용되었다. 개성부 유수, 대사간, 한성 판윤 등을 역임하였다. 저서로 《병산집》이 있다.

111 천수(天水)……만나고 : 자세하지 않다.

112 의령(宜寧)……것 : 최립(崔岦)의 《간이집》 권2 〈고고려통헌대부추밀원직부사남공묘표(故高麗通憲大夫樞密院直副使南公墓表)〉에서 남효온(南孝溫)이 지은 가승(家乘)의 다음과 같은 내용을 인용하였다. 남군보(南君甫) 묘소가 본현(本縣) 관아의 뒤쪽에 있다고 하였는데, 관아가 지금 없어진 상태에서 세대가 더욱 멀어져 그

하더라도 그 일의 기이함은 실로 마찬가지이다. 그러나 종이가 문드러지고 글자가 빠졌지만 백세 뒤에 더욱 징험할 수 있으니 만약 옥완(玉盌)과 금상(金箱)이 다시 나온다면 그 자손들의 경사롭고 다행함을 어찌 동일한 기준으로 말할 수 있겠는가. 박씨들이 급급하게 이런 일을 하는 것이 마땅하도다.

일전에 공의 후손 경문(慶文)이 실기를 가지고 와서 나에게 보여 주며 한마디 말을 구하였다. 시험 삼아 읽어 보니, 책머리에는 이미 당시 고첩(誥牒) 가운데 기록된 작호와 성명을 나열하여 써서 한결같이 찾아낸 바의 문서에 의거하였다. 또 한시랑(韓侍郞)의 묘갈명 외에 상국(相國) 이상진(李尙眞)[113]이 쓴 가승(家乘)의

위치를 정확하게 기억하고 있는 자가 아무도 없었다. 그러다가 황선(黃瑄)이 현감(縣監)으로 있을 적에 그 고을의 북쪽 언덕 사이에 건물을 수축(修築)하려 하다가 옛 무덤들이 줄지어 늘어서 있는 것을 보고는 이를 없애 평지로 만들 생각을 하였는데, 어느 날 밤 꿈에 고관(高官)이 나타나 말하기를, "늘어진 소나무 아래에 있는 무덤이 바로 나의 거처이니, 여무(余武)라는 사람을 찾아가 물어보도록 하라. 나는 너에게 선조가 되느니라." 하였다. 이에 황(黃)이 깜짝 놀라 여무라는 사람을 수소문해서 찾아보니 나이가 백여 세 되는 고리(故吏)였는데, 그가 또 뜻밖에 말하기를, "저는 원님께서 저를 부르실 줄 알고 있었습니다. 꿈에 남 상공(南相公)께서 저에게 말씀하시기를 '너의 고을 수령이 나의 거처를 물어볼 것인데, 저쪽 몇 번째가 바로 그곳이다.' 하셨습니다." 하였다. 황(黃)은 본디 그의 외계(外系)에서 나왔던 터라 이 말을 듣고는 더욱 감격하고 기이하게 여긴 나머지 그 묘소에 객토(客土)를 더 쌓아 봉분(封墳)을 높이 하였는데, 그 흙 속에서 나온 보라색 돌이 곧바로 부서지기는 하였으나 그래도 새겨져 있는 글 가운데 남(南)이라는 글자가 있는 것을 발견하고는 더더욱 의심할 여지 없이 믿게 되었다.

113 이상진(李尙眞) : 1614~1690. 본관은 전의(全義), 자는 천득(天得), 호는 만암(晩庵), 시호는 충정(忠貞)이다. 1645년(인조23) 문과에 급제하여 경상도 관찰사를 거쳐 우의정을 지냈다. 인현왕후(仁顯王后) 폐위의 부당함을 간하다가 숙종의 진

발문과 상사(上舍) 이수태(李秀泰)[114]가 지은 행장 및 경현사(景賢祠)에 봉안하는 글, 금연처사(錦淵處士) 신체인(申體仁)이 지은 묘표(墓表)와 세덕사 상량문(世德祠上樑文)이 있다. 세덕사는 바로 공과 공의 후손 명계(明溪) 전(詮)[115]을 높여 보답하기 위한 것으로, 처음에는 경현사(景賢祠)라 이름한 것이었다. 이런 것들은 여러 믿을 만한 분들의 문장에 이미 다 기술되었으니, 내가 다시 무슨 말을 더하겠는가.

다만 생각건대, 공의 무략(武略)은 이미 섬나라 오랑캐를 놀라 떨게 하였고, 문교(文敎)는 또 우리나라 선비들을 떨쳐 일어나게 하였으니, 타고난 자질이 우뚝하고 빼어남과 학술이 정밀하고 조예가 있음은 진실로 이에서 상상해 볼 수 있으며, 겸손하게 물러난 한 조목의 일도 또한 후인들의 모범이 될 만하다. 생각건대 공의 기백(氣魄)이 깨끗하고 시원하여 또한 지금까지도 어둡지 않아 그 자손들을 은혜롭게 도움이 마땅히 다함이 없다는 것은 다만 명계공(明溪公)을 보더라도 또한 알 수 있다. 이와 같다면 이 책은 다만 기이한 행적을 기록한 것이 될 뿐만 아니다. 그래서 이에 말하였다.

노를 사 귀양갔다. 소결(疏決)로 용서되어 부여에 있는 옛집에서 우거하다가 세상을 떠났다. 1695년에는 청백리(淸白吏)에 선출되었다.

114 이수태(李秀泰) : 1673~? 본관은 영천(永川), 자는 화언(華彦), 호는 석포(石圃)이다. 문장이 섬세하고 잘 썼다고 평가를 받았다. 그 결과 학행(學行)으로 이름이 났으며, 1726년(영조2) 생원시에 입격하였다.

115 명계(明溪) 전(詮) : 박전(朴詮, 1526~1607)으로, 자는 공근(公謹)이며, 명계는 그의 호이다. 박석보의 8대손이다. 성균관 생원이었으나 을사사화 뒤였기에 벼슬에 나아가지 않고 오로지 학업에만 힘써 문장으로 존경을 받았다.

열부 경주 이씨전[116]의 뒤에 쓰다

書烈婦慶州李氏傳後

위 〈열부경주이씨전〉은 나의 벗인 풍양(豐壤) 조사위(趙士威)[117] 군이 쓴 것이다. 이씨가 열(烈)을 다한 행적은 전 가운데 이미 상세히 말하였으니, 나는 말을 덧붙이지 않는다. 다만 생각건대, 사람이 의를 취함에 그가 편안〔從容〕히 죽을 수 있는 것은 진실로 더욱 어렵다. 그러나 혹 1~2년 뒤에 죽을 수 있는 경우는 있지만 17년이 지난 뒤에 죽을 수 있었던 사람은 이씨 외에 들은 적이 없다.[118] 이는 한번 죽고자 하는 마음은 이미 남편이 죽던 날에 정한 것이 쇠나 돌처럼 견고했을 뿐만 아니라 오히려 어찌 오래되어도 느슨해지지 않아 끝내 힘쓸 수 있어 이와 같음에 이를 수 있었던 것이 아니겠는가. 이는 '종용(從容)'이라는 두 글자로는 다 말하기 부족함이 있으나, 그 어려움은 온 천하에 견줄 사람이

116 열부 경주 이씨전 : 《구당집(舊堂集)》 권9의 〈효열이유인전(孝烈李孺人傳)〉을 말한다. 이씨는 이행원(李行源)의 딸로, 21세에 신평(新平) 이형기(李亨基)에게 시집갔으나, 남편이 목에 종기가 나서 결혼 1년 만에 죽었다.

117 조사위(趙士威) : 조목수(趙沐洙, 1736~1807)로, 본관은 풍양(豐壤), 초명은 호연(虎然), 호는 구당(舊堂)이며, 사위는 그의 자이다. 1796년(정조20) 사도세자의 죽음을 둘러싼 임오의리(壬午義理)를 주장하는 응지소(應旨疏)를 올릴 때 소수(疏首)로 추대되어, 상소 초안을 작성하였다. 저서에 《구당집(舊堂集)》이 있다.

118 17년이……없다 : 남편이 죽은 지 14년 뒤 아들이 15세의 나이로 죽었으며, 그 뒤 3년을 더 시어머니를 모시다가 조카 며느리가 들어오자 마침내 자결하였다.

없다. 또 이씨의 열(烈)은 바야흐로 그 남편이 죽었을 때 어찌 곧바로 자결하지 않고 하종(下從 아내가 죽은 남편의 뒤를 따라 자결하는 것)을 조금이라도 늦춘 것이겠는가.

그 남편에게 다만 아들 하나가 있음을 돌아보니, 바야흐로 어렸기에 이 아이를 만약 기르지 않으면 이는 그 남편의 후사가 끊어지게 하는 것이니 의리가 아니었다. 그 자신의 몸은 설령 염려할 겨를이 없다 하더라도 장차 이 아이를 어떻게 하겠는가. 이에 구차하게 한 가닥 목숨을 연장하여 아들을 키웠다. 그 아들이 이미 죽음에[119] 이르러서 죽을 수 있었는데, 시어머니를 돌아보니 의지할 데가 없었다. 이 시어머니를 만약 봉양하지 않으면 이는 그 남편이 눈을 감지 못하게 하는 것이니 효가 아니었다. 그 자신의 몸은 설령 염려할 겨를이 없다 하더라도 장차 이 시어머니를 어떻게 하겠는가. 이에 구차하게 한 가닥 목숨을 연장하여 시어머니를 봉양하였다. 그러나 그 마음은 대개 하루도 죽을 것을 생각하지 않은 적이 없었다. 그 남편 형의 아들이 부인을 맞아 집에 들어와 그 시어머니를 봉양할 사람이 생기자 이에 더 이상 세상에 대한 미련이 없어서 바로 운명을 결정지어 기꺼이 자결하여 남편을 따랐다.

생각건대, 17년간 그 마음에 또한 어찌 하루라도 그 남편의 죽음을 잊어서 애통하고 절박함이 그 남편이 죽은 날과 다름이 조금이라도 있었겠는가. 이와 같은 괴로운 마음으로, 이에 그 남편이 혹 후손이 끊어짐과 그 시어머니가 바야흐로 의지할 사람이

119 그……죽음에 : 그 아들이 자못 총명하고 귀여웠는데, 15세에 역병을 만나 요절하였다.

없음 때문에 죽을 마음을 거두어 마음속에 감추고, 아들을 기르고 시어머니를 봉양한 것은 그 의(義)와 효(孝)에 대하여 두 가지 모두 극진하여 유감이 없다고 말할 수 있을 것이다. 그러니 이씨가 죽은 것은 오늘에서야 죽은 것이 아니니, 아, 슬프도다.

옛날 공강(共姜)이 절의를 지킨 일,[120] 기처(杞妻)가 잘 통곡한 일,[121] 영녀(令女)가 몸을 훼손한 일,[122] 채(蔡)나라 사람의 아내가 남편에게 몹쓸 병이 있었으나 떠나지 않은 일[123]은 옛 역사에 분

120 공강(共姜)이……일 : 위(衛)나라 태자 공백(共伯)의 처(妻) 공강(共姜)이 남편 사후에 재가(再嫁)하지 않고 절조를 지켰는데, 《시경(詩經)》 용풍(鄘風) 〈백주(栢舟)〉는 그 내용을 읊은 시이다. 그 시에 "두둥실 떠 있는 저 잣나무 배여. 저 황하 가운데 떠 있네. 두 갈래 머리 더펄거리는 저분이, 진실로 내 배필이니, 죽음을 걸고 맹세컨대 딴 데 시집가지 않으리. 어머니는 곧 하늘이시거늘, 어이하여 이 마음 헤아려 주지 않으시나요.〔汎彼柏舟, 在彼中河. 髧彼兩髦, 實維我儀, 之死矢靡他. 母也天只, 不諒人只.〕" 하였다.

121 기처(杞妻)가……일 : 춘추 시대 제(齊)나라 장공(莊公)의 대부인 기량(杞梁)이 전사하자 그 아내가 그의 시체를 성 아래 놓고 열흘 동안 통곡하니 성이 무너졌다. 기량의 처는 남편을 장사 지낸 다음 치수(淄水)에 몸을 던져 죽었다. 《列女傳 卷4 貞順》 일설에는 진시황 때 기량(杞良)이란 사람이 장성(長城)을 쌓다가 억울하게 죽어 그 시체가 성을 쌓은 돌무더기 속에 들어 있었는데, 그의 아내가 가서 통곡하자 성이 무너지고 기량의 시체가 나타났다 한다.

122 영녀(令女)가……일 : 영녀는 삼국 시대 위(魏)나라 조상(曹爽)의 종제(從弟)인 조문숙(曹文叔)의 아내가 된 하후 문녕(夏侯文寧)의 딸 영녀(令女)를 말한다. 문숙이 젊은 나이에 요절하자 자식도 없는 자신을 친정에서 재가시키려 할 것을 염려하여 처음에는 머리를 잘랐다가 그래도 재가를 서두르자 이번에는 칼로 두 귀를 잘라 버렸다. 시댁이 멸문의 화를 당하고 난 뒤에도 스스로 코를 베어 죽으려 하였다. 《小學 卷6 善行》

123 채(蔡)나라……일 : 채(蔡)나라 사람의 아내는 송(宋)나라 사람의 딸인데, 남편에게 몹쓸 병이 있어 그의 어머니가 장차 다른 곳으로 개가시키려고 하니, 딸이

명하게 남아 있으나 그들의 죽음에 대해서는 모두 듣지 못했으니, 이와 같은 것은 정(貞)은 정(貞)이지만, 열(烈)에 대해서는 아직 부족하다. 세상의 부인 가운데 혹 자식이 어려 의탁할 곳이 없는데도 죽거나, 혹 시어머니가 늙어 의지할 곳이 없는데도 죽으니, 이와 같은 것은 열(烈)은 열(烈)이지만 의로우면서도 효성스럽다고 말하기에는 부족하다. 그가 혹 의롭고 효성스러울 수 있더라도 남편이 죽은 지 이미 오래됨에 사람의 목숨이 매우 모질어 사는 것이 하고자 하는 바가 아니더라도 죽는 것도 쉬운 바가 아니니, 머뭇거리는 사이에 그 마음이 드디어 해이해져 끝내 죽을 수 없게 된다. 이와 같은 것은 비록 그릇되다고 할 수 없으나, 절의를 세웠다고 말하기에는 또 부족하다. 이런 점으로 말해 보면, 이씨(李氏) 같은 경우는 아마도 그 어려움이 참으로 과연 천하에서 함께 겨룰 사람이 없는 것이 아니겠는가.

아, 대저 사람이 살아서는 세상에 설 수 없어 죽는 이는 그 절개가 오히려 평범한 것이지만, 살아서 또한 세상에 설 수 있는데도 반드시 죽음에 이르는 이는 그 절개가 평범한 정이 미칠 바가 아니니, 그 마음의 열(烈)을 더욱 잘 볼 수 있다. 오직 그 열(烈)이 이와 같았던 것은 17년을 하루같이 여기며 죽지 않으면 그만두지 않았기 때문이리라. 이씨 남편의 형인 원기(元基)가 나에게 한마디 말을 구하기에 드디어 전의 끝에 이렇게 써서 돌려보낸다.

말하기를 "남편의 불행이 곧 저의 불행입니다. 어떻게 버리고 가겠습니까. …… 불행하게 몹쓸 병을 만났지만 저 사람에게 큰 사고가 없고 또 저를 보내지 아니하니 어떻게 이로써 떠나갈 수가 있겠습니까." 하고 끝내 듣지 않았다. 《小學 卷5 稽古》

구옹집[124]발 강처사 세문의 호이다

癯翁集跋 姜處士世文號

구옹(癯翁)의 시 한 권은 곧 우리 고을의 은일(隱逸) 군자인 강사욱(姜士郁) 군이 지은 것이다. 사욱은 가난한 거리에 숨어 살면서도 외물에 대해 사모함이 전혀 없었다. 그의 성품이 지나치게 빠진 것은 오직 아름다운 시구를 탐닉하여 말이 사람을 놀라게 하지 못하면 그만두려 하지 않는 것[125]이었는데, 나는 그 점을 알지 못했다. 하루는 사욱이 나귀를 타고 우산(愚山)으로 들어와 나를 방문하였는데, 그 모습이 매우 여위어서 마치 병든 학이 서리 맞은 깃을 거두고 오래된 소나무가 푸른 이끼에 묻힌 듯하였다. 또 그의 얼굴은 은은하게 문채 나는 밝은 기운이 있음을 잠시 보는 사이에 파악할 수 있었다. 이윽고 절구 한 수를 읊어 나에게 주면서 말하기를, "푸른 시냇물 항상 비가 많고, 높은 봉우리 구름이 다하지 않네. 우옹의 자손[126]이 있어 단정히 앉아 주자의 글

124 구옹집 : 강세문(姜世文, 1738~1802)의 시문집으로, 현재 필사본이 중앙대학교 중앙도서관과 계명대학교 동산도서관에 소장되어 있다. 계명대본의 경우 3권 1책이며, 1811년에 정종로가 쓴 발문이 있다. 그의 본관은 진주(晉州), 자는 사욱(士郁)이며, 구옹은 그의 호이다. 상주(尙州)에 거주하였다.

125 성품이……것 : 두보(杜甫)처럼 시 짓기를 매우 좋아한다는 말이다. 두보(杜甫)의 시 〈강상치수여해세요단술(江上値水如海勢聊短述)〉에 "나는 성벽이 오로지 좋은 시구만 욕심 내어, 사람들 놀랠 말 아니면 죽어도 그만두지 않네.〔爲人性癖耽佳句, 語不驚人死不休.〕"라고 하였는데, 이를 차용하여 한 말이다.

을 읽네.〔碧澗常多雨, 高峯不盡雲. 愚翁孫子在, 端坐讀朱文.〕"라고 하였고, 또 근체시 한 수를 지어 즉경(卽景)을 읊고는 돌아갔기에 나는 매우 기이하게 여겼다. 그 사람됨이 반드시 초연히 세속의 얽매임에서 벗어나 스스로 그 즐거움을 즐긴다고 생각하였다.

돌아보건대, 그의 거처는 일사(一舍)[127]의 밖에 있고, 나도 또한 은둔해 살면서 바깥출입을 사양했기 때문에 더 이상 함께 이야기할 수 없었다. 때때로 오묘한 시작(詩作) 능력에 대한 명성을 듣고 기쁘게 여길 뿐 사욱이 이미 고인이 되었다고 생각하지 못했다. 그의 족제(族弟) 호린(皓隣) 청지(淸之)[128]가 이미 만시(輓詩)를 짓고 또 이 책에 서문을 지었는데, 칭송하고 애도하는 뜻이 언외(言外)에 흘러넘쳤다. 아, 우리 고을의 훌륭한 선비 한 분이 돌아가셨도다.

그분은 산수를 좋아하여 희양산(曦陽山 경북 문경(聞慶) 소재), 속리산(俗離山), 동도(東都 경주(慶州))의 네 군(郡) 같은 곳은 발걸음이 이르지 않은 곳이 없었고, 또 풍악산(楓嶽山 가을 금강산(金剛

126 우옹의 자손 : 우옹은 우복(愚伏) 정경세(鄭經世, 1563~1633)를 말하며, 자손은 우복의 자손인 입재 정종로를 말한다.

127 일사(一舍) : 군사가 하루에 삼십 리를 걷고 하룻밤을 묵는다는 뜻으로, 삼십 리를 이르는 말이다.

128 호린(皓隣) 청지(淸之) : 강세백(姜世白, 1748~1824)으로, 본관은 진주(晉州)이며, 호린은 그의 호이고, 청지는 그의 자이다. 상주(尙州) 봉대(鳳臺)에 거주하였다. 1792년(정조16)에 실시한 도산서원(陶山書院) 별시에 장원급제하여 홍문관 응교(弘文館應敎)를 역임하다가 사직 후 정종로(鄭宗魯)에게 학문을 강론받았다. 저서로 문집과 《진종성헌(晉宗成憲)》 4책이 전한다.

山)의 별칭)에 유람하러 가고자 하였으나 중도에 병이 나서 돌아온 적이 있다. 대개 그분의 흉금은 상쾌하였으니 이른바 '세속에 살면서도 세속을 벗어났다'는 것이다. 어찌 갑작스럽게 돌아가시어 안기생(安期生)[129] 및 선문자(羨門子)[130]와 함께 상청(上淸)[131] 세계에서 소요하게 되었는가.

지금 세상의 선비들은 반 이상이 미혹되어 헤매면서 이룬 것도 없이 늙었으니,[132] 비록 그들이 영달하여 살찌고 맛있는 것을 실컷 먹는다 하더라도 일컬을 만한 선함은 하나도 없으니, 누가 사

129 안기생(安期生) : 동해(東海)의 봉래산(蓬萊山)에서 살았다는 전설상의 선인(仙人)이다. 한 무제(漢武帝) 때 방사(方士) 이소군(李少君)이 자기는 장생불사의 술법을 알고 있고 또 신선도 직접 만난 적이 있다고 하여 무제의 신임을 얻었는데, 그가 "일찍이 해상에서 노닐 적에 안기생을 만났더니, 참외만 한 크기의 대추를 먹고 있었다.〔臣嘗遊海上, 見安期生, 安期生食巨棗大如瓜.〕"라고 말한 기록이 《사기》 권28 〈봉선서(封禪書)〉에 나온다. 안기생이 진시황(秦始皇)과 사흘 밤낮을 이야기한 뒤에 자기를 찾고 싶으면 동해 봉래산으로 오라고 말하고는 바닷속으로 떠났다는 이야기가 한(漢)나라 유향(劉向)이 지은 《열선전(列仙傳)》에 나온다.

130 선문자(羨門子) : 옛날 선인(仙人)인 선문자고(羨門子高)를 말하는데, 진시황(秦始皇)이 일찍이 동해(東海)에 노닐면서 선인 선문의 무리를 찾았다 한다. 《史記 卷5 秦始皇本紀》

131 상청(上淸) : 삼청(三淸)의 하나이다. 삼청은 도교(道敎)의 이른바 삼동교주(三洞敎主)가 거하는 최고의 선경(仙境), 즉 삼청경(三淸境)의 준말로, 옥청(玉淸), 상청(上淸), 태청(太淸)을 말한다.

132 이룬……늙었으니 : 원문은 '노혁(老洫)'으로, 늙어서 욕심이 넘치는 것인데, 이룬 것도 없고 쓸모도 없이 오래 사는 늙은이를 가리킨다. 《장자(莊子)》 〈제물론(齊物論)〉에 "그 마음을 닫아 버리기를 봉함하듯이 하는 것은 늙어서 욕심이 넘치는 것을 말함이니, 죽음에 가까이 간 마음이라 다시 살아나게 할 수 없다.〔其厭也如緘, 以言其老洫也, 近死之心, 莫使復陽也.〕"라고 한 데서 온 말이다.

욱이 술지게미마저도 배불리 먹지 못했으나 시집이 있어 후세에 전해짐이 이와 같은 것만 하겠는가.

내가 사율(詞律)에 대해 안목이 없지만, 그분의 시는 대체로 정신을 정리하고 생각을 예리하게 한 끝에서 나온 것이 많아 천기(天機)가 절로 움직이는 것을 얻어 자주 속세를 끊고 하늘을 나는 듯하여 고양(孤陽)[133]의 운치가 있으니, 가수맹한(賈瘦孟寒)[134]에 비해 어떠한가. 나의 관점으로 보면, 이 또한 여윈 학이 이슬을 경계하는 울음[135] 및 늙은 소나무가 바람에 울리는 소리와 함께 자연스러움으로 귀결된다. 아, 숭상할 만하고 숭상할 만하도다.

133 고양(孤陽) : 《주역》 곤괘(坤卦)에서 모두 음효가 되고 복괘(復卦)에서 군자를 상징하는 양효가 처음 생겨나는 것처럼, 음이 가득한 암울한 상황에서도 굴하지 않고 자신의 뜻을 굳게 지킴을 뜻한다.

134 가수맹한(賈瘦孟寒) : 일반적으로 교한도수(郊寒島瘦)라 하며, 당대(唐代)의 시인인 가도(賈島)와 맹교(孟郊)의 시풍을 평가한 표현이다. 맹교와 가도는 모두 시풍이 비슷한 데다 아주 곤궁한 시인으로 일컬어졌던바, 소식의 〈제유자옥문(祭柳子玉文)〉에서 당나라 시인들의 시격(詩格)을 논평한 데 의하면 "맹교의 시격은 청한하고, 가도의 시격은 수척하며, 원진의 시격은 경조하고, 백거이의 시격은 비속하다. 〔郊寒島瘦, 元輕白俗.〕"라고 하였다. 《東坡全集 卷25》

135 여윈……울음 : 8월이 되어 이슬이 내리면 학이 소리를 내어 울면서 살기 좋은 다른 곳으로 옮겨 가라고 서로 경계한다고 한다. 《藝文類聚 卷90》

유용경[136]의 시고 뒤에 쓰다

書柳用卿詩稿後

나는 유용경과 만년에서야 서로 알게 되었고 또 자주 서로 종유할 수 없었다. 그러나 그의 사람됨이 옥 같음을 사랑하였다. 아름다운 광채가 얼굴에 드러난 것은 이미 은근히 비치어 손에 잡힐 듯하였고, 몸을 단속하고 자신을 지키는 모습은 또 지극히 단정하고 응중(凝重)하여 기울거나 동요하는 뜻이 없었다. 남들과 수작함은 간약하면서도 마땅하고, 행동거지는 편안하면서도 느긋하였으니, 그 마음이 한결같이 한가하고 고요함을 이에서 또한 상상할 수 있다. 그런 까닭으로 그를 볼 때마다 항상 훌륭하게 여겼다. 생각건대, 이 사람은 아마 도를 배워 터득함이 있는 사람이리라. 그렇지 않다면 그 타고난 자질이 이미 도에 가깝기 때문이리라. 만약 그가 당세의 선각자인 대산(大山), 남야(南野)[137] 같은 두 어른의 문하에서 유학하여 조금이라도 학문할 뜻을 더할 수 있었더라면, 그가 애쓰지 않고도 이룸이 있는 것은 확실할 것이다. 항상 그 속마음을 한번 물어보고 싶었으나 과연 그렇게 하지 못하였다.

136 유용경(柳用卿) : 유즙(柳檝)으로, 본관은 진주(晉州)이다. 행적은 자세하지 않다.

137 남야(南野) : 박손경(朴孫慶, 1713~1782)으로, 본관은 함양(咸陽), 자는 효유(孝有), 남야는 그의 호이다. 경북 예천군(醴泉郡) 용문면(龍門面) 상금곡리(上金谷里)에 거주하였다. 정종로가 40세에 박손경을 배알하고 가르침을 청하였다. 저서에 《남야집》이 있다.

최근에 그의 종자(從子 조카) 희보(熙甫)[138]를 만나 물었더니, 곧 말하기를 "숙부께서 전적을 널리 보시어 마음속에 온축된 바가 대개 매우 풍부하고, 드러내어 문장으로 짓는 것이 또 깨끗하게 씻겨 세속의 기운이 없었으니, 공령(功令 과거시험에 필요한 시문)으로 과거시험에 이름을 떨침 같은 것은 다만 여사(餘事)일 뿐이었습니다. 돌아보건대 그분의 고아한 마음과 뜻은 절로 뜻을 보존한 바가 있었으니, 평소 생활함에 불우했으나 도덕의 정원에서 정신으로 노닐어 옛 철인(哲人)과 함께하기를 아침저녁으로 만나는 것과 같이 하지 않은 적이 없었습니다."라고 하였다. 인하여 그가 쓴 절구시 〈이른 봄 저물녘에 산보하며〔早春晩步〕〉 한 편을 외우니, "남쪽 언덕의 봄기운 연기처럼 따뜻하니, 풀빛과 새소리가 한 해를 알리네. 물아를 모두 잊어 마음은 절로 편안하니, 변함없이 몸은 꽃과 시내 곁에 있네.〔陽阿春氣暖如煙, 草色禽聲報一年. 物我渾忘心自得, 依然身在傍花川.〕"라고 하였다.

나는 듣고서 나도 모르게 벌떡 일어나 앉아서 무릎을 치며 읊조리고 말하기를, "그 마음에 보존된 바가 이와 같다면 그 밖으로 표현되는 것이 어찌 저와 같지 않을 수 있겠는가."라고 하였다. 이에 그를 향해 경도되는 마음이 더욱 절실하여 적막한 물가로 끊임없이 찾아가서 조금이라도 이택(麗澤)[139]의 유익함에 도움을

138 희보(熙甫) : 유영춘(柳榮春)으로, 본관은 진주(晉州)이며, 자는 희보(熙甫) 또는 희보(羲甫)이다.

139 이택(麗澤) : 서로 붙어 있는 두 개의 연못이라는 뜻으로, 붕우 간에 서로 도움을 주며 학문을 토론하고 덕을 닦아 나가는 것을 말한다. 《주역》 〈태괘(兌卦)〉에 "두 못이 연결되어 있는 형상이 태(兌)이니, 군자가 이를 본받아 붕우 간에 강습한

받고자 생각하였다. 또 생각건대, 그의 재주와 포부로 만약 작은 성취를 편안히 여기지 않고 더욱 그 지극함을 구하였더라면, 뭇 선함을 널리 취할 때는 나의 천근한 말도 또한 혹 도움이 없지는 않아서 서로 더불어 피안(彼岸)[140]에 올라갈 수 있었을 것이다. 얼마 후 용경(用卿)이 병(病)이 나서 문을 닫고 밖으로 나오지 않은 것이 여러 해 되었는데, 마침내 사망하였으니, 슬프도다. 내가 세상에서 이 같은 사람을 다시 볼 수 있겠는가만 목소리와 모습, 의향과 지취는 아직도 때때로 완연히 나의 마음과 눈 사이에 아른거리니, 대개 잊고자 해도 잊을 수 없는 점이 있다.

하루는 희보(熙甫)가 용경(用卿)의 시와 문 약간 편을 가지고 와서 나에게 보여 주며 말하기를, "숙부의 재주와 포부는 우리 어르신께서 아시는 바입니다. 지금 불행히 여기에 그치고 말았으니, 그분의 평소 저술한 것도 또 이처럼 얼마 되지 않습니다. 그러나 그 문사(文辭)를 보면 오히려 징험할 만한 것이 있으니, 원컨대 한마디 말을 그 후손에게 남겨 주어 그분의 그윽하게 가려진 빛이 끝내 사라지는 데 이르지 않게 해 주십시오."라고 하였다.

나는 다시 오랫동안 크게 탄식하고 시험 삼아 그 책을 열람하니, 그 시의 경우 고체시와 근체시 따질 것 없이 모두 참된 의취에서 발현한 것이 많아 〈조춘만보(早春晩步)〉와 매한가지였으니,

다.〔麗澤兌, 君子以, 朋友講習.〕"라는 말에서 유래하였다.

140 피안(彼岸) : 불교 용어로, 불교에서는 생사(生死)의 고해(苦海) 속에서 허덕이는 사바세계(娑婆世界)를 차안(此岸)이라 하고, 생사를 초월한 적정 열반(寂靜涅槃)의 세계를 피안이라고 한다. 유가에서 원용하여 학문의 이상경인 성인의 경지를 뜻하다.

이에 내가 그를 위해 더욱 슬퍼할 만하였다. 바야흐로 남야옹(南野翁)이 살아 계실 때 용경이 편지를 보내 가르침을 구하였는데, 남야가 답한 것[141]이 매우 정성스러웠으며, 왕복한 편지가 모두 시고에 실려 있다.

아, 용경이 작은 성취를 편안히 여기지 않고 더욱 그 지극함을 구하였음을 이에 볼 수 있다. 만약 그가 죽지 않고 살아 있었다면, 비록 남야가 세상을 떠나신 뒤에라도 반드시 그를 맞이하여 잘 이끌어 주고 깨우쳐 주는 사람이 있었을 것이니, 그가 성취했을 바는 이루 다 헤아릴 수 없었을 것이다. 그러나 지금 어찌 그렇게 할 수 있겠는가. 아, 그것이 애석히 여길 만하고 한스럽게 여길 만하도다.

141 남야가 답한 것 : 박손경의 《남야집》 권4의 〈답유용경(答柳用卿)〉을 말한다. 이 편지에서 박손경은 유즙이 질문한 《주자서절요》의 의심스러운 부분에 대해서는 간재(艮齋) 이덕홍(李德弘, 1541~1596)이 퇴계 이황의 강의 내용을 기록한 《주자서절요강록(朱子書節要講錄)》과 밀암(密菴) 이재(李栽, 1657~1730)가 보완한 《주서강록간보(朱書講錄刊補)》를 보라고 권하는 내용이 있다.

외왕부 소곡공[142]과 경현재 강공[143]에게 올린 편지의 뒤에 쓰다

書上外王父素谷公及警弦齋姜公書後

삼가 장차 무슨 말을 하겠습니까. 말을 할 수 있다면 반드시 비통함이 깊지 않은 것입니다. 비통함이 깊다면 말을 할 수 없으니, 능히 할 수 있겠습니까. 괴로운 말을 하여 지극히 애통함을 더 무겁게 하겠습니까. 기억을 떠올려 보니, 어릴 적 위양(渭陽)[144]에서 노닐던 때와 관례를 한 뒤 왕래할 때의 여러 빛

142 외왕부 소곡공 : 입재의 외조부인 홍익귀(洪益龜, 1692~1764)로, 본관은 부림(缶林), 자는 국범(國範), 호는 소곡(素谷)이며, 정종로의 생모인 홍씨의 아버지이다. 1723년(경종3) 생원시에 입격하였다. 문장과 기절이 매우 뛰어났으나, 이인좌(李麟佐)의 지친(至親)이었기에 유배되어 생을 마쳤다. 조신들이 그의 무고함을 알려 복권되었다. 후사가 끊어져 입재가 제사를 받들고, 외조부의 저술을 《소곡집(素谷集)》 4권으로 만들었다. 《입재집》 별집 권6에 〈제외왕고소곡홍선생문(祭外王考素谷洪先生文)〉이 있다. 《경북유학인물지》에는 사망 연도가 1728년으로 되어 있으나 잘못이다.

143 경현재 강공 : 강세진(姜世晉, 1717~1786)으로, 본관은 진주(晉州), 자는 사원(嗣源)이며, 경현재는 그의 호이다. 상주 봉대에 거주하였다. 1753년(영조29)에 생원에 합격하였다. 저서로 《경현재집》이 있다.

144 위양(渭陽) : 위수(渭水)의 북쪽 물가라는 뜻으로, 후대에는 외가(外家) 쪽을 가리키는 말로 쓰였다. 춘추 시대 진 강공(秦康公)이 자기 외삼촌인 진 문공(晉文公)을 전송할 적에 이미 돌아간 자기 모친을 몹시 그리워하는 마음에서 위양에 이르러 노래한 내용이 《시경》 〈진풍(秦風) 위양(渭陽)〉에 실려 있는데, "내 외삼촌을 전송하여, 위양에 이르렀노라. 무엇을 선물로 드릴까, 노거와 노란 말 네 필이로다.〔我

나는 모습들이 다만 마음과 눈에 선명하여 한바탕 꿈과 같습니다. 아, 30년도 되지 않아 사람의 일이 이에 이르렀으니, 꿈꾸던 것도 이미 끝났습니다. 노쇠한 만년에 장차 다시 누구를 의지하실는지요. 아버지를 여윈 외로운 손자는 어리고 다른 조카도 없으며, 남편을 잃은 젊은 며느리는 외롭고 쓸쓸하여 목숨을 보존할 수도 없으니, 조금 다급한 상황이라 하겠습니다. 외손인 저는 오직 명목만 손자일 뿐 남들이 차마 하지 못하는 것도 차마 하고 있으니, 남들은 천 리도 멀다고 여기지 않고 오히려 백 리처럼 가깝게 여기는데, 저는 오히려 만 리처럼 멀게 여기고 있습니다.

한 해가 저무는데 차가운 바닷가에서 소식조차 아득하니, 부질없이 스스로 탄식할 뿐이었습니다. 문 두드리는 소리를 듣고 나가 인사하니, 손님은 바닷가 장기(瘴氣)를 띠고서 말도 하기 전에 편지 한 통과 한자(韓子)[145]와 유자(柳子)[146]의 글 각 한

送舅氏, 曰至渭陽. 何以贈之? 路車乘黃.]"라고 하였다. 정종로는 함창(咸昌) 율리(栗里) 외가에서 태어났는데, 생후 4일 만에 어머니가 세상을 떠나자, 9살 때 본가로 돌아와 아버지인 정인모(鄭仁模, 1707~1756)에게 공부할 때까지 외가에서 외할머니 손에 자랐다.

145 한자(韓子) : 한유(韓愈, 768~824)로, 자는 퇴지(退之), 시호는 문공(文公)이며 회주(懷州) 수무현(修武縣) 출신이다. 당나라를 대표하는 문장가로, 대구(對句)를 중심으로 수사에 치중하는 변려문을 반대하고, 친구 유종원(柳宗元) 등과 함께 고문 운동을 주도하였다. 저서에 《창려선생집(昌黎先生集)》이 있다.

146 유자(柳子) : 유종원(柳宗元, 773~819)으로, 자는 자후(子厚), 호는 하동(河東)이며 장안(長安) 출신이다. 고문의 대가로서 한유와 병칭되었으며, 고문 운동을 주도하였다. 산수시에 특히 뛰어나 왕유(王維), 맹호연(孟浩然) 등과 당시(唐詩)의

책과 또 별도의 글 한 책을 내놓았는데 모두 할아버지의 수택본임을 마음으로 이미 알았습니다. 필시 누구에게도 전해 줄 데가 없어 저에게 전해 준 것이라 생각하니 저도 모르게 눈물이 흘러 앞을 가렸고, 편지를 읽음에 이르러서도 과연 그러하였습니다.

손님에 대해 또 숙부로 삼게 하셨으니, 세상일이 더욱 오열할 만합니다. 마침내 숙부로 삼고 함께 열흘 남짓 이야기했습니다. 삼가 들으니 혈과(血瓜)[147] 이래로 정신과 건강 상태가 더 이상 쇠하지 않았다 하니, 마음을 열고 슬픔을 흩는 데 힘쓰십시오. 그렇게 하지 않으면 어쩌겠습니까. 어쩔 수 없고 어쩔 수 없습니다.

바닷가의 풍토와 습속은 옛날과 동일하지 않은데, 지금 전하는 바를 들으니 한결같이 옛날과 같다고 합니다. 그러나 전하는 것이 옛것이 아니니, 곳곳마다 마음을 아프게 합니다. 또 지난해 크게 흉년이 들었는데, 섬의 상황은 어떠신지요. 〈채갈편(采葛篇)〉[148]을 읽고서 비로소 칡을 캐서 양식으로 삼는 것을 알았습니다. 비록 경계(庚癸)[149]가 있지만 칡만 못하고, 반숙(半

자연파를 형성하였다. 저서에 《유하동집(柳河東集)》이 있다.

147 혈과(血瓜) : 자식의 죽음을 뜻한다. 저본에는 혈조(血爪)로 되어 있는데, 잘못이다.

148 채갈편(采葛篇) : 문맥상 외조부가 식량이 부족하여 칡을 캐서 양식으로 삼는 곤궁한 생활을 읊은 작품인 듯한데, 구체적인 내용은 알 수 없다.

149 경계(庚癸) : 양식과 음료를 말한다. 《춘추좌씨전(春秋左氏傳)》 애공(哀公) 13년 조(條)에, "오(吳)나라 신숙의(申叔儀)가 공손 유산씨(公孫有山氏)에게 양식

菽)[150]이 있지만 어찌 섬의 칡을 캐지 못하게 하겠습니까.

저는 일찍 아버지를 여의고[151] 사고도 많으며[152] 엉성함 또한 심하여, 집안일을 계승한 지 겨우 6년 사이에 더 이상 옛 시절이 아니니, 사람의 마음이 위축됩니다. 외숙의 상(喪)에도 참석하지 못했으니 꺼림칙한 일에 구애된 것입니다. 물품으로 정성스럽게 부의(賻儀)하지 못하였고, 수야(壽也)[153]의 추위와 굶주림 또한 잊습니다. 가난함이 이런 지경에 이른 줄 누가 알았겠습니까. 게다가 다급한 상황에 추호(秋毫)도 도와주지 못했으니, 다만 사람들에게 차마 한 것이야 다시 말할 수 있겠습니까.

어린 시절 재주와 기상이 적었는데, 왕고(王考 정주원(鄭胄源)) 께서 저에게 과거시험 공부를 하게 하셨으나 왕고께서 돌아가신 뒤에는 그만두고 하지 않았습니다. 세상을 살아가는 것이 힘들

을 구걸하자, 대답하기를 '좋은 곡식은 없어도 거친 곡식은 있으니, 만약 수산(首山)에 올라가 경계(庚癸)! 하고 외치면 바로 가져다주겠다.' 하였다." 하였는데, 경(庚)은 서방(西方)으로 곡식을 주관하고 계(癸)는 북방(北方)으로 물을 주관하기 때문에 양식과 음료의 은어(隱語)로 사용한 것이라고 한다.

150 반숙(半菽) : 채소와 콩을 반씩 섞어서 끓인 죽으로, 아주 조악한 음식을 말한다. 《한서(漢書)》 〈항적전(項籍傳)〉에 이르기를, "금년에는 농사는 흉년이 들고 백성들은 가난하여 사졸들이 반숙을 먹고 있다." 하였는데, 그 주에 "사졸들이 채소밥을 먹었는데 콩으로 반을 섞었다.〔士卒食蔬菜, 以菽半雜之.〕" 하였다.

151 일찍 아버지를 여의고 : 정종로는 1756년(영조32) 5월, 19세의 나이로 아버지인 정인모(鄭仁模, 1707~1756) 상을 당하였다.

152 사고도 많으며 : 1756년(영조32) 2월 조부 정주원(鄭胄源, 1686~1756)의 상을 당하고, 3월 중부 정의모(鄭義模)의 상을 당하였다.

153 수야(壽也) : 외가 쪽의 사람인 듯한데, 누구인지 자세하지 않다.

면 힘들수록 과거에 대한 뜻이 없었습니다. 자못 태상(太上)[154]에 뜻을 두었으나, 태상이란 것은 스스로 합당한 사람이 아니기 때문에 포기하였습니다. 그다음으로 문장 잘 짓기를 구하고자 하였으나, 문장 또한 반드시 타고난 강자(腔子)가 있어야 하니 어찌 감히 성취하기를 바라겠습니까.

또 사람의 성품은 마땅함이 있으니, 그것을 어긴다면 성취하지 못합니다. 그러므로 마땅히 생계를 다스려야 하면 생계를 다스리고, 마땅히 과거 공부를 해야 하면 과거 공부를 하고, 마땅히 입언(立言)을 해야 하면 입언을 하고, 마땅히 덕을 세워야 하면 덕을 세우는데, 지금 오직 한 가지만이 가깝습니다.

제사가 매우 많으니 이 몸의 관직은 그 마땅한 것이 아니기에 포기했습니다. 포기하지 못한다면 장차 그 마땅함을 어기는 것이기에 한 가지도 또한 가까이할 수 없으니, 참으로 한심합니다. 그러나 오뚝이 앉아 책을 마주함에 정신을 집중하여 이해하면 굶주림과 추위도 느끼지 못하고 근심과 즐거움도 알지 못합니다. 혹 외물을 만나더라도 마음이 외물에 있지 않으니, 이 강자(腔子) 또한 타고난 것 가운데 만에 하나라도 성취한다면, 작은 재주를 성취하는 것이지만 도와는 멀어집니다.

근래에 우산에 집 한 채를 지었으니, 바로 선대의 별장이었

154 태상(太上) : 지극히 존귀함을 뜻하는 말이다. 춘추 시대 때 노(魯)나라 대부 숙손표가 진(晉)나라에 갔을 적에 범선자(范宣子)가 길이 썩지 않을 일에 대해서 물어보자 그가 대답하기를 "태상은 덕을 세움이요, 다음은 공명을 세움이요, 그다음은 훌륭한 말을 남기는 것이다.〔太上有立德, 其次有立功, 其次有立言.〕"라고 하였다. 《春秋左氏傳 襄公24年》

습니다. 산수가 아름답고 서적이 많으니, 비록 궁벽하지만 그 외롭고 적막함을 잊을 만합니다. 모든 일은 하늘의 뜻에 따를 뿐이니, 다시 무엇을 구하겠습니까. 저의 뜻과 학업 그리고 행사(行事)가 이와 같은 데 불과합니다.

다시 보내 주신 편지를 받으니, 정학(正學)을 말하고 경학(經學)을 말하여 면려하셨습니다. 그러나 정학과 경학을 제가 감히 말할 수 있겠습니까. 부끄러워 땀이 쉬지 않고 흐릅니다.

한유와 유종원의 글과 수고(手稿)를 감히 청전(靑氈)[155]처럼 보물로 여기지 않겠습니까. 유종원의 경우 문장의 정적(正嫡)으로 이름을 붙였는데, -본래는 종(宗) 자였는데 적(嫡) 자로 바꾸었다.- 유종원이 과연 정적입니까, 아니면 정적으로 생각하시는 겁니까.

'표규(豹窺)' 한 책은 일찍이 율동(栗洞 함창(咸昌) 율리(栗里))에 있다고 들었기에 구해 와서 때때로 손을 씻고 읽으며 사모하는 마음을 붙이고자 하였으나, 그 뒤에 내려보내 주신 것을 경당(敬堂) 종숙[156]이 바야흐로 보고 있기에 아직 읽지 못했으니, 어찌 보내 주신 뜻이겠습니까.

근래에 산문 약간을 지은 것이 있어 편지로 보내 드리니, 평

155 청전(靑氈) : 선대(先代)로부터 전해진 귀한 유물을 가리킨다. 진(晉)나라 왕헌지(王獻之)가 누워 있는 방에 도둑이 들어와서 물건을 모조리 훔쳐 가려 할 적에, 그가 "도둑이여, 그 푸른 모포는 우리 집안의 유물이니, 그것만은 두고 가는 것이 좋겠다.〔偸兒, 靑氈我家舊物, 可特置之.〕"라고 하자, 도둑이 질겁하고 도망쳤다는 고사가 있다. 《晉書 卷80 王羲之列傳 王獻之》

156 경당(敬堂) 종숙 : 자세하지 않다.

하여 가르쳐 주심이 어떻겠습니까. 나머지는 숙부 편에 말로 전하겠습니다. 기체후가 부디 건강하시고 건강하십시오. 정성스런 마음에 부합하는 물품은 없고 다만 마음으로 빌 뿐인 것이 마음 아픕니다. -위는 소곡(素谷)에게 올린 글이다.-

저는 나이도 어리고 학문을 막 시작하였기에 취할 만한 장점이 한 조각도 없는데, 감사하게도 총애를 내려 주시고 외람되게도 아름답게 여기고 장려해 주심을 입었으며, 좋은 소식이 담긴 편지로 안부를 물으심에까지 이르렀으니, 감격함에 부끄럽고 얼굴이 붉어져 응대할 바를 모르겠습니다. 비록 그러나 사람은 각자 마음에 품은 것이 있으니, 품은 것이 있으면 반드시 표현하고자 합니다. 또 사람의 항심(恒心)은 묻지 않아도 오히려 표현하는데, 하물며 이와 같이 굽어 물어 주심에야 말할 것이 있겠습니까. 청컨대 한두 마디 말을 진술하오니, 분명하게 가르쳐 주시기를 기다립니다.

시생(侍生)은 어렸을 때 재주와 기상이 매우 얕았는데, 선부형(先父兄)께서 과거시험 공부를 하도록 하였으나 불초함이 심하고 성품 또한 매우 게을러 마음에 새겨 힘을 다하지 못했습니다. 약관(弱冠)의 나이가 되어 재앙과 사고[157]가 또 진박(震剝)[158]하니 함휼(銜恤)[159]한 남은 생이 다시 떨쳐 일어나 힘쓸

157 재앙과 사고 : 정종로가 19세 되던 해인 1756년(영조32), 2월에 조부의 상을 당하고, 3월에 중부의 상을 당하고, 5월에 부친의 상을 당한 것을 말한다.

158 진박(震剝) : 진과 박은 둘 다 괘(卦)의 이름인데 좋지 못한 일을 비유하는 말

수 없었습니다. 세상 살아가는 것이 날마다 힘들어져 더욱 과거 공부에는 뜻이 없어 드디어 그만두고 하지 않았으니, 지금 10년이 지났습니다. 비록 다시 연참(鉛槧)[160]을 다스려 찡그림을 본받고자[161] 하지만 그렇게 할 수 있겠습니까. 어떤 사람이 혹 공거(公車)를 사양하여 거절하면 뭇사람들은 그가 달갑게 여기지 않는다고 혐의하였지만, 저의 경우는 진실로 이 때문에 사양할 뿐입니다. 이 점은 아마 마음으로 혹 이미 묵묵히 알고 계시겠지요.

오직 제가 거처하는 이곳은 고요하니 찾아와 종유하는 사람이 매우 드뭅니다. 매우 무료하여 어쩔 수 없이 때때로 옛글을

로 쓰인다. 《주역(周易)》 〈진괘(震卦)〉에 "연거푸 오는 우레가 진괘(震卦)이다. 군자(君子)는 이를 보고 공구(恐懼)하며, 덕을 닦고 반성한다.〔洊雷震, 君子以恐懼修省.〕"라고 하였다. 〈박괘(剝卦) 육사(六四)〉에 "상을 깎아 살갗에 이름이니 흉하다.〔剝牀以膚, 凶.〕" 하고, 그 상전(象傳)에 "상을 깎아 살갗에 이름은 재앙이 매우 가까워진 것이다.〔剝牀以膚, 切近災也.〕"라고 하였다.

159 함휼(銜恤) : 근심을 품는다는 뜻으로, 부모가 세상을 떠나 늘 근심하는 자식의 마음을 일컫는다. 《시경》 〈육아(蓼莪)〉에 "아버지가 없으면 누구를 믿으며 어머니가 없으면 누구를 믿을꼬. 나가면 근심을 품고 들어오면 이를 곳이 없노라.〔無父何怙, 無母何恃. 出則銜恤, 入則靡至.〕"라는 구절이 있다.

160 연참(鉛槧) : 옛날 사람들이 글을 쓸 때 사용했던 연분필(鉛粉筆)과 나무판으로, 문장 혹은 글공부를 가리킨다.

161 찡그림을 본받고자 : 본문은 '효빈(效嚬)'인데, 일반적으로 '效顰'으로 쓴다. 옛날에 월(越)나라의 미녀 서시(西施)가 가슴이 아파 얼굴을 찡그리는 것을 보고 그 동네에 사는 추녀(醜女)가 이를 흉내 내어 찡그리자 동네 사람들이 더욱 못난 얼굴에 놀라 도망쳤다고 한다. 《莊子 天運》 본질을 알지 못하고 남의 좋은 점을 흉내 냄을 뜻한다.

읽으며 날을 보냅니다. 평소 병폐의 근원은 또 '조요(躁擾 조급하고 마음이 흔들림)' 두 글자이니, 책 한 권의 절반도 정밀하게 꿰뚫고 오묘하게 이해한 적이 없습니다. 본령(本領 마음)이 이와 같으니, 무슨 일을 이룰 수 있겠습니까. 또 반드시 타고난 강자(腔子)가 있은 뒤라야 문장을 말할 수 있으니, 또한 많이 읽고 널리 보지 않고서도 능한 사람은 있지 않습니다.

저는 어리석어 스스로 헤아리지 못하고 최근에 문장 짓는 것에 뜻을 두어 잠심(潛心)한 지 여러 해가 되었습니다. 옛날 글쓴이들의 번건(藩鍵 핵심처)은 비록 쉽게 엿볼 수 없으나 아속(雅俗)과 기정(奇正)을 분별함에 이르러서는 혹 거의 비슷하게 되었습니다만 재주가 매우 노둔하고 공부가 매우 엉성하니 어찌하겠습니까. 세속의 일들이 또 서로 방해하고 시간을 빼앗으니, 세월이 빨리 흘러 이미 30세가 되었습니다. 이후로는 조금 있던 총명함마저도 또한 장차 날마다 줄어들 것이니, 문장을 잘지을 가망이 있겠습니까.

'가장 좋은 것은 덕을 세움이다'[162]라는 것에 이르러서는 제가 그 적임자가 아닙니다. 처음에 아직 학문을 하지 않았을 때, 비록 혹 책을 대하고 있었지만 또 어찌 좋은 소식이 있었겠습니까. 가만히 생각건대 인생만사(人生萬事)는 모두 각각의 천명(天命)이 있으니, 과거 급제도 한때의 영광일 뿐이며, 또 사람들이 모두 급제할 수도 없습니다. 더구나 문장은 천고의 학업이니 하늘이 허락하지 않는데도 취하고자 한다면 이는 천명을

162 가장……세움이다 : 앞의 주 154 '태상(太上)' 참조.

알지 못하는 것입니다. 그러므로 근래 이후로는 이 문장에 대한 뜻을 또한 멈추었습니다. 성품이 또 건망증이 심해 걸핏하면 잊어버리니, 남들과 나란히 계책을 낼 때도 백 가지가 모두 남들만 못합니다. 이와 같이 세상 이치를 모르고 졸렬한 사람이 또한 어찌 세상에 쓰일 수 있겠습니까.

사람들이 "나는 외물을 사모함이 없다."라고 말하면 듣는 사람들은 반드시 비웃을 것입니다. 그러나 저는 실제 꿈속에서도 외물에 대한 사모함을 끊은 지 오래되었습니다. 오직 문을 닫고 향을 피워서 정신과 혼백을 기르고 단련하여 수작(酬酌)하는 여가에 경전을 읽으면서 다만 정밀하게 통하기를 생각할 뿐입니다. 비록 평생 동안 한 권의 책만 읽을 뿐이라 하더라도 과연 융회(融會)할 수 있다면, 바로 창틈으로 해를 엿보는 것이 넓은 뜰에서 달을 보는 것에 비해 오히려 조금 나음과 같으니, 혹 이로 인해서 허물이 적어지는 것, 이것이 원하는 바입니다. 그러나 이 또한 하나의 좋은 일이니, 하늘이 과연 저에게 허락할까요.

우산에는 샘과 바위가 많아 유람할 만하니, 구름과 놀, 꽃과 달이 때때로 사람을 즐겁게 합니다. 진실로 옛 학업에 실패함이 없고 거칠게 미음이나 죽을 공급하여 또한 스스로 늙을 수 있다면 다시 무엇을 구하겠습니까. 구구한 저의 마음은 이 같은 데 지나지 않습니다만, 이것이 가능할까요, 불가능할까요. 바라건대 분명하게 가르쳐 주시어 제가 받들어 주선(周旋)할 수 있도록 해 주신다면 매우 다행이겠습니다. -위는 현재(弦齋)에게 올린 글이다.-

위의 외대부(外大父) 소곡공(素谷公)에게 올린 편지는 대개 내가 25～26세 때[163] 쓴 것으로, 그 가운데 당시 내가 뜻한 바를 상세히 기술하였으니, 망녕되이 고문을 짓고자 한 것이 이와 같았다. 경현재(警弦齋) 강공(姜公)에게 올린 편지는 내가 30세 때[164] 쓴 것으로, 두 편지 사이의 시간 차는 4～5년에 불과하다. 그 사의(辭意)를 살펴보면 이미 조리가 맞지 않아 매우 어렵게 느껴지니 그러한 까닭에 이와 같이 폐기하고자 한다.

대저 사람이 재주가 이르지 못하고 공부가 지극하지 못하면 비록 구구한 고문이라도 또한 잘할 수 없으니 퇴보함만 있고 진보함은 없음이 마땅하다. 게다가 이른바 '가장 좋은 일〔太上事〕'이라는 것이 어떤 중임(重任)과 원도(遠道)[165]인데, 아름답지 못한 자질로 전일하지 못한 공부를 더하여 옛날 그대로 변함 없이 유유범범하게 지내며, 바로잡고 변화시키며 독실하고 용맹한 의상(意像)이 전혀 없으면서 절로 성취함에 이르기를 앉아서 기다린다면 또한 매우 가소롭지 않겠으며, 끝내 연(燕)나라를 바라면서 월(越)나라로 돌아가는 지경[166]에 이르게 되니, 또한 어찌 괴이하게

163 25～26세 때 : 입재의 나이 25세는 1762년(영조38)이다.

164 30세 때 : 입재의 나이 30세는 1767년(영조43)으로, 이해에 《논어》 "삼십이립(三十而立)"의 뜻을 취해 입재(立齋)로 자호하였다.

165 중임(重任)과 원도(遠道) : 《논어》 〈태백(泰伯)〉에 증자(曾子)가 이르기를 "선비는 도량이 넓고 강인하지 않으면 안 되니, 임무는 무겁고 갈 길은 멀기 때문이다. 인을 자신의 책임으로 삼으니, 무겁지 않겠는가. 죽은 뒤에야 그만두니, 또한 멀지 않겠는가.〔士不可以不弘毅, 任重而道遠. 仁以爲己任, 不亦重乎? 死而後已, 不亦遠乎?〕"라고 하였다.

여길만 하겠는가.

비록 그러나 고문을 잘할 수 없었기 때문에 오히려 이 한 가지 생각을 막고 물리쳐서 그것에 얽매이지 않게 되었다. 보는 것을 단속하고 듣는 것을 반성하며 성인의 가르침에 잠심하여 우리 유가의 진결(眞訣)에 얕은 견해를 대략이나마 가진 것은 반드시 고문에 능하지 못한 효과가 아닌 것은 아니다. 이 뒤에는 이서자(伊西子)에게 준 편지[167] 가운데서 또 상세하게 본말을 말했다. 때문에 이어서 아래와 같이 기록하여 내가 애초에 미혹되었다가 끝내 회복한 이유를 보인다.

166 연(燕)나라를……지경 : 연나라는 중국의 북쪽에 있고 월나라는 남쪽에 있는 나라이니, 서로 간에 거리가 아주 먼 것을 형용하는 말로 쓰인다.

167 이서자(伊西子)에게 준 편지 : 이서자(伊西子)는 신필권(申必權)으로, 자는 심보(審甫), 호는 이서(伊西)이다. 편지는 《입재집》 별집 권2 〈답신심보(答申審甫)〉를 말한다.

잠명 箴銘

자경잠
自警箴

네가 이른바 옳다는 것이	爾所謂是者
과연 이치에 부합하는가	果合於理耶
네가 이른바 그르다는 것이	爾所謂非者
과연 의리에 어긋나는가	果違於義耶
만약 그릇된 것이라면	如其非也
진실로 고집해서는 안 되며	固不可執也
만약 옳은 것이라면	如其是也
또한 바꾸어서는 안 되네	亦不可易也
이미 앎이 철저하다면	旣知之徹
어찌 굳게 지키지 않으랴	盍守之固
오직 굳지 않으니	惟其不固
이 때문에 잘못이 많네	是以多誤

자경잠

又

이미 그것이 옳음을 안다면	旣知其可
어째서 하지 않으며	曷爲不爲
이미 옳지 않음을 안다면	旣知不可
어째서 그것을 하겠는가	曷爲爲之
오직 하고 하지 않음은	惟爲不爲
다만 자신에게 달렸으니	只在於己
지금부터 시작하여	其始自今
용감하게 결단하기를 바라네	勇決是冀

거습잠

去習箴

습(習)이라는 말은	習之爲言
익숙하다는 뜻일 뿐이니	曰熟而已
만약 그것이 바르다면	如其正也
선은 이보다 더 좋은 것이 없고	善莫尙只
만약 그것이 사특하다면	如其邪也
악이 이미 이루어졌네	惡已遂矣
비록 이미 이루어졌다고 말하더라도	雖曰已遂
고쳐서 늦출 수 있으니	革可緩止
무엇으로 고칠 수 있는가	革之維何
밝음과 굳셈일세	明與剛耳
문득 너의 악습을 보니	旋觀爾習
또한 여러 해 동안 쌓인 것이라	亦多年禩
좋게 바로잡지 않으면	好是不正
거의 그 골수까지 미칠 것일세	殆浹其髓
귀는 듣기를 기필하지 않고	耳不期聽
눈은 보기를 기필하지 않고	目不期視
손은 가지기를 기필하지 않고	手不期持
발은 밟기를 기필하지 않고	足不期履
입은 말하기를 기필하지 않고	口不期言
몸은 기대기를 기필하지 않고	體不期倚

뜻은 싹트기를 기필하지 않고	意不期萌
마음은 헤아리기를 기필하지 않아야 하네	心不期揣
기관이 살아서 익숙하게 되면	機械活熟
닿는 곳마다 이와 같으니	觸境如是
틈을 타서 파고들어	投間抵隙
민첩하게 나와 방사하게 되네	捷出橫肆
진실로 지극히 밝지 않으면	苟非至明
어찌 그 애초에 밝힐 수 있으며	曷燭其始
진실로 지극히 굳세지 않으면	苟非至剛
어찌 그것을 그치게 하겠는가	曷令其已
나는 거울 하나를 얻었는데	我得一鑑
빛나기가 마치 가을물 같으니	光如秋水
맹세컨대 그 기미를 밝혀서	誓燭其幾
털끝만큼도 숨기거나 피하지 말아야 하네	毫無隱避
나는 칼 한 자루를 얻었는데	我得一劍
날카롭기가 서릿발 같으니	利若霜匕
맹세컨대 그 뿌리를 잘라 내어	誓斷其根
털끝만큼도 남겨 두지 말아야 하네	毫無留置
이 말을 듣지 않으면	此厥不聽
이는 자포자기하는 것이니	是爲自棄
경계하고 경계하여	戒之戒之
잠시 사이에도 잊지 말라	勿忘造次

자신잠[168]

自新箴

한 해가 이미 돌아오니 봄이 곧 새롭고　歲旣回春卽新
천시가 바뀌니 경물과 기후가 새롭네　天時改物候新
어찌 내 마음은 유독 새롭지 않은가　豈我心獨不新
원래 타고난 마음[169]은 명이 오직 새롭네　原降衷命維新
가리워짐이 있기 때문에 새롭지 못함이 있으니　由有蔽有未新
이에 더러움을 씻어 새롭기를 도모하네　爰滌汙以圖新
새롭게 할 것은 무엇인가, 덕을 새롭게 해야 하니　新維何德是新
옛 견해를 씻고 미래의 새로움을 알아야 하네　濯舊見知來新
이치는 다함이 없어서 궁구하면 더욱 새로우니　理無窮窮益新
잡기를 오직 견고히 하면 행함이 절로 새로우리　執惟固行自新
능한 바를 인하여 힘쓰면 더욱 새로워지니　因所能勉益新
마치 저 거울처럼 갈면 새로워지네　如彼鏡磨則新

168 자신잠 : 《입재집》 별집 권9의 〈언행록(言行錄)〉에 의하면, 이 글은 20세 남짓 때 지은 것이다.

169 타고난 마음 : 원문 '강충(降衷)'을 번역한 것으로, 《서경》 〈탕고(湯誥)〉에 "훌륭하신 상제가 하민(下民)에게 충(衷)을 내려 주어 그 자연스러운 이치를 따라 떳떳한 성을 소유하였다.〔惟皇上帝, 降衷于下民, 若有恒性.〕" 하였다. 《서경집전(書經集傳)》에 "충(衷)은 중(中)이고, 약(若)은 순(順)이다. 하늘이 명을 내릴 적에 인의예지신(仁義禮智信)의 이치를 갖추어 편벽되거나 치우친 바가 없으니, 이른바 충(衷)이라는 것이다." 하였다.

비유하면 저 아침 해가 떠오를 때 바야흐로 새로우니 譬彼暾昇方新
비로소 이제부터 이미 나날이 새롭네 肇自今旣日新
보존함에 싫어함이 없이 또 나날이 새롭게 하면 保無斁又日新
처음부터 끝까지 한결같이 이에 새로우리 終始一是乃新
강건함이 지극하면 밝은 빛이 새로우니 剛健至輝光新
삼재에 참여하여 오직 이에 새로우리 參三才惟此新
온갖 조화와 더불어 한 번 새로워짐을 함께하니 與萬化同一新
나는 이것을 새겨서 탕 임금의 새로워짐[170]을 본받네 我銘此法湯新

170 탕 임금의 새로워짐 : 은(殷)나라 탕(湯) 임금의 반명(盤銘)에 "진실로 어느 하루에 새로워졌거든 나날이 새로워지고 또 나날이 새로워져야 한다.〔苟日新, 日日新, 又日新.〕" 하여, 몸을 씻어 때를 없애듯이 마음의 때를 씻어 덕을 새롭게 향상시키리라 다짐한 것을 말한다.《大學章句 傳2章》

긍암명 강공서[171]를 위하여 짓다
兢庵銘 爲姜公敍作

성인의 학문에 요체가 있으니	聖學有要
경으로 말미암아 나아가는 것일세	由敬以進
경의 뜻은 하나가 아니지만	敬訓非一
오직 두려워함이 본뜻에 가깝네	惟畏爲近
두려워함은 어떻게 하는가	畏之如何
마음을 조심하여 삼가네	小心其兢
삼가면서 그만두지 않는다면	兢而不息
상달[172]의 공부를 할 수 있으리	上達可能

-그 첫 번째-

아, 상달의 공부를	於乎上達
어찌 감히 쉽게 의논하겠는가	其敢易議

171 강공서(姜公敍) : 강세규(姜世揆, 1762~1833)로, 본관은 진주(晉州), 호는 긍암(兢菴)이며, 공서는 그의 자이다. 상주에 살았으며, 정종로의 문인이다. 벼슬은 승문원(承文院)을 거쳐 지평(持平), 정언(正言), 기주관(記注官)을 역임하였다. 저서로는 《긍암집》이 있다.

172 상달(上達) : 위로 천리(天理)에 도달한다는 뜻으로, 공부의 수준이 높은 경지를 말한다. 《논어》 〈헌문(憲問)〉에, "하늘을 원망하지 않으며 남을 탓하지 않고, 아래로 인간의 일을 배우면서 위로 천리를 통달한다.〔不怨天, 不尤人, 下學而上達.〕"는 말에서 유래하였다.

하늘의 덕은 매우 순수하여 天德孔純
뒤섞임도 없고 둘로 나누어짐도 없네 無雜無貳
눈 깜짝할 사이나 털끝만큼의 차이로도 瞬間毫差
욕심이 불타오르고 천지가 뒤바뀌네[173] 慾熾壤易
어찌 삼가지 않으리오 曷其不兢
조심하기를 얇은 얼음판을 걷는 것[174]같이 하라 凜如履薄

-그 두 번째-

대개 이 큰 근본은 蓋此大本
조심함이 아니면 세울 수 없네 非兢不立
또한 큰 중도는 亦粤大中
조심함이 아니면 잡을 수 없네 非兢不執
조심해서 보존하고 기르면 兢以存養
고요하여 이에 치우침이 없네 靜斯無偏
조심해서 반성하고 살피면 兢以省察
움직임에 이에 넘어짐이 없네 動乃無顚

-그 세 번째-

173 눈……뒤바뀌네 : 주자의 〈경재잠(敬齋箴)〉 제8장에 "잠깐 사이라도 틈이 있으면, 사욕이 만 가닥이다.〔須臾有間, 私欲萬端.〕" 하였고, 제9장에 "털끝만큼이라도 어긋나면, 하늘과 땅이 뒤바뀐다.〔毫釐有差, 天壤易處.〕" 하였다.

174 얇은……것 : 조심스러운 마음으로 매사에 신중하라는 뜻으로, 《시경(詩經)》 〈소민(小旻)〉에 "전전긍긍하여 깊은 못에 임하듯 얇은 얼음을 밟듯 한다.〔戰戰兢兢, 如臨深淵, 如履薄氷.〕"라고 한 데서 유래하였다.

동과 정이 모두 필요할 때는	動靜交須
오직 이 조심함에 의지해야 하니	惟賴此兢
문득 그 처음을 관찰하여	旋觀其始
뜻을 잡아 지킴도 오직 조심함이네	持志惟兢
도리어 그 끝을 관찰하여	却觀其終
지극함에 나아감도 오직 조심함이니	造極惟兢
처음부터 끝까지	自始至終
줄곧 조심해야 하네	一直是兢

-그 네 번째-

이것으로 사물에 나아가 이치를 궁구하면	以而格物
어떤 이치인들 밝히지 못할까	何理不明
이것으로 자신을 단속하면	以而律己
어떤 뜻인들 성실히 하지 못할까	何意不誠
그칠 곳을 아는 것에서 얻을 수 있는 것까지[175]	知止能得
오직 조심함이 그렇게 한 것이라	惟兢之致
충실하여 빛남[176]은	充實光輝

175 그칠……것까지 : 《대학장구》 경(經) 제1장에서 "머무를 곳을 알아야 방향이 정해지고, 정해져야 마음이 고요할 수 있고, 고요하여야 몸이 편안할 수 있고, 편안하여야 깊이 생각할 수 있고, 깊이 생각해야 얻을 수 있다.〔知止而后有定, 定而后能靜, 靜而后能安, 安而后能慮, 慮而后能得.〕"라고 한 말을 가리킨다.

176 충실하여 빛남 : 《맹자》 〈진심 하(盡心下)〉에 "사람들이 좋아할 만한 사람을 선인이라 하고, 자기 몸에 선을 소유한 사람을 신인이라 하고, 선을 충실히 보유한 사람을 미인이라 하고, 충실하여 빛남이 있는 사람을 대인이라 하고, 대인이면서 저

또한 조심함 때문일세 亦兢之以

-그 다섯 번째-

생각건대 오직 이 조심함이 念惟此兢
성인 문하의 오묘한 비결이니 聖門妙訣
공경함과 한결같음 曰欽曰一
공경과 두려워함일세 曰祗曰栗
이름을 취한 것은 비록 다르지만 取名雖殊
그 이치는 동일하니 其理則同
만고토록 분명한 가르침이 萬古明訓
마치 해가 하늘에 걸린 것과 같네 如日揭空

-그 여섯 번째-

또한 이 긍이란 글자는 抑此兢字
이길 극 자 두 개를 병렬한 것이니 並是兩克
이기는 것은 무엇을 이기는 것인가 克是克何
사사로운 자신의 욕심을 이겨야 하네 私己是克
기질이 치우친 바는 氣質所偏
이기는 것이 더욱 어려우니 其克尤難
이겨 내고 또 이겨 내어서 克之又克

절로 화한 사람을 성인이라 하고, 성인이어서 측량할 수 없는 사람을 신인이라 한다.〔可欲之謂善, 有諸已之謂信, 充實之謂美, 充實而有光輝之謂大, 大而化之之謂聖, 聖而不可知之之謂神.〕"라고 하였다.

완전하게 깨끗해져야 비로소 편안하네　　淨盡乃安

-그 일곱 번째-

이길 극 자 두 개가 병렬된 것이　　兩克之并
또한 긍 자의 의미이니　　亦兢一義
공경함이 온갖 사특함을 이기는 것은　　敬勝百邪
진실로 그러한 것일세　　亶其然矣
아름답게도 그대가 느낀 점이 있어　　嘉君有會
집에 이름으로 붙이고 스스로 반성하니　　號庵自省
내가 짐짓 명을 지어　　我故作銘
더불어 서로 경계하고자 하네　　要與胥警

-그 여덟 번째-

제월[177]찬

霽月贊

산뜻하게 비 갠 하늘의 달	灑灑霽月
한결같이 어찌 그리도 밝은가	一何其明
어찌 저 달[178]은	豈伊桂魄
특별하게 맑음을 더하였나	別樣加淸
대개 이 달빛은	蓋此月光
만고토록 한결같으니	一般萬古
다만 오늘 밤만	匪直今宵
저같이 밝은 것이 아닐세	如彼其皓
항상 때에 맞추어 세상을 비춤에	常時下界
떠도는 기운이 광활하고 끝이 없어[179]	游氛坱軋

177 제월 : 황정견(黃庭堅)이 《산곡집(山谷集)》에서 주돈이(周敦頤)를 두고 "주무숙은 속이 시원스러워 비가 갠 뒤의 화창한 바람이나 밝은 달과 같다.〔胸中灑落, 如光風霽月.〕"라고 한 데서 나온 말로, 인품이 매우 훌륭하고 속이 시원스레 트인 것을 말한다.

178 달 : 원문은 '계백(桂魄)'으로, 달무리〔月輪〕의 빛이 없는 곳을 '백(魄)'이라 하기도 하고, '魄'에 '처음, 시작'의 뜻이 있으므로 초승달로 보기도 한다. 달에 계수나무가 있다는 전설은 《유양잡조(酉陽雜俎)》에 "달에는 높이가 오백 장이나 되는 큰 계수나무가 있고, 그 나무 아래에 한 사람이 항상 나무를 찍는데, 나무는 도끼로 상처가 날 때마다 바로 아문다. 그 사람 성명은 오강(吳剛)으로, 신선이 되는 공부를 하다가 잘못을 저질러 유배 가서 나무를 베는 벌을 받은 것이다.〔月中有桂高五百丈, 下有一人常斫之, 樹創隨合. 人姓吳名剛, 學仙有過, 謫令伐樹.〕"라고 하였다.

가려지는 바가 되면 爲其所蔽
밝은 빛이 다 통과하지 못하네 明未盡徹
비가 내린 뒤에 이르러서야 及乎雨過
하늘과 땅이 깨끗하게 씻겨서 乾坤澄洗
천지와 사방이 上下四方
더 이상 조금의 가림도 없게 되네 更無纖翳
달의 본모습이 月之本體
이에 온전히 드러나니 於是全露
맑고 빛나는 바가 所以淸輝
그 예전보다 열 배가 되네 十倍其故
나는 생각건대 사람의 마음도 余謂人心
이 달과 다름이 없으니 與此無別
허령하여 사방에 비춤은 虛靈四燭
휘황찬란한 태일[180]일세 煌煌太一

179 광활하고 끝이 없어 : 원문은 '앙알(坱軋)'로, 가의(賈誼)가 〈복조부(鵩鳥賦)〉에서 자연의 끝없는 조화를 표현하여 "대자연이 만물을 운행함이여, 끝없이 광활하도다.〔大專槃物兮, 坱軋無垠.〕"라고 한 말을 원용한 표현이다. 《史記 卷84 賈生列傳》

180 휘황찬란한 태일 : 《사기(史記)》 〈천관서(天官書)〉에 의하면, 하늘의 북극(北極) 즉 북신(北辰)에는 다섯 개의 별이 있는데 태일(太一)은 그 중앙에 있다고 한다. 일반적으로 이 별을 북극성이라 한다. 여기서는 마음이 중심을 지켜 외물(外物)에 동요되지 않고 외물을 비추어 보아야 함을 말하였다. 주자(朱子)의 〈재거감흥(齋居感興)〉에 "태일은 일정한 처소 있으니 우러러보면 홀로 휘황하여라. 중천에 떠서 사방 천하를 두루 비추니 삼신이 둘러싸고 모시도다. 사람 마음도 이와 같아서 치우치는 곳 없이 사물을 두루 비추어 보길.〔太一有常居, 仰瞻獨煌煌. 中天照四國, 三辰環侍傍. 人心要如此, 寂感無邊方.〕"이라 하였다.

밝게 그 빛남은	皦乎其光
성인이나 범인이 다름이 없으나	聖凡匪殊
오직 욕심에 가리게 되면	惟其慾蔽
돌아서 어두운 길에 들어가네	轉入昏衢
설령 빛을 발함이 있더라도	縱有發見
그 밝음은 완전함이 적으니	其明全少
한 조각의 영대〔마음〕가	一片靈臺
능히 밝게 빛나는 경우가 드무네	鮮克皎皎
우뚝한 저 선각자는	卓彼先覺
사물에 얽매임을 완전히 깨끗하게 하였으니	淨盡物累
정허와 동직[181]에	靜虛動直
천광이 비로소 순수하였네	天光乃粹
시원스러운 가슴속은	灑落胸次
갠 날 밝은 달이 이와 같았네	霽月是如
그러나 어찌 털끝만큼이라도 더함이 있으랴	然豈毫加
다만 그 처음을 회복할 뿐이네	只復其初

181 정허와 동직 : 주돈이(周敦頤)의 《역통서해(易通書解)》 제2장에 나오는 말로, 정(靜)의 때에는 텅 비게 하고, 동(動)의 때에는 곧게 한다는 말이다. 어떤 사람이 성인이 되는 방법을 묻자, 주돈이가 "한결같음이 요체가 되니, 한결같음이란 욕심이 없는 것이다. 욕심이 없으면 정의 때에는 텅 비게 되고 동의 때에는 곧게 된다. 정의 때에 텅 비면 밝아지고, 밝아지면 천하의 이치에 통한다. 동의 때에 곧으면 공평하게 되고, 공평하면 천하의 서무(庶務)를 널리 처리할 수 있다. 밝아서 통하고 공평하여 넓게 되면 거의 성인의 도에 가까울 것이다.〔一爲要, 一者, 無欲也. 無欲則靜虛動直. 靜虛則明, 明則通. 動直則公, 公則溥. 明通公溥, 庶矣乎.〕" 하였다.

한 점의 흠도 존재하지 않아	一疵不存
온갖 이치가 이에 밝았네	萬理斯瑩
내가 그분[182]을 생각함에	我懷伊人
천년 세월도 멀지 않네	千載匪迥

182 그분 : 주돈이(周敦頤)를 말한다. 그의 자는 무숙(茂叔)이고, 호는 염계(濂溪)이며, 시호는 원공(元公)이고, 도주(道州) 영도(營道) 사람이다. 염학(濂學)의 창시자로, 정호(程顥), 정이(程頤), 소옹(邵雍), 장재(張載)와 함께 북송오자(北宋五子) 중 한 사람이다. 저술로 《태극도설(太極圖說)》, 《통서(通書)》 등이 있으며, 훗날 청나라 때 편찬된 《주자전서(周子全書)》가 있다.

상량문 上樑文

옥동서원[183] 문루[184] 상량문
玉洞書院門樓上樑文

여러 철인(哲人)이 위대한 원로와 함께 사당에 배향되니 전형(典刑)이 이에 보존되고, 정문은 옛 규모보다 넓히고 누각을 세우니 학문에 정진함[185]이 더욱 성대하도다. 공사를 이미 마치니, 규모가 크게 장대하도다.[186]

183 옥동서원(玉洞書院) : 경북 상주시 모동면(牟東面) 수봉리(壽峯里)에 있는 서원으로, 1518년(중종13) 황희(黃喜)의 학문과 덕을 기리기 위하여 창건하였으며, 뒤에 사서(沙西) 전식(全湜, 1563~1642), 황맹헌(黃孟獻), 황효헌(黃孝獻) 등이 추가 배향되었다. 1868년(고종5) 흥선대원군의 서원철폐 조치에도 훼철되지 않고 존속하였다.

184 문루 : 문의 이름은 '회보(懷寶)'이며, 누의 이름은 '청월(淸越)'이다.

185 학문에 정진함 : 원문은 '장수(藏修)'로, 《예기(禮記)》 〈학기(學記)〉에 "군자는 학문에 대해서 학교에 들어가서는 학업을 닦고 학교에서 물러나 쉴 때는 기예를 즐긴다.〔君子之於學也, 藏焉, 修焉, 息焉, 游焉.〕"라고 한 데서 유래하였다.

186 크게 장대하도다 : 원문은 '대장(大壯)'으로, 대장은 장대하고 튼튼함을 의미하는데, 여기서 뜻을 취하여 비바람을 막을 수 있는 장대한 집을 지었음을 말한다. 《주역》 〈계사전 하(繫辭傳下)〉에 "상고 시대에는 사람들이 굴에서 살고 들판에서 살았

대개 들으니, 선배를 제향하는 서원에는 또한 후학들이 올라가 내려다보는 정자가 있다 하였네. 첩첩의 기둥이 강당의 앞쪽에 우뚝이 높으니 횡사(黌舍 강당)를 높이고 꾸미는 방법을 극진히 했을 뿐만 아니라, 층층의 난간이 둘러싼 담장의 위에 아득하니 영대(靈臺 마음)를 넓게 트이게 하는 곳이 되는 까닭일세. 이는 참으로 없어서는 안 되는 것이니, 끝내 어찌 그만둘 수 있겠는가.

생각건대, 이 옥동서원은 실로 사벌국(沙伐國)[187]의 이름난 서원이네. 방촌(厖村 황희(黃喜)) 어른의 성대한 덕과 위대한 업적은 온 나라가 영원히 의지하니 이에 두 기둥에서 주벽이 되는 높은 분이며, 사서(沙西)[188] 어른의 통달한 식견과 꼿꼿한 충성은 학교에서 모두 추중하니 이에 동쪽 벽의 배위(配位)가 되네. 축옹(畜翁)[189]은 일찍이 절의 있는 행실에 힘써 성대하게 기묘사화(己卯

다. 후세에 성인이 이것을 집으로 바꾸어 위에는 들보를 얹고 아래에는 서까래를 얹어 비바람에 대비하였다. 이것은 대장괘에서 취하였다.〔上古, 穴居而野處. 後世聖人, 易之以宮室, 上棟下宇, 以待風雨. 蓋取諸大壯.〕"라고 한 데서 온 말이다.

187 사벌국(沙伐國) : 《삼국사기》와 《삼국유사》에 옛날 상주에 사벌국이 있었다고 기록되어 있다. 따라서 상주의 이칭으로 쓰인다.

188 사서(沙西) : 전식(全湜, 1563~1642)으로, 본관은 옥천(沃川), 자는 정원(淨遠), 사서는 그의 호이며, 시호는 충간(忠簡)이다. 유성룡(柳成龍), 장현광(張顯光)의 문인이다. 황뉴(黃紐)와 사돈이며, 황덕유(黃德柔, 1596~1659)의 장인이다. 광해군의 실정으로 벼슬을 단념하고 정경세(鄭經世), 이준(李埈) 등과 산수를 유람하였기에 세칭 상사(商社)의 삼로(三老)라 일컬어졌다. 저서에 《사서집》이 있다. 상주 옥동서원(玉洞書院)에 제향되었다.

189 축옹(畜翁) : 황효헌(黃孝獻, 1491~1532)으로, 본관은 장수(長水), 자는 숙공(叔貢), 호는 축옹(蓄翁), 현옹(玄翁), 신재(愼齋) 등이다. 한성 출신이며 영의정 황희의 현손이다. 1514년(중종9) 별시 문과에 을과로 입격하였다. 1530년 이행(李

士禍)의 이름난 사람이 되었고, 반간(槃澗)[190]은 연원을 잘 거슬러 올라갔으니, 참으로 우복(愚伏 정경세(鄭經世)) 문하의 우뚝한 제자로다. 전후로 예를 성대히 거행하여 선비들의 바람에 부응하니 영당에서 서원으로 이름이 승격되었고, 원근의 선비들이 합심하여 상소하여 임금의 마음을 움직이니 궁궐에서 은혜로운 사액(賜額)이 특별히 내려졌네.[191]

돌아보니 강당과 서재는 비록 갖추어졌으나, 아직 문루를 도모하여 건립함에는 이르지 못하였네. 많은 선비들이 한가로이 생활하며 재계하고 기거함에 강학할 장소는 없는 것이 아니지만, 한가한 날 거닐다가 난간에 기대어서 멀리 바라봄에 어찌 마음을 펼 곳이 없었던가. 답답한 마음을 펴고자 함에 전망이 시원스럽게 툭 터져 있는 것의 밖으로 기오(寄傲)[192]함을 드러낼 것은 없고, 고

荇) 등과 함께 《신증동국여지승람》의 편찬에 참여하였다. 1532년 안동 부사로 외보(外補)되었다가 갑자기 죽었다.

190 반간(槃澗) : 황뉴(黃紐, 1578~1626)로, 본관은 장수(長水), 자는 회보(會甫)이며, 반간은 그의 호이다. 축옹 황효헌의 증손이며 정경세(鄭經世)의 문인이다. 1612년(광해군4) 생원이 되고, 이듬해 증광 문과에 을과로 입격하였다. 어릴 때부터 뜻이 높고 재능이 뛰어났으며, 관직 생활 중에는 거취를 분명히 하였다.

191 영당에서……내려졌네 : 1580년(선조13) 백화서원(白華書堂)으로 이름 짓고 영당(影堂)을 지어 봄가을에 향사를 지내다가 1789년(정조13) '옥동'이라는 사액을 받아 옥동서원으로 개칭되었다.

192 기오(寄傲) : 세속을 떠나 초연한 자유인의 경지를 마음껏 펼친다는 말이다. 도연명(陶淵明)의 〈귀거래사(歸去來辭)〉에 "남창에 기대어 거만하게 즐거워하니, 무릎이나 들어갈 작은 집이 편안하기 쉬움을 알겠노라.〔倚南窓以寄傲, 審容膝之易安.〕" 하였다.

명한 경지에 나아가기를 생각함에 시야의 아득한 끝에서 흥을 일으키기에 거의 의지할 만하네.

이에 개미들이 합의도모하는 것처럼[193] 이에 재물을 모아 비로소 공사를 시작하였네. 산에 나아가 오가(五架)[194]의 나무를 베어 먼저 위층의 12기둥을 취했으며, 하늘에 닿도록 팔방으로 통하는 넓은 난간을 열어 가운데의 세 문(門)과 좌우의 실(室)을 지탱하게 하였네. 허물어진 절에 푸른 기와를 가져오니 하늘이 마치 유학을 숭상하여 그렇게 한 듯하고, 홍문(紅門)에 화려한 서까래를 가지런히 하니 장인(匠人)이 모두 솜씨를 다하고서 끝냈네. 드디어 서원이 있는 중요한 지역으로 만들고, 특별히 별도의 구역의 아름다운 이름을 차지하였네.

화산(華山)과 옥봉(玉峯)이 각각 기이한 풍광을 주렴으로 들여보내니 배(倍)나 빼어난 경치요, 도계(道溪)와 덕수(德水)가 함께 문에 물소리를 더하니 만고의 참된 근원이로다. 팔방의 창문이 영롱하여 석양을 전송하고 아침 해를 맞이하며, 날 듯한 용마루가 우뚝하여 원기(元氣)가 주위에 있고 티끌먼지가 전혀 없네. 이는 신선이 누각에 거주하는 것을 좋아함[195]에 비길 만하니, 어찌 우

193 개미들이 합의도모하는 것처럼 : 개미는 하찮은 벌레지만 끊임없이 흙을 물어 나르는 일을 계속하여 마침내 큰 둑을 만드는 것처럼 십시일반으로 마음과 힘을 모아 문루 건립을 도왔음을 비유한 말이다.

194 오가(五架) : 사당의 규모를 말하는 것으로, 다섯 개의 가(架)로 이루어진 집을 말한다. 다섯 개의 가는 후기(後庋), 후미(後楣), 동(棟), 전미(前楣), 전기(前庋)를 말하는데, 이 가를 기준으로 방(房)과 실(室)과 당(堂)이 구분된다.

195 신선이……좋아함 : 한 무제(漢武帝) 때에 방사(方士) 공손경(公孫卿)이 무제

리 선비들이 아름다운 일을 다하는 데 부합하지 않겠는가. 별과 북두성에 닿을 듯이 높은 누대에서 생활하니 곧장 바람과 우레를 타고 가고자 하며, 하늘과 구름을 함께하여 배회하니 연비어약(鳶飛魚躍)[196]을 통찰하여 보겠네.

소요부(邵堯夫)는 하늘에서 눈과 달이 끝이 없는 것처럼 마음이 사방으로 확 트였고,[197] 주무숙(周茂叔)은 봄풀이 뜰 아래서

에게 아뢰기를 "신선은 볼 수 있습니다만 천자께서 가실 때마다 항상 조급하였기 때문에 보지 못한 것입니다. 지금 폐하께서 구씨성에서처럼 관(觀)을 지으시고 마른 고기와 대추를 진설하시면 신선을 불러올 수 있습니다. 또한 선인은 누각에 거주하기를 좋아합니다.〔僊人可見, 而上往常遽, 以故不見. 今陛下可爲觀, 如緱氏城, 置脯棗, 神人宜可致. 且僊人好樓居.〕"라 하였다. 이에 무제는 장안(長安)의 감천(甘泉)에 비렴관(蜚廉觀)과 계관(桂觀), 익연수관(益延壽觀)을 지었으며, 공손경으로 하여금 부절(符節)을 가지고 제구를 설치하여 신인(神人)을 기다리게 하였다. 《史記 권12 孝武本紀》

196 연비어약(鳶飛魚躍) : 《중용장구》 제12장에서 《시경》 〈한록(旱麓)〉의 "솔개는 날아 하늘에 다다르고 물고기는 연못에서 뛰어논다.〔鳶飛戾天, 魚躍于淵.〕"라고 한 것을 인용하고, "이는 천지의 도가 상하로 밝게 드러나 있음을 말한 것이다."라고 하였다. 정자는 이에 대해 풀이하기를, "이 1절은 자사께서 긴요하게 사람들을 배려한 곳으로, 생기가 충만한 곳이다.〔此一節, 子思喫緊爲人處, 活潑潑地.〕"라고 하였는데, 천리(天理)가 한곳에 응체되어 있지 않고 활발하게 운행하고 있는 경지를 나타내는 말이다.

197 소요부(邵堯夫)는……트였고 : 소요부(邵堯夫)는 송나라 학자 소옹(邵雍, 1011~1077)으로, 자는 요부(堯夫), 호는 안락와(安樂窩), 시호는 강절(康節)이다. 하남(河南) 사람으로, 《주역》의 상수학(象數學)에 능통하였다. 벼슬에 나아가지 않고 소문산(蘇門山) 백천(百泉)에서 독서하며 사는 집을 안락와(安樂窩)라 하고 자호를 안락(安樂) 선생이라 하였다. 또한 낙양(洛陽)에 살 때에는 공중누각(空中樓閣)을 지어 자호를 무명공(無名公)이라 하기도 하였다. 저서에 《격양집(擊壤集)》, 《황극경세서(皇極經世書)》 등이 있다. 《이정유서(二程遺書)》 권7에 정자는 "소요부

서로 푸르른 것과 의사가 마찬가지였네.[198] 노닐고 휴식하는 즈음에 옛 현인을 사모함이 더욱 갱장(羹墻)[199]에 간절하였고, 송축하고 제사 지내는 나머지에 많은 사람을 홍기시킴이 윤환(輪奐)[200]에 부합하였네.

애오라지 짧은 노래를 읊어 긴 대들보를 올리는 것을 돕노라.

들보의 동쪽으로 던지세[201] 抛樑東

는 공중에 세운 누각과 같다.〔邵堯夫猶空中樓閣〕"라고 하였는데, 이 말은 명철하고 통달한 소옹의 학문적 경지가 높고 우뚝하여 마치 허공에 서 있는 누각과 같다는 칭찬이다.

198 주무숙(周茂叔)은……마찬가지였네 : 주무숙(周茂叔)은 주돈이(周敦頤, 1017~1073)로, 자는 무숙(茂叔), 호는 염계(濂溪)이다. 주돈이가 살던 곳 창 앞에 풀이 무성히 자라도 베지 않기에 어떤 사람이 그 까닭을 물었더니, "나의 의사(意思)와 마찬가지이다." 하였는데, 이 말은 풀의 살려는 뜻〔生意〕이 자신의 살려는 뜻과 같기 때문에 베지 않는다는 뜻을 담고 있다. 주돈이는 풀을 통해서 천지가 생생(生生)하는 뜻을 보았던 것이다. 《近思錄 卷14》

199 갱장(羹墻) : 죽은 사람에 대한 간절한 추모의 정을 말한다. 요(堯) 임금이 죽은 뒤에 순(舜)이 3년 동안 사모하는 정을 이기지 못한 나머지, 밥을 먹을 때에는 요 임금의 얼굴이 국그릇 속〔羹中〕에 비치는 듯하고, 앉아 있을 때에는 요 임금의 그림자가 담장〔墻〕에 어른거리는 듯했다는 고사가 있다. 《後漢書 卷63 李杜列傳》

200 윤환(輪奐) : '환륜(奐輪)'이라고도 하며, 큰 규모의 훌륭한 건물을 의미하는 말이다. 진(晉)나라 문자(文子)의 집이 완공되자 대부인 장로(張老)가 그 으리으리한 규모를 보고는 "아름답구나, 높고 크도다. 멋지구나, 없는 게 없네.〔美哉輪焉, 美哉奐焉.〕"라고 노래한 데서 온 말이다. 《禮記 檀弓下》

201 들보의 동쪽으로 던지세 : 원문은 '포량동(抛樑東)'이다. 상량문 말미의 축송에 상투적으로 붙는 말로, 상・하・사방의 여섯 방위 중 첫째로 동쪽을 든 것이다. 이 같은 투식은 중국 육조 시대(六朝時代) 때부터 전해 내려왔다. 서사증(徐師曾, 1517

한 줄기 아침 해가 누각에 가득 붉으니 一竿初日滿樓紅
이 마음을 다잡아 이와 같을 수 있다면 此心提掇能如許
또한 밝은 빛이 우주에 관통함을 알리라 也識光輝徹宇中

들보의 서쪽으로 던지세 抛樑西
만 번 꺾여 동으로 흘러감에 시내 하나 있네 萬折東流有一溪
보건대 구덩이에 가득 차야 비로소 나아가니 試看盈科方進去
물도 오히려 순서에 따르고 미혹된 적이 없네 水猶循序不曾迷

들보의 남쪽으로 던지세 抛樑南
우리 고을 봉우리가 높아 하늘에 닿을 듯한데 吾道峯高碧落參
새로 비가 내린 뒤라서 더욱 맑고 깨끗하니 更得淸明新雨後
십분 진면목이 그림 같네 十分眞面畫圖堪

들보의 북쪽으로 던지세 抛樑北
누가 알랴, 맑은 이슬[202]의 맛이 자못 지극함을 誰知沆瀣味殊極
밤기운을 기름에 담담하면서도 허명하게 해야 養來夜氣澹虛明
의상이 청명한 기운[203]을 깨달아 터득하네 意象平朝覺有得

~1580)의 《문체명변(文體明辯)》에 따르면, 건축물의 기본 골격이 완성된 뒤에 길일(吉日)을 골라 들보를 올리며 상량식을 하는데, 이때 친지들이 음식을 싸 와서 축하하고 목수들을 대접한다. 그러면 도목수가 대들보 위에 걸터앉아 만두·떡 등을 상·하·사방으로 던지며 상량문을 읽어 축원한다고 한다. 우리나라의 상량식도 이와 유사했다.

202 맑은 이슬 : 원문은 '항해(沆瀣)'로, 밤의 수기(水氣)가 엉긴 맑은 이슬인데, 신선이 마신다고 한다. 사마상여의 〈대인부(大人賦)〉에 "항해를 마시고 아침 노을을 먹는다.〔呼吸沆瀣兮餐朝霞〕" 하였다.

203 청명한 기운 : 원문은 '평조(平朝)'로, 평단(平旦)과 같은데 사람의 마음이 아직 사물을 접하기 전인 아침의 청명(淸明)한 기운을 말한다. 《맹자》 〈고자 상(告子

들보의 위쪽으로 던지세 拋樑上

옥우[204]는 맑고 깨끗하며 비 갠 후 달빛 밝네 玉宇澄淸霽月朗

본지풍광[205]이 원래 이와 같으니 本地風光元若玆

사람의 욕심 때문에 막히게 하지 마오 莫敎人慾爲之障

들보의 아래쪽으로 던지세 拋樑下

세계가 점점 저물어 밤이 되려 하나 世界駸駸欲昏夜

다행히 성스럽고 명철하신 임금이 있어 선정을 베푸니[206] 幸有聖明薰殿臨

길이 정오의 해를 잡아 성인의 시대[207]로 되돌리세 長扶午日回虞夏

上)〉 우산지목장(牛山之木章)에 "양심을 잃은 자는 밤에 자라나는 것과 새벽의 청명한 기운에도 불구하고 그 호오가 여타의 사람들과 서로 가까운 것이 얼마 되지 않는데, 낮에 하는 소행이 이것을 흔들어 상실하게 한다.〔其日夜之所息, 平旦之氣, 其好惡與人相近也者幾希, 則其旦晝之所爲, 有梏亡之矣.〕"라고 하였다.

204 옥우 : '경루옥우(瓊樓玉宇)'의 준말로, 흔히 달 속에 있다는 누대와 정자를 뜻하나, 화려한 건축물 또는 눈으로 뒤덮인 집을 뜻하기도 한다. 여기서는 후자의 뜻으로 쓰였으니, 옥동서원 문루를 가리킨다.

205 본지풍광(本地風光) : 불교 용어로, 자신이 본디부터 지니고 있는, 천연 그대로의 심성(心性), 태어나면서부터 지니고 있는 부처의 성품, 어떠한 미혹도 번뇌도 없는 부처의 경지를 말한다.

206 선정을 베푸니 : 원문 '훈전(薰殿)'은 남훈(南薰)의 전각으로, 일반적으로 선정(善政)을 베푸는 제왕의 거소를 말하는데, 이는 순(舜) 임금이 오현금(五絃琴)을 만들어 〈남풍가(南風歌)〉를 지어 부르면서 "훈훈한 남쪽 바람이여, 우리 백성의 수심을 풀어 주기를. 제때에 부는 남풍이여, 우리 백성의 재산을 늘려 주기를.〔南風之薰兮, 可以解吾民之慍兮. 南風之時兮, 可以阜吾民之財兮.〕"이라고 했다는 고사에서 나온 것이다. 《禮記集說 樂記》

207 성인의 시대 : 원문 '우하(虞夏)'의 우(虞)는 순(舜) 임금의 나라 이름이고, 하(夏)는 우(禹) 임금의 나라 이름으로, 성인이 다스리던 시대를 말한다.

엎드려 바라노니, 들보를 올린 뒤에 귀신이 도우사 비와 바람에 요동하지 않아서 멀리 만세까지 전해져 무성한 소나무 같고 떨기의 대나무같이 더욱 새로우며, 위에는 백 명이 앉을 만하니 녹명(鹿鳴)[208]의 노래와 상무(象舞)[209]의 춤이 번갈아 일어나게 하소서.

당실(堂室)에 나아감[210]에 그 순서를 두어 마땅히 열두어 층의 부도(浮屠)[211]를 끝까지 올라갈 수 있게 하시고, 궁장(宮墻)에 들어감에 그 문을 얻어[212] 천만 칸 되는 넓은 집을 알 수 있게 하소서.

208 녹명(鹿鳴) : 《시경》 〈소아(小雅)〉의 편명으로, 본래는 임금이 신하를 위해 연회를 베풀며 연주하던 악가(樂歌)인데, 후대에는 군현의 장리(長吏)가 향시(鄕試)에 급제한 거인들을 초치하여 향음주례(鄕飮酒禮)를 베풀어 주며 그들의 전도(前途)를 축복하는 뜻으로 이 노래를 부르게 하였다. 참고로 한유(韓愈)의 〈송양소윤서(送楊少尹序)〉에 "양후(楊侯)가 향리에서 과거에 급제한 뒤에 녹명을 부르면서 올라왔다.〔擧於其鄕, 歌鹿鳴而來.〕"라는 대목이 나온다. 이 서원에서 공부한 유생들 가운데 훌륭한 인물이 배출되기를 바란다는 말이다.

209 상무(象舞) : 주(周)나라 초기의 악(樂)으로, 군사들이 적을 찌르고 치는 것을 형상하여 동자(童子)들이 춤을 추는 것인데, 무왕(武王)이 지었다고 한다. 《예기》 〈내칙(內則)〉에 "성동이 되면 상무를 추고 활쏘기와 말타기를 배운다.〔成童舞象, 學射御.〕"라고 하였다.

210 당실(堂室)에 나아감 : 승당 입실(升堂入室)에서 원용한 말로, 승당 입실은 마루에 올라가 방으로 들어간다는 뜻으로, 순서를 밟아 차근차근 학문을 닦으면 결국엔 심오한 경지에 이르게 됨을 비유한 것이다. 공자가 제자 자로(子路)의 경지를 두고 이르기를 "당에는 올랐지만 아직 실에는 들어가지 못하였다.〔升堂矣, 未入於室也.〕"라고 한 데서 유래하였다. 《論語 先進》

211 열두어 층의 부도(浮屠) : 10층이 넘는 높은 불탑으로, 학문의 최고 단계를 표현한 말인 듯한데, 분명하지 않다.

212 궁장(宮墻)에……얻어 : 궁장은 학문이 매우 심오함을 표현한 말로, 《논어》

그 가운데 광경(光景)이 끝이 없으니 천리 먼 곳을 끝까지 다 보고자 하면 다시 몇 층을 더 올라가게 하고, 장대 끝을 잡고 올라감에 어려움이 있으나 이미 백 척을 오르고 또 한 걸음 더 나아가게 하소서.[213]

유림이 이로부터 크게 진흥하여 모두 왕국의 기둥이 되고, 우리 유학이 이에 크게 밝아져 더욱 성문(聖門)의 학업을 넓히게 하소서.

〈자장(子張)〉에 자복경백(子服景伯)이 숙손무숙(叔孫武叔)의 말을 빌려, 자공이 공자보다 낫다는 말을 전하자 자공이 "집에다 비유하자면 나의 담장은 어깨 높이라 나의 살림을 엿볼 수 있지만, 부자의 담장은 몇 길이라 문을 통해 들어가 보지 않으면 종묘의 아름다움과 백관의 성대함을 알 수가 없소. 그런데 그 문으로 들어가 본 이도 드무니 숙손무숙의 말이 또한 당연하지 않은가.〔譬之宮墻, 賜之墻也及肩, 窺見室家之好, 夫子之墻數仞, 不得其門而入, 不見宗廟之美・百官之富. 得其門者或寡矣, 夫子之云, 不亦宜乎?〕"라고 한 말에서 인용한 것이다.

213 백……하소서 : 백척간두진일보(百尺竿頭進一步)를 말하는데, 이는 《전등록(傳燈錄)》에 "백 척의 장대 끝에서 한 걸음을 더 걸어야만 시방세계에 완전한 몸이 될 수 있다.〔百尺竿頭進一步, 十方世界是全身.〕"라고 한 데에서 온 말로, 어려움 속에서 공부가 큰 성취를 보는 것을 말한다. 주희(朱熹)가 진동보(陳同父)에게 보낸 편지에서도 학문과 업적이 이미 높은 경지에 이르렀다 해도 백척간두진일보처럼 계속적으로 진취할 수 있도록 노력해야 한다고 권면하는 내용이 있다. 《朱子大全 卷36 答陳同甫書》

낙암묘우[214] 상량문

洛巖廟宇上樑文

성대한 덕을 가진 분은 반드시 백세(百世)까지 제향하니, 아, 잊을 수 없도다. 명궁(明宮 사당)이 한 이랑 넓이의 옛터에 세워지니 어렴풋이 그분을 뵙는 듯하네. 정성은 먼 조상을 추모함에 깊고, 의리는 현인을 숭상함에 있네.

가만히 생각건대, 이 백세의 사당이 일반 백성의 집에 설치됨은, 대개 조상의 덕이 마땅히 후손에게 보답받아야 하기 때문일세. 선왕의 예(禮)를 감히 잘못되게 할 수 없어 비록 조천(祧遷)[215]한 지 몇 해가 되었으나, 군자의 은택은 끊어진 적이 없으니 어찌 제사 지낼 장소가 없을 수 있겠는가.

이런 까닭으로 별도의 사당을 세우니 의리는 후손들에게서 시작되었고, 마침내 이에 따라서 시행하게 하니 법도가 이미 이 세상에 이루어졌네. 대저 누가 예서에 없는 예(禮)라고 말하는가, 부디 그 신령에게 지극히 하면 신령이 오시리라.

생각건대, 이 의성(義城) 김씨는 실로 오직 경주 김씨의 후손

214 낙암묘우 : 경상북도 상주시 중동면 죽암리에 있었던 낙암서원(洛巖書院)으로, 1745년(영조21)에 지방 유림의 공의로 김담수(金聃壽), 김정룡(金廷龍), 김정견(金廷堅)의 학문과 덕행을 추모하기 위해 서원을 창건하여 위패를 모셨다. 대원군의 서원철폐령으로 훼철되었으나, 그 뒤 묘우(廟宇) 자리에 단소(壇所)를 만들었다.

215 조천(祧遷) : 사당에서 모셨던 신주를 세대가 다하여 사당 밖으로 모셔 내는 것을 말한다.

이네.[216] 신비하고 밝은 후손은 뭇사람들과 다르니 그런 까닭으로 길상(吉祥)이 많고, 신령하고 맑은 기운이 이 집안에 모였으니 마땅히 훌륭한 인물이 배출되었네.

이에 서계(西溪) 선생[217]은 독실한 학업과 우뚝이 빼어난 자질로, 경서를 가까이하여 날마다 의관과 허리띠를 가지런히 하였으며, 임천(林泉)에 고상히 누워 높은 벼슬을 뜬구름처럼 여겼네. 사우들이 훌륭하니 자연에서 양강(兩岡)[218]과 양계(兩溪)[219]를 얻

216 의성(義城)……후손이네 : 의성 김씨의 시조인 김석(金錫)은 경순왕과 후비(後妃) 낙랑공주(樂浪公主) 왕씨(王氏) 소생의 5남으로, 고려 태조 왕건(王建)의 외손이며, 고려조(高麗朝)에서 의성군(義城君)에 책봉(冊封)되어 후손들이 의성(義城)을 본관으로 삼았기 때문에 이렇게 말한 것이다.

217 서계(西溪) 선생 : 김담수(金聃壽, 1535~1603)로, 본관은 의성(義城), 자는 태수(台叟)이며, 서계는 그의 호이다. 경상북도 성주 출신으로, 오건(吳健)과 황준량(黃俊良)을 사사하였다. 지극한 효성으로 명성이 있었다. 1564년(명종19) 사마시에 합격하였으나 건강상의 이유로 과거를 포기하고 두문불출, 도학을 닦고 후학의 진홍에 힘썼다. 1591년(선조24) 학행(學行)으로 선공감 참봉(繕工監參奉)을 제수하였으나 불취(不就)하였다. 선조(宣祖)가 황계처사(黃溪處士)라 사호(賜號)하고 복호(復戶)를 명하였다. 성주의 청천서원(晴川書院)과 상주의 낙암서원(洛巖書院)에 제향되었다. 저서로는 《서계일고》가 있다.

218 양강(兩岡) : 도의로 교유한 벗인 동강(東岡) 김우옹(金宇顒, 1540~1603)과 한강(寒岡) 정구(鄭逑, 1543~1620)를 말한다. 김우옹의 본관은 의성(義城), 자는 숙부(肅夫), 호는 동강, 시호는 문정(文貞)이다. 조식의 문인으로 유성룡(柳成龍) 등과 정치적 입장을 같이하였다. 저서로 《동강집(東岡集)》이 전한다. 정구의 본관은 청주(淸州), 자는 도가(道可), 호는 한강, 시호는 문목(文穆)이다. 조식, 이황의 문인이다. 공조 참판, 대사헌을 역임하였다. 저서로 《한강집(寒岡集)》이 전한다.

219 양계(兩溪) : 스승으로 섬긴 덕계(德溪) 오건(吳健, 1521~1574)과 금계(錦溪) 황준량(黃俊良, 1517~1563)을 말한다. 오건의 본관은 함양(咸陽), 자는 자강

어 뒤좇았고, 부자간에 잘 계승하여 가정에서 형제간에 우열을 가릴 수 없을 정도로 학문에 매진한 아들이 있었네. 누군들 "영남에 은일한 백성이 있다."고 말하지 않겠는가, 아, 추로지향에 어진 선비가 많음을 보겠도다.

월담(月潭) 선생[220]은 효성과 우애는 타고난 것이며 시와 예는 가학으로 전해졌네.[221] 훌륭한 벗과 친하기를 즐겨하여 구분(丘

(子强), 호는 덕계이다. 효성으로 집안이 복호(復戶)를 받았다. 김인후(金麟厚), 이황(李滉)의 문인이다. 이조 정랑으로 벼슬을 그만두고 산음(山蔭)으로 낙향하여 강학으로 생을 마쳤다. 저서로 《덕계집(德溪集)》이 전한다. 황준량의 본관은 평해(平海), 자는 중거(中擧), 호는 금계이다. 이황의 문인으로 단양 군수(丹陽郡守), 성주 목사(星州牧使) 등을 역임하면서 서원을 중수하고 서당을 건립하는 등 지방 교육 진흥에 힘썼다. 저서로 《금계집(錦溪集)》이 전한다.

220 월담(月潭) 선생 : 김정룡(金廷龍, 1561~1619)으로, 본관은 의성, 초명은 응룡(應龍), 자는 시현(時見), 호는 월담(月潭)이다. 서계(西溪) 김담수(金聃壽)의 아들이며, 정구(鄭逑)의 문인이다. 임진왜란 때는 예안 현감 겸 독운량관(禮安縣監兼督運糧官)으로 군량미 수송 등에 공을 세웠다. 임진왜란의 공으로 천거되어 선조대왕(宣祖大王)이 황감(黃柑)을 하사하였다. 집안의 효를 이어받아 일생 동안 《소학(小學)》에 정력을 기울였다. 상주의 낙암서원(洛巖書院)에 제향되었다. 《입재집》 권43에 〈통훈대부영월군수월담김공행장(通訓大夫寧越郡守月潭金公行狀)〉이 있다.

221 시와……전해졌네 : 가정에서 부친에게 학문을 배우는 것으로, 《논어》 〈계씨(季氏)〉에 진항(陳亢)이 공자의 아들 공리(孔鯉)에게 공자께서 제자들에게는 들려주지 않은 특별한 교훈을 들려주었는지 묻자, 리가 대답하기를, 공자께서 홀로 서 계실 때 종종걸음으로 뜰을 지나가니, "시를 배웠느냐?"라고 물으시기에 "아직 배우지 못했습니다."라고 하니 "시를 배우지 않으면 말을 할 수 없느니라.〔不學詩, 無以言.〕" 하시기에 물러나 시를 배웠고, 또 다른 날 "예를 배웠느냐?"라고 물으시기에 "아직 배우지 못했습니다."라고 하니 "예를 배우지 않으면 설 수 없느니라.〔不學禮, 無以立.〕" 하시기에 물러나 시를 배웠다고 한 말에서 유래하였다.

墳)[222]을 강론하고 절차탁마하니 도덕과 인성이 평소에 도야되었고, 잔읍(殘邑 피폐(疲弊)한 고을)에 두루 수령(守令)이 되어 계책을 종횡으로 내니 재주와 지략이 어려운 시기에 밝게 드러났네. 후진들을 가르쳐 마음을 다스리게 함에 가르치는 방법을 부지런히 하였고, 《소학》의 가르침을 힘써 행하여 자신을 검속함에 고아하고 삼가는 거동을 차근차근 하였네. 참으로 세상의 규범이 되는 스승이요, 진실로 집안을 잘 계승한 자식이로다.

국원(菊園) 선생[223]은 성현에게 사모함을 붙이고 세상의 화려함에는 뜻이 전혀 없었네. 한강(寒岡)과 우복(愚伏 정경세(鄭經世)) 두 어른의 문하에서 공부하여 학문의 참된 비결을 들을 수 있었고, 8년간 임진왜란의 변란에서 대담하게 행동했으니 실지 공부가 있음을 더욱 보겠네.

일실(一室)에서 즐거이 이야기하니 거문고와 책이 정돈되고 느긋하며, 삼경(三徑)[224]을 천천히 걸으니 꽃과 대나무는 맑고도 곱

222 구분(丘墳) : 전설로 전하는 '구구(九丘)'와 '삼분(三墳)'의 약칭으로, 고대 전적(典籍)을 가리킨다.

223 국원(菊園) 선생 : 김정견(金廷堅, 1576~1645)으로, 본관은 의성(義城)이고, 자는 훈경(勳卿)이며, 호는 국원(菊園)이다. 서계(西溪) 김담수(金聃壽)의 아들이며, 정구(鄭逑), 정경세(鄭經世)의 문인이다. 광해군 때 생원시에 합격하였으나, 벼슬에 뜻을 두지 않고 향리에서 학문 연구에 힘썼다. 먼저 정구에게 위기지학(爲己之學)을 배웠고, 뒤에 정경세를 따라 도학을 닦았는데, 임진왜란 와중에도 경의(經義)의 연마에 힘쓰고 후진 양성에 노력하였다. 상주의 낙암사(洛巖祠)에 제향되었다.

224 삼경(三徑) : 세 갈래 오솔길이란 뜻으로, 은둔의 의미이다. 전한(前漢) 때 장후(蔣詡)는 자가 원경(元卿)으로, 왕망(王莽)이 집권하자 벼슬에서 물러나 향리인 두릉(杜陵)에 은거하였다. 그 뒤로 집의 대밭 아래에 세 개의 오솔길을 내고 당시

네. 이를 고반(考槃)의 넉넉함[225]이라 말할 수 있으니, 풍도를 듣고 흥기시킬 만하네. 아름답도다, 양대에 걸친 세 어른이여, 훌륭하도다, 같은 사당에 합사(合祀)됨이여.

도덕과 의리가 모두 완전하니 선비들이 누가 크게 사모하지 않으랴. 기맥을 전수했으니 후손들이 더욱 간절히 사모하네. 서면 담장에서 보이고 앉으면 국에서 보이니[226] 어찌 시대가 멀어졌다고 느슨해지겠는가. 신주는 이미 조천(祧遷)되고 사당은 이미 무너졌으니 비록 정갈하게 제사를 올리고자 했지만 건물이 없었네. 이에 근세에 동일하게 준행하는 규범을 써서, 여러 자손들이 함께 받들 사당을 세웠네.

돌아다니며 땅을 살펴보니 참으로 그 당시의 유허지보다 나은 곳이 없어, 경영하여 사당을 세우니 실로 여러 대에 걸쳐 마음에 새긴 정성에 근원이 있었네. 강과 산이 가장 빼어나니 지팡이 짚고 나막신 신고 다니던 아름다운 장소가 아님이 없고, 주춧돌과 섬돌이 아직 남아 있으니 또한 기초 작업에 사람의 노동력을 줄일 수 있었네.

앞쪽에 넓은 난간을 여니 진실로 현송(絃誦)[227]할 장소로 합당

고사(高士)였던 양중(羊仲)과 구중(求仲), 두 사람하고만 어울렸다 한다. 《漢書 卷七十二》

225 고반(考槃)의 넉넉함 : 원문은 '고반지관(考槃之寬)'으로, 산림에 은거하며 안빈낙도하는 은사의 생활을 즐긴다는 말이다. 《시경》 〈고반(考槃)〉에 "산골 시냇가에서 한가히 소요하나니, 현인의 마음이 넉넉하도다.〔考槃在澗, 碩人之寬.〕"라고 한 말에서 원용한 것이다.

226 서면……보이니 : 앞의 주 199 '갱장(羹墻)' 참고.

하고, 위쪽에 신문(神門)[228]을 세우니 제향받는 신위가 엄연히 임하신 듯하네. 바람과 놀이 빛을 바꾸니 완연히 오르내리는 신령이 임하신 듯하고, 바위와 골짜기가 빛을 더하니 분주한 선비를 다 삼가게 하네. 몇 해가 지나 비로소 이 우뚝한 건물을 이룸에 훌륭한 건물을 돌아보며 서로 기뻐하니, 오늘부터 길이 우리를 편안하게 해 주심[229]에 그분들의 의형을 상상하니 더욱 슬프네.

애오라지 짧은 노래를 읊어 긴 들보를 올리는 것을 돕노라.

들보의 동쪽으로 던지세	抛梁東
비봉산 정상의 아침 해가 붉음에	飛鳳山頭朝日紅
덕을 보고 상서로운 날갯짓함[230]을 상상할 수 있으니	覽德祥翽從可想

227 현송(絃誦) : 옛날에 《시경》을 배울 때 거문고, 비파 등 현악기에 맞추어 노래로 부르는 '현가(絃歌)'와 악기 반주 없이 낭독하는 '송(誦)'을 합하여 '현송(絃誦)'이라고 하였으나, 후에는 대부분 글을 읽는다는 의미로 쓰였다.

228 신문(神門) : 신문(神門)은 종묘를 비롯한 사당이나 사직을 비롯한 제단 등의 사방에 설치된 문을 가리킨다.

229 우리를……주심 : 원문은 '수아사성(綏我思成)'으로, 《시경》 상송(商頌) 〈나(那)〉에 "탕 임금의 자손이 연주하여 조고(祖考)께 이르니 우리를 편안하게 하되 생각하여 이룸으로 하셨다.〔湯孫奏假, 綏我思成.〕"고 한 데서 온 말로, '사성(思成)'에 대해서 주자(朱子)는 미상(未詳)이라 하고서 "재계하면서 제사할 대상을 생각하여 제사 때 모습을 보고 음성을 듣는 듯함이 있으면 곧 제사의 대상을 이룬 것이다." 하였다. 《詩經集傳 卷8》

230 덕을……날갯짓함 : 가의(賈誼)의 〈조굴원부(弔屈原賦)〉에 "봉황이 천 길 높이 날아오름이여, 덕이 빛난 것을 보고 내려오도다. 흉한 덕의 음험함을 보거든, 멀리 날개를 더 쳐서 떠나가도다.〔鳳凰翔于千仞兮, 覽德輝而下之. 見細德之險微兮, 遙增擊而去之.〕"라고 한 데서 온 말로, 전하여 봉황이 내려온다는 것은 곧 현자(賢者)

의연히 울며 벽오동 가운데로 들어오네　依然鳴入碧梧中
들보의 서쪽으로 던지세　抛梁西
상산은 구름이 깊고 지초도 가지런하니　商嶺雲深芝草齊
그 속의 고인은 저 사호와 달리[231]　箇裏高人殊彼皓
확고하게 은거하여 푸른 산을 낮게 하지 않았네　牢棲不遣翠微低
들보의 남쪽으로 던지세　抛梁南
소라뿔 같은 세 봉우리가 하늘에 닿을 듯하니　螺角三峯碧落參
묻노니, 소씨 집안의 목가산[232]을　借問蘇家木假峀
어찌하여 하늘이 더욱 가파른 바위로 만들었나　何如天作更巉巖
들보의 북쪽으로 던지세　抛梁北
용산의 한 줄기 푸른 강에 바짝 붙었으니[233]　龍山一髮臨江碧

가 세상이 태평함을 보고 나아가는 것을 비유한다. 《漢書 賈誼傳》

231 고인은……달리 : 사호(四皓)는 상산사호(商山四皓)인 동원공(東園公), 기리계(綺里季), 하황공(夏黃公), 녹리(甪里) 선생을 이르는 말로, 네 사람 모두 수염과 눈썹이 모두 하얗기 때문에 사호라고 부른 것이다. 한 고조(漢高祖)가 처음에 이들을 불렀으나 나오지 않았는데, 뒤에 고조가 태자를 폐하려고 하자 여후(呂后)가 장량(張良)의 계교를 써서 사호를 맞이하여 태자를 보필하도록 하였다. 어느 날 사호가 태자를 모시고 한 고조를 알현하자 고조가 말하기를, "태자의 우익이 조성되었구나." 하고 태자를 폐하지 않았다고 한다. 여기서는 상산사호의 경우는 세상에 나갔으나 김담수(金聃壽)와 그의 두 아들 김정룡(金廷龍), 김정견(金廷堅) 부자는 끝까지 벼슬에 나가지 않고 은거하였음을 말한다.

232 소씨 집안의 목가산 : 소씨는 송(宋)나라 소순(蘇洵, 1009~1066)으로, 자는 명윤(明允), 호는 노천(老泉)이다. 산 모양으로 엉킨 고목나무의 뿌리를 관상용으로 사용할 때 목가산(木假山)이라고 칭하는데, 소순의 〈목가산기(木假山記)〉에 상세히 기록되어 있다.

233 용산의……붙었으니 : 용산은 경상북도 상주시 낙동면 승곡리 소재의 산으로,

시험 삼아 위에 조종봉[234]이 있음을 보시오　請看上有祖宗峯
빼어난 경관이 분명 여기서 으뜸일세　秀色分明此中獨
들보의 위쪽으로 던지세　抛梁上
태허는 만고토록 늘 쓸쓸하고 텅 비었으니　太虛萬古長寥曠
만약 흉금을 이와 같이 할 수 있게 한다면　若敎胸次能如許
마음속에 비 갠 뒤 밝은 달빛을 넉넉히 얻으리　贏得中間霽月朗
들보의 아래쪽으로 던지세　抛梁下
천 리 뻗은 큰 강에 세차게 물 흐르니　大江千里汪然瀉
모름지기 알아야 할 것은 도체의 일반 공부가　須知道體一般工
다만 마음을 잡아 놓지 않음에 있네　只在人心操不捨

삼가 바라노니, 들보를 올린 뒤에는 선열이 더욱 빛나고, 유택이 더욱 장구(長久)하소서. 7대에서 덕을 보니[235] 문헌이 넉넉하

갑장산(甲長山) 구룡(九龍)의 한 줄기가 동으로 십여 리를 달려와 결지된 장소에서 연유하였다. 상주 분지의 동쪽 경계인 병풍산에서 갑장산으로 이어지는 외곽으로는 장천이 북쪽으로 흘러 낙동강으로 유입되는데, 장천의 동편으로는 남북으로 이어지는 삼봉산과 복우산이 위치한다.

234 조종봉 : 조종이 되는 봉우리, 즉 갑장산을 말한다. 갑장산에 대해서는 《신증동국여지승람(新增東國輿地勝覽)》 권28 경상도(慶尙道) 상주목(尙州牧)에 "주 남쪽 13리에 있는데 일명 연악(淵岳)이라고도 한다."라는 기록에 처음 등장한다. 또 "노음산(露陰山)은 주 서쪽 10리에 있다. …… 북석악(北石岳, 천봉산)·남연악(南淵岳, 갑장산)과 함께 상산삼악(商山三岳)이라고 일컫는다."라고 하였다.

235 7대에서 덕을 보니 : 《서경(書經)》 〈함유일덕(咸有一德)〉에 "7대의 묘를 통해서 그 덕을 살펴볼 수 있다.〔七世之廟, 可以觀德.〕"라고 한 말을 원용한 것으로, 원래 종묘의 위차는 천자(天子)가 칠묘(七廟)이고 제후(諸侯)가 오묘로서, 칠묘나 오묘

여 징험함이 있고, 천년토록 아름다운 덕을 드리우니 자손에게 전해져도 쇠퇴함이 없게 하소서. 봄가을로 제향하여 한 가닥의 심향(心香)[236]을 올리고, 아침저녁으로 마음의 때를 긁어 내고 몸을 닦아 세 현인의 안장(眼藏)[237]을 본받게 하소서.

의 대수가 다하면 반드시 위차를 옮기도록 되어 있으나, 덕이 있는 임금은 옮기지 않기 때문에 이와 같이 말한 것이다. 여기서는 사당을 지어 세 분의 조상을 영원토록 제향하는 것을 말한다.

236 심향(心香) : 불가의 용어로, 불공드릴 때 피어오르는 향기와 같이 마음이 경건하고 진실하다는 뜻이다.

237 안장(眼藏) : 불교 용어인 '정법안장(正法眼藏)'의 줄임말로, 석가가 성각(成覺)한 극의(極意)의 묘리를 가리킨다. 일체의 사물을 밝게 비추는 것을 안(眼)이라 하고, 만유를 포함하는 것을 장(藏)이라 하니, 진리를 볼 수 있는 지혜의 눈으로 깨달은 비밀의 법이라는 뜻이다.

낙성군[238] 묘 아래 재실 중건 상량문

洛城君墓下齋室重建上梁文

공훈과 이름이 백대 뒤에도 떨쳐지고 빛나니 추모함에 다함이 없고, 기둥과 처마가 하루아침에 훌륭하게 완성되니 중수함에 쇠퇴하지 않겠네. 봄가을로 재계할 장소가 있게 되고, 새벽부터 저녁까지 우러러 의지할 곳이 여기에 있네.

아, 오직 낙성군(洛城君) 김공(金公)은 자질이 영웅호걸처럼 빼어나고 재주가 문무를 겸비하였네. 국가가 혼란한 날을 당하여 충성을 다하였고, 왜구가 창궐한 때를 만나 계책을 밝게 드러내었네.[239] 홍건적이 서경(西京)을 핍박할 때 청야(淸野)[240]의 의논을

238 낙성군 : 김선치(金先致, 1318~1398)로, 본관은 상주(尙州)이며, 형 득배(得培)와 모두 유장(儒將)이다. 1363년에 홍건적을 평정시킨 공으로 일등공신이 되어 그 형상이 벽상(壁上)에 그려졌고, 토지와 노비가 하사되었다. 1378년(우왕4)에 낙성군(洛城君)에 봉해지고, 추충보절찬화공신(推忠保節贊化功臣)이 되었으며, 1382년에 은퇴해 상주로 내려갔다.

239 국가가……드러내었네 : 《태조실록》 태조 7년(1398) 3월 22일 기사에 김선치에 대해 "전조(前朝)에 벼슬하여 처음에 산원(散員)을 제수받았다가 옮기어 낭장(郎將)에 이르고, 임오년에 전라도 도순문사(都巡問使) 유탁(柳濯)을 따라 왜구를 막아서 수십 인을 쳐 죽였다. 임진년에 나주 판관(羅州判官)이 되었는데, 세력가〔巨室〕에서 진도(珍島) 군리(郡吏)를 강제로 천인(賤人)으로 만든 자가 있으므로 곧 처결(處決)하여 양인(良人)으로 만들었다."라고 하였다. 또 《고려사》 권114 열전27에 다음과 같은 내용이 있다. 우왕 초에 왜인 등경광(藤經光)이 부하들을 이끌고 와서는 장차 침구할 것이라고 공갈하면서 양식을 요구하였다. 조정에서는 순천(順天), 연기(燕岐) 등 몇 곳에 나누어 거처시켜 각 관청이 물자와 양식을 공급하게 한 후 잠시 뒤 밀직부사(密

그치게 하여 식량을 이유로 적의 기세를 늦추고자 하였고,[241] 백악(白嶽)으로 남경(南京)을 옮기고자 함에 궁을 옮기는 모의를 잠재워[242] 진실로 옛날 그대로 보존함에 백성들의 바람에 부합하

直副使) 김세우(金世祐)를 김선치에게 보내 그들을 꾀어서 죽이라고 지시했다. 김선치가 술과 음식을 넉넉히 마련해 술자리에서 죽이려고 했으나 작전이 누설되는 바람에 등경광은 부하들을 이끌고 바다로 도망쳐 버리고 겨우 세 명만 잡아 죽였다.

240 청야(淸野) : 백성과 가축과 식량 등을 다른 곳으로 옮긴 다음에 그 부근의 가옥과 수목을 모조리 없애 버려 적군이 이득을 얻지 못하게 하는 것을 말한다.

241 홍건적이……하였고 : 신축년에 장작감(將作監)으로 서북면 도원수(西北面都元帥) 이암(李巖)을 따라 홍건적(紅巾賊)을 막았는데, 서경(西京)에 이르니 적의 기세가 대단히 치성(熾盛)하므로 여러 장수들이 두려워하였다. 20일(기묘)에 이암이 서경에 이르렀으나 여러 군사들이 아직 모이지 않았고, 적은 벌써 가까이 왔다. 이춘부가 서경을 지키지 못할 줄 헤아리고 창고를 불태우고 후퇴하여 요해(要害)에 둔쳐서 적을 막으려 하였다. 호부 낭중 김선치(金先致)가 이를 보고 말하기를, “그것은 좋은 계책이 못 됩니다. 이제 적은 멀리서 싸우러 왔으므로 그 날카로운 기세는 당하기가 어렵습니다. 적이 갑자기 나라 깊숙이 들어오지 못하도록 중지시키려면, 이 성(城)을 미끼로 하여야 하겠습니다. 가령 우리 백성들이 동으로 달아나면 적이 보고서 반드시 우리를 겁쟁이로 여겨 그들의 진격을 조금 멈출 것이며, 우리를 겁쟁이로 여기기 때문에 그들의 마음이 교만하여질 것입니다. 그들이 조금 진격을 멈추고 그들의 마음이 교만하여져서 진격하는 기세가 쇠하여졌을 적에 우리는 군사들의 모임을 기다렸다가 하루아침에 엄습하여 치면 도로 탈환(奪還)하게 될 것이니, 창고를 불태워서는 안 됩니다.” 하니, 이암이 그 의견을 좇아서 후퇴하여 황주에 둔쳤다. 이에 나라 중외의 인심이 흉흉하여 경성에서는 모두 도망갈 계획만 하였다. 28일(정해)에 적이 서경을 함락하였다.

242 백악(白嶽)으로……잠재워 : 양광도 안렴사(安廉使)로 나가게 되었을 때, 재상이 남경(南京)의 궁실을 부수고 백악(白岳)으로 옮겨 지으려고 했다. 김선치가 임지로 출발하기에 앞서, “전에 남경에 궁실을 지을 때 사람과 가축의 피해가 컸는데 이제 와서 그것을 부순다면 백성들이 서운해할 것입니다.”라고 아뢰자 왕이 놀라서 “나는 실제 몰랐고 재상 스스로 한 일일 뿐이다.”라며 즉시 부수지 말라는 명령을 내렸다.

였네. 끝내 창고를 완전히 보존하여 적을 꺾고 임금의 수모를 막음에 넉넉함이 있었고, 이로써 나라가 편안하여 나라를 보존하고 제치(制治)[243]함이 이에 넉넉하였네.

연좌된 수백 명의 목숨을 살리니 칭송함이 이미 계림(鷄林)에 올랐고,[244] 크게 밀려오는 억만의 군사를 막으니 공이 호얼(湖臬 전라도 관찰사(全羅道觀察使))보다 더욱 크네.[245] 충절을 포상하여 개부(開府)[246]하니 맹약(盟約)의 글과 대려(帶礪)[247]가 모두 전하고, 장례를 치름에 묘도(墓道)를 표시하니 의관〔시신〕이 산수와 함께 영원히 변치 않네. 오직 이 개원(開源) 한 지역은 진실로 상산의 빼어난 구역이니, 천지가 개벽할 때부터 맑은 기운이 여기에 크고 웅장하

243 제치(制治) : 혼란을 미연에 방지하기 위해서 제반 대책을 미리 수립하여 시행하는 것을 말한다. 《서경(書經)》 〈주관(周官)〉의 "옛날 대도(大道)의 세상에는 아직 혼란이 오기 전에 다스림을 만들고 위태롭기 전에 나라를 보전하였다.〔若昔大猷制治于未亂, 保邦于未危.〕"라고 한 데서 나온 말이다.

244 연좌된……올랐고 : 계림 부윤(鷄林府尹)으로 나갔을 때 어떤 강도범이 수감되어 있었는데 그 사건에 연루된 1백여 명의 혐의자들에 대한 재판이 오랫동안 해결을 보지 못하고 있기에 김선치가 심리하여 많은 사람들의 생명을 구해 주었다. 《高麗史 卷114》

245 크게……크네 : 앞의 주 239 '국가가……드러내었네' 참고.

246 개부(開府) : 스스로 부서(府署)를 설치하고 요속(僚屬)을 선발하는 것으로, 여기서는 그러한 권한을 가진 낙성군에 봉해진 것을 말한다.

247 맹약(盟約)의 글과 대려(帶礪) : 맹약의 글은 공신의 집안을 보호해 주겠다는 맹약이며, 대려는 '산려하대(山礪河帶)'로 황하가 허리띠처럼 좁아지고 태산이 숫돌처럼 작게 되도록 영원하다는 뜻이다. 《漢書 卷16 高惠高后文功臣表》 즉 황하가 허리띠처럼 좁아지고 태산이 숫돌처럼 작아지도록 공신의 집안을 영원히 보호해 주겠다는 임금의 맹세이다.

며, 물이 돌아 흐르고 산이 감싸서 정령(精靈)이 이에 서성이네.

무릇 그 멀리 있고 가까이 있는 후손들이 누군들 우러러 사모하여 그 나무하고 소 치는 것을 금하여 보호하지 않으랴. 실제로 곁에서 거주하며 묘역에 나아가 재사를 설치하고, 예로부터 세시(歲時)에 맞추어 제사에 힘썼네. 이에 오늘날에 이르러, 세월이 오래되어 서까래가 더욱 무너짐을 돌아보니, 물 뿌리고 청소하는 일도 때때로 해이해져 이을 사람이 없을까 걱정일세.

비와 이슬, 서리와 눈이 내리면 슬프고 안타까운 마음 더욱 절실하였고, 사당에 오르내리거나 잠자고 일어날 때도 수리하고 고칠 생각을 잊지 않았네. 사사로운 건물을 짓는 것이 아니니 구목(丘木)[248]을 베어 그 재목을 가져오며, 진실로 조상의 은혜에 보답하고자 하니 선조를 추모하는 뜻에 그 단서를 실추하지 않았네. 칸칸의 시렁이 엄연히 서니 옛 제도를 준수하여 옛사람보다 사치함이 없었고, 후손들이 모두 달려와 도우니 새 건물에 나아가 더욱 깊은 정성을 다하였네.

사백 년 전의 아름다운 충렬(忠烈)이 마치 어제 같아 밥 먹을 때 국에 보이고 서 있을 때 담장에 보이며,[249] 천만세 뒤의 정갈

248 구목(丘木) : 무덤가에 있는 나무로, 《예기》 〈곡례 하(曲禮下)〉에 "군자는 가난하더라도 제기를 팔지 않으며, 춥더라도 제복을 입지 않으며, 집을 짓기 위하여 구목을 베지 않는다.〔君子雖貧不粥祭器; 雖寒不衣祭服; 爲宮室不斬於丘木.〕"라고 하였는데, 집설(集說)에 "구목(丘木)은 무덤을 보호하는 것이니 집을 짓기 위해서 벤다면 이는 선조를 무시하고 나의 이익을 챙기는 것이다.〔丘木, 所以庇宅兆. 爲宮室而斬之, 是慢其先而濟吾私也.〕"라 하였다. 여기서는 재실을 짓기 위한 것이기 때문에 사사로운 이익을 위한 것이 아님을 말한다.

한 제사는 지금을 계승하여 앞에는 술잔이 있고 뒤에는 제기가 있으리라. 산천이 그 때문에 경관이 바뀌고 구름과 물색이 이 때문에 더욱 빛나네. 애오라지 육위(六偉)의 시[250]를 지어 쌍무지개 같은 아름다운 대들보를 들어 올리는 것을 돕노라.

여보게,[251] 들보의 동쪽으로 던지세	兒郎偉抛梁東
동쪽에는 상산의 많은 봉우리가 겹쳐 서 있으니	商顏千疊立於東
우리 공의 공훈과 업적이 영원히 드리워	我公勳業垂無極
천추만세토록 해동에서 빛나리	萬歲千秋耀海東
여보게, 들보의 서쪽으로 던지세	兒郎偉抛梁西
노음산[252]의 경색이 서쪽에서 푸르니	露陰山色碧于西

249 밥……보이며 : 앞의 주 199 '갱장(羹墻)' 참조.

250 육위(六偉)의 시 : 《문체명변》에 의하면 상량식에서 동서남북상하 여섯 방위에 만두를 던지며 '아랑위(兒郎偉)'라는 시를 읊으므로 그것을 '육위사(六偉詞)' 또는 '육위송(六偉頌)'이라고도 한다.

251 여보게 : 원문은 '아랑위(兒郎偉)'이다. 상량문에서 도목수(都木手)가 장인(匠人)들을 통틀어 부를 때 상투적으로 쓰는 표현이다. 우리나라에서는 '아랑위'를 일반적으로 '어영차', '어여차' 따위처럼 기운을 북돋우는 감탄사로 풀이하고 있는데, 이는 《퇴계문집고증》에서 "무거운 것을 들 때 힘을 쓰는 소리〔擧重用力之聲〕"라고 풀이한 데에 기인한 것으로 보인다. 그러나 이는 상량식의 정황으로 유추한 것이지 어원의 실증에 의한 것이 아니다. 근자에 나온 《한어사전(漢語辭典)》에서 '위(偉)' 자에 대하여 "문(們)의 관중 방언이다."라고 하였고, 이를 인용하여 풀면 젊은 사람을 뜻하는 아랑(兒郎)의 복수형으로, 《문체명변》에서 설명한 상량 의식과 일치한다. 여기에서는 후자에 따랐다.

252 노음산(露陰山) : 일명 노악(露嶽)이라고도 하며 상주의 서쪽을 진호하는 산으로, 해발 725.4m이다. 《신증동국여지승람(新增東國輿地勝覽)》 권28 경상도(慶尙

한마음으로 조상을 생각함이 흐르는 물 같아	一心念祖如流水
만 번 꺾여도 오직 동으로 흐를 뿐 서로 가지 않네	萬折惟東不復西
여보게, 들보의 남쪽으로 던지세	兒郎偉抛梁南
한 줄기 소계가 남쪽에서 나오니	一道蘇溪出自南
한수 북쪽의 후손들이 몇인가	漢北雲孫知幾許
정성은 영남에 있는 이와 다름이 없네	精誠無異在山南
여보게, 들보의 북쪽으로 던지세	兒郎偉抛梁北
산 너머 포구의 갈매기는 북쪽에 비껴 있으니	鷗浦隔山横在北
오르내리는 신령이 만약 앎이 있다면	陟降英靈如有知
응당 후손들이 북쪽에 거처함 많음을 어여삐 여기리	應憐血脈多居北
여보게, 들보의 위쪽으로 던지세	兒郎偉抛梁上
영실[253]의 별빛이 지붕 위에 드리우니	營室星輝垂屋上
오늘 맑게 재계함[254]을 진실로 우선으로 삼으면	今日淸齋亶爲先
참된 정성 밝게 빛남에 하늘이 위에서 보살피리	血心炳炳天監上
여보게, 들보의 아래쪽으로 던지세	兒郎偉抛梁下
송가[255] 아래에 몇 번이나 서리 자주 내렸나	幾度繁霜松檟下

道) 상주목(尙州牧)에 "주 서쪽 10리에 있는데 서로악(西露岳)이라고도 부른다. 북석악(北石岳), 남연악(南淵岳)과 함께 상산삼악(商山三岳)이라고 일컫는다."라고 하였다.

253 영실(營室) : 28수의 하나인 실수(室宿)로, 건축을 관장한다. 실수의 수거성(宿距星)인 실성(室星)이 밝으면 나라가 번창하며, 밝지 않고 작게 보이면 사당에 제사를 지내도 귀신이 흠향하지 않아 전염병이 돈다고 한다.

254 맑게 재계함 : 원문은 '청재(淸齋)'로, 본래 재계하고 생선이나 육류를 먹지 않는 것을 가리키나, 여기서는 제향하는 것을 말한다.

또한 알겠노니, 바람과 구름도 길이 보호하여	也識風雲衛護長
혼백과 영혼이 구천에서 무탈하심을	魄靈無恙重泉下

삼가 바라노니, 들보를 올린 뒤에 해와 달이 정성을 비추고 천지 신령이 길함을 도우시어, 천년이 지나도 잘 지탱해서 더 이상 벽으로 몰아치는 바람과 지붕 위에 세차게 내리는 비가 없으며, 한마음으로 정갈하게 제수를 마련하니 저 늪의 마름〔沼藻〕과 물가의 마름〔澗蘋〕[256]이 있게 하소서.

어렴풋이 훌륭한 모습이 보이는 듯하니 마땅히 그 어짊을 본받고, 엄숙히 명성을 잘 계승하여 그 덕을 거의 천양케 하소서.

255 송가(松檟) : 소나무와 개오동나무로, 무덤가에 심는 나무이니 조상을 뜻한다.

256 늪의……마름〔澗蘋〕 : 귀하지 않은 변변찮은 음식이지만 정성을 다한 정갈한 제수를 뜻한다. 《춘추좌씨전(春秋左氏傳)》 은공(隱公) 3년에 "진실로 확실한 신의만 있다면 …… 빈번과 온조 같은 변변치 못한 야채와 나물이라도 …… 귀신에게 음식으로 올릴 수가 있고, 왕공에게도 바칠 수가 있다.〔苟有明信 …… 蘋蘩薀藻之菜 …… 可薦於鬼神, 可羞於王公.〕"라고 하였다.

송암서당[257] 중건 상량문

松巖書堂重建上梁文

남은 자취에서 옛 철인을 사모하여 이에 학교를 세운 규모를 뒤좇고, 옛 유허지에 큰 집을 지어 이에 선비를 기르는 장소로 삼으니, 장수(藏修)[258]는 예전과 같으나 규모는 새로운 듯하네.

가만히 상주에 서당을 세운 것을 생각건대, 대개 영천(靈川)[259]이 문교(文敎)를 편 것으로 말미암았네. 500가(家)가 당(黨)이 되니 선왕 때부터 상(庠)이 있었고,[260] 18개 면(面)에 서당을 두

257 송암서당 : 신잠(申潛, 1491~1554)이 상주 목사로 재임하던 1552년에서 1554년 사이 경상북도 상주 외서면 관동리에 지었는데, 임진왜란 때 불타 버려 송만(松灣) 김혜(金惠, 1566~1624)가 복원하였으며, 정종로(鄭宗魯), 정난시(鄭蘭時) 등이 중수하였다. 이후 1946년에 김상달(金相達), 김상복(金相福)이 현재의 자리인 외서면 관동리로 옮겨 세웠다.

258 장수(藏修) : 한결같은 마음으로 학업에 매진한다는 뜻으로, 《예기》 〈학기(學記)〉에 "군자는 배움에 있어 장하고, 수하고, 식하고, 유한다.〔君子之於學也, 藏焉, 修焉, 息焉, 遊焉.〕"라고 하였는데, 공영달(孔穎達)의 소(疏)에서 "장은 마음속에 항상 학업을 품는 것이고, 수는 닦고 익히기를 그만두지 않는 것이다.〔藏謂心常懷抱學業也, 修謂修習不能廢也.〕"라고 풀이하였다. 《禮記正義 卷36 學記》

259 영천(靈川) : 신잠(申潛, 1491~1554)으로, 본관은 고령(高靈), 자는 원량(元亮), 호는 영천자(靈川子)·아차산인(峨嵯山人)이며 신숙주(申叔舟)의 증손자이다. 1519년(중종14) 현량과(賢良科)에 급제하였으나, 그해에 기묘사화로 인하여 파방되었다. 인종 때에 다시 복직되어 상주 목사로 재임하던 1552년에서 1554년 사이 상주 전역에 18개 서당을 건립하여 상주의 교육·문화에 크게 공헌하였으며, 상주 목사로 재임 중 순직하였다. 상주시 외남리의 옥성서원(玉城書院)에 봉안되었다.

어[261] 후인들이 학문에 입문토록 하였네. 한 경내 전체에 글 읽는 소리가 끊이지 않으니 우리 고을이 추로지향 중의 추로지향이 되었고, 천년이 지나도록 서당 건물이 남아 있으니 다른 고을 사람들이 근본 중의 근본으로 보았네.

그 가운데 송암서당은 더욱이 선배가 경영한 곳일세. 장소는 신령한 언덕에 정하여 들을 바라보고 산을 등지니 넓고 그윽하면서도 빼어난 경치를 겸하였고, 사람은 넓은 집을 얻어 경전과 역사서로 생활하니 한가하고 편안함을 즐겼네. 소나무 산 봉우리 앞에 우뚝이 솟아 뭇 현인들이 연이어 배출되니 명망은 칠로(七路)[262]의 좌막(佐幕)[263]이 되는 데에서 볼 수 있고, 구름 덮힌 산이 뒤에 연이어 드러나 빼어난 영웅들이 당세에 빼어났으니 재주

260 500가(家)가……있었고 : 당(黨)은 행정 단위이며, 상(庠)은 학교의 명칭이다. 《예기》 〈학기(學記)〉에 "옛날의 교육 기관으로 가(家)에는 숙(塾)이 있고, 당(黨)에는 상(庠)이 있었으며, 술(術)에는 서(序)가 있고, 국(國)에는 학(學)이 있다."고 하였는데, 진씨(陳氏)의 주에 말하기를, "옛날에는 25가(家)가 한 여(閭)가 되어 한 거리에 같이 있었다. 거리의 입구에는 문이 있고 문 곁에는 숙(塾)이 있다. 백성으로서 가(家)에 있는 이는 조석으로 숙에서 교육을 받는다. 500가가 한 당(黨)이 되는데 당의 교육 기관을 상(庠)이라 한다. 상에서는 여숙(閭塾)에서 뽑혀 올라온 사람을 가르친다."라고 하였다.

261 18개……두어 : 신잠이 상주 목사 재임 시절 모두 18개의 서당을 지었는데, 《명종실록(明宗實錄)》 명종 8년 8월 무인(戊寅)조 및 《상산지(商山誌)》 서당조에, 각 면마다 서당이 있으며 절반 넘는 숫자를 신잠이 세웠다고 하였다.

262 칠로(七路) : 경상도를 제외한 7도(七道)를 말한다.

263 좌막(佐幕) : 비장(裨將), 막료(幕僚), 막비(幕裨), 막빈(幕賓)이라고도 하는데, 감사(監司), 유수(留守), 병사(兵使), 수사(水使) 등을 따라다니며 보좌하는 관원(官員)이다.

와 계략은 또한 한 지방을 다스리는 데[264] 드러나네. 동산의 살구나무가 3년 동안 푸른빛을 거두니 초목도 염좌랑(廉佐郎)[265]이 별세한 것을 안 것이며, 들쥐가 어느 날 저녁 단약을 물고 오니 금수도 오히려 박효자(朴孝子)[266]의 효성에 감동한 것일세. 드디어 상주 서쪽[267]의 선비들로 하여금 또한 영남의 시례(詩禮)를 듣게 하였네.

그러나 풍속이 달라져 예스럽지 않음으로 인하여 서당이 무너진 것이 지금과 같게 되었네. 무성한 풀이 자라 더 이상 남은 흔적이 없으니 거의 나그네들의 탄식을 일으키게 하고, 옛 책을 안고 귀의할 곳이 없으니 더욱 많은 선비의 부끄러움을 더하게 하였네. 폐하고 무너진 단서를 미루어 근원을 살펴보니 실로 물력(物力)을 헛되이 소모했기 때문이나, 흥기하여 회복할 방법을 생

264 한……데 : 원문은 '시전(視篆)'이다. 이는 관인(官印)을 들고 공무를 본다는 말인데, 도장은 보통 전서(篆書)로 새겨져 있기 때문에 '전(篆)' 자가 들어간 것이다. 결재권을 지닌 지방관의 정무 수행을 뜻하는 말로 쓰인다.

265 염좌랑(廉佐郎) : 형조 좌랑에 증직된 염행검(廉行儉, 1628~1703)을 일컫는 듯하다. 그의 본관은 곡성(曲城), 자는 문약(文約)이다. 7세 때 모부인(母夫人) 한씨(韓氏)의 병환을 치료하는데 잠시도 곁을 떠나지 않았고, 손가락을 베어 그 피를 입에 흘려 넣었다. 커서는 직접 고기를 잡고 사냥을 해서 봉양했고, 추운 겨울에 아버지가 강에서 나는 생선을 잡수시고 싶어 하자 얼음을 깨고 고기를 잡아 봉양했다. 동산의 살구나무가 3년 동안 푸른빛을 거둔 고사는 자세하지 않다.

266 박효자(朴孝子) : 자세하지 않다.

267 상주 서쪽 : 창석(蒼石) 이준(李埈, 1560~1635)의 《상산지(商山誌)》에서 송암서당(松巖書堂)의 위치에 대해 "상주의 서쪽 17리 지점의 도솔산 서쪽 기슭에 있다.〔在州西十七里兜率山西麓.〕"라고 하였다.

각하니 오히려 척촌(尺寸)의 남음도 다행일세.

조금 굽히는 것으로 크게 폄을 구하니 집을 파는 것은 장차 집을 지으려는 것이며, 한 삼태기의 흙으로 구인(九仞)의 산을 이루니[268] 재물을 흩는 것은 재물을 모으는 바일세. 문득 경기(經紀)[269] 한 지 여러 해 만에 변변찮게 비옥함과 척박함의 중간 정도 되는 토지를 얻었고, 또한 재물을 모은 지[270] 몇 달 되니 어찌 원근의 곳곳에 기와와 목재가 없었겠는가. 이에 좋은 날짜를 정하고, 아름다운 당실을 지었네.

옛터에 나아가 한 층을 높여 옮기니 대개 시야가 더욱 열리게 되었고, 좋은 장인(匠人)에게 명하여 여덟 칸으로 높이 세우니 문득 방향이 더욱 바름을 깨닫겠네. 사방의 구름 덮인 산봉우리가 우뚝이 솟았는데 옛날에는 없었던 것처럼 생각되고, 한 줄기 바위 틈의 시냇물이 소리 내며 흐르는데 마치 오늘에야 비로소 있는 듯하네. 긴 서까래가 모나면서도 곧으니 질서정연하게 부위마다 각각 자리를 차지하였고, 두꺼운 기둥이 굵으면서도 둥그니 우뚝

268 한……이루니 : 《서경》 〈여오(旅獒)〉에 "작은 행실을 삼가지 않으면 마침내 큰 덕에 누가 되어, 마치 아홉 길의 산을 만들 적에 흙 한 삼태기가 부족하여 이루지 못하는 것과 같다.〔不矜細行, 終累大德, 爲山九仞, 功虧一簣.〕"라고 한 데서 온 말이다. 여러 사람이 힘을 모아 조금의 부족함도 없이 송암서당 중수를 완료하였음을 말한다.

269 경기(經紀) : 경륜기리(經綸紀理)의 준말로, 계획을 잘 세워 다스린다는 뜻이다.

270 재물을 모은 지 : 원문은 '길거(拮据)'로 《시경》 〈치효(鴟鴞)〉에 "내 두 손을 바삐 놀려, 내 갈대 가져오고, 내 쌓아 놓았노라. 내 입 모두 병든 것은, 내 아직 집이 없어서라.〔予手拮据, 予所捋荼, 予所蓄租. 予口卒瘏, 曰予未有室家.〕"라고 한 데서 온 말이다.

이 하늘에 건물이 닿았네.

아름답구나, 높고 크도다. 멋지구나, 없는 게 없으니,[271] 어찌 옛사람보다 사치스럽다고 하리오. 이곳에서 쉬고 이곳에서 노니니, 다만 후학에게 편리함을 주기 위한 것일세. 위아래에서 소리개가 날고 물고기가 뛰니[272] 지극한 이치가 드러나 함께 밝으며, 동과 서에서 제비와 참새가 배회하니[273] 새로 낙성된 것을 기뻐하여 서로 축하하네.

애오라지 육위(六偉)의 시를 읊조려 쌍무지개 같은 아름다운 대들보를 들어 올리는 것을 돕노라.

들보의 동쪽으로 던지세	抛梁東
봄 산의 한 면이 다 꽃떨기이니	春山一面盡花叢
누가 알리오, 온통 울긋불긋한 꽃의 빛깔이	誰知萬紫千紅色
모두 천지 조화옹의 솜씨인 줄을	總是乾坤造化工
들보의 서쪽으로 던지세	抛梁西
가을 들판 황금 구름은 사방을 미혹케 하니	秋野黃雲四望迷

271 아름답구나……없으니 : 앞의 주 200 '윤환(輪奐)' 참고.

272 소리개가……뛰니 : 천리(天理)가 한곳에 응체되어 있지 않고 활발하게 운행하고 있는 경지를 나타내는 말이다. 앞의 주 196 '연비어약(鳶飛魚躍)' 참고.

273 제비와 참새가 배회하니 : 《회남자(淮南子)》 〈설림훈(說林訓)〉에 "목욕할 채비가 갖추어지면 이들이 서로 슬퍼하고, 큰 집이 이루어지면 제비와 참새들이 서로 축하한다.〔湯沐具而蟣蝨相弔, 大廈成而燕雀相賀.〕"라고 한 데서 온 말로, 본디 제비와 참새가 사람의 집을 자기들의 깃들 곳으로 삼아 서로 축하한다는 뜻에서, 흔히 남이 새로 집을 지은 것을 축하하는 말로 쓰인다.

또 알겠네, 수레에 가득하고 바구니에 가득한 곡물이	也識盈車滿篝物
모두 사람들이 동시에 일제히 노력한 결과임을	總由人力一時齊
들보의 남쪽으로 던지세	抛梁南
여름철 긴 해는 붉은 불꽃을 머금었으니	夏天長日赫炎含
시험 삼아 세차게 비 내리고 우레 우는 곳을 보라	試看雨霈雷鳴處
만물이 형체를 갖추는[274] 오묘함을 누가 알겠는가	萬品流形妙孰諳
들보의 북쪽으로 던지세	抛梁北
겨울 고개의 찬 소나무 홀로 서 있으니	冬嶺寒松立於獨
가장 사랑스러운 것은 세찬 바람 모진 눈 속에	最愛風饕雪虐中
곧은 자태로 변함없이 절로 푸른 봄빛일세	貞姿依舊自春色
들보의 위쪽으로 던지세	抛梁上
옥우[275]는 맑고 깨끗하며 비 갠 후 달빛 밝으니	玉宇澄淸霽月朗
별들이 이때에 모두 빛을 감추고	列宿此時皆韜光
은하수는 새벽까지 또한 물결이 일지 않네	長河徹曉亦無浪
들보의 아래쪽으로 던지세	抛梁下
넓은 땅은 아득하고	大陸微茫氛塩靄
종고토록 높은 산은 묵묵히 말이 없으나	終古高山默不言
지금까지 이로운 은택이 쏟아지듯 흐르네	秖今利澤流如瀉

274 만물이 형체를 갖추는 : 만물을 생성하는 원(元)의 덕을 말한다. 《주역》 〈건괘 단(彖)〉에 "위대하다, 건원이여. 만물이 여기에 힘입어 시작하니, 이에 천도를 통솔하도다. 구름이 떠다니고 비가 내려 품물이 형체를 갖추었도다.〔大哉, 乾元! 萬物資始, 乃統天. 雲行雨施, 品物流形.〕"라고 하였다.

275 옥우 : 앞의 주 204 참조.

삼가 바라노니, 들보를 올린 뒤에 귀신이 함께 도우사 비바람에도 흔들리지 않게 하소서. 소나무가 무성한 듯 대숲이 우거진 듯 견고하여 천년이 지나도록 길이 오늘 같으며, 책상이 고요하고 창이 밝으니 만권의 책을 보관해도 오히려 남은 곳이 있게 하소서. 사술(四術)을 숭상하고 사교(四敎)를 세워 예(禮), 악(樂), 시(詩), 서(書)를 공부하고,[276] 한 면(面)이 합심하여 한마음이 되어 문행충신(文行忠信)[277]을 오직 힘쓰게 하소서.

276 사술(四術)을……공부하고 : 사술과 사교는 모두 시(詩), 서(書), 예(禮), 악(樂)을 가리킨다. 《예기(禮記)》 〈왕제(王制)〉의 "악정은 사술을 숭상하고 사교를 세우며 선왕이 남긴 시서, 예악에 따라 선비를 양성하니, 봄과 가을에는 예악을 가르치고 겨울과 여름에는 시서를 가르친다.〔樂正崇四術立四敎, 順先王詩書禮樂以造士, 春秋敎以禮樂, 秋冬敎以詩書.〕"라는 말에서 나온 것으로, 인재를 선왕의 가르침대로 교육하여 훌륭한 선비로 만든다는 뜻이다.

277 문행충신(文行忠信) : 교육에 있어서 중요한 요목 4가지로, 《논어》 〈술이(述而)〉에 "공자가 네 가지 요목(要目)을 가지고 가르쳤는데 곧 문(文), 행(行), 충(忠), 신(信)이었다.〔子以四敎, 文行忠信.〕"라고 하였다.

율리재사[278] 중수 상량문

栗里齋舍重修上梁文

서직(黍稷)[279]이 효손의 제사에서 향기로우니[280] 구롱(丘壟 무덤)을 성묘함에 다함이 없고, 기둥과 처마가 새로 중건한 데서 우뚝하니 자손들이 재계함에 장소가 있게 되었네. 선조의 뜻을 추원(追遠)하여 영원히 후손에게 물려주겠네.

공경히 생각건대 우리 정씨의 여러 대에 걸친 선영이 우리 상산 한 경내의 지역에 많이 있네. 상주 목사 선조께서 맏아들을 남겨 두신[281] 뒤로 다시 청천(菁川)[282]으로 반장(返葬)하지 않았는

278 율리재사 : 율리는 경상북도 상주(尙州) 율리촌(栗里村)으로, 입재 정종로의 10대조인 정번(鄭蕃, 1449~1521)이 상주 공성면(功城面) 초전리(草田里)에서 상주 청리면(青里面) 율리(栗里) 구산(龜山) 아래로 이거하였다. 조부 정주원(鄭青源, 1686~1756)이 그동안 세거지였던 율리를 떠나 우산으로 이거하였으며, 입재 당시 선산군(善山郡)에 있던 증조인 정석교(鄭錫僑, 1646~1700)의 묘와 조부인 정주원의 묘를 율리 황림(篁林)으로 이장하였는데, 이 즈음에 이 재사를 중수한 듯하다.

279 서직(黍稷) : 보잘것없지만 정성을 다해 장만한 제수를 뜻한다. 《서경》 〈군진(君陳)〉에 "지극한 다스림은 아름다운 향기가 널리 퍼지는 것과 같아서 신명을 감동시키게 마련이다. 그러니 기장과 같은 제물이 향기로운 것이 아니요, 밝은 덕이 바로 향기로운 것이라고 하겠다.〔至治馨香, 感于神明. 黍稷非馨, 明德惟馨.〕"라고 한 것에서 유래하였다.

280 효손의 제사에서 향기로우니 : 밝은 덕에서 우러나오는 향기로운 제사라는 말이다. 《시경》 소아(小雅) 〈초자(楚茨)〉에 "향기로운 효손의 제사에, 신령이 음식을 즐기도다.〔苾芬孝祀, 神嗜飮食.〕"라고 한 것에서 원용하였다.

281 상주……두신 : 상주 목사 선조는 입재의 15대조 정택(鄭澤)으로, 상주 통판

데, 수의공(修義公)[283]이 새로운 거처를 정하신 초기에 이르러 드디어 이에 율리(栗里)에서 제사를 받들었네. 동쪽의 낙동강과 남쪽의 산봉우리에 멀고 가까운 곳의 선영(先塋)[284]이 보이니, 연수(燕水)와 구산(龜山)[285]에 봄가을로 제사 지냄에 쇠퇴함이 없었네.

문장공(文莊公) 한 분이 오정(五鼎)을 누린 것[286]은 영광(榮光)이 끝이 없으며, 무첨재(無忝齋) 양대에 걸쳐 한 고을의 수령이

(尙州通判)으로 있다가 떠날 때 아들 정의생(鄭義生)을 주인(州人) 김득제(金得齊)의 딸에게 장가들여 상주에 살게 하였다. 이가 진주 정씨 상주 입향조가 된다.

282 청천(菁川) : 경상남도 진주(晉州)의 옛 이름이다. 청천은 원래 경상남도 함양군에서 시작하여 낙동강으로 흘러 들어가는 남강(南江)의 다른 이름으로, 진주의 촉석루 앞에 흐르는 내 이름이었다.

283 수의공(修義公) : 입재의 10대조인 정번(鄭蕃, 1449~1521)으로, 자는 자실(子實)이며, 수의부위(修義副尉)를 지냈다. 상주 공성면(功城面) 초전리(草田里)에서 상주 청리면(靑里面) 율리(栗里) 구산(龜山) 아래로 이거하였다.

284 선영(先塋) : 원문은 '추오(楸梧)'로 개오동과 오동인데, 고향 또는 선영(先塋)을 뜻한다. 송나라 육유(陸游)의 〈추래익각완건시일출유의중심적잡부오자(秋來益覺頑健時一出遊意中甚適雜賦五字)〉에 "어느 곳이 나의 집인가. 남쪽으로 옛 경호에 임했어라. 원림에는 귤 열매가 드리웠고, 문 앞에는 추오 잎이 떨어진다.〔何許是吾廬, 南臨古鏡湖. 園林垂橘柚, 門巷落楸梧.〕" 하였다.

285 구산(龜山) : 상주 청리면(靑里面) 율리(栗里) 소재의 산명(山名)으로, 입재의 10대조인 정번이 이거한 곳이다.

286 문장공(文莊公)……것 : 《예기(禮記)》 〈교특생(郊特牲)〉 공씨정의(孔氏正義)에 오정은 소·돼지·양·물고기·사슴 등 다섯 종류의 육미(肉味)를 갖춘 음식이라는 뜻으로, 제례에 사(士)는 제사에 삼정(三鼎)으로 하고, 대부(大夫)는 오정(五鼎)으로 했다 한다. 문장공은 정경세(鄭經世, 1563~1633)로, 벼슬이 이조 판서 겸 대제학 겸 지춘추관사(兼知春秋館事)에 까지 이르렀으며, 의정부좌찬성에 추증(追贈)되었다.

되어 부모를 봉양한 것[287]은 효성에 끝이 없는 것이었네. 그러나 전록(田祿)이 항상 넉넉지 못하니 제수를 바치기 어려울까 두려워했고, 자손들도 쉬 흩어져 살게 되니 정갈한 제사가 혹 해이해질까 염려하였네.

조고(祖考)께서 선계선술(善繼善述)[288]하였으며, 종족이 이 일을 도모하였네. 선영이 있는 곳마다 묘갈을 세워 묘지를 표시하였으나 아직 끝마치지 못했고, 신위를 헤아려 전답을 마련하고 세사(歲事 해마다 한 차례씩 올리는 제사)를 닦아 더욱 그 마땅함을 구하였네. 선조를 받듦에 사당이 없을 수 없다고 여겨 기물과 의례를 갖추었고, 아울러 치재(致齋)함에 반드시 장소를 마련하여 정성과 공경을 극진히 하였네. 이에 수십 칸의 건물을 세워 8·9대의 신주〔堂封〕[289]를 펼쳐 놓았네. 넓은 난간은 가운데가 개방되어 변두

287 무첨재(無忝齋)……것 : 입재의 고조인 무첨재(無忝齋) 정도응(鄭道應, 1618~1667)이 단성(丹城) 현감과 창녕(昌寧) 현감을 지냈고, 그 아들 환성재(喚惺齋) 정석교(鄭錫僑, 1646~1700)가 영양(英陽) 현감을 지낸 것을 말한다. 정도응의 자는 봉휘(鳳輝)이며, 홍여하와 도의로 사귀었다. 저서에 《국조명신록》, 《소대명신행적(昭代名臣行蹟)》, 《소대수언(昭代粹言)》 등이 있다. 정상리(鄭象履)의 《제암집(制庵集)》 권8에 〈오세조고무첨재부군묘지(五世祖考無忝齋府君墓誌)〉가 있다. 정석교의 자는 희백(希伯)이다. 학행으로 숭릉 참봉을 지냈다. 《제암집》 권8에 〈고조고환성재부군묘지(高祖考喚惺齋府君墓誌)〉가 있다.

288 선계선술(善繼善述) : 《중용장구》 제19장에 "효는 선대의 뜻을 잘 이으며 선대의 일을 잘 잇는 것이다.〔夫孝者, 善繼人之志, 善述人之事者也.〕"라고 한 데서 원용한 것이다.

289 신주〔堂封〕 : 원문의 '당봉(堂封)'은 원래 사방이 사각형으로 반듯하고 높은 무덤을 형용하는 말이다. 그러나 여기서는 의미상 신주로 봐야 할 듯하다.

광거(籩豆筐筥)[290]에 제수를 올림에 차례가 있고, 양쪽 회랑이 나뉘어 펼쳐져 부기정조(釜錡鼎俎)[291]를 배열함에 차례대로 하였네.

별도로 재실의 방을 설치하여 제사에 분주한 집사를 머물게 하고, 특별히 준소(罇所 제사에 쓸 술을 빚는 곳)를 마련하여 관헌(灌獻)[292]할 맑은술을 빚게 하였네. 제기와 그릇, 곡식과 돈을 모두 수납하여 보관할 장소가 있을 뿐만 아니라, 또한 감독하는 사람과 지키는 사람들이 모두 돌아가는 차례의 규율을 알게 하였네. 누실됨을 막기 위해 위전(位田)의 문서를 인쇄하여 보관하니 곧 단서철권(丹書鐵券)[293]이었으며, 분쟁을 막기 위해 여러 관청의 약정서를 궤에 보존하니 백수동반(白水銅盤)[294] 같음이 있었네.

290 변두광거(籩豆筐筥) : 변(籩)은 실과·건육(乾肉)을 담는 죽기(竹器), 두(豆)는 김치·젓갈을 담는 목기(木器)이다. 광(筐)은 죽기 가운데 모난 것이며, 거(筥)는 죽기 가운데 둥근 것이다. 모두 보잘것없는 제기지만 정성과 공경의 마음을 담은 제수를 올린다는 뜻이다.

291 부기정조(釜錡鼎俎) : 부(釜)는 큰 가마솥, 기(錡)는 작은 솥, 정(鼎)은 세 발 달린 큰 솥으로, 모두 제육(祭肉)을 삶는 솥이며, 조(俎)는 제육(祭肉)을 담는 도마이다.

292 관헌(灌獻) : 제사를 지낼 때 술을 땅에 부어 신령이 강림하도록 빌고, 신령에게 술을 올리는 것을 말한다.

293 단서철권(丹書鐵券) : '단사철권(丹砂鐵券)'이라고도 한다. 원래의 의미는 철제(鐵製)의 계권(契券)에 단사(丹砂)로 써서 임금이 공신에게 내려 주어 면죄 등의 특권을 누리게 한 증명서이다. 여기서는 조상을 받드는 정성이 영원히 변치 않음을 맹세하는 말이다.

294 백수동반(白水銅盤) : 영원히 변치 않음을 맹세하는 말이다. 백수는 《춘추좌씨전(春秋左氏傳)》 희공(僖公) 24년 조에, 춘추 시대 진 문공 중이(重耳)가 일찍이 망명 생활을 마치고 진(秦)나라의 힘을 빌려 자기 나라인 진(晉)나라로 돌아갈 적에 그의 일행이 황하 가에 이르러, 중이의 외삼촌인 호언(狐偃)이 지니고 있던 옥벽(玉

안타깝게도 법이 오래되어 폐단이 생기고 옛 법도가 혹 문란해짐을 면치 못하였으며, 개탄스럽게도 정사가 종식되어 기강이 무너지고 아울러 옛집과 함께 장차 넘어지려 하네. 비가 벽에 들이치고 기와가 처마에서 떨어지니 어찌 무너지고 비가 새는 것이 원인이 없겠는가. 기둥은 몸체가 삐뚤어지고 주춧돌은 표면이 기울어지니 진실로 흔들림에는 이유가 있네.

창건할 때의 넓은 규모를 되짚어 생각하니, 실로 조상에게 보답하는 지극한 뜻을 저버렸네. 제사 지내는 날 함께 모일 때마다 누군들 근심스럽지 않았겠는가. 당구(堂構)[295]의 책임이 누구에게

璧)을 중이에게 내주면서 말하기를 "신이 주군의 말고삐를 잡고 주군을 따라 천하를 돌아다니는 동안에 저지른 죄가 매우 많습니다. 신도 그것을 알고 있거늘, 더구나 주군이 모르겠습니까. 청컨대 신이 여기서 도망갈 수 있게 해 주소서." 하자, 중이가 말하기를 "앞으로 내가 외삼촌과 마음을 같이하지 않을 경우에는 저 흰 물과 같음이 있습니다.〔所不與舅氏同心者, 有如白水.〕" 하고, 그 옥벽을 황하에 던져 버렸다. 양백준(楊伯峻)은 주석에서 "'흰 강물과 같음이 있다'는 것은 저 강과 같다는 뜻이니, 즉 강의 신께서 내려다본다는 것이다.〔有如白水, 卽有如河, 意謂河神監之.〕"라고 하였다. 동반은 《사기(史記)》 권76 〈평원군우경전(平原君虞卿傳)〉에 "모수(毛遂)가 초왕(楚王)의 좌우 신하들에게 말하기를, '닭·개·말의 피를 가지고 오라.'고 한 다음, 동반(銅盤)을 받들고 꿇어앉아 초왕 앞에 올리면서 말하기를, '왕께서는 피를 마시고 합종(合從)을 결정해야 합니다.'"라고 하였는데, 사마정(司馬貞)의 색은(索隱)에 "맹약할 때에 사용하는 희생이 귀천에 따라 다르다. 천자(天子)는 소와 말을 사용하고, 제후(諸侯)는 개와 돼지를 사용하고, 대부(大夫) 이하는 닭을 사용한다. 여기에서는 맹약할 때에 피를 사용한다는 것을 총괄적으로 말하였기 때문에 '닭·개·말의 피를 가지고 오라.'고 한 것이다."라고 하였다.

295 당구(堂構) : 집터를 닦고 건물을 세운다는 말로, 선조의 유업(遺業)을 후손들이 계속 이어받아 발전시켜 나가는 것을 뜻한다. 《서경》 〈대고(大誥)〉의 "아버지가 집을 지으려 하여 이미 설계까지 끝냈다 하더라도, 그 자손이 집터도 닦으려 하지

귀착되는지를 묵묵히 생각하니 나는 실로 죄를 알겠네.

다행히 한두 부형(父兄)께서 창의(倡議)하심에 힘입어, 드디어 두어 조목을 정하여 중수하였네. 별도로 경영한 지 여러 해가 되어 설령 재용을 보충할 방법은 없지 않았으나, 곧 더욱 고치고 바꿀 곳이 많아 이에 재목을 구할 단서를 넓혔네. 가늘고 굵은 서까래 및 문미와 기둥은 계분이 있는 집안에서 혹 빌리거나 혹 샀으며, 높고 낮은 주춧돌과 섬돌은 옛 장소에서 더욱 땅을 다졌네. 좌우의 익영(翼榮 날개처럼 화려한 것)을 제거함은 정당(正堂)을 끌어당겨 무너지기 쉬웠기 때문이며, 중간의 층주(層柱)를 첨가함은 다만 제수를 진설함에 그 존숭함을 더하려는 것이었네.

비록 인혁(因革 옛것을 따름과 개혁함)을 때에 맞추었다고 말하나 진실로 옛 제도를 변혁한 한스러움이 절실하고, 대저 보수함이 이치에 맞게 하니 오직 영원히 전할 계획만 마음에 품었네. 역량이 부족한데 큰일을 시작하니[296] 처음에는 마치 나무를 물어 바다를 메우는 것[297] 같았으나, 일을 부지런히 하고 공사가 잘되니 끝내

않는다면 어떻게 집이 완성되기를 기대할 수 있겠는가.〔若考作室, 旣底法, 厥子乃不肯堂, 矧肯構?〕"라는 말에서 나온 것이다.

296 큰일을 시작하니 : 원문은 '거영(擧贏)'이다. 한 소후(韓昭侯) 25년(기원전 338)에 가뭄이 들었는데, 소후가 이를 구제하지 않을 뿐만 아니라 오히려 성문을 높고 크게 만들기 시작하자, 초(楚)나라의 대부였던 굴의구(屈宜臼)가 "소후는 이 성문을 나가 보지 못할 것이다. 시의에 맞지 않기 때문이다. 사람은 본래 유리할 때와 불리할 때가 있는 법이다. 소후는 예전에 유리할 때는 성문을 높이 짓지 않더니, 올해는 가뭄이 들었는데 백성들을 구제할 생각은 하지 않고 반대로 사치를 더 하니 이것을 일러 '어려운 때 사치를 부린다〔時絀擧贏〕'고 한다."라고 하였는데, 이듬해에 성문은 완성되었으나 소후가 죽어 굴의구의 말처럼 되었다고 한다. 《史記 卷45 韓世家》

흙을 쌓아 산을 이루는 성과를 보았네.

환한 창문이 새로우니 질서정연하게 제향하는 건물이며, 우뚝한 기와와 용마루가 예와 같으니 엄숙하게 재계하는 당(堂)일세. 오르내리며 주선할 수 있는 방법을 분별하니 모두 양쪽의 높은 계단으로 말미암고, 제육(祭肉)을 굽고 성척(省滌)[298]할 수 있는 장소를 추가로 마련하니 본디 앞쪽에 넓은 뜰이 있기 때문일세.

산천의 모습이 바뀐 것을 보니 추모의 정이 배나 깊음을 깨닫겠고, 제비와 참새가 서로 축하함을 보니 새로 완성된 것에 주체하지 못할 정도로 기쁘네.

애오라지 육위(六偉)의 시를 지어 쌍무지개 같은 아름다운 대들보를 들어 올리는 일을 돕노라.

들보의 동쪽으로 던지세	抛梁東
강물은 유유히 밤낮으로 동으로 흐르네	江水悠悠日夜東
한 조각 분양의 무덤이 길이 시야에 들어오니	一片汾塋長入望
상산이 하늘 끝 동쪽에 있다고 말하지 마오[299]	商顏休道隔天東

297 나무를……것 : 전설에 염제(炎帝)의 딸이 동해로 놀러 갔다가 바다에 빠져 죽고 말았는데 그 영혼이 정위(精衛)로 변했다고 한다. 정위는 알록달록한 머리에 하얀 부리, 빨간색의 다리를 갖고 있으며 북쪽 발구산(發鳩山)에 살았는데, 자신의 생명을 앗아간 바다를 원망하며 서산의 작은 돌멩이와 나뭇가지들을 물어다가 동해에 던져 그 넓은 바다를 메우려 했다고 한다. 《山海經 北海經》

298 성척(省滌) : '성생척기(省牲滌器)'의 줄임말로, 희생을 살피고 그릇을 닦음을 뜻한다. 동암(東巖) 유장원(柳長源, 1724~1796)이 편찬한 《상변통고(常變通攷)》 권23 〈시제상(時祭上)〉 '성생척기(省牲滌器)'조에 구체적인 절차가 보인다.

들보의 서쪽으로 던지세	抛梁西
몇 세대의 가성[300]이 농서에 막혔네[301]	幾代佳城斷隴西
매년 제사 지낼 때를 기억해 보니	記得每年香火際
일찍 출발해도 오히려 해질녘에야 도착했었네	早行猶到日沉西
들보의 남쪽으로 던지세	抛梁南
연수의 남쪽에 무한히 많은 푸른 산	無限青山燕水南
곳곳의 옛 무덤에 보리술로 제향하니	處處古墳澆麥酒
풍속이 우리 영남을 순후케 함이 더욱 어여쁘네	更憐風俗厚吾南
들보의 북쪽으로 던지세	抛梁北

299 분양의……마오 : 분양의 무덤은 당(唐)나라 때의 명장(名將)으로, 분양왕(汾陽王)에 봉해진 곽자의(郭子儀)의 무덤을 말한다. 곽자의는 부귀와 장수를 누렸는데, 살아서는 존경을, 죽어서는 애도함을 끝까지 입어서 신하의 도리에 조금도 결점이 없었으며, 게다가 자손이 많아 자손들이 인사를 올리면 누구인지 잘 알지 못하고 그저 턱을 끄덕거렸다 한다.《新唐書 卷137 郭子儀列傳》 여기서는 진주 정씨가 비록 동쪽 끝인 조선의 상주에 살고 있지만 중국의 곽자의에 절대 뒤지지 않는 번성한 가문임을 표현한 것이다.

300 가성(佳城) : 무덤을 뜻한다. 한 고조(漢高祖)의 명신인 하후영(夏侯嬰)의 봉호가 등공(滕公)인데, 등공이 일찍이 말을 타고 동도문(東都門)에 이르렀을 때 말이 가지 않고 발로 땅을 허비적거리기에, 그곳을 파 보니 석곽(石槨) 하나가 나왔다. 이를 깨끗이 씻어서 보니, "답답하던 가성이 삼천 년 만에 태양을 보았도다. 아, 등공이 이곳에 거처하리라.〔佳城鬱鬱, 三千年見白日. 吁! 嗟滕公居此室.〕"라는 명문(銘文)이 새겨져 있었다. 그리하여 등공의 유명(遺命)에 따라 등공이 죽은 뒤에 그곳에 장사 지냈다.《西京雜記 卷4》

301 농서에 막혔네 : 농서(隴西)는 중국의 감숙성(甘肅省)으로, 원래는 이백의 선대 세거지이다. 여기서는 입재 정종로의 선대 세거지를 말한다. 정종로의 선대 세거지인 율리가 우산과 멀리 떨어져 있음을 말한다.

용 같은 산맥이 꿈틀대어 구산이 북쪽에 있으니　龍脈蜿蜒龜障北
조종이 되는 속리산이 있지 않다면　不有祖宗俗離在
뭇 봉우리가 어디에서 북으로 치달릴 수 있으랴　衆峯何自能馳北
들보의 위쪽으로 던지세　抛梁上
영실[302]이 밝음을 드리워 지붕 위에서 빛나네　營室垂輝耀屋上
오늘 재실을 수리함은 진실로 선조를 위함이니　今日修齋亶爲先
정성의 밝고 밝음을 하늘은 살펴 주소서　血心炳炳天監上
들보의 아래쪽으로 던지세　抛梁下
많은 이슬 무서리가 몇 번이나 내렸던가　滋露繁霜幾番下
절기가 바뀜에 서글픈 마음 많으나　氣序流移悽愴多
인간 세상이 황천과 막혔음을 어찌하랴　人間奈隔重泉下

삼가 바라노니, 들보를 올린 뒤에 땅의 신령이 몰래 보호하고 하늘의 신이 감싸 주소서. 비바람에 요동하지 않아 안정됨이 산과 같고 천년이 지나도 날 듯한 건물이 옛날 같게 하며, 황오(潢汙)[303]와 형작(泂酌)[304]으로도 귀신에게 올릴 수 있으니 한결같은

302 영실(營室) : 28수 중 북방 현무(玄武)의 여섯 번째 별 실수(室宿)로, 건축을 주관하는 별이다. 《시경》 〈정지방중(定之方中)〉에 "정성이 막 혼중성이 되었을 때 초구(楚丘)에 궁실을 지으니.〔定之方中, 作于楚宮.〕"라고 하였는데, 주자(朱子)는 정성이 북방의 별자리인 영실성(營室星)으로, 어두워질 때 이 별이 하늘 한가운데 자리 잡으면 하나라 정월인 10월이니 이때 궁실을 경영하여 짓는 것이라고 하였다.

303 황오(潢汙) : 오황(汙潢), 황료(潢潦)라고도 하며, 길바닥에 잠시 괴어 있기만 할 뿐 흐르지 않는 빗물이라는 뜻으로, 진귀하지는 않아도 정성껏 올리는 제물(祭物)을 비유할 때 쓰는 표현이다. 《춘추좌씨전》 은공(隱公) 3년에 "참으로 이 마음이 명백하고 신실하기만 하다면, 산골 도랑이나 늪가에 난 풀, 개구리밥, 흰쑥, 조류(藻

정성으로 오늘부터 향사합니다. 3월과 10월 상순(上旬)에 제향함은 판서공이 정한 날짜를 영원히 지키며, 종자(宗子)와 지자(支子)가 체통(體統)대로 섬김은 한결같이 아버지 침랑공이 살아 계실 때와 같이 합니다. 제사 음식을 주관하고 제수 올리는 것을 감독함에 적서(嫡庶)가 모두 그 직분을 다하고, 재사(齋舍)를 주장하고 창고를 관리함에 상하가 각각 그 능력을 다하게 하소서. 소목(昭穆)[305]이 제향을 받음이 서로 이어져 부디 정성을 다함에 가득하며, 이승과 저승의 감통(感通)이 틈이 없어 부디 상서로움을 내림에 밝게 하소서.

類)와 같은 변변치 못한 나물, 투박한 대광주리와 솥 같은 기물(器物), 웅덩이에 잠겨 있거나 길에 고인 빗물도 귀신에게 올릴 수 있고 왕공에게 바칠 수 있다.〔苟有明信, 澗谿沼沚之毛・蘋蘩薀藻之菜・筐筥錡釜之器・潢汙行潦之水, 可薦於鬼神, 可羞於王公.〕"라고 한 말에서 나온 것이다.

304 형작(泂酌) : 정성만 있을 뿐 변변찮은 제사 음식이라는 뜻의 겸사로 흔히 쓰인다. 《시경》 대아(大雅) 〈형작(泂酌)〉에 "저 길가에 고인 빗물을 멀리 떠다가, 저기에서 떠내고 다시 여기에다 붓는 정성만 지극하다면, 제사에 올리는 밥도 만들 수 있다.〔泂酌彼行潦, 挹彼注玆, 可以饋饎.〕"라는 말에서 유래하였다.

305 소목(昭穆) : 종묘(宗廟)에 신주(神主)를 모시는 차례를 말하는데, 천자(天子)는 태조(太祖)를 중앙에 모시고, 2세・4세・6세는 소(昭)라 하여 왼편에, 3세・5세・7세는 목(穆)이라 하여 오른편에 모시어, 3소・3목의 칠묘(七廟)가 되고, 제후(諸侯)는 2소・2목의 오묘(五廟)가 되며, 대부(大夫)는 1소・1목의 삼묘(三廟)가 된다.

입재집

제31권

축문 祝文

제문 祭文

축문 祝文

동계 정 선생[1] 용천 묘소[2]에 사림들이 제향을 드릴 때의 고유문

桐溪鄭先生龍泉墓所士林祭享告由文

선현의 묘소에	先賢之墓
유림에서 제사 드림이 또한 예이네	儒祭亦禮
한훤당(寒暄堂)[3]과 일두(一蠹)[4] 두 분에게	暄蠹兩爺

1 동계(桐溪) 정 선생(鄭先生) : 정온(鄭蘊, 1569~1641)을 말한다. 본관은 초계(草溪), 자는 휘원(輝遠), 호는 동계이다. 1636년(인조14) 병자호란 때에 이조 참판으로 명나라와의 의리를 내세워 최명길(崔鳴吉) 등의 화의 주장에 적극 반대하였다. 강화도가 함락되고 항복이 결정되자 오랑캐에게 항복하는 수치를 참을 수 없다고 하며 칼로 자결하였으나 목숨은 끊어지지 않았다. 그 뒤 관직을 단념하고 고향인 거창 덕유산의 모리(某里)에 들어가 조를 심어 생계를 자급하다가 죽었다. 숙종 때 절의를 높이 평가하여 영의정에 추증되었으며 시호는 문간(文簡)이다.

2 용천(龍泉) 묘소 : 경남 거창군 가북면 용산동에 있는 정온의 묘소이다. 같은 곳에 동계 어머니의 묘가 있으며 묘소 앞에 동계를 제향하는 용천정사(龍泉精舍)가 있다.

3 한훤당(寒暄堂) : 김굉필(金宏弼, 1454~1504)의 호이다. 본관은 서흥(瑞興), 자는 대유(大猷)로, 김종직(金宗直)의 문하에서 《소학》을 읽고 스스로 '소학동자(小學童子)'라고 일컬었다. 1480년(성종11) 사마시에 합격하여 벼슬을 시작하였으나

이미 그런 예가 있네 已有其例
한강(寒岡)[5] 어른이 의리를 일으킴에 寒翁義起
여헌(旅軒)[6] 어른이 이를 준수하였네 旅老寔遵
어찌 후손이 없으랴만 夫豈無孫
사림들이 정성을 펼쳤네 士忱是陳
이 용천을 돌아보니 瞻玆龍泉
옷과 신을 갈무리한 묘소이네 衣履攸藏
오랫동안 제향하지 않았으니 香火久闕
길 가는 사람들도 상심하였네 行路亦傷
이 때문에 합의하고 도모하여 是庸合謀
사모하는 정성을 붙이기를 바랐네 庶寓誠慕
금년 가을부터 시작함은 爰始今秋

1498년(연산군4) 무오사화로 희천(熙川)에 유배, 다시 순천(順天)으로 이배되었다가 1504년(연산군10) 갑자사화에 사사(賜死)되었다. 시호는 문경(文敬)이다.

4 일두(一蠹) : 정여창(鄭汝昌, 1450~1504)의 호이다. 본관은 하동(河東), 자는 백욱(伯勗)으로 김종직의 문인이다. 1490년(성종21) 문과에 급제 후 안음(安陰) 현감을 지냈다. 1498년(연산군4) 무오사화로 종성(鍾城)에 유배되었다가 죽었는데 그 뒤 1504년(연산군10) 갑자사화가 일어나 부관참시(剖棺斬屍)를 당하였다.

5 한강(寒岡) : 정구(鄭逑, 1543~1620)의 호이다. 본관은 청주(淸州), 자는 도가(道可)이다. 김굉필(金宏弼)의 외증손이며, 조식(曺植)과 이황(李滉)의 제자이다. 벼슬이 대사헌에 이르렀으며 시호는 문목(文穆)이다. 저서로 《한강집》과 《오선생예설분류(五先生禮說分類)》 등이 있다.

6 여헌(旅軒) : 장현광(張顯光, 1554~1637)의 호이다. 본관은 인동(仁同), 자는 덕회(德晦), 시호는 문강(文康)이다. 정구의 조카사위인 동시에 제자이다. 보은 현감을 끝으로 은퇴하여 학문에 전념하였다. 사후에 영의정에 추증되었으며, 동락서원(東洛書院)에 제향되었다. 저서로 《여헌집》이 있다.

시기가 또한 우연이 아니네	時亦非偶
만물이 시듦을 보고 느낌이 일어나	覽物興感
우뚝한 절개를 더욱 우러르네	卓節彩仰
날짜를 중양절에 정하여	日用重九
국화술을 빚어 술잔을 올리네	樽薦菊釀
용천정사를 돌아보니	顧惟精舍
한천정사와 동일하네[7]	寒泉與同
중간에 폐하여 빈터가 되어	中廢爲墟
풀이 무성하고[8] 이끼로 덮였네	草鞠苔封
재물을 모아 중건하니	鳩材重建
지금에야 예처럼 되었네[9]	今焉復故

7 한천정사(寒泉精舍)와 동일하네 : 주희(朱熹)가 모친의 장사를 치른 뒤에 한천정사를 세운 것처럼 동계 역시 어머니 묘소를 지키기 위해 용천정사를 지었다는 말이다. 한천은 《시경》 〈개풍(凱風)〉에 나오는 말로, 자식이 어버이를 잘못 섬긴 것을 자책하는 의미가 있다.

8 풀이 무성하고 : 원문 '초국(草鞠)'은 《시경》 〈소반(小弁)〉에 "평탄하게 뚫린 큰 길이 막혀서 무성한 풀밭이 되었다.〔踧踧周道, 鞠爲茂草.〕"라고 하였는데, 〈모전(毛傳)〉에 "국은 막힘이다.〔鞠, 窮也.〕"라고 하였다.

9 지금에야 예처럼 되었네 : 《동계선생연보(桐溪先生年譜)》에, "1810년(순조10)에 용천정사를 중건하여 국천례(菊薦禮)를 거행하였다."라고 하였다. 그 주에 "정사가 무너져 황폐한 빈터가 된 지 오래되었다. 이때에 이르러 청음(淸陰) 김상헌(金尙憲) 선생의 후손 김인순(金麟淳)이 이 고을의 부사(府使)로 재직하면서 선생의 묘소를 배알하고 개연히 고을 선비들과 수의(收議)하여 재물을 모아 중건하였다. 이해는 곧 선생이 묘소에 여막을 지은 해와 같은 갑년(甲年)이었다. 중구일(重九日)에 국화주를 올렸으니, 이는 야은(冶隱) 길재(吉再) 선생이 황화(黃花)로 백이(伯夷)를 제사 지낸 뜻을 취한 것이다. 또 정사의 물력(物力)으로 묘사의 제물을 마련하였다."라고 하였다.

감히 그 연유를 가지고 敢將端由

미리 아울러 아뢰네 前期並告

상향축문

常享祝

해를 꿰는[10] 순일한 충성이며	貫日精忠
바다를 밟는[11] 큰 절개이네	蹈海大節
시절이 국화가 피는 가을에	時屆菊秋
우러러 사모함이 더욱 간절하네	仰慕采切
이에 묘소에 나아가	玆就封塋
공경히 성묘하네	敬致省掃
보잘것없는 제수로 정성을 펴니	薄需陳誠
거듭 강림하여 돌아보시기를	庶重臨顧

10 해를 꿰는 : 전국 시대 자객이었던 형가(荊軻)가 연(燕)나라 태자 단(丹)을 위해 진시황(秦始皇)을 살해할 목적으로 진나라에 갈 무렵, 태자와 빈객들이 역수(易水) 가에 이르러 전별하였다. 형가가 이에 화답하여 노래하기를 "바람이 소소히 불고 역수가 차니, 장사가 한 번 가서 돌아오지 않으리라.〔風蕭蕭兮易水寒, 壯士一去兮不復還.〕"라고 하였다. 이때 흰 무지개가 해를 꿰었다고 한다. 《史記 권86 刺客列傳》

11 바다를 밟는 : 전국 시대 제(齊)나라의 덕망 있는 노중련(魯仲連)의 고사이다. 위(魏)나라와 조(趙)나라가 진(秦)나라 군주를 황제로 추대하려 한다는 말을 듣고서 위나라의 사자(使者) 신원연(新垣衍)을 찾아보고, "만일 진나라 군주를 황제로 추대한다면 나는 동해를 밟아 빠져 죽을지언정 진나라 백성이 되기를 원하지 않는다."라고 하였다. 《史記 권83 魯仲連列傳》

도동서원[12]의 별사(別祠) 상향축문

道東書院傍祠常享祝

점필재[13]를 스승으로 한훤당을 벗으로 하여　師畢友暄
명철하게 유독 몸을 보존하였네　明哲獨保
덕행과 문장은　德行文章
천년 뒤에도 징험하리　有徵千後

곽 진사(郭進士)[14]

선정〔한훤당〕과 함께 배워　先正同學
지극한 행실이 조정에 알려졌네　至行升聞

12 도동서원(道東書院) : 대구광역시 달성군 구지면(求智面) 도동리(道東里)에 있는 서원이다. 1605년(선조38)에 지방 유림의 공의로 한훤당(寒暄堂) 김굉필(金宏弼)의 학덕을 추모하기 위해 창건하여 1607년(선조40)에 도동(道東)이라는 사액(賜額)을 받았고, 1678년(숙종4)에 한강(寒岡) 정구(鄭逑)를 배향하였다. 대원군의 서원철폐령에 훼철되지 않은 47개 서원 중의 하나이다.

13 점필재(佔畢齋) : 김종직(金宗直, 1431~1492)의 호이다. 본관은 선산(善山), 자는 계온(季昷)이다. 1459년(세조5) 문과에 급제 후 정자(正字), 교리(校理), 감찰(監察) 등을 역임하였다. 성종 초에 경연관(經筵官)이 되고 이후 내외의 여러 관직을 두루 역임하여 지중추부사(知中樞府事)에 이르렀다. 학문과 문장이 뛰어나 후대에 영남학파의 종조(宗祖)가 되었다. 시호는 문충(文忠)이다.

14 곽 진사(郭進士) : 곽승화(郭承華, ?~?)를 말한다. 본관은 현풍(玄風), 자는 자실(子實), 호는 규헌(睽軒)으로 현풍에 거주하였다. 1477년(성종8) 진사에 합격하였다. 점필재(佔畢齋) 김종직(金宗直)의 문인으로 김굉필(金宏弼)과 함께 그 문하에서 유학하였고, 청개(淸介)한 인품으로 사우(士友)들의 추앙을 받았다.

고상히 은거하며 벼슬을 사양함은　　高蹈辭徵
세상에 보기 드문 끼친 향기이네　　曠世遺芬
원 참봉(元參奉)[15]

맑은 수양과 굳은 절개이며　　淸修苦節
정성스러운 효성과 독실한 행실이네　　誠孝篤行
덕이 높아 현자와 친하고　　德卲親賢
학문은 주경을 오로지하였네　　學專主敬
배낙천(裵洛川)[16]

15 원 참봉(元參奉) : 원개(元槩, ?~?)이다. 본관은 원주(原州)로 현풍에 거주하였다. 김종직의 문인이며 고행(高行)으로 참봉에 천거되었으나 나가지 않았다.

16 배낙천(裵洛川) : 배신(裵紳, 1520~1573)을 말한다. 본관은 성주(星州), 자는 경여(景餘), 호는 낙천 또는 경재(景齋)로 현풍에 거주하였다. 조식(曺植)과 이황(李滉)의 문인이다. 1561년(명종16)에 생원시에 합격하여 동몽교관을 역임하였다. 조식이 죽자 조정에서 그의 행적을 지어 올리라고 명하매 《남명선생언행록(南冥先生言行錄)》을 지어 올렸다.

원사 고유문

元祠告由文

이 별사를 세운 것이	建玆傍祠
세월이 지남이 오래되었네	多歷年歲
향사함에 축문이 없어서	享而無祝
매양 제사 지내지 않음과 같았네	每如不祭
지난번 천곡서원[17]에서	頃自川谷
예조에 우러러 하소연했네	仰籲春官
특별히 임금님의 윤허를 받았으니	特蒙許用
마음이 편안하지 않음이 없네	曰無未安
사당을 별도로 하여 제수를 줄임이	異廟減籩
압존 때문임은 이미 명백한 사실이네	壓尊已明
덕을 기술하고 정성을 폄에	述德陳誠
영혼이 이르기에 좋으네	乃可假靈

17 천곡서원(川谷書院) : 경북 성주군 벽진면 해평리에 있었던 서원이다. 노경린(盧慶麟, 1516~1568)이 성주(星州) 목사로 있을 때인 1558년(명종13) 이조년(李兆年), 이인복(李仁復), 김굉필(金宏弼)의 학문과 덕행을 추모하기 위해 연봉서원(延鳳書院)으로 창건되었으나, 이후 정구(鄭逑) 등이 천곡서원(川谷書院)으로 개명하였으며 숙정자(叔程子 : 北宋 程頤), 주자(朱子), 김굉필(金宏弼)을 배향하였다. 1573년(선조6) 사액되고 1607년(선조40) 중액되었으며, 1623년(인조1) 정구를, 1642년(인조20) 장현광(張顯光)을 각각 추가 배향하였다. 선현 배향과 지방교육의 일익을 담당하여 오던 중 대원군의 서원철폐령으로 1868년(고종5) 훼철된 뒤 복원되지 못하였다.

예조 판서가 말하기를	大宗伯言
서원의 모범이 되라 하였네	爲儒宮法
그 시작을 지금부터 하여	其始自今
관례에 따라 축문을 사용함을	依例用祝
감히 고합니다	敢告

도존당[18]의 기공식에 대한 고유문 유림을 대신하여 짓다 ○ 정묘년(1807, 순조7)

道存堂開基告由文 代儒林作○丁卯

옛날 우리 선사〔鄭經世〕께서　昔我先師
우산 골짜기에서 강도하였네　講道愚峽
문하에 온 여러 현자들이　及門諸賢
여기에서 학업을 배웠네　于玆受業
남긴 향기 없어지지 않아　遺芬不沫
우러러 사모함이 더욱 깊었네　景慕采加
모든 우리 후손들은　凡我後裔
달리 귀의할 데가 없었네　依歸靡他
선암[19]에 띠집을 지으려고 함은　船巖結茅
선조 때부터 뜻을 두었네　自先有意
지금 비록 백 년 훨씬 지났으나　今雖曠百
감히 이 뜻을 잊으랴　敢忘斯義
저 땅을 돌아보니　顧彼爲地
학문에 전념하기[20] 불편하였네　不便藏修

18 도존당(道存堂) : 경북 상주시 외서면 우산리에 있는 서당이다. 우복(愚伏) 정경세(鄭經世)의 6세손인 정종로가 정경세의 강학하던 공간을 기념하여 세웠는데, 뒤에 우산서원(愚山書院)으로 승격되면서 강당 건물의 역할을 하게 되었다. 흥선대원군의 서원철폐령에 의해 훼철되었다가 20세기 초에 도존당만 복원되었다.

19 선암(船巖) : 정경세가 지정한 우산(愚山) 20경 중의 하나이다.

이 북쪽 동천을 돌아보니	瞻玆北洞
수석이 맑고 그윽하였네	水石淸幽
서실이 그 아래에 있고	書室在下
상봉대도 멀지 않네[21]	鳳臺匪遐
이에 이곳에 터를 잡았으며	爰卜此基
또한 좋은 날을 가렸네[22]	穀朝又差
터를 닦아 공사를 시작함에	開拓伊始
감히 신명에게 고하네	敢告神明
신명께서는 잘 도와서	神明其佑
성공할 수 있도록 해 주십시오	俾克有成

20 학문에 전념하기 : 원문 '장수(藏修)'는 《예기(禮記)》 〈학기(學記)〉에 나오는 말이다. 장(藏)은 늘 학문에 대한 생각을 품고 있다는 뜻이며, 수(修)는 방치하지 않고 늘 익힌다는 뜻이다.

21 서실(書室)이……않네 : 서실(書室)과 상봉대(翔鳳臺)는 모두 우산 20경 중의 하나이다.

22 좋은 날을 가렸네 : 원문 '곡조(穀朝)'는 좋은 날이니, 이때의 '곡(穀)'은 '좋다', '아름답다'는 의미이다. 또 '차(差)'는 '가리다〔擇〕'는 뜻이다. 《시경》 〈동문지분(東門之枌)〉에 "좋은 아침을 선택하니, 남방의 언덕에 모이도다.〔穀旦于差, 南方之原.〕"라는 표현이 나온다.

가묘 고유문 처음으로 광릉 참봉에 제수되었을 때 ○ 기유년(1789, 정조13)

家廟告由文 始除光陵時○己酉

삼가 생각건대	伏以
성은이 끝이 없어서	聖恩罔涯
선현〔鄭經世〕을 추념함에 마음을 두셨습니다	追念有加
이에 측근의 신하에게 명하시어	爰命臣隣
선현의 후손을 찾게 하였습니다	遺裔是詢
후손으로 제사를 잘 받든다고 생각하여	謂孫奉祀
드디어 저의 이름을 보고하였습니다	遂以名聞
과연 이번 정사의 인사에서	果於今政
특별히 참봉 벼슬에 임명하셨습니다	特除祠官
공경히 성은을 받으니	祗承恩旨
감격과 황공함이 교차합니다	感惶交並
돌아보건대 불초한 제가	顧惟不肖
어찌 이 영광스러운 벼슬에 부합할까요	曷稱玆榮
유훈을 지키지 못함이 본래 많은데	墜訓素多
음직을 받음은 매우 아름답습니다	受蔭孔嘉
선령께서 암암리에 도와 이른 것이니	陰隲攸曁
서글프고 사모하는 마음이 더욱 깊습니다	益深愴慕
삼가 술과 안주로	謹以酒果
정성을 펴 경건히 아룁니다	用伸虔告

가묘 고유문 의금부 도사의 임명에 대하여 성은에 사례하고 집으로 돌아온 후에 짓다

又 禁府都事謝恩歸後

삼가 종로는	伏以宗魯
지난번에 선조의 음덕으로	頃以先蔭
외람되게 성은을 입었습니다	猥蒙聖渥
분수와 의리를 헤아려 보니	揆諸分義
조정에 가 숙배함[23]이 마땅하였습니다	只合出肅
다만 이 보잘것없는 사람이	第此無似
그 직책을 맡을 방법이 없었습니다	末由供職
처음에는 숙배하고 바로 돌아와	始擬卽歸
초복[24]을 찾으려고 생각하였습니다	以尋初服
이때 나라에서 시행하는	時値國家
영우원을 옮기는 일을 만났습니다[25]	遷園已卜

23 조정에 가 숙배(肅拜)함 : 원문 '출숙(出肅)'은 새로 벼슬에 임명된 사람이 대궐에 나아가 임금을 뵙고 이름을 아뢰며 공손히 인사를 올리는 것을 말한다.

24 초복(初服) : 벼슬하기 전에 입던 옷이라는 뜻으로, 벼슬에서 물러나 처음에 살던 곳으로 돌아가 은거함을 비유할 때 쓰는 말이다. 굴원(屈原)의 〈이소경(離騷經)〉의 "물러가 다시 나의 초복을 손질하리.〔退將復修吾初服〕"라는 구절에서 유래하였다.

25 이때……만났습니다 : 1789년(정조13) 7월에 사도세자(思悼世子)의 묘인 영우원(永祐園)을 수원(水原)으로 옮기기로 하였다. 정조(正祖) 즉위년(1776) 3월 자신의 생부(生父)였던 사도세자의 존호(尊號)를 장헌(莊憲)으로 바꾸면서 당시 양주

백관들이 분주하였기에	百官奔走
감히 아뢰지 못하였습니다	不敢呈告
드디어 광릉 참봉으로 부임하여	遂之光陵
보름 동안 근무하였습니다	浹望入直
공손히 출번을 기다려	恭俟出番
사표를 올려 돌아오려 했습니다	呈辭將復
생각지도 못하게 대신들이	不料大臣
임금님의 귀를 잘못 더렵혔습니다	天聽誤瀆
영남의 뛰어난 인재라 생각하시어	謂爲嶺翹
즉시 명하여 특진시켰습니다	卽命超擢
참봉을 지낸 지 보름 만에	寢郎半月
6품직에 뛰어올랐습니다	六品是躐
꿈에도 이르지 못할 일이었으니	夢寐不到
놀라고 황공함이 모두 지극하였습니다	驚惶交極
이번 달 16일에	今月十六
왕명을 받들어 궁궐에 나아갔습니다	承命登席
용안이 온화하고 순수하셨고	天顔溫粹
말씀은 곡진하셨습니다	玉音委曲
이미 집안의 내력을 물으셨고	旣詢家閥

(楊州)에 있던 그의 무덤의 봉호(封號)를 수은묘(垂恩墓)에서 영우원으로 고쳐 불렀다. 1789년에 화성(華城)으로 이장한 후에는 현륭원(顯隆園)으로 이름을 바꾸었고, 광무(光武) 3년(1899)에는 장조의황제(莊祖懿皇帝)로 추존(追尊)되면서 '융릉(隆陵)'이라 일컬어졌다.

아울러 선조의 덕을 언급하셨습니다　並及先德
우복 선조의 유고와 연보를　遺稿年譜
또한 올리라고 명령하셨습니다　亦命持納
초야의 미천한 신하가　草野微臣
지척에서 임금을 가까이 하였습니다　昵近咫尺
이런 영광을 받음은　叨此榮光
선조의 남긴 은택이 아님이 없습니다　莫非餘澤
부앙하며 감격하여 눈물 흘리고　俯仰感泣
일편단심이 더욱 일어났습니다　丹衷采激
생각하니 이런 큰 산 같은 짐이　念玆山任
어찌 모기 힘에 맞을 수 있겠습니까　豈合蚊力
또한 품평의 말씀을 헤아려 보니　且揆品題
더욱 귀와 눈을 놀라게 하였습니다　尤駭耳目
백번 생각하고 헤아려 보아도　百爾忖量
물러나는 것만 한 것이 없었습니다　莫如退伏
성은에 사례하자마자　聖恩纔謝
귀가의 짐을 즉시 꾸렸습니다　歸裝卽束
정신없이 달아나서　逃遁不暇
저의 옛 산골로 돌아왔습니다　還我舊壑
왕명을 어김이 비록 두려웠으나　違命雖懍
제 분수를 헤아려 보니 맞는 일이었습니다　揣分則適
정고보의 솥에 새긴 명[26]이　考父鼎銘

26 정고보(正考父)의……명 : 정고보는 공자(孔子)의 선조이다. 그의 솥〔鼎〕에 "대

저의 마음을 먼저 얻은 것이었습니다	我心先獲
한 번 출사하고 한 번 물러남에	一出一處
잘못됨을 대략 면하였습니다	粗免顚錯
처음을 잘하고 마침을 잘함은	善始善終
오직 선조의 음덕을 입은 것입니다	惟荷陰騭
공경히 오늘 조상님을 배알하니	祗謁今辰
추모의 마음이 옛날보다 배가 됩니다	追慕倍昔
감히 변변찮은 음식과 술로	敢將菲酌
공경히 저의 마음을 아뢰옵니다	敬告微臆

부 때에는 고개를 수그리고, 하경(下卿) 때에는 등을 구부리고, 상경(上卿) 때에는 몸을 굽히고서, 길 한복판을 피해 담장을 따라 빨리 걸어간다면, 아무도 나를 감히 업신여기지 못하리라. 나는 여기에 미음을 끓여 먹고 여기에 죽을 끓여 먹어 내 입에 풀칠을 하면서 살아가리라.〔一命而僂, 再命而傴, 三命而俯, 循牆而走, 亦莫余敢侮. 饘於是, 鬻於是, 以餬余口.〕"라는 내용이 새겨져 있었다고 한다. 《春秋左氏傳 昭公7年》

가묘 고유문 장차 함녕 현령에 부임하려 할 때 ○ 정사년(1797, 정조21)

又 將赴任咸寧時○丁巳

삼가 생각하니 종로는	伏以宗魯
사헌부 지평에 임명된 때로부터	自叨臺銜
세 번 소환의 명령을 어겼습니다[27]	三違召命
해를 넘기며 죄를 기다리는데	經年待罪
성군의 은총이 도리어 성대하였습니다	寵渥反盛
처음에는 강령 현감에 제수함에	始除康翎
길이 멀다는 이유를 글로 올렸습니다	呈以路永
성군의 생각이 곡진하게 살피심은	聖念曲察
저에게 병든 모친이 있기 때문입니다	爲有親病
관직을 바꾸어 함녕 현감에 임명하니	換授咸邑
고을이 이미 이웃 지역에 있습니다	旣在隣境
조정에 숙배하는 것을 특별히 면제해 주시고	特除朝辭
모친을 모시고 곧바로 부임하라 하셨습니다	將母就徑
임금의 은혜에 감송하며	感頌天恩
은거할 핑계가 없게 되었습니다	無辭退屛

27 사헌부……어겼습니다 : 1796년 7월 19일 이후로 사헌부 지평에 세 번 임명되었으나, 그때마다 사직소를 올렸으니 《입재집》 권8에 실려 있는 〈사사헌부지평소명소(辭司憲府持平召命疏)〉 3편이 그것이다.

내일 장차 관직에 부임하여	明將上官
조금의 보탬과 부합함이 있기를 바랍니다	庶少補稱
이런 특별한 대우를 생각하면	念茲異數
선조의 남기신 경사가 아님이 없습니다	罔非餘慶
선령께서 암암리에 도와 이른 것이니	陰騭攸暨
서글프고 사모하는 마음으로 더욱 우러릅니다	愴慕彌景
이에 연유를 고하고	玆告端由
공경히 술잔을 올립니다	敬薦酌泂

가묘 고유문 다시 사헌부 지평에 임명되었을 때 ○ 무오년 (1798, 정조22)

又 復拜持平時○戊午

삼가 생각건대 종로는	伏以宗魯
한 번 우산으로 돌아온 뒤로부터	一自還山
세상에 버려진 것을 제 분수로 여겼습니다	自分棄世
그런데 생각지도 않게 오늘에	不意今者
또 성은을 입었습니다	又蒙聖恩
사헌부 지평에 임명하는 명령이	柏府除命
어제 내려왔습니다	下於昨日
겸하여 소명의 전지가 있어	兼有召旨
은총이 더욱 융성하였습니다	寵渥采隆
비록 과거에 받은 관직이라 할지라도	雖是宿跰
새로 벼슬을 받은 것이나 다름이 없습니다	無異新授
감격하고 눈물 흘리는 것 외에	感泣之外
삼가고 두려움이 더욱 배가됩니다	兢惶尤倍
이 불초한 몸을 돌아보니	顧玆不肖
어떻게 이런 벼슬을 받았는지요	何以得此
반복하여 생각해 보니	反復思惟
선조의 음덕이 아님이 없습니다	莫非先蔭
감히 차례를 지내는 것을 계기로	敢因茶禮
삼가 연유를 고합니다	謹告端由

가묘 고유문 사당을 새로 짓고 봉안할 때 ○ 을축년(1805, 순조5)

又 新建祠宇奉安時○乙丑

삼가 생각건대	伏以
우리 집안은 율리에서	我家栗里
8, 9대를 지냈습니다[28]	世歷八九
우산으로 들어온 이후로	自入愚山
여기에 살며 옛터로 돌아가지 않았습니다	因未還舊
높고 우뚝한 빈 사당이	翼翼空祠
저기에 우뚝이 서 있었습니다	在彼其巋
자손들이 거처하였던 곳이며	子孫攸處
신령들이 의지하였습니다	神靈是依
임시로 신주를 우산의 서실에 안치함이	權安書室
60여 년이 되었습니다	餘六十齡
거처를 이미 정하지 못하여	居旣未奠
사당을 일부러 짓지 않았습니다	祠故莫營
비록 제사[29]를 받들었으나	雖奉蒸嘗

28 우리……지냈습니다 : 율리(栗里)는 상주군 청리면에 있는 마을이다. 정종로의 11대조 정번(鄭蕃)이 처음으로 여기에 터전을 잡았다. 정종로의 6대조 정경세는 율리에 살면서 우산(愚山)을 경영하였으며, 그의 조부 정주원(鄭冑源)이 율리에서 태어났으나 나중에 우산으로 완전히 이주하였는데, 그 이후로 후손들이 우산에 계속 살게 되었다.

문득 우거지에 사는 것과 같았습니다	便同寄寓
매양 바라보며 알현할 때마다	每當瞻謁
두려워하며 몸 둘 데가 없었습니다	怵惕靡措
근래에 다행히 터전을 잡으니	近幸卜地
대산루[30] 옆 산기슭입니다	山樓傍麓
풍수가가 길지라고 말하여	堪輿云吉
이에 사당을 지었습니다	室廬斯築
드디어 정침의 동쪽에 나아가니	遂卽寢東
옛날 제도를 따랐습니다	式遵古制
소나무 기둥에 잣나무 판자이며	松楹柏板
쇠 지도리에 돌 섬돌입니다	金樞石砌
사치하지도 않고 검박하지도 않으니	不侈不儉
우러러 선조의 뜻을 체득하였습니다	仰體先志
거듭 생각해 보니 이 언덕은	重惟玆丘
지팡이와 신으로 다니시던 곳입니다	杖屨遺址
전원과 수석은	田園水石
옛 물건이 아님이 없습니다	罔非舊物
보존되어 지금까지 이름은	保有至今

29 제사 : 원문 '증상(蒸嘗)'의 '상(嘗)'은 가을에 올리는 제사이고, '증(蒸)'은 겨울에 올리는 제사이다. 《시경》 〈천보(天保)〉에 "봄・여름・가을・겨울의 제사를 선공과 선왕에게 올린다.〔禴祠烝嘗, 于公先王.〕"라고 하였다.

30 대산루(對山樓) : 입재 종택 앞의 누대이다. 원래 정경세(鄭經世)가 공부하던 곳을 18세기 후반에 입재가 고쳐 지은 것이다. 2층으로 이루어져 있는데, 1층은 정사와 강학처로 사용하고 2층은 책방과 창고 그리고 휴식 공간으로 사용하였다.

선조께서 암암리에 도운 것입니다	寔賴陰騭
여기에 사당을 세우니	於焉作廟
더욱 신령의 도에 합치됩니다	尤合神理
후손들이 신주를 받들고[31]	雲仍駿奔
온 집안사람들이 일을 합니다	闔族將事
바람은 여기에서 편안하시어	庶幾卽安
길이 향기로운 제수를 누리시는 것입니다	永享苾芬
공경히 오늘 저녁에 제사를 드리니	祗奉今夕
서글프고 사모하는 마음이 더욱 새롭습니다	愴慕采新
신령이 감응하여 어렴풋한 모습으로	肹蠁髣髴
양양하게 강림한 듯하소서	洋洋如臨
공손히 한 잔의 술을 올리니	恭薦一觴
흠향하시기를 바랍니다	尙冀垂歆

31 신주를 받들고 : 원문 '준분(駿奔)'의 뜻이다. 《시경(詩經)》 〈청묘(淸廟)〉에, "제제한 많고 많은 선비들이 문왕의 덕을 굳게 잡아서 하늘에 계신 분을 대하고 사당에 모신 신주 분주하게 받드네.〔濟濟多士, 秉文之德, 對越在天, 駿奔走在廟.〕"라고 하였다.

가묘 고유문 사헌부 장령에 임명되었을 때 ○ 무진년(1808, 순조8)

又 拜掌令時○戊辰

삼가 생각건대 종로는	伏以宗魯
사헌부 지평에 두 번 소명을 받음은	持憲再召
이미 뜻밖의 일이었습니다	已是意外
그 이후로 10년 동안 은거함에	屛伏十年
티끌세상을 벗어났다고 생각했습니다	塵網謂解
군평[32]이 세상을 버림에	君平棄世
세상도 그를 버림이 마땅하였습니다	世亦宜棄
산림에서 한가하게 거처함을	閒居林壑
죽을 때까지 달게 여기려 하였습니다	甘以沒齒
그런데 생각지도 않게 지금	不意玆者
다시 복직[33]의 은혜를 입었습니다	又蒙甄復
장령에 승진시켜 벼슬을 내림은	掌令陞授
지난달 26일이었습니다	以去廿六

32 군평(君平) : 한(漢)나라 때의 은사(隱士)인 엄준(嚴遵)의 자이다. 그는 일찍부터 벼슬을 포기하고 성도(成都)에 은거하면서 복서(卜筮)를 업으로 삼고 살았는데, 하루 생계가 마련되면 발을 내리고 손님을 받지 않았다 한다. 양웅(揚雄)의 스승이기도 하다. 저서에 《노자지휘(老子指揮)》가 있다. 《漢書 卷72 王貢兩龔鮑傳》

33 복직 : 원문 '견복(甄復)'은 퇴임자 중에서 적합한 사람을 골라 다시 관직에 복귀하게 함을 말한다.

비록 곧바로 체직되었으나 雖卽遞改

은총이 실로 드문 일이었습니다 恩渥實曠

공경히 교지를 받드니 祗奉教旨

더욱 마음이 감격하고 서글펐습니다 采增感愴

부재한 제가 어찌 임금을 감동시켰겠습니까 不才寧槪

진실로 선조의 덕에 말미암은 것입니다 寔由先故

이에 명절의 차례를 올림에 인하여 玆因節薦

저의 작은 정성을 감히 고합니다 微忱敢告

제문 祭文

상국 채번암[34] 제공 의 묘소에 올리는 제문

祭樊巖蔡相國濟恭墓文

본관이 평강(平康)인 번암(樊巖) 선생 채 상공(蔡相公)께서 기미년(1799, 정조23) 정월 18일에 서울의 자택에서 돌아가셨습니다. 이때에 경대부들이 조정에서 서로 조문하고 사서인(士庶人)들은 재야에서 서로 조문하면서, 모두 "나라는 어떻게 되겠는가."라고 말하였고 또 "우리들은 어떻게 되겠는가."라고 말하였습니다. 대개 분주히 달려가 염하고 장례 지내는 것을 보려는 자들이 도로에서 서로 이었는데, 유독 평소에 알아줌을 받았던 진양(晉陽) 정종로(鄭宗魯)는 멀리 영남 지역에 엎드려 있었습니다. 또 바야흐로 외

34 채번암(蔡樊巖) : 채제공(蔡濟恭, 1720~1799)을 말한다. 본관은 평강(平康), 자는 백규(伯規), 호는 번암(樊巖)・번옹(樊翁)이다. 1743년(영조19) 문과에 급제하였다. 1788년(정조12)에 우의정, 1790년(정조14)에 좌의정으로서 행정 수반이 되었고, 3년에 걸치는 독상(獨相)으로서 정사를 오로지하기도 하였다. 1799년(정조23) 1월 18일에 사망, 3월 26일에 사림장(士林葬)으로 장례가 거행되었고, 묘는 경기도 용인에 있다. 1801년(순조1) 황사영백서사건(黃嗣永帛書事件)으로 추탈관작되었다가 1823년(순조23) 영남만인소로 관작이 회복되었다. 시호는 문숙(文肅)이다.

롭게 병으로 오래 고생하여 영전에 달려가 한 번 곡할 계기가 없었기에 이에 몇 줄의 글로 공사 간의 애통함을 묘사할 것을 생각하였으나, 끝내 그 일을 이룰 수가 없었습니다. 이에 그다음 해 경신년(1800, 정조24) 3월 모일에 맏아들 상진(象晉)의 서울에 관광(觀光)하러[35] 가는 행차가 상공의 묘소[36]로 길을 지난다는 것을 듣고는, 서 유자(徐孺子)가 황 태위(黃太尉)를 곡한 고사[37]에 의거하여 닭 한 마리와 술에 담갔던 솜을 가지고 가서 재배하고 공경히 올리며 고하게 하였으니, 내용은 다음과 같습니다.

아! 상공은 천지를 지탱하는 힘이 있고 강하(江河)의 물을 받아들일 국량이 있으며, 시귀(蓍龜)와 같은 지혜는 신령하였고 규벽(奎璧)[38]과 같은 문장이 빛이 났습니다. 천하의 지극히 중요한 일을 맡아도 어려워하지 않았고 천하의 지극한 험난함을 겪어도 두려워하지 않았습니다. 도량에는 일세(一世)를 포용해도 만족스

35 관광(觀光)하러 : 관광(觀光)은 《주역》 〈관괘(觀卦) 육사(六四)〉의 "나라의 휘황찬란한 빛을 봄이니, 왕에게 나아가 손님이 되는 것이 이롭다.〔觀國之光, 利用賓于王.〕"라는 말에서 나온 것으로, 선진 문물을 접하여 견식을 넓힌다는 의미로 쓰인다. 그러나 여기서는 과거에 응시하여 임금의 빛나는 성덕(盛德)을 본다는 뜻이다.

36 상공의 묘소 : 경기도 용인시(龍仁市) 북동(北洞)에 있다.

37 서 유자(徐孺子)가……고사 : 서 유자는 후한(後漢) 때 서치(徐穉)이며 황태위(黃太尉)는 태위를 지냈던 황경(黃瓊)이다. 서치는 집에서 구운 닭 한 마리를 준비한 다음 술에 적신 솜을 햇볕에 말려 닭을 싸 두었다가 문상을 가서 솜을 물에 적셔 술을 만들고 닭을 앞에 놓고 애도한 뒤 떠났다. 《後漢書 卷53 徐穉列傳》

38 규벽(奎璧) : 규수(奎宿)와 벽수(璧宿)의 병칭으로, 문장을 주관하는 별로 알려져 이 별의 정기를 모아 태어난 사람은 대문호가 된다고 하였다. 여기서는 채제공이 바로 규벽의 정기를 타고 태어나 대문장가가 되었음을 말한 것이다.

럽게 생각하지 않았고 가슴에는 만 가지 물품을 빚어 내어도 많다고 생각하지 않았습니다. 기미에 임하여 계책을 결단함에 한마디도 적중하지 않음이 없었고, 날이 개면 가고 비 오면 그쳐서[39] 한 걸음도 망령된 행동이 없었습니다.

임금의 계책을 도움에는 가의(賈誼)의 대책문[40]과 육지(陸贄)의 주의문(奏議文)[41]으로 글자마다 세상을 상서롭게 할 수 있었고, 문단에서 으뜸으로 주도함은 사마천(司馬遷)의 골수와 반고(班固)의 근육으로 편편마다 후대에 전할 만하였습니다. 이 때문에 조정에 있어서는 주석(柱石)의 대신(大臣)이 되었고 유림(儒林)을 통솔함에는 영수(領袖)의 거공(巨公)이 되었습니다. 그 성대한 덕망과 큰 절개 그리고 풍성한 공로와 위대한 공렬은 이미 당시를 진동시켜 빛났고 사방에 전파되어 외워졌습니다. 또 그 일월을 꿰뚫는 정충(精忠)[42]과 천지를 세우는 대의(大義)는 더욱 영조(英

39 날이……그쳐서 : 일신의 행지를 천명에 맡긴다는 말이다.

40 가의(賈誼)의 대책문 : 가의(기원전 201~기원전 169)는 전한(前漢) 문제(文帝) 때의 명신으로, 장래가 촉망되었으나 참소를 입고 장사태부(長沙太傅)로 좌천되었다가 33세로 요절하였다. 그는 나라와 임금을 걱정하는 대책문을 잘 지었다.

41 육지(陸贄)의 주의문(奏議文) : 육지(754~805)는 당(唐)나라 가흥(嘉興) 사람으로, 자는 경여(敬輿), 시호는 선공(宣公)이다. 18세에 진사가 되어 덕종(德宗)의 부름을 받아 한림학사가 되고 이후로 천자의 곁에서 문한(文翰)을 담당하여 조서(詔書)를 기록함에 사정을 곡진히 하여 기회(機會)에 적중하지 않음이 없었고, 주의(奏議)를 잘 짓기로 더욱 유명하였다. 저서로는 《육선공주의(陸宣公奏議)》가 있다.

42 일월을 꿰뚫는 정충(精忠) : 전국 시대 자객이었던 형가(荊軻)가 연(燕)나라 태자 단(丹)을 위해 진시황(秦始皇)을 살해할 목적으로 진나라에 갈 무렵, 태자와 빈객들이 역수(易水) 가에 이르러 전별하였다. 형가가 이에 화답하여 노래하기를 "바

祖)에게 많은 권우(眷遇)를 받았고 정조(正祖)에게 깊은 계합을 맺을 수 있었습니다. 석양에 시민당(時敏堂) 뜰 가운데서 피눈물을 뿌리며 하소연함[43]과 만년에 화성(華城)에서 실성 통곡하며 상소문을 올린 것[44]은 황천(皇天 임금)의 안색을 변하게 만들며 귀신을 감읍하게 만들기에 충분하였습니다. 그래서 우리 동방의 천지의 바른 도리가 이에서 드디어 일세에 크게 빛나고 밝아질 수 있

람이 소소히 불고 역수가 차니, 장사가 한 번 가서 돌아오지 않으리라.〔風蕭蕭兮易水寒, 壯士一去兮不復還.〕"라고 하였다. 이때 흰 무지개가 해를 꿰었다고 한다. 《史記 권86 刺客列傳》

43 석양에……하소연함 : 1758년(영조34)에 사도세자를 폐(廢)하는 하교가 담긴 비망기(備忘記)가 내려지자, 공이 비망기를 가지고 임금을 대하여 말하기를 "이 전교(傳敎)는 신하가 차마 들을 수 없는 것입니다. 신은 죽음이 있을지언정 결단코 반포할 수 없습니다."라고 하였다. 임금이 대노하여 일어나자 공이 갑자기 앞에서 옷자락을 끌고 "죽음을 무릅쓰고 환납(還納)하게 할 것입니다." 하며 울음소리가 나고 눈물을 흘리니 임금이 그 지성에 감동하여 환납하였다. 또 1760년(영조36)에 영조가 도승지도 나의 말을 들어주었다고 하면서 사도세자를 심하게 독책(督責)하였다. 이에 채제공이 시민당(時敏堂)의 뜰 가운데에서 노숙하며 대죄(待罪)하고 있는 사도세자에게 나아가 앞으로 어떻게 처신할 것인지를 자세히 알려 주었다. 채제공의 〈현륭원개장만사(顯隆園改葬輓詞)〉에 "뜰 가운데에서 지신사(知申事)를 인접(引接)하시고, 푸르고 서늘한 돌 위에 앉아 석양이 되었네. 예모(睿謨)를 공손히 들으심은 겸손하신 것, 시의(時義)를 자세하게 의논하였네.〔庭心引接知申事, 石上蒼涼坐夕陽. 恭聽睿謨皆挹遜, 細將時議與商量.〕"라고 하였다.

44 만년에……것 : 1794년(정조18)에 공이 화성에 있으면서 사도세자의 기일을 맞으니 충정이 더욱 격동하여 피눈물을 뿌리며 〈변예무소(辨睿誣疏)〉를 올렸는데, 거기에 "임금께서 입은 적삼 소매에 눈물이 흘러 피가 되었으니, 지극한 원통함이 하늘을 관통하여 억울한 마음을 펴지 못한 눈물이 아니라면 어찌 피가 되었겠는가?"라고 하였다.

었습니다. 이것은 수백 년 만에 나타나는 광악(光嶽)[45]의 기운을 홀로 품부받았거나 천지 가운데 서서 강상(綱常)의 이치를 홀로 온전히 가진 사람이 아니면, 누가 능히 시종 뜻을 잡음을 확고하기가 금석 같고 잠깐 사이에도 부지(扶持)함을 우뚝하게 동량(棟樑)이 되어, 아홉 번 죽음을 겪어도 변하지 않고 천고에 우뚝하여 비견하기 드물기가 이와 같은 데 이를 수 있겠습니까. 이 점이 오당(吾黨)의 선비들이 태산과 북두성처럼 우러름에 더욱 간절하고 속마음의 정성을 더욱 드러내 보이는 까닭입니다.

또 몇 년 동안 가슴에 안고 있던 의리를 상공의 덕택으로 비로소 소리와 기운[46]을 천양하고 발휘하여 중외에 서로 의지하는 사람과 함께할 수 있었던 것을 스스로 다행으로 여겼습니다. 상공께서 별도로 오당〔유교〕을 위해 한 일의 경우에는 비유하건대 하나의 큰 장막[47]으로 감싸고 두루 덮는 것과 같으며 또 특별히 조화옹의 손으로 돌려서 열어 주는 것 같았습니다. 번갈아 이르는 비바람을 막아 하룻저녁 사이에 추로(鄒魯)로 돌아가게 하여, 여러

45 광악(光嶽) : 삼광(三光)과 오악(五嶽)을 말한다. 삼광은 해·달·별로서 하늘을 뜻하고, 오악은 동악(東嶽) 태산(泰山), 서악(西嶽) 화산(華山), 남악(南嶽) 형산(衡山), 북악(北嶽) 항산(恒山), 중악(中嶽) 숭산(嵩山)으로, 땅을 뜻한다.

46 소리와 기운 : 원문 성기(聲氣)는 《주역》 〈건괘(乾卦) 문언전(文言傳)〉의 "같은 소리는 서로 응하고 같은 기운은 서로 구한다.〔同聲相應, 同氣相求.〕"에서 빌려온 말이다.

47 장막 : 원문 '병몽(帲幪)'은 차일과 휘장 등의 장막을 말한다. 위에 치는 것을 병(帲), 덮는 것을 몽(幪)이라 한다. 《양자법언(揚子法言)》 권2에 "비바람이 친 다음에 큰 집이 나를 덮어 줌을 안다.〔震風凌雨, 然後知夏屋之爲帲幪也.〕"라고 하였다.

곳의 그늘진 데에 모두 비치는 햇볕을 받게 하였고, 고가(故家)의 교목(喬木)에 모두 일어나는 춘풍을 입게 하였습니다. 비록 비가 하늘에서 내리더라도 사악(四嶽)에서 구름이 일어났기 때문이니,[48] 곧 이구동성으로 그 공적을 칭송하게 만드신 것을 어찌 오랜 시간이라도 이루 다 헤아릴 수 있겠습니까.[49]

지난번 기유년(1789, 정조13) 가을에 제가 금오랑(金吾郎 의금부 도사) 벼슬로 왕명을 받고 궁궐에 갔을 때에 처음으로 상공의 댁에서 상공을 뵈었는데 광휘(光輝)를 접함에 심복함이 더욱 깊었습니다. 그윽이 생각건대 황단명(黃端明)[50]에게 배우기를 원하였던 것을 비록 감히 스스로 비견할 수는 없지만 구양공(歐陽公)을 만날 수 있었던 것[51]도 반드시 이보다 낫지는 않았을 것입니

48 비가……때문이니 : 하늘은 임금을, 사악은 대신을 가리키니, 임금이 백성에게 은혜를 내린 것이 모두 채제공의 건의로 이루어졌음을 말하는 것이다.

49 오랜……있겠습니까 : 원문의 '경복(更僕)'은 하인을 차례로 교대시키는 것인데, 오랫동안 서로 이야기를 나누었음을 뜻한다. 노(魯)나라 애공(哀公)이 공자에게 선비의 행실에 대하여 묻자, 공자께서 "갑자기 세자면 그 수를 다 말하지 못하고, 다 세자면 오랫동안 앉아 있어 모시는 하인을 바꾸어도 마칠 수 없습니다.〔遽數之, 不能終其物, 悉數之, 乃留更僕, 未可終也.〕"라고 대답한 말씀에서 유래하였다. 《禮記 儒行》

50 황단명(黃端明) : 이름은 중(中), 자는 통로(通老), 시호는 간숙(簡肅)으로, 단명전 학사(端明殿學士)를 지냈기에 황단명이라 한다. 주희(朱熹)가 평소에 사모하여 만나 보고 싶었던 인물이다. 《주자연보》에 "건도(乾道) 정해(1167) 8월에 주희(朱熹)가 남헌(南軒 : 張栻의 호)을 방문할 때에 소무(邵武)로 지나가게 되었는데, 황단명에게 편지를 보내고 배알했다."라고 하였다. 《주자대전》 권37에 〈상황단명(上黃端明)〉과 권91에 〈단명전학사황공묘지명(端明殿學士黃公墓誌銘)〉이 실려 있다.

51 구양공(歐陽公)을……것 : 구양공은 구양수(歐陽脩, 1007~1072)를 말한다. 그는 여릉(廬陵) 사람으로 자는 영숙(永叔), 호는 취옹(醉翁) 또는 육일거사(六一居

다. 그러나 상공의 감식력에도 불구하고 이에 도리어 흘러다니는 이야기를 지나치게 듣고서 외람되게 저를 천거하고 발탁하여 어르신의 명기(名器)[52]에 오점을 남기게 되었으니, 또한 헛된 이름으로 등용된 것이 비록 혹 제갈공명(諸葛孔明)이 민심을 받아들인 것과 같다 하더라도 패배하는 날 마침 사마휘(司馬徽)의 수경(水鏡)처럼 밝은 안목을 손상시키게 될 것[53]을 두려워하여 제가 벼슬에 부임함을 삼가며 머뭇거리는 데 여가가 없었으나, 감격의 마음은 어찌 논할 수 있겠습니까.

이에 오직 사직과 백성들을 위하는 마음이 타인보다 뒤지지 않아서 만수무강[54]의 산가지로 매양 하늘에 축원하였으나, 하늘이

士), 시호는 문충(文忠)이다. 당송팔대가의 한 사람으로 한림학사와 참지정사 등을 역임하였으며 한기(韓琦)와 마음을 합하여 정사를 도왔고, 희령(熙寧) 초에 왕안석(王安石)과 불합하여 태자소사로서 벼슬을 그만두었다. 소순(蘇洵, 1009~1066)이 그를 만나 보고자 간절히 바랐던 내용의 글이 《고문진보후집(古文眞寶後集)》에 실려있는 〈상구양내한수서(上歐陽內翰脩書)〉이다.

52 명기(名器) : 존비(尊卑)와 귀천(貴賤)의 등급을 표시하는 관직과 작위를 말한다.

53 사마휘(司馬徽)의……것 : 사마휘는 한(漢)나라 말기의 영천(穎川) 사람으로 자는 덕조(德操)이다. 청아(淸雅)하고 사람을 잘 알아보았는데, 방덕공(龐德公)이 그를 두고 수경(水鏡)이라고 하였다. 일찍이 제갈량(諸葛亮)과 방통(龐統)을 유비(劉備)에게 천거하였다. 이에 유비가 삼고초려하여 제갈량을 등용하였으나, 유비가 223년에 죽고 제갈량도 유선(劉禪)을 보좌하여 촉한(蜀漢)을 부흥하려 하였지만 234년에 54세의 나이로 죽어 결국 삼국의 통일을 이루지 못하였다. 이처럼 수경과 같았던 방덕공도 실수가 있는데, 아무리 지혜가 뛰어난 번암이라 하여도 정종로 자신을 등용하면 실수가 없다는 보장이 없다는 말이다.

54 만수무강 : 원문 '해옥(海屋)'은 해옥첨주(海屋添籌)의 준말로, 남의 장수를 축하하는 뜻이다. 옛날 세 노인이 함께 만난 자리에 어떤 자가 나이를 묻자, 모두 이루

현자를 남겨 두지 않아[55] 공이 갑자기 돌아가셨습니다. 태산이 무너지고 황하가 끊어졌습니다. 지금 이후에 공의 업적을 이을 사람이 누구입니까. 상공의 정대(正大)한 기상과 충만한 정신은 반드시 대중들과 함께하며 소멸되지 않을 것이니 현재 바야흐로 하늘에 뻗쳐 엉겨 모여 있을 것입니다. 그것이 장차 오궁(五宮)[56]과 구천(九天)의 별이 되어 건상(乾象 하늘의 형상)을 장식할 것입니까. 아니면 장차 팔간(八干)[57]과 사유(四維)[58]의 신이 되어 곤축(坤軸 지구의 축)을 견지할 것입니까. 이것은 알 수가 없습니다. 그러나 생각건대 혹 먼저 뇌정(雷霆)과 벽력(霹靂)이 되어 천지 사이의 사특한 기운을 격파하고 그 뒤에 화풍(和風)과 감우(甘

셀 수 없을 정도로 많이 먹었다고 대답하였는데, 그중 한 사람이 말하기를 "바다가 뽕밭으로 변하면 그때마다 산가지 한 개를 놓았는데 지금까지 내가 하나씩 놓은 산가지가 열 칸 집에 이미 가득찼다."라고 하였다 한다. 《東坡志林 卷2》

55 하늘이…… 않아 : 원문 '천불은유(天不憖遺)'는 하늘이 국가를 위해서 원로를 이 세상에 남겨 두려 하지 않는다고 한탄하는 말이다. 《시경》 〈시월지교(十月之交)〉의 "원로 한 분을 아껴 남겨 두어서 우리 임금을 지키게 하지 않는구나.〔不憖遺一老, 俾守我王.〕"라는 말에서 유래한 것이다. 또 공자(孔子)가 죽었을 때에 노(魯)나라 애공(哀公)이 내린 조사(弔辭)에도 "하늘이 나를 불쌍히 여기지 않는구나. 나라의 원로를 조금 더 세상에 있게 하여 나 한 사람을 도와 임금 자리에 있게 하지 않는구나.〔旻天不弔, 不憖遺一老, 俾屛余一人以在位.〕"라고 탄식한 구절이 있다. 《春秋左氏傳 哀公16年》

56 오궁(五宮) : 28수의 사방 별자리인 동서남북궁과 북극을 중심으로 하는 중궁(中宮)을 합하여 부르는 명칭이다.

57 팔간(八干) : 갑(甲), 을(乙), 병(丙), 정(丁), 경(庚), 신(辛), 임(壬), 계(癸)이다.

58 사유(四維) : 건(乾)·곤(坤)·간(艮)·손(巽) 등 사방의 간방(間方)을 말하는데, 여기서는 사방(四方)의 뜻으로 쓰였다.

雨) 그리고 경성(景星)과 경운(慶雲)[59]이 되어 만물을 윤택하게 하고 성세(聖世)를 상서롭게 하여, 현준(賢俊)에게 길이 탄탄대로를 열어 주며 나라에 태평의 운수를 길이 회복하려 합니까. 어둡지 않은 신령은 능히 살펴 주심이 있기를 바랍니다.

59 경성(景星)과 경운(慶雲) : 경성은 덕성의 별이름으로 서성(瑞星)이라고도 하며, 경운은 상서로운 구름으로 경운(景雲) 또는 경운(卿雲)이라고도 하는데 태평세대가 올 징조로서 오색 구름이 끼는 것을 말한다. 모두 요 임금 때 나타났다고 한다.

백불암[60] 최 선생에게 올리는 제문

祭百弗庵崔先生文

병오년(1786, 정조10) 8월 모일에 우리 백불암(百弗庵) 최 선생(崔先生)께서 칠계(漆溪)의 옛 집에서 돌아가시니, 진양(晉陽) 정종로(鄭宗魯)는 병 때문에 달려가 문상하지 못하고 우산에서 곡하며 다음과 같이 제문을 올렸습니다.

오호라. 왕년(往年)에 대산(大山) 선생[61]이 돌아가시어 은미한 말씀이 단절되었고, 남야(南野) 선생[62]이 돌아가시어 고의(古義)가 침몰되었으며, 지금 선생께서 돌아가심에 지덕(至德)이 또 없

60 백불암(百弗庵) : 최흥원(崔興遠, 1705~1786)이다. 본관은 경주(慶州), 자는 태초(太初) 또는 여호(汝浩), 호는 백불암(百弗庵), 수구암(數咎菴), 칠계(漆溪)로 대구 팔공산 둔산동〔옻골〕에 거주하였다. 벼슬이 세자익위사 좌익찬(世子翊衛司左翊贊)에 올랐다. 죽은 뒤 1789년(정조13) 효행으로 정문이 세워졌고, 이듬해 좌승지에 추증되었다. 저서로 《백불암집》 8권 7책이 있다.

61 대산(大山) 선생 : 이상정(李象靖, 1711~1781)을 말한다. 본관은 한산(韓山), 자는 경문(景文), 호는 대산(大山), 시호는 문경(文敬)으로 안동 소호(蘇湖)에 거주하였다. 1735년(영조11)에 문과에 급제하여 예조 참의와 형조 참의 등에 임명되었으나 모두 사임하고 강학에 힘써 퇴계 이황의 학통을 잇는 당세의 종사(宗師)가 되었다. 문집으로 《대산집(大山集)》이 있다. 정종로는 1777년(정조1)에 이상정을 찾아 뵙고 제자가 되었다.

62 남야(南野) 선생 : 박손경(朴孫慶, 1713~1782)을 말한다. 그의 본관은 함양(咸陽), 자는 효유(孝有), 호는 남야(南野)로 예천군 용문면 상금곡리(上金谷里)에 거주하였다. 저서에 《남야집(南野集)》이 있다. 정종로가 40세에 박손경을 배알하고 가르침을 청하였다.

어졌으니, 하늘이 어찌 사문(斯文)을 송두리째 망하게 하려고 합니까. 지금부터 우리 영남은 텅 비게 되었으니, 누가 다시 그분들이 남겨 놓은 아름다움을 이을 것입니까.

석 달 뒤인 10월[63] 22일 임술(壬戌)일에 장차 마을 입구 간좌(艮坐)의 언덕에 옷과 관을 모시는 묘소를 만들어 장례를 지내려고 함에 하루 전날 저녁 신유(辛酉)일에 비로소 제가 직접 영전 아래에서 술잔을 올리게 되었습니다. 선생님의 평소 아름다운 업적을 만분의 일도 일컬을 수 없고 다만 제가 귀로 듣고 눈으로 본 것과 구구한 저의 비통한 마음을 가지고 백여 구절을 지어 재배하고 통곡하며 다음과 같이 고합니다.

오호통재라	嗚呼痛哉
팔공산에서 기른 정기와	公山毓精
낙동강에서 모은 영기를	洛水鍾靈
선생이 가지고 태어나셨습니다	先生以生
정신이 맑음은 빙호추월[64]이고	神淸冰月

63 석……10월 : 대부(大夫)는 3개월 장이기에 석 달 뒤이니, 원문 건해월(建亥月)은 10월이다.

64 빙호추월(冰壺秋月) : 얼음으로 만든 호리병에 맑은 가을 달이 비친 것과 같이 깨끗하고 고매한 인격을 가리킨다. 《송사(宋史)》 권428 〈도학열전(道學列傳) 2〉의 "등적(鄧迪)이 일찍이 주희(朱熹)의 부친인 주송(朱松)에게 이통(李侗)의 인격을 칭찬하여 말하기를 '원중(愿中)은 마치 빙호추월과 같아 한 점 티 없이 맑게 비치니, 우리들이 따라갈 수가 없다.'라고 하였다."라는 내용에서 나왔다. 원중은 이통의 자(字)로, 주희의 스승이다.

자태의 밝음은 옥과 눈[65]이니　姿瑩玉雪
안과 밖이 환하게 툭 트였습니다　表裏洞澈
자질이 이미 뭇사람보다 빼어났으니　資旣絶羣
홍기함에 문왕을 기다릴 것이 없었으며[66]　興不待文
자신의 마음을 스승으로 삼았습니다　師我心君
"도는 가까이 있기에　曰道在邇
실행하기만 하면 되니　行之則是
온갖 선이 내 몸에 갖추어 있네"라 하셨습니다　萬善備己
효도는 증자와 민자건[67]을 추종하였고　孝追曾閔
우애는 양춘과 양진[68]을 따랐으니　友邁春津
독실한 행실은 짝할 이 없었습니다　篤行無倫
한결같은 정성으로 선조를 받들고　一誠奉先

65 옥과 눈 : 《장자(莊子)》〈소요유(逍遙遊)〉에 "막고야(藐姑射)의 산에 선녀가 있는데 피부가 하얗고 윤택하여 옥설(玉雪)과 같다."라고 하였다.

66 홍기함에……없었으며 : 《맹자》〈진심 상(盡心上)〉에 "문왕을 기다린 뒤에 홍기하는 이는 보통 사람이고, 호걸의 선비 같은 경우는 비록 문왕이 없더라도 홀로 홍기한다.〔待文王而後興者, 凡民也, 若夫豪傑之士, 雖無文王猶興.〕"라고 하였다.

67 효도는 증자와 민자건 : 증자(曾子)는 공자 제자 증삼(曾參)으로, 효행에 뛰어나 《효경(孝經)》을 지었다. 민자건(閔子騫)은 공자 제자 민손(閔損)이다. 공자가 그를 칭찬하여 "효성스럽도다, 민자건이여! 사람들이 그 부모 형제의 말에 의심을 두지 않는다.〔孝哉閔子騫, 人不間於其父母昆弟之言.〕"라고 하였다. 《論語 先進》

68 우애는 양춘과 양진 : 양춘(楊椿)과 양진(楊津) 형제는 양파(楊播)의 아우로, 북조(北朝) 후위(後魏) 사람이다. 집안이 대대로 순후(純厚)한 기풍을 지녔고 두 형제는 우애가 지극히 돈독하여 항상 종일토록 같이 지냈다. 원문 '春' 자는 '椿' 자로 바꿈이 옳다. 《小學 권6 善行》

진심으로 친인척과 화목하여 赤心敦婣
팔순의 연세에도 여전하였습니다 八旬猶然
뜻은 금석처럼 견고하였고 志堅金石
절개는 송죽처럼 굳셌으니 節勁松竹
귀신에게 질정해도 부끄럽지 않았습니다 質神無怍
평생토록 공부한 것은 生平從事
다만 '경' 자에 두고서 只在敬字
시종일관 중간에 끊어짐이 없었습니다 無間終始
한 번 움직이고 한 번 고요함에 一動一靜
오직 중도로 하고 오직 정도로 하니 惟中惟正
빛나는 하늘의 밝은 명을 지켰습니다 有赫明命
덕망은 교화와 계합하고 德與化契
학문은 도로 조예가 깊었으니 學以道詣
누가 참된 그 경지를 엿볼 수 있겠습니까 孰窺眞際
모습은 엄준하고도 공경스러웠으며 貌嚴而恭
말씀은 온화하고도 순리를 따랐으니 言溫而從
빛남이 마음속에서 나왔습니다 輝光自衷
엄숙함은 가을 서리와 같았고 肅如秋霜
온화함은 봄날의 햇볕과 같았으니 藹如春陽
드러내지 않아도 빛났습니다 不見而章
발휘하면 업적이 되었고 發爲事業
움직이면 의법이 될 만했으며 動可儀法
이치를 관찰함을 치밀하게 하였습니다 綜理寔密
백성과 결사하여 정전법을 시행하여 結社輸井

백성을 이롭게 하는 방법을 길이 드리웠으니[69]	利民垂永
한 점의 고기로도 온 솥의 국 맛을 알겠습니다	一臠于鼎
재주는 경세제민에 넉넉했지만	才富經濟
세상에 쓰이지 못하고	而不需世
부질없이 먼 변방에서 늙어 갔습니다	空老遐裔
고상하게 임천에 은거하여	高蹈林泉
연비어약[70]을 완미하고 즐기며	玩樂魚鳶
여기에서 세월을 보냈습니다	於焉送年
훌륭한 덕이 임금에게 알려져[71]	皐鳴天聞
조정이 예를 다하여 부르시니	旌招禮勤
여러 해 동안 은총이 넉넉하였습니다[72]	連歲紆恩

69 백성과……드리웠으니 : 최홍원이 백성들의 살기 어려운 정상을 보고 남전향약(藍田鄕約)에 의거하여 규약을 세우고 강학(講學)과 근검으로 저축에 힘쓰게 하며 선공고(先公庫), 휼빈고(恤貧庫) 등을 두어 생활 안정을 얻게 하였으니, 이것이 당시의 유명한 부인동규(夫仁洞規)이다.

70 연비어약(鳶飛魚躍) : 《시경》 〈한록(旱麓)〉에 "솔개는 날아 하늘에 이르고 물고기는 못에서 뛰놀도다.〔鳶飛戾天, 魚躍于淵.〕"라고 한 것을 말한다. 《시경》의 본뜻은 숨어 있던 솔개가 하늘로 솟아오르고 잠겨 있던 물고기가 뛰어오르듯이 문왕(文王)의 치세에 인재들이 나오는 것을 말한 것이지만, 자사(子思)가 《중용》에 인용하면서 "상하에 이치가 밝게 드러남을 말한 것이다."라고 하였다. 또 주희(朱熹)는 주에서 "화육(化育)이 유행하여 상하에 밝게 드러남이 이 이치의 작용이 아님이 없다는 것을 밝힌 것이다."라고 하였다.

71 훌륭한……알려져 : 구고(九皐)에 은거해도 훌륭한 군자의 덕이 높이 임금에게 알려지는 것을 말한다. 《시경(詩經)》 〈학명(鶴鳴)〉에 "학이 아홉 굽이 언덕에서 우니, 그 소리가 하늘에 들리네.〔鶴鳴于九皐, 聲聞于天.〕"라고 하였다.

72 조정이……넉넉하였습니다 : 최홍원은 1778년(정조2) 학행으로 천거되어 참봉

그러나 본분대로 살아가는 데[73] 편안하여	安我素履
견고하게 은거하며 출사하지 않으니	牢臥不起
벼슬을 뜬구름처럼 보았습니다	軒冕雲視
지위가 현달한 반열에 올랐고	位躋顯列
연세가 80세에 이르렀으니	壽登大耋
세 가지 달존[74]을 갖추었습니다	尊兼三達
선비들이 북두성처럼 우러르고	章甫斗仰
벼슬아치들이 풍화에 경도되었으니	搢紳風傾
산야에서도 명성을 나란히 했습니다	山野齊名
소자는 어떠한 사람이길래	小子何人
외람되게도 아름다운 혼인을 맺어	忝託佳姻
그로부터 지금까지 10년이 되었습니다[75]	于玆十春
덕망을 보고 마음으로 취하고	覿德心醉
가르침과 인도를 이어받으며	承誨蒙牖
오랫동안 친히 훈도받으리라 생각했습니다	薰炙擬久

과 교관(敎官)이 되었고, 1782년 장악원 주부와 공조 좌랑을 거쳐 1784년 세자익위사 좌익찬(世子翊衛司左翊贊)이 되었다. 그러나 모든 벼슬에 부임하지 않았다.

73 본분대로 살아가는 데 : 원문 '소리(素履)'는 본분대로 행함을 말한다. 《주역》 〈이괘(履卦) 초구(初九)〉에 "본분대로 해 나가면 허물이 없다.〔素履往, 無咎.〕"라고 하였다.

74 세 가지 달존 : 세상 사람에게 두루 통하는 존귀한 것으로, 고을에서의 나이〔齒〕, 조정에서의 벼슬〔爵〕, 세상을 돕고 백성을 기르는 덕(德)을 말한다. 《孟子 公孫丑下》

75 외람되게도……되었습니다 : 최흥원의 손자 최식(崔湜, 1762~1807)은 정종로의 맏사위가 된다.

그러나 저는 불민하여　顧余不敏

부끄럽게도 공부에 한 촌의 진척이 없음에도　愧無寸進

스승의 자리[76]에 몇 번이나 가까이 했던가요　丈席幾近

저는 6년 동안 우두커니 혼자 지내며　六載塊處

정신은 그쪽으로 갔으나 몸은 막히니　神往形阻

실로 외롭게 헛되이 서 있었습니다　實孤虛佇

자나 깨나 축원하며 빌어　寤寐冥祝

장수함이 끝이 없어서　壽考無極

큰 복을 많이 누리기를 바랐습니다　茂膺遐福

지금 시대에 시초와 거북이고　蓍蔡當今

유림에게는 기둥과 대들보여서　棟樑儒林

세상에서 영원히 공경하였습니다　爲世永欽

하늘이 현자를 남겨 두지 않아　天不憖遺

어느 날 갑자기 기성을 타고[77]　奄忽騎箕

호연히 저승으로 온전히 돌아가셨습니다[78]　浩然全歸

76 스승의 자리 : 원문 '장석(丈席)'은 한 길(丈)을 용납할 수 있는 공간으로, 스승과 강론하는 자리를 의미한다. 《예기》 〈곡례 상(曲禮上)〉에, "만일 음식 대접이나 하려고 청한 손이 아니거든, 자리를 펼 때에 자리와 자리의 사이를 한 길 정도가 되게 한다.〔若非飮食之客, 則布席, 席間函丈.〕"라고 하였다.

77 기성을 타고 : 훌륭한 사람의 죽음을 말한다. 은(殷)나라 고종(高宗)의 재상인 부열(傅說)이 죽은 뒤 하늘로 올라가 기성(箕星)과 미성(尾星) 사이의 별이 되었다고 한다. 《莊子 大宗師》

78 온전히 돌아가셨습니다 : 원문 '전귀(全歸)'는 죽을 때까지 몸을 온전히 보존함을 말한다. 《예기》 〈제의(祭義)〉에 악정자춘(樂正子春)이 말하기를 "부모가 온전히 낳았으니 자식이 온전히 돌아가야 효라고 할 수 있다.〔父母全而生之, 子全而歸之,

만사가 칼구멍에 바람 스치듯 하니[79]	萬事劒吷
사방의 사람들이 우레처럼 통곡하여	四方雷哭
사문이 큰 재앙을 만났습니다	斯文孔厄
과부 며느리는 부르짖으며 북상투하고	孀婦呼髽
외로운 손자는 승중하니	孤孫代衰
보는 것마다 애달픔을 일으킵니다	觸境興哀
덕망이 대단함에도 보답은 인색하니	德大報嗇
이런 이치를 누가 예측했으랴	此理誰測
하늘에 하소연하니 아득하기만 합니다	籲蒼漠漠
귀에는 쇠소리[80] 적막하고	耳寂金聲
눈에는 봉황의 모습이 아득하니	目杳鳳形
영원히 유명을 달리하였습니다	永隔幽明
지금부터 이후로	從今以往
다시 장차 어디에 의거할까요	更將安倣
봉사가 인도하는 사람을 잃음과 같습니다	如瞽失相

可謂孝矣.〕"라고 한 말에서 유래하였다.

79 만사가……하니 : 원문 '검혈(劒吷)'은 칼자루 끝에 있는 작은 구멍에 바람이 스쳐 가는 소리로, 보잘것없는 것을 말한다. 《장자(莊子)》 〈칙양(則陽)〉에 "혜자(惠子)가 말하기를 '피리를 불면 높게 울리는 소리가 나지만, 칼자루의 구멍을 불면 픽 하고 가느다란 소리가 날 뿐이다.〔夫吹管也, 猶有嗃也, 吹劒首者, 吷而已矣.〕'라 했다."라고 하였다.

80 쇠소리 : 원문 '금성(金聲)'은 척지금성(擲地金聲)이라는 말에서 나온 표현으로 좋은 시구를 말한다. 진(晉)나라 손작(孫綽)이 〈천태산부(天台山賦)〉를 지은 뒤, 벗이었던 범영기(范榮期)에게 "이 글을 땅에 던져 보았더니 금석의 악기 소리가 나더라."라고 하였는데, 범영기가 읽어 보고는 칭찬이 끊이지 않았다. 《晉書 卷56 孫綽列傳》

생각건대 옛날 대암[81] 어른이	念昔臺翁
한강(寒岡)[82] 어른을 종사로 하였으니	寒老是宗
백세토록 이어지는 고풍입니다	百世高風
가학이 연원이 있어서	家學有自
빛나는 가업이 무리에서 우뚝하니	赫業拔萃
이치로 보아 반드시 창성할 것입니다	理必昌熾
증손자가 때에 늦지 않게	曾孫不遲
공이 계실 때 태어났으니[83]	生及公時
단혈의 봉황새 깃입니다[84]	丹穴毛奇
그 아버지에 그 아들로	是父是子
대대로 반드시 아름다움을 이으리니	世必趾美

81 대암(臺巖) : 최동집(崔東集, 1586~1661)의 호이다. 본관은 경주(慶州), 자는 진중(鎭仲)으로 백불암의 5대조이다. 한강(寒岡) 정구(鄭逑)의 문하에서 수학하였고 1616년(광해군8) 진사(進士)에 합격하였다. 유일로 천거되어 참봉에 제수되어 대군의 스승이 되었다. 병자호란 이후에 팔공산(八公山) 농연(聾淵) 가에 들어가 숭정(崇禎) 연호를 사용하며 다시 나오지 않았다.

82 한강(寒岡) : 정구(鄭逑, 1543~1620)의 호이다. 본관은 청주(淸州), 자는 도가(道可)이다. 김굉필(金宏弼)의 외증손이며, 조식(曺植)과 이황(李滉)의 제자이다. 벼슬이 대사헌에 이르렀으며 시호는 문목(文穆)이다. 저서로 《한강집》과 《오선생예설분류(五先生禮說分類)》 등이 있다.

83 증손자가……태어났으니 : 최효술(崔孝述, 1786~1870)을 말한다. 본관은 경주, 자는 치선(穉善), 호는 지헌(止軒)으로 돈녕부 도정(敦寧府都正)과 부호군(副護軍)을 역임하였다. 저서로 《지헌집》이 전한다.

84 단혈의 봉황새 깃입니다 : 단혈(丹穴)은 전설 속의 산 이름이다. 《산해경(山海經)》 〈남산경(南山經)〉에 "단혈의 산에 새가 있는데, 그 모양이 닭과 같고 오색의 문채가 나는데 봉황이라고 한다."라고 하였다.

이 점을 우러러 위로합니다	仰慰惟此
흐르는 세월이 유수와 같아	流光如瀉
문득 검은 말의 사두마차를 타고	玄駟奄駕
내일이면 무덤으로 갑니다	隔晨長夜
향을 피우고 정성을 올림에	瓣香薦忱
눈물이 장맛비처럼 내리니	涕泗若霖
영혼은 강림하여 살피소서	靈庶鑑臨

강재[85] 이공 승연 에게 올리는 제문

祭剛齋李公承延文

근고(近故) 강재 처사(剛齋處士) 연안(延安) 이공(李公)의 대상(大祥)이 무진년(1808, 순조8) 12월 27일입니다. 진양(晉陽) 정종로(鄭宗魯)는 병 때문에 우산(愚山)에서 엎드려 있으며, 그 전에 한 번도 영전에 달려가 문상하지 못하기에, 12월 17일 무인(戊寅)에 비로소 몇 줄의 제문을 지어 가지고 재배하고 술잔을 올리며 통곡하고서 다음과 같이 말합니다.

아! 하생(下生)인 저는 한곳에 얽매임[86]이 이와 같아서 진실로 우리 동방의 사대부를 모두 다 알 수는 없습니다. 그러나 풍의(風儀), 언론(言論), 행의(行誼), 문장(文章)이 보통 사람보다 우뚝 빼어나서 성대하게 영남 선비들의 모범이 된 사람으로, 그윽이 제가 눈으로 보고 귀로 들은 바로는 마땅히 우리 공과 닮은 자가 있지 않습니다. 대개 공은 경화(京華 서울) 벌열(閥閱)의 집안으

85 강재(剛齋) : 이승연(李承延, 1720~1806)의 호이다. 본관은 연안(延安), 자는 석여(錫予)로 상주(尙州) 북곽(北廓)에 거주하였다. 식산(息山) 이만부(李萬敷)의 손자이며 이경유(李敬儒)의 아버지이다. 80세에 첨지중추부사(僉知中樞府事)가 되었다. 시문(詩文)에 능하여 상주 지방 낙강시회(洛江詩會)에 참석하며 많은 연구시(聯句詩)를 남겼으며, 저서로 《염주세고(鹽州世稿)》가 전한다.

86 한곳에 얽매임 : 원문 '포계(匏繫)'의 뜻이다. 《논어》 〈양화(陽貨)〉의 "내가 어찌 뒤웅박처럼 한 곳에 매달린 채 먹지 못하는 그런 사람이 되어야 하겠는가.〔吾豈匏瓜也哉, 焉能繫而不食?〕"라는 공자의 말에서 유래한 것이다.

로, 멀리는 근곡(芹谷)[87]의 실마리를 계승하고 가까이는 식산(息山)[88]의 가업을 이으니, 벼슬살이로 빛나고 경술(經術)로 찬란한 가문임은 진실로 말할 것도 없습니다. 길상(吉祥)이 모여 기름에 천지의 기운을 타고난 자품이었기에 저절로 아득히 빼어나고 고매(高邁)하였습니다.

바야흐로 공이 소년 시절 때 금규(金閨)의 선비[89]와 옥서(玉署)의 신선[90]이 될 것으로 지목받지 않음이 없었습니다. 비록 시대의 운수가 어긋나서 끝내 연꽃과 계수나무를 꺾어 존귀한 관직[91]을

87 근곡(芹谷) : 이관징(李觀徵, 1618~1695)의 호이다. 본관은 연안(延安), 자는 국빈(國賓), 호는 근곡 또는 근옹(芹翁)이다. 1653년(효종4) 문과에 급제하여 벼슬이 이조 판서와 행 판중추부사(行判中樞府事)에 이르렀다. 해서(楷書)에 일가를 이루었고, 만년에는 김생(金生)의 필법을 연구하였다. 저서로는 《근곡집》이 있다. 시호는 정간(貞簡)이다

88 식산(息山) : 이만부(李萬敷, 1664~1732)의 호이다. 본관은 연안(延安), 자는 중서(仲舒)이니 이관징의 손자로 상주에 거주하였다. 송조(宋朝) 5현(賢)의 진상(眞像)을 벽에 걸어 놓고 존모하였으며, 이황(李滉)을 정주학의 적전(嫡傳)으로 존숭하였다. 저서로 《식산집》, 《역통(易統)》, 《대상편람(大象便覽)》, 《사서강목(四書講目)》, 《도동편(道東編)》, 《노여론(魯餘論)》 등이 있다.

89 금규(金閨)의 선비 : 금규는 금마문(金馬門)의 이칭(異稱)으로, 한(漢)나라 때 미앙궁(未央宮)에 있었던 문인데, 문학(文學)하는 선비들이 출사(出仕)하던 곳으로 한림원을 말한다.

90 옥서(玉署)의 신선 : 옥당(玉堂)의 관원을 뜻한다.

91 연꽃과……관직 : 연꽃은 소과 급제를 말하고 계수나무는 대과 급제를 말한다. 원문 '청자(青紫)'는 존귀한 관직의 뜻이다. 《삼국지》 권25 〈위서(魏書) 고당륭전(高堂隆傳)〉에, 선비가 경술에 밝지 못한 것이 흠이지 만약 경술에 밝기만 하다면 "존귀한 관직을 얻는 것은 마치 땅에 떨어진 지푸라기를 줍는 것처럼 쉬울 것이다.〔其取青紫如俯拾地芥耳〕"라는 말이 나온다. 한나라 때에는 공후와 구경(九卿)이 각

얻어 당세에 명성을 드날리지는 못했으나, 전원에 은거하며 산수 간에서 은둔처를 잡아[92] 조용하고 득의한 모습으로 하나의 티끌도 더럽히지 못했음이, 마치 바다 학이 인간 세상에 내려와서 하얀 깃털을 깨끗하게 정돈하여 아직도 하늘에 날고 싶은 뜻이 있는 것과 같았습니다. 또 기호(綺皓)가 상안(商顔)[93]에 앉아 빼어나고 푸른 눈썹으로 영지(靈芝)를 배부르게 먹는 모습과 같았습니다. 또 마치 삼로(三老) 좨주(祭酒)가 조정에서 물러나 신령스러운 풍범과 고상한 덕망으로 엄연히 무리에 임하니, 공경대부라 할지라도 미칠 수 없는 것과 같았습니다. 이것이 공의 풍의(風儀)이니 과연 어떠합니까.

경서와 사서(史書)에 널리 통하고 전장(典章)을 환히 알아서 평상시에 폐부에 싹트는 생각과 얼굴에 나타난 모습이 명쾌하고 광명(光明)하며 뇌락(磊落)하고 정대(正大)하여, 전혀 털끝만큼도 밖으로 꾸미는 뜻이 없이 모두 솔직한 속마음의 발로로 말미암았습니다. 천고의 사적(事蹟)을 일일이 열거하여 혹시라도 빠뜨림이

각 자수(紫綬)와 청수(青綬)를 찼다고 한다.

92 은둔처를 잡아 : 원문 '고반(考槃)'은 은자가 산수의 사이에 한가로이 소요하며 지내는 곳을 말한다. 《시경》 〈고반(考槃)〉에 "고반이 시냇가에 있으니, 석인의 마음이 넉넉하네.〔考槃在澗, 碩人之寬.〕"라 하였는데, 그 주에서 "고(考)는 이룬다는 뜻이고 반(槃)은 서성거린다는 뜻이다."라고 하였다. 따라서 고반은 소요하기 위하여 만든 은거지(隱居地)를 말한다.

93 기호(綺皓)가 상안(商顔) : 기호는 진(秦)나라 말기에 어지러운 세상을 피하여 상산(商山)에 숨어 살았던 상산사호(商山四皓)의 한 사람인 기리계(綺里季)를 말한다. 상안은 상산을 가리키면서 동시에 상주(尙州)를 의미한다.

없었고 당세의 득실을 곧바로 가리켜 혹시라도 피하는 것이 없었으니, 이는 파사(波斯)[94]의 큰 상인이 서해(西海)의 가게에 온갖 상품을 나열함과 순풍을 타고 온 큰 배가 황하(黃河)의 나루터에 구름과 같은 돛을 펼치는 것과 같았습니다. 게다가 충후(忠厚)하고 정성스러운 마음과 엄준(嚴峻)함을 숭상하지 않는 태도로 후생(後生)들을 맞이하여 인도하고 붕우들을 정성스럽게 대우함에, 부형이 자제를 가르치며 족당(族黨)이 골육에게 말하는 것과 다르지 않았습니다. 가령 순주(醇酒)를 마시며 봄 햇볕에 앉아 거문고와 비파를 연주하여 울리는 것도 아마도 이보다 낫지는 않을 것입니다. 이것이 공의 언론이니 또 과연 어떠합니까.

어버이를 효도로 섬기어, 살았을 때 봉양함과 죽어서 장사 지냄에 곡진하게 하지 않음이 없었습니다. 공의 소년 시절 때의 일은 제가 보지 못하여 진실로 감히 망령되게 운운하지 못하겠습니다. 그러나 70세가 되어 어머니를 봉양함 같은 경우는 마치 어린아이가 무릎 아래에 있으면서 그 기쁨을 극진히 하는 것같이 하며, 어린 딸이 손가락으로 가리키는 것을 듣고 그 지시에 부합되게 하는 것같이 하니, 이것은 노래자(老萊子)가 색동옷을 입고 병아리를 가지고 노는 것[95]과 동소남(董邵南)이 부엌에 들어가고 당

94 파사(波斯) : 서남아(西南亞)에 위치한 나라 페르시아이다. 고대 중국인들에게 세상에서 가장 값진 보물이 많이 나는 나라로 알려져 보물을 가리키는 대명사로 쓰였다. 《三寶太鑑 西洋記》

95 노래자(老萊子)가……것 : 춘추 시대 초(楚)나라 사람 노래자(老萊子)가 효성으로 어버이를 받들어 일흔의 나이에도 불구하고 아이들의 장난을 하여 색동옷을 입었으며, 병아리를 가지고 희롱하여 어버이를 기쁘게 했다. 《小學 稽古》

에 오르는 것[96]이 혹 도리어 공에게 손색이 있을 것입니다. 부모님이 돌아가시자 마음으로 애달파하고 몸을 상하게 하며 삼년상을 치른 것은 또한 소장(少壯)들도 미치지 못하는 것이 있었으니, 옛날 안정(顔丁)[97]과 대련(大連)·소련(小連)[98]이라 하더라도 공을 훨씬 능가할 수 있었겠습니까. 이것으로 미루어 본다면 공이 형제와 친척에게 돈독하고 화목하지 않은 바가 없었음을 또한 알 수 있습니다. 이것은 공의 행의(行誼)이니 과연 어떠합니까.

평생 고문사(古文詞)를 좋아하여 진한(秦漢) 이래 대가들의 문장에 대하여 모두 손으로 책을 펴고 눈으로 보아 읊조림이 입에서 끊어지지 않았습니다. 공이 훌륭한 문장가의 체재(體裁)와 운격(韻格)에 대하여는 대개 이미 마음에 환하게 알고 있었기에 붓을 들고 종이에 쓰면 문득 절로 속되지 않은 고아한 말이 흘러나

96 동소남(董邵南)이……것 : 당(唐)나라 사람 동소남이 안풍(安豐)에 살면서 주경야독(晝耕夜讀)하며 부모를 받들고 처자를 거느리고 살았는데, 한퇴지(韓退之)가 그의 이러한 삶을 두고 〈동생행(董生行)〉을 지어 찬미하였다. 거기에 "혹 산에 가서 땔나무하고 혹 강물에 가서 물고기를 잡네. 부엌에 들어가서 맛있는 음식을 장만하고 당에 올라 안부를 물으니, 부모는 근심스러워하지 않고 처자식은 원망하지 않네."라고 하였다. 《小學 善行》

97 안정(顔丁) : 춘추 시대 노(魯)나라 사람이다. "거상(居喪)을 잘하였는데, 부모가 처음 죽었을 때에는 황황(皇皇)해하여 구함이 있되 얻지 못하는 듯이 여기며, 이미 빈소를 차리고는 망망연(望望然) 따르되 미치지 못하는 듯이 여기며, 이미 장례하고는 개연(慨然)히 그 돌아올 때에 미치지 못하여 기다리는 듯이 하였다."라고 하였다. 《小學 稽古》

98 대련(大連)·소련(小連) : 동이족의 사람들로, 거상을 잘하였다. "부모가 죽은 날부터 3일 동안 게을리하지 않았으며, 3개월 동안 빈소에서 게을리하지 않았으며, 1년 동안 슬퍼하였으며, 3년 동안 근심하였다."라고 하였다. 《小學 稽古》

왔습니다. 문장의 기세(氣勢)가 홍건히 성대함과 빛나는 윤기가 우아하고 고아함은 왕왕 훌륭한 문장가의 영역에 곧바로 들어가 동료배들을 능가하였으나, 저술하는 것으로 자임하지 않았기에 지금 남아 있는 작품은 타인에게 준 편지와 상대방의 요구에 응하여 지은 글에 불과합니다. 흉중에 쌓은 것을 발휘하여 세상에 불후하게 되는 것을 도모한 것은 대개 몇 작품이 없지만 단편과 장편의 글을 막론하고 요컨대 모두 조각 금과 부서진 구슬처럼 희귀한 보배가 되었습니다. 이것은 공의 문장이니, 또 어떠합니까.

그윽이 지금 세상의 사람들을 보건대 이것들 중에 하나라도 가진 것이 있으면 또한 충분히 사대부가 되고도 남음이 있는데, 공은 그것들을 모두 겸하여 가졌습니다. 대개 공이 세상에 사신 87년 동안 무릇 사림으로 공의 풍의(風儀)를 바라보고, 공의 언론을 들어보고, 공의 행의(行誼)와 문장(文章)을 사모하는 자가 누가 '우리 강재(剛齋) 우리 강재'라고 말하지 않겠습니까. 또한 일찍이 우리 고을에서 관찰사에게 서로 벼슬에 추천하고 그것이 조정에까지 들리기를 바랐지만 끝내 남풍(南風)[99]이 이미 돌아가심에 어찌할 수가 없었습니다.

이미 늙음에 미쳐서 다만 공에게 첨지중추부사(僉知中樞府事)의 벼슬을 내렸으나 등용되지는 못하였습니다. 이것은 세도(世道)

99 남풍(南風) : 백성의 걱정을 풀어 주는 훈훈한 바람으로, 임금을 뜻하니 여기서는 정조를 가리킨다. 순(舜) 임금이 오현금(五絃琴)을 처음으로 만들어 〈남풍가(南風歌)〉를 지어 부르면서 "훈훈한 남쪽 바람이여, 우리 백성의 수심을 풀어 주기를. 제때 부는 남풍이여, 우리 백성의 재산을 늘려 주기를.〔南風之薰兮, 可以解吾民之慍兮. 南風之時兮, 可以阜吾民之財兮.〕"이라고 했다는 고사가 전한다. 《禮記 樂記》

에 있어서 탄식할 만한 점이나, 어찌 공에게 손상이 있겠습니까. 오직 영남 사람들은 공에게 백세토록 사시기를 축원하여 길이 영남의 전형(典刑)이 되기를 바라지 않음이 없었으나, 이것 또한 뜻대로 되지 않았으니 참으로 통한스럽습니다. 그러나 기자(箕子)의 홍범구주(洪範九疇) 오복(五福)[100]을 공이 대개 몸에 온전히 가지고 있은 것과 공이 돌아가실 때 또 훌쩍 선화(仙化)한 것 같음은 하늘이 공에게 보답하여 베푼 것일 것입니다.

공의 둘째 아들도 효자로 부모님의 뜻과 몸을 봉양하며 이척(易戚)[101]의 도에 극진히 하여 모두 유감이 없었으며, 그의 아이들과 조카들도 모두 비범하였으니 공이 뒷날에 보답을 받음이 진실로 여기에 있을 것입니다. 이에 대하여 저는 증거[102]를 가지고 확신할 수 있으나, 공은 이미 돌아가시고 말았습니다. 공이 평소에 저를 대한 것을 생각해 보니, 지우(知遇)를 받음이 얕지 않았습니다. 진심을 다하며 기대하고 허여하는 뜻을 제 마음속에 명심하고 있는데, 만사가 여기에 이르고 말았으니 다시 말할 만한 것이 없습니다.

100 기자(箕子)의……오복(五福) : 수(壽), 부(富), 강녕(康寧), 유호덕(攸好德), 고종명(考終命)이다.

101 이척(易戚) : 형식적으로나 내용적으로 모두 훌륭하게 상례를 치르는 것을 말한다. 《논어》 〈팔일(八佾)〉에 "상례는 형식적으로 잘하기보다는 차라리 슬퍼하는 마음이 가득해야 한다.〔喪與其易也, 寧戚.〕"라고 하였다.

102 증거 : 원문 '좌계(左契)'는 부절(符節)의 한쪽 부분으로, 증거를 의미한다. 부절을 반으로 갈라서 서로 나누어 가지고 있다가 유사시에 서로 합하여 좌우로 합치되는지를 맞추어 보는데, 그중의 한쪽을 말한다.

지금 이곳에 와서 보니 물색(物色)이 어제와 같아 공의 위의의 모습과 말씀의 논의를 다시 이을 수 있을 것 같았으나, 유현하고 어두우며 어렴풋하고 흐릿하여 그 비슷한 모습을 구해 보아도 찾을 수가 없습니다. 아! 우리 동방의 사대부를 다시는 볼 수 없게 되었으니, 하생(下生)인 저도 이로부터 하직 인사를 합니다. 뒷날 저승[103]에서 만약 평일처럼 모실 수 있다면 아마도 이 무궁한 회포를 다 말할 수 있을 것입니다. 한 잔의 술을 정성으로 올리니, 천고토록 끝없는 슬픔입니다. 오호통재라.

103 저승 : 원문 '구경(九京)'은 구원(九原)으로, 경대부(卿大夫)들의 무덤을 말한다. 《예기(禮記)》 〈단궁 하(檀弓下)〉에 "구경(九京)에서 선대부를 따르려 한다.〔以從先大夫於九京〕"라고 하였다.

정와[104] 조공 석철 에게 올리는 제문
祭靜窩趙公錫喆文

오호라! 제[105]가 공보다 13년 뒤에 태어났고 또 항상 우산(愚山)에 물러나 은거하고 있었기에 우리 고을의 선진(先進)으로 이름이 난 모든 분들에 대하여 댁에 나아가 얼굴을 뵙지 못했습니다. 그러나 항상 심기당(審幾堂) 황공(黃公)[106]과 여러 차례 상종하면서 황공이 학문한 사람이라는 것을 알아 깊이 믿고 복종하는 마음이 있게 되었습니다.

하루는 황공이 동료 중 현자를 논하다가 갑자기 공의 자를 부르며 말하기를 "이 사람은 한 점도 부박(浮薄)한 기운이 없어서 숭상할 만하다."라고 하였습니다. 제가 인하여 깊이 생각해 보니,

104 정와(靜窩) : 조석철(趙錫喆, 1724~1799)의 호이다. 본관은 풍양(豐壤), 자는 명중(明仲)으로 청대(淸臺) 권상일(權相一, 1679~1759)의 문인이다. 1753년(영조29) 사마시에 합격하여 성균관에 머물렀는데, 학규(學規)가 문란함을 보고 벼슬길을 단념하고 고향에 돌아와서 정주학(程朱學)에 전념하였다. 매월 도남서원(道南書院)과 속수서원(涑水書院)에서 사서를 강의하였다. 저서로 《정와공고(靜窩公稿)》가 있다.

105 제 : 원문 '하주(下走)'는 분주하게 돌아다니며 심부름하는 사람으로, 자신을 겸손하게 지칭하는 말이다.

106 심기당(審幾堂) 황공(黃公) : 황계희(黃啓熙, 1727~1785)를 말한다. 그의 본관은 장수(長水), 자는 경초(景初), 호는 심기당으로 상주 모동에 거주하였으며 이상정(李象靖)의 문인이다. 1777년(정조1)에 생원에 합격하였다. 《대학》과 《중용》에 정통하였으며 성리학에 조예가 깊었다. 저서로 《심기당집》이 있다.

만약에 침후(沈厚)하기가 순수하지 않으면 반드시 이런 평가를 받을 수가 없을 것이니, 공의 타고난 자품이 안정되고 고요하며 학문의 힘이 깊고도 견고함을 상상해 볼 수 있었습니다. 그러므로 이에 흠모하고 우러르는 마음이 뭉게뭉게 생겨나 항상 마음에 기억하면서 감히 잊을 수가 없었습니다.

뒤에 지나는 길이나 공회(公會)에서 공에게 인사를 드린 것이 여러 차례 있었으나, 모두 바쁜 와중에 있었고 또 제 자신이 이미 배움을 받을 수 있는 바탕을 갖추지 못했기 때문에 가르침을 청하지 못했습니다. 그러나 사사로이 그윽이 공의 위의와 말씀에서 본 것이 있어서 암암리에 마음에서 감탄함이 용솟음쳐서, 군자가 몸에 덕을 소유한 자는 그 발현함이 과연 이와 같구나 하는 생각을 하였으며, 공이 온축한 것과 마음에 보존한 것을 또한 만분의 일이나마 헤아려 알 수가 있었습니다.

대개 공은 유명한 조상의 후손으로, 품부받은 자질이 이미 보통 사람과는 달랐고 본래부터 가정에서 가르침을 받아 교화된 것이 또한 적지 않았습니다. 그러나 공이 심복하여 섬기며 친히 배워 일생토록 법도로 삼은 사람은 근고(近古)의 청대(淸臺) 선생[107]이 바로 그분입니다. 당시에 경서를 가지고 그 문하에서 가르침을 청한 자가 진실로 적지 않았으나, 시종 가르침에 복응(服膺)하며 성

107 청대(淸臺) 선생 : 권상일(權相一, 1679~1759)을 말한다. 본관은 안동(安東), 자는 태중(台仲), 호는 청대로 상주의 근암리(近嵒里)에서 출생했다. 1710년(숙종36) 문과에 급제해 대사간, 지중추부사, 대사헌 등을 역임하고 기로소에 들어갔다. 저서로는 《청대집》, 《초학지남(初學指南)》 등이 있다. 시호는 희정(僖靖)이며, 죽림정사(竹林精舍)와 근암서원(近嵒書院)에 제향되었다.

대하게 향당에서 추앙받음이 우리 공과 같은 자가 과연 몇 명이나 되겠습니까. 이 때문에 이 지역의 부로(父老)들은 모두 강학(講學)과 훈몽(訓蒙)의 책임을 공에게 부탁하였고, 공도 유교의 학술이 떨쳐지지 않음을 근심하고 스승의 가르침이 혹 추락할까 두려워하여 전후로 스승의 자리[108]에 앉아 후배들의 학업을 지도한 것이 대개 한두 번이 아니었습니다. 비록 과거시험이 사람의 심지를 빼앗기 때문에 유학의 공부에 전념할 수 있는 사람이 드물었으나, 오히려 모든 사람이 속학(俗學)의 밖에 이른바 우리 유학이라는 것이 있어서 소홀히 할 수 없다는 것을 알았으니, 이것은 실로 공이 창도한 것에 말미암은 것입니다. 이는 마음에 덕이 충만하여 자기에게 만족하고 그 단서(端緖)가 타인에게 미쳐서 여유가 있는 자가 아니라면 누가 여기에 참여할 수 있겠습니까.

저 같은 사람은 어리석고 노둔하여 보잘것없으며 가장 수준이 낮은 사람입니다. 그러나 공이 이에 이와 같은 사실을 모르고 외람되게 감당하기 어려운 일[109]로 맡기시어 간절히 기대하여 바라는 것이 타인과는 다른 점이 있었으나 도리어 저는 감당할 수가 없었습니다. 뒤에 제가 근암서원(近嵓書院)[110]의 원장이 되던 날에 공께서

108 스승의 자리 : 원문 '고비(皐比)'는 호피(虎皮)로, 스승의 자리이다. 송(宋)나라 장재(張載)가 《주역(周易)》을 강의하면서 항상 이 호피를 깔고 앉았으므로 후대에는 사석(師席)의 뜻으로 쓰이게 되었다.

109 감당하기 어려운 일 : 원문 '대착(代斲)'은 다른 사람을 대신해서 감당키 어려운 일을 해 나가는 것을 말한다. 《노자(老子)》 제74장에 "거장(巨匠) 대신 칼을 휘두를 경우 손을 다치지 않을 때가 거의 없다.〔夫代大匠斲, 希有不傷其手矣.〕"라고 하였다.

110 근암서원(近嵓書院) : 경북 문경시 산북면 서중리에 있다. 1665년(현종6)에 지

마침 엄중히 왕림하시어 많은 선비들을 모아 놓고 《대학(大學)》을 강의하였는데, 이에 그윽이 가르치는 음성을 듣고 공의 평소의 견해를 우러러 엿보는 좋은 기회가 되었습니다. 또 《청대집(淸臺集)》을 교감하는 일이 바야흐로 급하였기 때문에 다만 《대학》 경일장(經一章)만 강의하고 서둘러 마쳤는데, 제 마음에 또한 멍한 느낌을 이길 수가 없었습니다. 그러나 무릇 성현의 책을 연구하고 궁리함은 그 귀취(歸趣)를 진실로 심신에 체득하여 행사(行事)에 드러내게 하고자 할 따름이니, 공의 존양(存養)과 천리(踐履)의 공부가 대개 보통 사람보다 매우 뛰어난 것이 있었습니다.

공의 평생의 삶을 공평하게 상고해 보건대, 일동일정(一動一靜)에 혹 경거망동함이 있거나 일언일행(一言一行)에 혹 하자가 있다는 것을 들어 보지 못하였으니, 공이 이치에의 조예가 범범하지 않았음을 여기에서 징험할 수 있습니다. 또 《청대집》을 교감할 때 대부분 다른 사람들의 말을 곡진히 따랐고 꼴 베고 나무하는 사람과 같은 천한 사람의 말이라고 버리지 않았으니, 공은 자신의 마음을 비워 사사로이 함이 없었으며 한결같이 오직 합당한 것을 힘썼습니다. 국량과 식견은 타인이 미칠 바가 아니었음을 또한 절로 이것에서 볼 수 있으니, 이 점이 더욱 제가 옷깃을 여미고 얼굴 모습을 바로 하여 하풍을 따르기를 바라는 것입니다. 유

방 유림의 공의로 홍언충(洪彦忠)과 이덕형(李德馨)의 학문과 덕행을 추모하기 위해 창건하고 위패를 모셨다. 1693년(숙종19)에 김홍민(金弘敏)과 홍여하(洪汝河)를 추가 배향하였으며, 1786년(정조10)에 이구(李榘), 이만부(李萬敷), 권상일(權相一)을 추가로 배향하였다. 선현 배향과 지방교육의 일익을 담당하여 오던 중, 1868년(고종5)에 훼철되었다가 1982년 9월에 유림에 의해 복원되어 지금에 이르고 있다.

독 어찌하여 끝내 하늘에 보답을 받지 못하고 이와 같은 자질과 학문을 가지고도 다만 한 번의 사마시(司馬試) 합격으로 부질없이 임하에서 늙었습니까. 수명도 100세에 오르지 못하여 우리 향당의 소자(小子)들로 하여금 다시는 덕업을 상고하고 물을 데가 없게 만들었으니, 이것은 이미 상도에 어긋남이 심한 것입니다. 게다가 공이 돌아가신 지 오래되지 않아 맏아들 백고(伯高) 같은 이가 또 이어 상을 감당하지 못하고 죽었으니,[111] 하늘의 뜻이 과연 어떻게 하려고 이런 극한 지경에 이르게 하였습니까.

오호라! 연래에 사문에 매우 액운이 닥쳤습니다. 대개 청대가 계실 때로부터 강좌(江左)에는 대산(大山) 이 선생(李先生)이 계셔서 위로 도산(陶山)의 학업을 계승하였는데, 그분이 돌아가신 지 이미 20여 년이 되었습니다. 그분의 문하에서 배운 사람으로 심기당(審幾堂), 김천사(金川沙),[112] 이후산(李后山),[113] 유동암(柳

111 맏아들……죽었으니 : 맏아들은 이름이 범수(範洙, 1747~1801)이며 자는 백고인데 통덕랑(通德郎)을 지냈다. 3년상을 치르던 중에 죽는 것을 '불승상(不勝喪)'이라 한다. 《예기》 〈곡례 상(曲禮上)〉에 "거상(居喪)하는 예절로 말하면, 너무 슬퍼해서 뼈가 드러날 정도로 몸이 수척해져서도 안 되고, 시력과 청력이 떨어져 쇠해져서도 안 된다. …… 상을 견뎌 내지 못하고 죽으면, 이것은 곧 자손에게 자애하지 못하고 부모에게 효도하지 않는 것과 같다.〔居喪之禮, 毁瘠不形, 視聽不衰 …… 不勝喪, 乃比於不慈不孝.〕"라고 하였다.

112 김천사(金川沙) : 김종덕(金宗德, 1724~1797)을 말한다. 본관은 안동(安東), 자는 도언(道彦), 호는 천사로 이상정(李象靖)의 문인이다. 의성군 점곡면(點谷面) 사촌(沙村)에 거주하였다. 1753년(영조29)에 생원시에 합격하였고, 1779년(정조3)에 학행(學行)으로 천거되어 의금부 도사를 지냈다. 저서로는 《천사집》, 《성학입문(聖學入門)》, 《초려문답(草廬問答)》 등이 있다.

東巖)[114] 같은 여러 분들은 모두 노성(老成)하고 높은 덕망으로 후배들에게 모범이 되었는데, 잠깐 사이에 차례대로 돌아가시니, 한 줄기 도맥의 연원을 다시는 찾을 수가 없게 되었습니다. 유독 공이 영광전(靈光殿)처럼 우뚝하게 서서[115] 선비들이 의지하며 중시함이 전날의 배가 될 뿐만 아니었는데, 지금 또한 끝이 났습니다. 영남을 돌아봄에 이미 인재가 없다는 통탄을 금할 수가 없으며, 우리 상주(尙州)를 돌아봄에 또한 공보다 뒤에 죽을 저의 비통한 마음을 금할 수가 없습니다. 공의 영혼이 만약 어둡지 않거든 혹시 저의 마음을 알아볼 수 있는지요. 오호, 슬프도다.

113 이후산(李后山) : 이종수(李宗洙, 1722~1797)를 말한다. 본관은 진성(眞城), 자는 학보(學甫), 호는 후산이다. 대산(大山) 이상정(李象靖)과 소산(小山) 이광정(李光靖) 형제를 스승으로 섬기면서 스스로 후산(后山)이라 불렀다 한다. 저서로는 《근사록어류집록(近思錄語類輯錄)》, 《감흥주해(感興註解)》, 《퇴계시집차의(退溪詩集箚疑)》, 《가례집유(家禮輯遺)》, 《수사전습록도설훈의(洙泗傳習錄圖說訓義)》, 《후산집》 등이 있다.

114 유동암(柳東巖) : 유장원(柳長源, 1724~1796)을 말한다. 본관은 전주(全州), 자는 숙원(叔源), 호는 동암이다. 1763년(영조39) 진사시에 합격한 이후 벼슬에 뜻을 두지 않았다. 1787년(정조11)에 동암정(東巖亭)을 짓고 좌우에 서재를 열어 후학 양성에 힘썼다. 저서로는 《동암집》, 《상변통고(常變通考)》, 《자경록(資警錄)》 등이 있다.

115 공이……서서 : 본문의 '영광(靈光)'은 한 경제(漢景帝)의 아들인 공왕(恭王)이 산동성 곡부(曲阜)에 건립한 영광전(靈光殿)을 가리킨다. 후한(後漢) 왕연수(王延壽)가 지은 〈노영광전부서(魯靈光殿賦序)〉에 "서경(西京)의 미앙(未央)과 건장(建章) 등 궁전이 모두 파괴되어 허물어졌는데도, 영광전만은 홀로 우뚝 서 있었다."라고 하였다. 한나라 중기에 도적 떼에 의하여 다른 궁전들이 다 파괴되었을 때에 영광전만 우뚝이 그대로 보존되었는데, 여기서는 여러 석학들이 다 죽고 정와만이 남았다는 말이다.

심기당 황공 계희 에게 올리는 제문
祭審幾堂黃公啓熙文

공손히 생각건대 방촌[116] 원로께서는　　恭惟厖老
좌명공신 원훈입니다　　佐命元勳
대대로 명성과 덕망이 이어져　　代有名德
고위관직[117]을 지낸 이가 많았습니다　　珪組寔繁
축옹[118]은 절개를 닦았으니　　畜翁砥節
세상에서 맑은 향기를 우러릅니다　　世仰清芬
반간[119]은 영명을 날리어　　槃澗蜚英

116 방촌(厖村) : 황희(黃喜, 1363~1452)의 호이다. 본관은 장수(長水), 초명은 수로(壽老), 자는 구부(懼夫)이다. 조선조 세종 때 18년 동안 재상을 지냈다. 상주의 옥동서원(玉洞書院)과 장수의 창계서원(滄溪書院)에 제향되고, 파주의 반구정(伴鷗亭)에 영정이 봉안되었다. 저서로는 《방촌집》이 있으며, 시호는 익성(翼成)이다.

117 고위관직 : 원문 '규조(珪組)'의 규(珪)는 제후(諸侯)가 갖는 서옥(瑞玉)이고, 조(組)는 인장(印章)을 매는 끈으로, 고위관직을 의미한다.

118 축옹(畜翁) : 황효헌(黃孝獻, 1491~1532)의 호이다. 본관은 장수, 자는 숙공(叔貢), 호는 축옹·현옹(玄翁)·신재(愼齋)이다. 황희(黃喜) 정승의 현손(玄孫)으로 이조 참의와 이조 참판 등을 지냈으며, 중종의 명을 받아 《신증동국여지승람(新增東國輿地勝覽)》을 편찬하였다. 기묘명신(己卯名臣)으로 상주 모동에 거주하였다. 옥동서원(玉洞書院)에 배향되었으며, 저서에 《하유편(下帷編)》과 《갈굴편(渴掘編)》 등이 있다.

119 반간(槃澗) : 황뉴(黃紐, 1578~1626)의 호이다. 본관은 장수, 자는 회보(會甫)로 정경세(鄭經世)의 문인이다. 1613년(광해군5) 문과에 급제하여 승정원 지평과 경성 판관을 역임하였다. 상주 모동에 거주하였다.

도가 사문을 빛내었습니다　道光師門
아! 훌륭한 우리 공은　猗嗟我公
실로 이분들의 후손으로　實維其孫
자질은 영오함에 빼어났고　資挺穎悟
학문은 본원〔마음〕에 힘썼습니다　學務本源
일찍이 유도자에게 나아갔으니　早就有道
저 소호[120] 물가였는데　于彼湖濆
날마다 지극한 논의를 듣고　日聞至論
실천하기를 부지런히 하였습니다　服行惟勤
정치하게 생각하고 힘써 실천하여　精思力踐
스승의 경지[121]에 나아가려는 뜻을 두니　志造宮垣
실질이 존재함에 명성이 따르게 되어　實存名隨
아름다운 칭예가 사방에 들렸습니다　休譽四聞
제가 어릴 때부터　我在童丱
이미 매우 사모하고 흠모하였는데　已深慕欣
공이 갑자기 나귀를 타고　公俄策驢

120 소호(蘇湖) : 안동군 일직면에 있는 지명으로, 대산(大山) 이상정(李象靖)이 있었던 곳이다.

121 스승의 경지 : 원문 '궁원(宮垣)'은 궁장(宮墻)과 같은 말로, 스승의 학문과 인격의 높이와 범위를 비유하는 말이다. 숙손무숙(叔孫武叔)이 조정에서 공자(孔子)의 제자 자공(子貢)을 두고 공자보다 낫다고 말하자, 자공이 "궁궐의 담장에 비기면, 나의 담장은 어깨에 미치는지라 집안의 좋은 것을 넘볼 수 있거니와 공자의 담장은 몇 길인지라 그 문으로 들어가지 못하면 종묘의 아름다움과 백관의 넉넉함을 볼 수 없는 것과 같다.〔譬之宮墻, 賜之墻也及肩, 窺見室家之好, 夫子之墻數仞, 不得其門而入, 不見宗廟之美, 百官之富.〕"라고 한 말에서 유래하였다.《論語 子張》

옛 동산〔우리 집〕을 방문하였습니다	訪古山園
맑은 표상에 옥처럼 서 있으니	淸標玉立
화한 기운은 봄날처럼 따뜻하였으며	和氣春溫
모든 걸음이 법도에 맞았고	趨繩步矩
시선이 능히 존엄하였습니다	視瞻克尊
이때 저의 중부[122]께서는	時我仲父
선비들에게 명망이 높았는데	望重衿紳
매양 탄식함은 후배들이	每歎後進
뛰어난 이가 드물다는 것이었습니다	鮮有超倫
공과 함께 말해 보고는	及與公語
거의 시간 가는 줄 몰랐으며	殆忘旭曛
열흘 남짓 책상을 마주하고서	浹旬對牀
도를 강학하고 문장을 논하였습니다	講道論文
확 풀리어 마음으로 허여하며	犂然心許
"오직 이 사람이네"라고 하시니	曰惟此君
제가 더욱 옷깃을 여미고	我益斂衽
나르는 붕새처럼 우러렀습니다	仰若鵬騫
이로부터 이후로	自是厥後
몇 년간 헤어졌기에	累年睽分
덕용과 풍범을	德容風範
항상 쐴 길이 없었습니다	無路常熏

122 저의 중부 : 정의모(鄭義模, 1709~1756)이다. 본관은 진양(晉陽), 자는 경가(敬可), 호는 창주(滄洲)이다.

다만 친구들을 보면　第見親故
서로 입으로 일컫기를　交口稱云
“모씨는 독실히 공부하여　某也篤學
행의가 매우 도탑네”라 하였습니다　行誼甚惇
공은 한결같이 마음을 수렴하고　一味收斂
경전을 연구하였으며　研究典墳
비록 과거시험을 보았으나　雖在科場
마음을 바쁘게 달린 적이 없었습니다　未嘗忙奔
옷깃을 정돈하고 바로 앉아　整襟危坐
한가한 집에 거처함과 같았으니　若處閒軒
뭇사람들이 모두 시간을 다투어　衆皆競晷
의심나는 것을 물으며 무리를 이루었습니다　質疑成羣
공은 메아리치듯 이에 응대하여　如響斯酬
전혀 귀찮게 여기지 않았으니　略不憚煩
이 한 가지 일에 나아가 보면　卽此一事
마음에 보존한 바를 알 수 있습니다　可知所存
저는 항상 간절하게 탄복하였지만　常切歎服
공을 따르지 못함을 한스러워하였더니　恨未攀援
지난번에 나아가 뵌 것은　頃嘗造拜
백화산 울타리에서였으며　于華之樊
공도 한가한 시간을 내어　公亦乘閒
저의 우산 마을을 찾아 주셨습니다　過我溪村
추당[123]에는 달빛이 비치고　秋堂月照
낮에 화로에 향을 피웠으니　晝爐香焚

머물며 마주 앉아 본 것이 留連承晤
몇 번인지 모르겠습니다 不知幾番
비록 이런 면장[124] 같은 사람이나 雖此面牆
어찌 울타리를 엿봄이 없었겠습니까 豈無窺藩
대개 공의 소박한 뜻은 蓋公素志
티끌세상을 멀리 벗어났으니 逈出塵氛
애를 써서 과거시험에 응하였으나 黽勉應擧
애초에는 어머니 때문이었습니다 始爲春萱
사마시에 합격하자 迨決蓮科
참된 공부가 더욱 돈독해져 眞工益敦
담담하게 차가운 창가에 앉아 淡坐寒牕
세속의 생각을 뜬구름처럼 여겼습니다 世念如雲
날마다 경서를 가지고 日取遺經
반복하여 공부하고 익혀 反復燖溫
구습을 씻고 새로운 것을 가지고 濯舊來新
홀로 밝은 근원을 보았습니다 獨觀昭原

123 추당(秋堂) : 가을날의 청당(廳堂)이란 뜻으로, 일반적으로 서생(書生)들이 일과(日課)를 습독(習讀)하는 곳을 의미한다. 당(唐)나라 원진(元稹)의 〈함풍석(含風夕)〉 시에 "여름옷은 약간 가벼워지고, 가을 청당은 이미 적막해졌네.〔夏服稍輕淸, 秋堂已岑寂.〕"라고 하였다.

124 면장(面牆) : 장면(牆面)과 같은 뜻으로, 이치를 몰라 담장을 마주하고 선 것처럼 앞이 캄캄한 것을 가리킨다. 공자가 아들 백어(伯魚)에게 "너는 《시경》의 〈주남(周南)〉과 〈소남(召南)〉을 배웠느냐? 사람으로서 〈주남〉과 〈소남〉을 배우지 않으면 바로 담장을 마주하고 선 것과 같다."라고 한 것에서 유래하였다. 《論語 陽貨》

환히 밝은 마음은	洞然靈臺
밝기가 아침 해와 같았으니	皦若朝暾
한 가지 생각이 싹트면	一念有萌
곧바로 선악[125]을 분별하였습니다	卽辨蕕薰
나의 물기를 휘둘러	揮我勿旗
저 삼군을 물러나게 하여[126]	退彼三軍
이치로 흉중에 물을 대고	理以灌胸
예의로 몸을 단속하였습니다	禮以束筋
여유롭게 자득하였으니	從容自得
그 맛이 끝이 없었으며	其味無垠
신명이 안에서 살찌고	神明腴內
영화가 뿌리에 발하였습니다	英華發根
함치르르한 얼굴은	睟乎其容
흰 눈과 향기로운 난초였으며	雪白蘭馧
드높은 그 위의는	昂然其儀
학이 서 있고 봉황이 웅크린 듯하였습니다	鶴立鳳蹲

125 선악 : 원문 '유훈(蕕薰)'의 유는 악취(惡臭)가 나는 풀이고, 훈은 향초(香草)이므로, 전하여 선악(善惡), 현우(賢愚)에 비유한다.

126 나의……하여 : 물기(勿旗)는 금지하는 깃발을 말하는 것으로, 《논어》〈안연(顔淵)〉에 "예가 아니면 보지 말고, 예가 아니면 듣지 말며, 예가 아니면 말하지 말고, 예가 아니면 움직이지 말라.〔非禮勿視, 非禮勿聽, 非禮勿言, 非禮勿動.〕"라고 한 사물(四勿)을 깃대〔旗〕로 삼는다는 뜻이다. 《주자어류(朱子語類)》 권41 〈안연편(顔淵篇)〉에서 '비례물시(非禮勿視)'를 논하면서 "《설문해자(說文解字)》에 '물(勿)자는 깃발과 비슷하여, 이 기를 한 번 흔들면 삼군(三軍)이 모두 물러난다.' 하였으니, 공부는 단지 이 물 자에 달려 있다."라고 한 내용이 있다.

교화가 집안에 행해져	化行閨庭
엄숙하고 공손하여 시끄럽지 않았으며	肅穆無喧
논의가 학당에서 결정되면	議決黌堂
많은 선비들이 깃발을 내렸습니다	多士降幡
덕망이 확립되고 재목이 완성되어	德立材成
문과 질이 성대하게 빛났으나	文質蔚彬
공은 스스로 만족하지 않고	公不自滿
더욱 그 순수함을 구하였습니다	益求其純
장대 끝에서 한 걸음 더 나아가고[127]	竿頭進步
숯불 위에 숯을 더하였으니	炭上添斤
노년에도 덕을 진척시킨 것으로	老年進德
이는 거원[128]을 따르른 것이었습니다	寔追蘧瑗
이에 띠집 재실을 두고서	爰有茅齋
추위와 더위에 맞추어 지내며	適我凉暄
심기당이라 편액하니	扁以審幾
요지는 인을 체득하는 데 있었습니다	要在體仁

127 장대……나아가고 : 백척간두(百尺竿頭)에서 진일보(進一步)한다는 말로, 지극한 어려움을 겪은 지경에서 한 단계 더 나아가는 것을 말한다. 《전등록(傳燈錄)》에 "백 척의 장대 끝에 한 걸음을 더 걸어야만 시방세계가 곧 전신이다.〔百尺竿頭進步, 十方世界是全身.〕"라고 하였다. 따라서 학업의 진취를 들어 간두진보(竿頭進步) 또는 간진(竿進)이라고 한다.

128 거원(蘧瑗) : 춘추 시대 위(衛)나라 대부이며, 자는 백옥(伯玉)이다. 항상 자기 반성을 통하여 허물 고치기를 좋아하였고, 이따금씩 지난날 옳다고 여겼던 것도 지금 돌이켜 보면 그렇지 않은 것이 많다는 것을 느꼈다고 한다. 그가 "나이 50세에 49년 동안의 잘못을 알았다.〔行年五十, 知四十九年之非.〕"라고 하였다. 《淮南子 原道訓》

동과 정을 교대로 길러	動靜交養
완미하여 즐김이 더욱 참되었으며	玩樂彌眞
오묘하게 계합한 것을 가지고	思將妙契
세상을 위하여 저술하려 생각하였습니다	爲世立言
공이 이런 뜻을 드러내지 않았지만	此意不露
저는 홀로 그것을 알았습니다	我獨知焉
게다가 근래로부터	況自邇年
영남의 운수가 비색하여	嶺運否屯
대산[129]과 남야[130] 두 어른이	山野兩老
차례로 돌아가셨습니다	次第喪淪
오당의 소자들은	吾黨小子
사도에 따를 스승이 드물었기에	斯道鮮遵
공이 창도하고 인솔하여	望公倡率
뭇 수레의 지남거가 되며	指南羣輶
낙동강 서쪽 반쪽에서	江西半壁
천지를 지탱하기를 바랐습니다	撑拄乾坤

129 대산(大山) : 이상정(李象靖, 1711~1781)을 말한다. 본관은 한산(韓山), 자는 경문(景文), 호는 대산, 시호는 문경(文敬)으로 안동 소호(蘇湖)에 거주하였다. 1735년(영조11)에 문과에 급제하여 예조 참의와 형조 참의 등에 임명되었으나 모두 사임하고 강학에 힘써 퇴계 이황의 학통을 잇는 당세의 종사(宗師)가 되었다. 문집으로 《대산집(大山集)》이 있다.

130 남야(南野) : 박손경(朴孫慶, 1713~1782)을 말한다. 그의 본관은 함양(咸陽), 자는 효유(孝有), 호는 남야로 예천군 용문면 상금곡리(上金谷里)에 거주하였다. 저서에 《남야집(南野集)》이 있다.

공이 또한 쇠퇴하지 않아	公且不衰
머리카락은 희나 얼굴은 젊었으며	髮秋面春
신선의 골격으로 맑고 여위었고	金骨淸癯
거북이처럼 숨 쉬어[131] 기운이 왕성하였습니다	龜息氤氳
헤아릴 수 없이 오래 살아[132]	海屋添籌
무수히 장수할 줄 정히 알았습니다	定知無巡
이에 만년의 업적에서	晩來事業
풍성함을 보기를 바랐더니	庶見其殷
어찌하여 60세 나이에	奈何六十
갑자기 저승의 귀신이 되었습니까	遽化幽魂
공은 평일에	公於平日
잘 때도 두건을 바로 썼습니다	寢猶正巾
들어 보니 병이 위독하였으나	聞其疾革
또한 두건을 벗어 떨어뜨리지 않았으며	亦不墜翻
밝고 밝게 마음을 잡아 지키며	炳炳操守
죽음에 임하여 혼미하지 않아	臨化不惛
호연히 온전한 몸으로 돌아가니	浩然全歸

131 거북이처럼 숨 쉬어 : 거북이처럼 호흡을 길고 고르게 하는 것을 말하는데, 이렇게 하면 음식을 먹지 않고도 장생(長生)한다고 한다.

132 헤아릴……살아 : 원문 '해옥첨주(海屋添籌)'는 장수를 의미한다. 옛날 세 노인이 함께 만난 자리에서 어떤 자가 나이를 묻자, 모두 이루 셀 수 없을 정도로 많이 먹었다고 대답하였는데, 그중 한 사람이 말하기를 "바다가 뽕밭으로 변하면 그때마다 산가지 한 개를 놓았는데 지금까지 내가 하나씩 놓은 산가지가 열 칸 집에 이미 가득 찼다."라고 하였다 한다. 《東坡志林 卷2》

공에게 무슨 문제점이 있었겠습니까	在公何瘇
기량을 품고서 시험하지 못하고	抱器不試
훌륭한 말씀을 갈무리한 채 돌아가시니	藏言以殉
이런 이치의 막막함은	此理茫茫
하늘에 하소연하기 어렵습니다	難訴天閽
그러나 저 세 아들[133]들은	顧彼三胤
하나하나가 보옥으로	箇箇璵璠
모두 가업[134]을 잘 이어서	並襲箕裘
젓대와 질나발을 번갈아 불었습니다[135]	迭唱篪壎
맏이는 공과 마찬가지로	伯也及公
아버지를 이어 성균관에 들어갔으며[136]	踵武泮芹
여러 손자들은 훌륭하여[137]	諸孫寧馨

133 세 아들 : 황신로(黃莘老, 1755~1792), 황암로(黃巖老, 1759~1812), 황반로(黃磻老, 1766~1840)이다.

134 가업 : 원문 '기구(箕裘)'는 부형으로부터 전하는 가업(家業)을 말한다. "야장(冶匠)의 아들이 반드시 가죽옷 만들기를 배우고, 궁장(弓匠)의 아들이 반드시 키 만들기를 배운다.〔良冶之子, 必學爲裘, 良弓之子, 必學爲箕.〕"라고 한 데서 유래하였다. 《禮記 學記》

135 젓대와……불었습니다 : 원문 '훈지(壎篪)'는 악기인 질나발〔壎〕과 저〔篪〕로, 형제가 서로 화목한 것을 말한다. "백씨가 질나발을 불면, 중씨는 저를 분다.〔伯氏吹壎, 仲氏吹篪.〕"라고 한 말에서 유래하였다. 《詩經 小雅 何人斯》

136 맏이는……들어갔으며 : 원문 '반근(泮芹)'은 반궁(泮宮), 즉 성균관을 가리킨다. 《시경(詩經)》 〈노송(魯頌) 반수(泮水)〉에 "즐거운 반수에서 잠깐 미나리를 뜯는다.〔思樂泮水, 薄采其芹.〕"라고 한 데서 나온 것이다. 황신로는 1780년(정조4)에 식년시 생원에 합격하였다.

137 여러 손자들은 훌륭하여 : 원문 '영형(寧馨)'은 본디 '이 같은 아이'라는 말인데,

지초와 난초처럼 또한 번창합니다 芝蘭又蕃
보답을 받음이 여기에 있게 되어 食報在玆
이치가 굽혔다가 끝내는 폈으니 理屈終伸
혁혁한 문벌이 거듭 빛남이 赫閥重光
마침 그 때가 있게 되었습니다 會有其辰
저는 어리석고 몽매함으로 余以愚蒙
은근한 정을 많이 받아서 偏荷慇懃
만나면 문득 이끌어 주어 逢輒提攜
친형과 다름이 없었습니다 無異親昆
의심나고 어려운 것을 물음에 叩疑發難
저를 가르침에 곡진하였습니다 誨我諄諄
간혹 마음에 깨달음을 만나면 間遇會心
책에서 엿본 뜻을 함께 폈습니다 佔畢共伸
그대께서 지은 문장을 보니 看其玩味
한 글자가 만 배의 보배입니다 隻字萬珍
안색은 어찌 그리도 기쁘며 色何其夭
말씀은 어찌 그리도 온화한지요 語何其誾
마치 좋은 술을 마신듯 若飮醇醪
사람을 절로 취하게 만들었습니다 令人自醺

훌륭한 아이라는 뜻으로 쓰인다. 진(晉)나라 때 어려서부터 총명하고 점잖다고 이름난 왕연(王衍, 256~311)이 어린 시절에 죽림칠현(竹林七賢) 중 한 사람인 산도(山濤, 205~283)를 찾아갔을 때 산도가 한참 동안 감탄하고 그가 떠나는 모습을 멀리 바라보며 "어떤 부인이 이 같은 아이를 낳았을까?〔何物老嫗, 生寧馨兒?〕"라고 했다는 고사에서 유래하였다. 《晉書 卷43 王衍列傳》

더욱 기쁘며 심복케 함은	尤所悅服
하문(下問)을 부끄러워하지 않은 점이니	不恥下詢
한마디 말이 이치에 맞으면	一言中理
가상히 여겨 장려하기를 자주 하였습니다	嘉奬爲頻
명령(螟蛉)을 과라(蜾蠃)가 되기를 빌듯[138]	庶賴祝螟
혹 곤이 변화함을 보는 것이었으니[139]	或見化鯤
원하는 것은 남은 여생에	願言餘生
영원히 조석으로 모시는 것이었습니다	永陪夕昕
공이 지금 죽는 데 이르렀으니	公今至此
저의 마음을 어찌 다 말하겠습니까	我衷曷論
마치 봉사가 안내자를 잃어서	若瞽失相
갑자기 앞 나루터에서 헤매는 듯합니다	頓迷前津
누가 어두운 길 가는[140] 이를 인도하겠으며	疇引冥行
누가 늙도록 분란한[141] 이를 해결해 주겠습니까	疇解白紛

138 명령(螟蛉)을……빌듯 : 양웅(揚雄)의 《법언(法言)·학행(學行)》에 "명령의 새끼가 갓 태어났을 때 나나니벌〔蜾蠃〕이 업고 가 '나를 닮아라 나를 닮아라.' 하고 빌기를 오래 하면 닮게 된다.〔螟蛉之子殪, 而蜾蠃祝之, 曰類我類我, 久則肖之.〕"라고 하였다. 여기서는 입재가 심기당의 교화를 받기를 바랐다는 뜻이다.

139 곤이……것이었으니 : 《장자》 〈소요유(逍遙遊)〉에 북쪽 바다에 크기가 수천 리나 되는 곤(鯤)이라는 고기가 있는데 이것이 변하여 붕(鵬)새가 되니, 붕새는 남쪽 바다로 날 때 구만 리를 날아올라 여섯 달을 가서야 쉰다고 한다.

140 어두운 길 가는 : 원문 '명행(冥行)'은 맹인(盲人)이 지팡이로 땅을 짚으면서 어렵게 길을 찾는 것을 말한다. 양웅의 《법언(法言)》 〈수신편(修身篇)〉에 "맹인이 지팡이로 땅을 짚으면서 길을 찾아다니는 것과 같을 뿐이다.〔素擿埴索塗, 冥行而已.〕"라고 하였다.

반 묘의 네모난 못인 제 마음의　半畝方塘
천 길의 흐린 물을 한 치의 아교로 맑혔더니[142]　寸膠丈渾
홀로 저문 날 길에 서서　獨立暮途
만 가지 계획을 주워 담습니다[143]　萬計拾潘
이런 답답한 마음을 가지고　以玆掩抑
소리 지르며 삼키지 못합니다　擧聲莫呑
공이 계시던 선장을 돌아보니　睠言仙莊
여전히 느릅나무가 있고　依舊楡枌
책상과 서책 찌는　棐几書籤
완연히 흔적 남아 있습니다　宛有餘痕
덕스러운 말씀을 추념하니　追思德言
어느 때인들 잊을 수 있겠습니까　何時可諼
흐르는 세월은 순식간이어서　流光瞥然
문득 빈소를 철거하게 되었는데　遽撤靈茵

141 늙도록 분란한 : 원문 '백분(白紛)'은 늙어서까지 학문이 전혀 성취되지 못함을 의미한다. 양웅(揚雄)의 《법언(法言)》 〈오자(吾子)〉에 "아이 때부터 학문을 익혔지만 늙어서도 분란스럽기만 하다.〔童而習之, 白紛如也.〕"라고 한 데서 온 말이다.

142 천……맑혔더니 : 아교는 물을 맑게 하는 것으로, 갖풀이라고 한다. 《포박자(抱朴子)》 〈가둔(家遯)〉에 "한 치 아교로 황하를 다스릴 수 없다.〔寸膠不能治黃河〕"라고 하였는데, 이것을 인용하여 주희(朱熹)가 〈이시봉수경부증언, 병아위별(二詩奉酬敬夫贈言, 幷以爲別)〉이라는 시에서 "어찌 알랴 한 치의 아교가, 천 길의 혼탁함을 구할 줄을.〔豈知一寸膠, 救此千丈渾?〕"이라고 하였으니, 경부 장식(張栻)이 이별할 즈음에 주희에게 깨우쳐 준 말이 자신의 고질병을 구할 수 있다는 표현이다. 심기당의 가르침을 아교로 비유하여 입재의 마음을 맑게 했다는 뜻이다.

143 주워 담습니다 : 원문 '습반(拾潘)'은 쌀뜨물에서 쌀알을 줍는다는 뜻이다.

지난 때를 더듬어 감회를 일으키니	拊時興感
저의 회포 더욱 새롭습니다	我懷益新
병상에 누운 지 한 달이 되어	伏枕有月
말을 타고 갈 수가 없기에	跨馬無因
보잘것없는 술로 영결하는 것도	菲酹告訣
또한 친히 몸소 하지 못합니다	亦未躬親
유명을 외롭게 저버렸으니	孤負幽明
한스러운 가슴 부질없이 어루만집니다	恨膺空捫
공의 영혼이 어둡지 않거든	公如不昧
저의 술을 흠향하시기를 바랍니다	庶歆我樽

만곡 조공[144] 술도 에게 드리는 제문

祭晩谷趙公述道文

오호라! 사도(斯道)가 장차 망하려고 하는군요. 우리 영남은 우리 퇴도 부자(退陶夫子)로부터 도(道)가 진실로 땅에 떨어지지 않았습니다. 근세에 이르러 대산(大山) 이 선생(李先生) 같은 분이 안동에서 우뚝이 일어나 정학(正學)을 크게 창도하여 밝혀서 도가 이에 유지되었습니다. 그분이 돌아가시자 그 문하에서 종유(從遊)하던 분으로 김천사(金川沙),[145] 유동암(柳東巖),[146] 이후산(李后山),[147] 황심기당(黃審幾堂)[148] 등 여러 분들이 모두 수업을 받으

144 만곡 조공 : 조술도(趙述道, 1729~1803)이다. 본관은 한양(漢陽), 자는 성소(聖紹), 호는 만곡(晩谷)이다. 영양(英陽) 주실에 거주하였으며, 대산 이상정의 문하에서 수학하였다. 출사에 뜻을 끊고 월록정사(月麓精舍)를 지어 후진을 양성하였다. 저서에 《만곡집》이 있다.

145 김천사(金川沙) : 김종덕(金宗德, 1724~1797)을 말한다. 본관은 안동(安東), 자는 도언(道彦), 호는 천사(川沙)로 이상정(李象靖)의 문인이다. 저서로는 《천사집》, 《성학입문(聖學入門)》, 《초려문답(草廬問答)》 등이 있다.

146 유동암(柳東巖) : 유장원(柳長源, 1724~1796)을 말한다. 본관은 전주(全州), 자는 숙원(叔源), 호는 동암이다. 저서로는 《동암집》, 《상변통고(常變通考)》, 《자경록(資警錄)》 등이 있다.

147 이후산(李后山) : 이종수(李宗洙, 1722~1797)를 말한다. 본관은 진성(眞城), 자는 학보(學甫), 호는 후산이다. 저서로는 《근사록어류집록(近思錄語類輯錄)》, 《감흥주해(感興註解)》, 《퇴계시집차의(退溪詩集箚疑)》, 《가례집유(家禮輯遺)》, 《수사전습록도설훈의(洙泗傳習錄圖說訓義)》, 《후산집》 등이 있다.

148 황심기당(黃審幾堂) : 황계희(黃啓熙, 1727~1785)를 말한다. 본관은 장수(長

며 도를 들은 분들이었습니다. 공의 경우는 비록 경서를 가지고 수업을 받지는 못했지만, 또한 일찍이 여러 차례 편지를 주고받으며 의문점을 질의하고 어려운 것을 여쭈어 또한 유교의 큰 도를 알았다고 말할 수 있습니다. 그러나 불행하게도 근년 이래로 앞에서 말한 여러 공들이 모두 서로 이어서 돌아가셨는데, 도가 의지하여 땅에 떨어지지 않은 것은 오직 공이 있었기 때문입니다. 지금 공마저 또 돌아가시니 이것은 사도가 장차 망하려고 그런 것이 아닙니까.

공의 학문의 조예의 깊이에 대하여는 제가 진실로 감히 알 수가 없으나 경전을 공부한 것 외에 일생토록 침잠한 것은 오직 주자(朱子)의 저서들이었습니다. 《주자대전(朱子大全)》과 《주자어류(朱子語類)》 등은 편질(篇帙)이 얼마나 크고 넓음이 대단합니까만 그중에서 의리(義理)는 누에실과 소털처럼 자세히 분석한 것입니다. 하늘처럼 높고 바다처럼 넓은 흉중은 얼마나 심오하며 넓음이 지극합니까.[149] 그런데 공은 이 모든 것을 익숙하게 반복하고 푹 읽어서 마치 자기 말처럼 외웠으니, 지극한 맛을 터득했음이 분명합니다. 비록 그 가운데 혹 십분 분석하여 완전히 무르

水), 자는 경초(景初), 호는 심기당으로 이상정(李象靖)의 문인이다. 저서로 《심기당집》이 있다.

149 의리(義理)는……지극합니까 : 원(元)나라 오징(吳澄, 1249~1333)이 지은 〈회암선생주문공화상찬(晦庵先生朱文公畫像讚)〉에서 주자의 학문을 기리면서 "현묘하고 은미한 의리는, 누에실과 소털처럼 자세히 분석했네. 마음은 넓고 넓어서, 바다처럼 넓고 하늘처럼 높았네.〔義理玄微, 蠶絲牛毛. 心胸恢廓, 海闊天高.〕"라고 찬양하였다.

녹여 이해하는 경지에 이르지 못한 부분이 있다 하더라도, 요컨대 절로 대체(大體)가 이미 높고 밝으며 대체가 이미 바르고 합당하였습니다. 그래서 도리에 젖어들어 무성한 덕이 내면에 온축되어 이미 마음의 근본 바탕이 되었으니, 일상생활에서 마땅히 절로 어디에든 간에 도의 근원을 만나 무궁히 수용할 수 있었습니다. 그러므로 평일에 몸을 계칙하고 자신을 다잡는 것이 법도 밖으로 벗어난 적이 없었으며, 논의를 발하고 일을 처리하는 것이 항상 절로 떳떳한 윤리와 평상한 행실 가운데서 떠나지 않았으니, 대개 공이 박식하고 위대하며 노성(老成)한 군자가 된 지 오래입니다.

또 영화(英華)가 밖으로 발하여 좌우로 수작하여 지은 글은 종횡으로 변화무쌍하여 뜻대로 되지 않음이 없었으며, 넓고 광대하며 넉넉하고 커서 성대하게 일가의 말을 이루어, 모든 글이 영구토록 드리워 불후할 만한 것이었습니다. 이른바 《운교문답(雲橋問答)》[150]이란 글을 보면, 사학(邪學)을 배척하고 이단을 물리치는 말이 또 지극히 정대(正大)하고도 삼엄(森嚴)하여 저울로 물건을 달고 도끼로 주별하는 것과 같을 뿐만 아닙니다. 당시에 천주교의 학설이 아직까지 심하게 방사(放肆)하지는 않았지만, 공이 조기에 파악하여 예방하기를 이와 같은 것에 이르게 할 수 있었던 것은 지방 시골의 처지에서 말한다면 누가 공보다 앞서는 자가 있겠습니까. 다만 이 한 권의 책에서 더욱 공의 학문이 바르고

150 운교문답(雲橋問答) : 유(儒)·불(佛)·도(道) 3교의 사상과 학설을 인용·비교하여 천주학(天主學)을 비판한 글이다. 1784년(정조8)에 지은 것으로 《만곡집》 권8에 실려 있다.

식견이 밝아서 우뚝이 오당(吾黨)에서 소중히 여기는 것이 됨을 알 수 있습니다. 그러므로 원근의 선비들이 대부분 목을 빼고 생각을 달려 사모하거나 혹 옷깃을 여미고 풍도(風度)에 추종하였으니, 그분의 덕행을 본받을 뿐만 아니라 또 끝내는 공에게 글을 받아 자신들의 선열을 천양하고 자신들의 서재를 빛내는 것이 많았습니다. 이것은 공이 비록 일월산(日月山) 아래에 포의로 고독하게 홀로 거처하였지만, 포부와 명성은 대개 또한 광대하고 위대하며 융성하고도 중대하였으니, 저는 공이 낙동강 동쪽에서 은연중 영남의 반쪽을 지탱하는 형세가 되기를 바랐습니다. 이것을 가지고 말한다면 사도(斯道)가 의지하여 추락하지 않은 공로에 공이 과연 어떠했습니까.

저는 보잘것없는 사람으로, 어릴 때부터 공의 책상 곁에서 친히 뵌 것이 대개 여러 차례였습니다. 표주박으로 바닷물을 헤아리는 구구한 저의 견해로는 가령 공이 때를 만났다면 경연에서 임금에게 강론하는 책임과 성균관에서 의표(儀表)가 되는 직책에 바로 적임자라고 그윽이 생각하였습니다. 그러나 세상이 군평(君平)[151]을 버려서 이것에는 이미 희망이 없고, 바라는 것은 장수를 누려서 능히 평소의 큰 복을 받아서 여생을 즐기는 것이었습니다. 그래서 머리카락이 하얗게 된 늙은이로 엄연하게 한 지역의 모범

151 군평(君平) : 한(漢)나라 때의 은사(隱士)인 엄준(嚴遵)의 자이다. 그는 일찍부터 벼슬을 포기하고 성도(成都)에 은거하면서 복서(卜筮)를 업으로 삼고 살았는데, 하루 생계비가 마련되면 발을 내리고 손님을 받지 않았다 한다. 양웅(揚雄)의 스승이기도 하다. 저서에 《노자지휘(老子指揮)》가 있다. 《漢書 卷72 王貢兩龔鮑傳》

이 되어서, 후생(後生) 소자(小子)로 하여금 덕업을 상고하고 물어보아서 서로 인솔하여 흥기할 수 있게 하였다면, 하늘이 공에게 보답하는 것이 또한 두텁지 않다고 말하지 못할 것입니다. 그런데 어찌하여 중년에 상처하고 두 아들도 연이어 죽었으며, 말년에는 선조의 직책이 이미 정조(正祖) 때 회복되었으나,[152] 또 하룻저녁에 관직을 추급하여 삭탈당하는 일[153]을 보게 되었습니까. 하늘의 해가 빛을 거두어 그늘 골짜기가 다시 추워지니, 종래의 참담했던 회포와 억울한 심정은 말을 하지 않아도 상상할 수 있습니다. 공은 비록 달관(達觀)과 정력(定力)[154]으로 한결같이 시대와 운명에 맡겼으나 또한 어찌 그것에 대하여 정신적으로 손상이 없을 수 있었겠습니까.

공이 돌아가신 뒤로 영남 좌도(左道)가 텅 비게 되었으니, 책을 들고[155] 가르침을 청하는[156] 자들이 장차 다시 어디에 귀의하여

152 선조의……회복되었으나 : 선조는 조덕린(趙德鄰, 1658~1737)을 말한다. 그의 본관은 한양(漢陽), 자는 택인(宅仁), 호는 옥천(玉川)이다. 1728년(영조4) 이인좌(李麟佐)의 난이 일어나자 영남 호소사(嶺南號召使)에 임명되어 의병을 모집하여 대구에 내려갔으며, 난이 평정되자 파병(罷兵)하였다. 그러나 도리어 적도들에 연루되었다는 모함을 받아 제주도에 유배되어 그곳에서 죽었다. 《정조실록》 정조 12년 무신년(1788) 11월 10일 조에 '조덕린·황익재의 죄명을 씻어 주다.〔蕩滌趙德隣黃翼再罪名〕'라는 기사가 있는 것으로 보아 이때 복관되었다.

153 하룻저녁에……일 : 조덕린은 1788년에 복관되었으나 순조 때 또 한 번 관직이 삭탈되었다. 그 뒤 고종 때(1890) 6세손 병훈과 병희 등이 소원(訴冤)하여 1900년에 마침내 복관되었다.

154 정력(定力) : 성리학에 대한 수양의 정신력이다.

155 책을 들고 : 원문의 '고협(鼓篋)'은 《예기(禮記)》 〈학기(學記)〉에 "학업에 들

우러를까요. 이것은 아마도 사도(斯道)가 장차 망하려고 그런 것입니다. 그러나 하늘이 비단 공에게 어긋나게 베풀었을 뿐만 아니라 오당(吾黨)의 운수와 기운에 관계되는 것도 좋지 않으니, 어찌할 수가 없는 것입니다. 말이 여기에 미치니 다만 대들보만 쳐다볼 뿐[157]입니다.

이것 외에 또 매우 슬퍼할 만한 것이 있습니다. 공께서 작년 봄에 어디로부터 《사전(思傳 중용(中庸))》에 대하여 보잘것없는 견해로 지은 저의 조그만 논저를 보시고 저에게 긴 편지를 보내 주시어 이미 '한마디 말이 도에 가깝다'는 말을 빌려 와 저를 허여하셨습니다. 또 제가 그 가운데 어르신의 견해에 맞지 않는 것에 나아가 한두 가지를 제시하여 편지를 주고받으며 끝까지 논의하려고 하였습니다. 그러므로 제 마음에 그윽이 감격하고 다행으로 여기며 조만간에 마땅히 우러러 저의 말을 진술하여 바로잡아 주는 가르침을 받고자 생각하였는데, 길이 멀고 인편이 드물어 뜻을 간직한 채 실행하지 못했습니다. 그런데 잠깐 사이에 인사가 이런 지경에 이르렀으니, 이것은 더욱 천고의 한입니다. 뒷날 혹 쇠병한 몸을 억지로 부지하여 다시 어르신의 선장(仙庄)에 나아가 전날 한가할 때 만나 뵈었던 즐거운 일이 어제같이 역력함을 추념

기에 앞서 북을 울리고 상자에서 책을 꺼내는 것은 학업에 잘 따르도록 하기 위함이다.〔入學鼓篋, 孫其業也.〕"라고 한 데서 유래하여, 책을 들고 수업하는 것을 말한다.

156 가르침을 청하는 : 원문 '조궤(操几)'의 뜻이다. 《예기》 〈곡례(曲禮)〉에 "어른에게 가르침을 청할 적에는 반드시 안석과 지팡이를 가지고 따른다.〔謀於長者, 必操几杖以從之.〕"라고 하였다.

157 대들보만 쳐다볼 뿐 : 현실을 타개할 뾰족한 계책이 없는 상황을 나타내는 말이다.

해 보고자 하더라도 아득하게도 다시는 할 수 없을 것이니, 제가 비록 어르신의 목소리를 잠깐 들어서 몽매한 저를 계발할 수 있기를 바라나 되겠습니까. 끝이로다 끝이로다. 애통하구나 애통하구나. 정령(精靈)이 어둡지 않으시면 저의 충정을 살펴보시기를 바랍니다.

시독 이치도[158]에게 드리는 제문

祭李侍讀致道文

기유년(1789, 정조13) 모월 모일에 근고(近故) 홍문관 교리(弘文館校理) 한산(韓山) 이공(李公)이 서울에서 객사하였습니다. 그의 아들 3명이 고향에서 밤낮으로 달려가서[159] 9월 모일에 널을 받들고 소백산을 넘어 장차 고향 선산(先山)으로 돌아가려고 하였습니다. 벗인 진양(晉陽) 정모(鄭某)가 간절하게 길에서 맞이하여 문상하려고 하였으나 마침 집안에 위선(爲先) 일이 있어서 이것을 그만두고 거기에 갈 수가 없었습니다. 드디어 산과(山果) 한 그릇을 갖추어 사람을 시켜서 상여 앞에 대신 올리게 하고 멀리서 바라보며 대성통곡하며 다음과 같이 제문을 짓습니다.

나는 그대와 나이가 겨우 2살 차이이며, 그대는 우리 집의 외외손(外外孫)이 됩니다. 나는 그대의 아버지인 대산(大山) 선생의 문하생으로, 그대를 알고 친구를 맺은 지 이미 20여 년이 되었습

158 이치도(李致道) : 이완(李埦, 1740~1789)을 말한다. 본관은 한산(韓山), 자는 치도, 호는 간암(艮巖)으로 대산(大山) 이상정(李象靖)의 아들이다. 1771년(영조47)에 생원시에 합격하였고 1774년(영조50) 문과에 급제하였다. 1789년(정조13)에 홍문관 부교리에 임명되었고, 이어 서학교수(西學敎授)에 임명되었으며 현릉(顯陵)과 융릉(隆陵)을 조성할 때 왕을 호종하면서 노숙하다가 병이 들어 향년 50세로 세상을 떠났다. 저서로 《간암집》과 《통모록(痛慕錄)》이 있다.

159 밤낮으로 달려가서 : 원문 '대성(戴星)'은 부모의 부음(訃音)을 받고 밤을 새워 달려가는 것을 말한다.

니다. 비록 산천에 가로막혀 계속하여 상종할 수는 없었으나, 그대가 진사가 되었을 때 나를 방문한 것이 한 번이며, 또 문과에 급제하였을 때 나를 방문한 것이 한 번이며, 그 뒤 중산(中山)[160]으로 갈 때 나를 찾아 준 것이 한 번입니다. 나의 입장에서 말해 보면 정유년(1777, 정조1) 가을에 대산 선생을 배알하는 것으로 인하여 그대와 호상(湖上 소호(蘇湖))에서 만나 이야기한 것이 한 번이며, 병오년(1786, 정조10) 겨울에 백불암(百弗庵)[161]의 장례식에 모이는 것으로 인하여 그대와 칠계(漆溪)에서 만난 것이 한 번이며, 또 사촌(沙村)[162]에서 그대를 만난 것이 한 번이며, 두릉(杜陵)[163]에서 그대를 좇은 것이 한 번이었습니다. 전후로 만난 것을 일일이 헤아려 보아도 이와 같은데 지나지 않고 또 만날 때마다 며칠 안 되어서 곧바로 헤어졌습니다. 그러나 나는 그대의 용모를 보고 그대의 말씀을 듣고 또 인하여 그대의 마음가짐과

160 중산(中山) : 상주(尙州) 모동면(牟東面)의 장수(長水) 황씨(黃氏) 집성촌을 말한다. 이완의 외가가 이곳이다.

161 백불암(百弗庵) : 최흥원(崔興遠, 1705～1786)의 호이다. 본관은 경주(慶州), 자는 태초(太初) 또는 여호(汝浩), 호는 백불암·수구암(數咎菴)·칠계(漆溪)로 대구 팔공산 둔산동에 거주하였다. 벼슬이 세자익위사 좌익찬(世子翊衛司左翊贊)에 올랐다. 죽은 뒤 1789년(정조13) 효행으로 정문이 세워졌고, 이듬해 좌승지에 추증되었다. 저서로 《백불암집》 8권 7책이 있다.

162 사촌(沙村) : 의성군 점곡면에 있는 안동 김씨 집성촌이다. 여기에는 김종덕(金宗德, 1724～1797), 김종경(金宗敬), 김종발(金宗發), 김종섭(金宗燮) 4형제가 거주하고 있었다.

163 두릉(杜陵) : 상주(尙州) 사벌면에 있는 지명으로, 남한조(南漢朝, 1744～1810)와 남한호(南漢皜) 등이 거처하던 곳이다.

일을 처리함을 엿보고서 가정의 가르침에서 터득한 것이 대개 적지 않다는 것을 알았습니다.

아! 대산 선생께서는 세상에 보기 드문 영특한 자질로, 단절된 학문의 실마리를 계승하여, 문로(門路)의 단적(端的)함과 도덕의 순수(純粹)함은 실로 도산(陶山 이황(李滉))의 적전이었습니다. 그대는 그분의 아들로, 남전(藍田)에서 나온 옥[164]과 같아 선조의 훌륭한 덕을 타고난 것이며 모범에 젖어들어 교화된 것이니, 자질이 어찌 아름답지 않을 수 있겠으며 학문이 어찌 바르지 않을 수 있겠습니까. 이 때문에 기국의 도량이 탁 트였고 마음을 충양(充養)함이 완전하고 두터워, 성대하게 대가의 풍도를 가지고 있으며 의연하게 유문(儒門)의 의표(儀表)가 되어, 원근의 선비들이 이구동성으로 군자다운 사람이라고 일컫고 있습니다. 청명(淸明)한 시대에 과거에 급제하고 성스러운 조정에 영명을 드날려 홍문관에서 일하였고 임금의 밝은 덕 아래 가까이 지내서, 명망과 실제가 점점 융성하여 기량을 펴는 데 기대함이 있음은 당연한 일입니다. 그런데 어찌하여 당론(黨論)이 서로 기울어 그대의 벼슬길이 기구하게 되었던가요. 저들이 멋대로 떠들며 왜곡되게 끌어들인 것이 거의 그대에게 낭패한 상황으로 만들게 하였습니다.[165] 그러나

164 남전(藍田)에서 나온 옥 : 남전은 중국에서 좋은 옥이 생산되는 곳으로 유명하다.

165 어찌하여……하였습니다 : 이완이 1789년(정조13)에 홍문관 부교리로 재직할 때 삼일제(三日製) 과거시험에 대독관(對讀官)의 시관(試官)으로 임명되었는데, 김준검(金俊儉)의 표문을 보고 합격시켰다. 그런데 조정의 대신들이 김준검의 표문이 "마음속으로는 비방하는 말을 하고 화심(禍心)을 포장한 것이다."라고 생각하고, 국청을 설치하여 엄히 국문할 것을 청하였고, 상신(相臣) 이성원(李性源)이 나서서 시

그대의 바른 마음은 비단 영남 사람이 알 뿐만 아니라 대신(大臣)들도 알고 있었습니다.

당일 경연에서 이구동성으로 보증한다는 말이 있기까지 하였으니, 가령 그대가 스스로 사정을 밝히는 글을 지어 새로 제수된 직임에서 체차(遞差)되어 홀(笏)을 바로 하고 띠를 드리워 눈을 밝게 하고 담을 크게 하여[166] 혹 경연에서 논의하고 혹 여러 업무를 처리하였다면, 과거의 유언비어가 곧바로 햇살을 받은 눈처럼 녹아 없어지고 그대의 뛰어난 업적은 끝내 반드시 볼만한 날이 있게 되었을 것입니다. 비록 그 도가 실행되지 않아 집으로 돌아왔으나 남은 정신을 수습하여 옛날에 보던 책을 공부하고 익혀서, 만년의 지경에 촛불의 공부[167]를 이룸이 반드시 장차 더욱 깊고 더욱 원대하여, 후생만학(後生晩學)이 또한 덕업을 상고하고 물을 수 있어, 한 줄기의 학문 연원이 단절되는 데 이르지 않게 되도록 하는 것이 실로 붕우들의 바람이었습니다.

또 게다가 대산 선생의 유고를 비록 이미 교정하였으나 간행하지는 못하였으며, 사림들 사이에서 선생을 제향하자는 의논이 비

관 이완을 탄핵하자, 이완이 벼슬을 버리고 돌아왔다.

166 눈을……하여 : 원문 '명목장담(明目張膽)'의 뜻으로, 두려워하지 않고 용기를 내어 일을 한다는 의미로 쓰인다.

167 만년의……공부 : 춘추 시대 진(晉)나라 악사(樂師) 사광(師曠)이 진 평공(晉平公)에게, "어려서 학문을 좋아하는 것은 해가 돋아 오를 때의 햇빛 같고, 장성하여 학문을 좋아하는 것은 해가 중천에 오를 때의 햇빛과 같으며, 늙어서 학문을 좋아하는 것은 켜 놓은 촛불의 빛과 같다.〔少而好學, 如日出之陽, 壯而好學, 如日之光, 老而好學, 如炳燭之明.〕"라고 하였다.

록 이미 크게 일어났으나 궁궐에 상소하는 데 미치지 못하였으니, 그대는 지극한 정성과 순수한 효성으로 평소에 여기에 힘을 쓰고 여기에 희망을 걸고 있었습니다. 그대의 몸이 그분 문집의 간행을 친히 보고 그분의 제향을 친히 보고자 하는 것이 어찌 끝이 있었겠습니까. 이것으로 보면 그대의 일신이 공적인 일과 사적인 일에 관계되는 것이 과연 어떠하였습니까. 이런 상황에서 그대의 나이는 또한 겨우 50세에 이르렀으니, 앞길이 만 리에 그 책임은 천 가지라고 말할 수 있습니다. 그대께서 이때에 반드시 살아 있어야 하고 반드시 죽어 없어서는 안 됨이 또한 명백합니다. 반드시 살아 있어야 하는데 지금 있지 않고, 반드시 죽어 없어서는 안 되는데 지금 부득불 없으니, 아! 이것이 어찌 하늘의 도리이며 이것이 어찌 사람의 이치입니까. 오호애재라.

지난번에 저는 7월에 참봉(參奉) 벼슬에 임명되어 사은숙배하기 위하여 도성에 들어갔는데,[168] 그대께서 새로 임명된 직책에 부임하지 않았다는 이유로 바야흐로 심리(審理)를 받기 위하여 의금부(義禁府)에 갇혔으나 얼마 되지 않아 용서받고 나왔다는 소식을 들었습니다.[169] 직장(直長) 유천서(柳天瑞)[170]와 함께 시은

168 저는……들어갔는데 : 정종로는 1789년(정조13) 6월에 광릉 참봉(光陵參奉)에 임명되자 7월에 궁궐에 나아가 사은숙배하였다.

169 그대께서……들었습니다 : 이완은 그뒤 수찬(修撰), 교리(校理)에 제수되어 여섯 번 임금의 부름을 받았으나 나아가지 않았기에 의금부에 갇혔다가 곧 풀려났다.

170 유천서(柳天瑞) : 유범휴(柳範休, 1744~1823)이다. 본관은 전주(全州), 자는 천서, 호는 호곡(壺谷)이다. 아버지인 유도원(柳道源, 1721~1791)은 동암 유장원의 둘째 형이다. 일찍이 스승 이상정과 학문을 문답한 편지 중에서 중요한 것을 모아

당(市隱堂)에서 대기하면서 한바탕 만나 이야기하려고 하였으나, 한밤중이 되어도 적막하게 소식이 없었고 그다음 날 해질 무렵까지도 적막하게 소식이 없었습니다. 그러므로 저는 직책에 나아가 직무를 보는 것에 급하여 더 이상 머무르며 기다릴 수가 없었습니다. 그 뒤에 내가 일어나 떠나자마자 그대가 즉시 도착하였다는 소식을 듣고 한스러움을 그만둘 수 없었습니다. 8월 9일에 내가 또 금오랑(金吾郎 의금부 도사)으로 왕명을 받고 도성에 들어가니, 그대는 이때 반촌(泮村 성균관 일대)에 우거하고 있었습니다. 바야흐로 그대가 스스로 사정을 밝히는 상소문을 올리고 왕명을 기다리며 감히 다른 곳으로 나가지 못했습니다. 내가 가 보려고 하였으나, 반촌의 가까운 곳에 전염병이 유행하였기에 장애를 받았습니다. 12일에 그대가 비로소 숙소로 와서 나를 만났으며, 16일에 내가 장차 고향으로 돌아올 적에 그대는 또 숙소에 와서 나를 이별하였습니다. 천 리의 먼 곳 여관에서 친구를 만났으니, 피차가 기뻐하는 정은 평상의 것에 비할 바가 아니었습니다. 그러나 유독 그대의 얼굴이 크게 수척하여 검어진 것과 눈의 광채도 전날의 정명(精明)한 것과는 같지 않은 점을 괴이하게 여겼습니다. 이것은 필시 그대가 먼 곳의 사역을 막 겪어서 바야흐로 감기가 들었고 근일에 만난 일에서도 마음에 번뇌를 느끼기에 충분하여 드디

《사문간독(師門簡牘)》으로 정리하기도 하였다. 특히 이완(李埦)·권방(權訪)과는 벼슬살이하던 1787년 서울에서 자주 만나 경의(經義)·봉직(奉職)·응무(應務)·출처(出處)·어묵(語默)의 절차에 대해 토론하였는데, 그 내용이 《반촌문답(泮村問答)》에 자세하게 정리되어 있다. 저서로 《호곡집(壺谷集)》이 있다.

어 심신이 손상됨이 이와 같았을 것입니다. 헤어진 이후로 염려함이 매우 간절하였으니, 대개 비단 이별을 슬퍼하는 마음뿐만 아니었습니다. 얼마 있지 않아 그대의 부음이 갑자기 귀에 들렸습니다.

오호라, 대개 그 죽음이 장차 임박하자 조짐이 밖으로 드러난 것이 이미 저와 같았습니까. 아니면 객지에서 와병 중이어서 인사(人事)를 잘 처리하지 못하여 이렇게 되었습니까. 대저 죽고 사는 것은 또한 큰일입니다. 비록 가령 집에서 고종명(考終命)을 하여 부자와 형제가 서로 지켜보는 가운데 죽었더라도 친척과 지구(知舊)들이 오히려 슬퍼하고 애석히 여기는 마음을 이길 수 없을 것인데, 하물며 갑자기 서울에서 죽어서 아버지가 자식과 영결하지 못하였고 자식은 아버지와 영결하지 못하여, 죽은 자는 눈을 감지 못하고 산 자는 죽고 싶은 마음이 들었음에 있어서야 말할 것이 있겠습니까. 그 광경을 상상해 보니 길 가던 사람도 눈물을 흘릴 것인데, 하물며 지구(知舊)야 말할 것이 있겠으며 친척이야 말할 것이 있겠습니까. 비록 그러하나 그대에게는 천서와 같은 친구가 바야흐로 평시서(平市署)[171]에서 근무하고 있었으니, 무릇 병을 치료하는 방도와 상(喪)을 치르는 절차에 있어서 반드시 털끝만큼의 유감도 없이 잘 처리하였을 것입니다. 나는 천서가 현명하기에 반드시 그대의 생사존망 때문에 마음을 바꾸지 않을 것임을 아노니, 그의 비통한 회포는 혹 내가 그대를 슬퍼하는 것보다 더

171 평시서(平市署) : 태조 원년(1392)에 창설한 경시서(京市署)를 세조 12년(1466)에 이 이름으로 개칭하였다. 시전에서 쓰는 자・말・저울 등과 물건 값의 높고 낮음을 검사하는 관아이다.

욱 깊었을 것입니다.

오호애재라. 나는 텅 빈 껍데기로 엉뚱하게 시대의 명성을 얻어 벼슬에 특진하는 은총을 받은 것은 천만 꿈도 꿀 수 없는 일이었기에 왕명을 받고 까무러쳐 졸도하여 몸 둘 곳이 없었으나, 오히려 그대가 조정에 있으면서 나의 처지를 위하는 모든 조치가 극진하지 않음이 없는 것 같음을 다행으로 여겼습니다. 그러므로 비록 이처럼 전원에 물러나 엎드려 있으면서 공손히 임금의 견책을 기다리고 있으나, 스스로 제 마음을 돌아보니 은연중에 믿는 것이 있었습니다. 지금은 나의 한쪽 팔이 부러졌으니, 설령 처리하기 어려운 일이 있더라도 장차 누구와 의논하여 넘어지고 엎어지는 근심이 없게 할 수 있겠습니까. 가령 그대가 장수하였다면 비록 나와는 은거와 출사가 같지 않았을 것이나, 그대가 도를 행함이 바로 내가 뜻을 펴는 것으로, 제 자신이 물러나 있는 것에 대하여 만족하지 않음이 없었을 것입니다. 뒷날 적막한 물가〔우산〕에서 상종하여 여생을 마치는 것이 또한 지극한 소원이었는데, 만사가 이런 지경에 이르고 말았으니, 오히려 다시 무슨 말을 하겠습니까. 오호애재라.

남손재[172]에게 드리는 제문
祭南損齋文

기사년(1809, 순조9) 7월 7일에 본관이 의령(宜寧)인 우리 손재(損齋) 선생 남공(南公) 종백(宗伯)이 돌아가셨는데, 석 달이 지난 모일에 장차 모(某) 방향의 언덕에 장례를 치르려고 하였습니다. 벗인 진양(晉陽) 정종로(鄭宗魯)가 술잔을 올리고 곡하며 다음과 같이 제문을 짓습니다.

오호라! 나는 공과 도의(道義)의 교제를 맺은 지 이미 30여 년이 되었고, 게다가 혼인의 우호 관계를 맺은 것이 또한 지금까지 20년이 되었습니다. 나는 일찍이 생각건대, 공은 타고난 자품과 국량이 총명(聰明)하고 해박(該博)하여 이미 우리들이 따라갈 수 없으며, 명리(名理)에 뛰어난 견해와 일을 처리함에 두루 통하는 식견과 그리고 몸을 행함에 준엄하고 고결함, 마음을 씀이 공평함, 논의를 견지함이 정대함, 타인을 대함에 관후(寬厚)함, 사람을 가르침에 성독(誠篤)한 점 등에 이르러서도 모두 뭇사람보다 훨씬 뛰어났습니다. 그러나 또한 털끝만큼도 자기가 높다고 자랑하는 뜻이 있은 적이 없었습니다.

172 남손재(南損齋) : 남한조(南漢朝, 1744~1809)이다. 본관은 의령(宜寧), 자는 종백(宗伯), 호는 손재이다. 상주군 사벌면 두릉(杜陵)에 거주하였으며, 그의 딸이 정종로의 셋째 자부가 되었다. 대산(大山) 이상정(李象靖)에게 배워 정재(定齋) 유치명(柳致明)에게 학문을 전수하였다. 저서로 《손재집(損齋集)》 15권이 있다.

평상시에 거함에 겸손으로 스스로 거느려 평이(平易)하면서도 자유자재하였고 충양(充養)함이 지극함에 기상이 완전하고 순수하였으며, 오랫동안의 은거 생활에 회포가 화평하고도 넓었습니다. 그 위의를 보는 사람은 큰 덕을 가진 군자라 생각하였고, 그 자취를 사모하는 사람은 세속을 피해 고상하게 지내는 위대한 사람이라고 생각하였습니다. 그러나 공이 명성(明誠)[173]의 학문에 힘을 쓰며 동정의 사이에 공부하여 바야흐로 또한 날로 새로워짐을 그만두지 않는 것이 과거 철인의 독실함에 부끄러움이 없다는 사실을 누가 알겠습니까. 가령 공이 오랫동안 살아서 이 세상에 있었다면 사도(斯道)가 이로 인해 추락하지 않았을 것이고, 오당(吾黨)이 이로 인해 의지함이 있었을 것이며, 후생 소자(後生小子)들이 이로 인해 재목을 이룰 수 있었을 것입니다. 나 같은 보잘것없는 사람도 이로 인해 충고해 주는 유익한 가르침을 길이 받아서 거의 혹 조금이라도 떨치고 분발하여 여생 동안 그 뒤를 따라갈 수 있었을 것입니다.

하늘이 사문을 도우지 않아 공이 갑자기 죽는 지경에 이르렀으니, 지금부터는 만사가 끝이 났습니다. 곧 공의 장도(長道)가 갑자기 꺾였으니, 이미 말할 만한 것이 없습니다. 영남 지역 반쪽 하늘을 누가 다시 지탱해 주겠으며, 문하의 제자들을 누가 다시

173 명성(明誠) : 이치를 밝게 깨달아 성(誠)에 이르는 것으로, 현인이 해야 할 학문이며 사람이 마땅히 실행해야 할 도리이다. 《중용장구》 제21장에 "성(誠)으로부터 밝아지는 것을 성(性)이라 이르고 이치를 밝게 깨달아 성(誠)에 이르는 것을 교라 이르니, 성하면 밝게 되고 밝게 되면 성에 이른다.〔自誠明, 謂之性, 自明誠, 謂之教, 誠則明矣, 明則誠矣.〕"라고 하였다.

이끌어 주겠습니까. 또 내가 일이 있을 때 누구와 의논하겠으며 의심이 있을 때 누구에게 다시 질문하겠습니까. 허물을 장차 누가 지적해 주겠으며 선을 하도록 장차 누가 요구하겠습니까. 나의 입장에서 말한다면 대개 온 세상에 오직 공 한 사람뿐일 따름이었습니다. 지금 다시 누가 이와 같을 수 있겠습니까. 더욱 슬퍼할 만한 것은 공이 평소에 가졌던 포부를 보면 나라를 경륜할 재능을 손아귀에 가지고 있다고 말할 수 있음에도 불구하고 재야에서 부질없이 늙어서 능력을 당세에 조금도 펼 수 없었으며, 심지어는 자질구레한 과거시험까지도 조물주가 인색하게 하여 낙방시켰던 점이니, 이것에 대하여 공은 마음을 담박하게 가지고 잊어버린 지 이미 오래되었으며 또한 그것이 공의 손익에 영향을 끼치는 것이 아니었습니다.

공의 아들 경명(敬明)[174]의 경우는 사람됨이 아취(雅趣)가 있어서 지구(知舊)들이 기대하는 것이 적지 않았습니다. 그러나 또한 공이 살아 있을 때 요절하여 만년의 백수(白首)인 공에게 서하(西河)의 애통함[175]을 가지게 하였습니다. 슬하에 손자 한 명이 외롭게 있었는데, 이때 또한 겨우 3살이니, 하늘이 공에게 보답하

174 경명(敬明) : 남택정(南宅正)은 자가 경명으로, 남한조(南漢朝)의 아들이다. 《입재집》 권25 〈남택정자설(南宅正字說)〉에 보인다.

175 서하(西河)의 애통함 : 자식이 먼저 죽은 것을 애통해하는 말이다. 서하는 공자(孔子)의 제자 자하(子夏)가 살면서 제자들을 가르쳤던 곳이다. 자하가 이곳에서 아들의 상을 당하여 지나치게 슬피 울다가 실명(失明)한 일이 있었는데, 후세에 아들의 상을 당한 경우에 '서하의 눈물〔西河之淚〕' 또는 '서하의 슬픔〔西河之痛〕'이라 하였다. 《史記 卷67 仲尼弟子列傳》

는 것이 과연 어떠합니까. 그러나 오히려 다행히 공은 정력(定力 성리학에 대한 수양의 정신력)이 남보다 뛰어나 이런 걱정거리를 밀쳐 버리고 여유가 있었습니다.

지난번 여름에 중풍이 발병하여 또한 위급한 지경에 이르렀지만, 또한 조리하고 간호하는 방법을 곡진히 다하였습니다. 비록 말하는 것이 어눌하고 손놀림이 자유롭지 못한 때가 조금 있기는 하였지만, 신관(神觀)과 근력은 전에 비하여 손색이 없었습니다. 올해 봄 산중(山中 우산(愚山))에서 강회할 때 또한 스승의 자리[176]에 엄준하게 앉을 수 있었습니다. 때문에 마땅히 평상의 건강을 회복할 날이 있어 무궁토록 목숨을 누려서, 안으로 외로운 손자가 다 성장하는 것을 보고 밖으로 많은 선비들이 우러러 바라는 것을 위로해 줄 것으로 생각하였습니다. 그런데 어찌 잠깐 사이에 바람 앞의 촛불처럼 갑자기 죽을 것을 생각이나 했겠습니까. 공에게 있어서는 문득 신선으로 변한 것이겠지만, 문호가 단출하고 쓸쓸한 것과 향방(鄕邦 상주 고을)이 적막하게 된 것에 대하여 어떻겠습니까.

저 선유동(仙遊洞)을 보니 새 날개 같은 정자가 있는데,[177] 바로 공이 일찍이 지어서 만년에 편안히 쉬고 노닐면서 소쇄하게

176 스승의 자리 : 원문 '고비(皐比)'는 호피(虎皮)로, 스승의 자리이다. 송(宋)나라 장재(張載)가 《주역(周易)》을 강의하면서 항상 이 호피를 깔고 앉았으므로 후대에는 사석(師席)의 뜻으로 쓰게 되었다.

177 선유동(仙遊洞)을……있는데 : 선유동은 경북 문경시(聞慶市) 가은읍(加恩邑) 위치한 계곡으로 선유구곡(仙遊九曲)이 있으며 문경팔경에 속한다. 남한조가 이곳에 옥하정(玉霞亭)을 지어 놓고 유유자적하며 후진 교육에 힘썼다.

여생을 보낼 곳으로 생각하였던 곳입니다. 그러나 집을 전해 줄 자식이 없었기에 끝내 뜻을 이루지 못하고 죽었습니다. 생각이 여기에 미치자 더욱 탄식하고 슬퍼할 만합니다. 어둡지 않은 영혼은 혹 저기에 왕래하며 소요하여 옛날의 소원을 풀고 있는지요. 아니면 외로운 손자를 돌아보며 차마 떠날 수가 없어서 바야흐로 그대의 집에서 머물고 있는지요. 그대의 의형(儀形)이 제 눈에 있으나 다시는 볼 수가 없고, 그대의 목소리가 제 귀에 있으나 다시는 들을 수가 없습니다. 공과 저는 이로부터 격리된 것입니다. 그러나 저도 얼마 있지 않아 저승에서 공을 따라 노닐지 않겠습니까. 한 잔의 술을 올리고 영결하니, 천고토록 끝없는 슬픔입니다.

황유안[178]에게 드리는 제문
祭黃幼安文

오호라	嗚呼
우러러 공의 집안을 생각해 보니	仰惟公家
해동의 명문벌족이네	海東名閥
방촌[179] 원로께서 나라를 경륜하고	厖老經國
축옹[180]께서 절개를 드날렸네	畜翁振節
또한 화재[181]께서는	亦粤華齋

178 황유안(黃幼安) : 황태희(黃泰熙, 1735～1793)이다. 본관은 장수(長水), 자는 유안으로 상주 모동에 거주하였다. 정종로의 딸이 황태희의 아들 황석로(黃錫老)에게 시집갔으므로 정종로와 황태희는 사돈 간이 된다.

179 방촌(厖村) : 황희(黃喜, 1363～1452)의 호이다. 본관은 장수(長水), 초명은 수로(壽老), 자는 구부(懼夫)이다. 조선조 세종 때 18년간 재상을 지낸 것으로 유명하다.

180 축옹(畜翁) : 황효헌(黃孝獻, 1491～1532)의 호이다. 본관은 장수, 자는 숙공(叔貢), 호는 축옹・현옹(玄翁)・신재(愼齋)이다. 황희(黃喜)의 현손(玄孫)으로 이조 참의와 이조 참판 등을 지냈으며, 중종의 명을 받아 《신증동국여지승람(新增東國輿地勝覽)》을 편찬하였다. 기묘사화 때 절의를 지켰다. 옥동서원(玉洞書院)에 배향되었으며 저서에 《하유편(下帷編)》, 《갈굴편(渴掘編)》 등이 있다.

181 화재(華齋) : 황익재(黃翼再, 1682～1747)로, 본관은 장수(長水), 자는 재수(再叟), 호는 백화재(白華齋)이며, 황희의 10대손이다. 1728년(영조4) 통정대부(通政大夫)에 올라 종성 부사가 되었다. 이때 도순무사 오명항(吳命恒)과 영남 안무사 박사수(朴師洙)와 함께 청주에 이르러 이인좌(李麟佐)의 반란을 평정하는 데 공을 세웠다. 그러나 도리어 적도들에 연루되었다는 모함을 받아 구성에 유배되었다. 저서로는 《백화재집》, 《서행일록(西行日錄)》이 있다.

선조의 공열을 잘 이었네	克紹前烈
현달하면 시행하고 궁핍하면 마음 길러	達施窮養
일마다 과거의 철인을 본받았네	動法往哲
공은 그런 가문에서 나서	公生其門
단혈에 사는 봉황새였네[182]	鳳毛丹穴
이마에는 물소 뿔처럼 꿰뚫는 밝음이 있고[183]	額有貫犀
흉중에는 철석간장을 가지고 있었네	胸藏寸鐵
약관에 집안 일을 이어받았는데	弱齡承家
세대가 재차 끊어짐을 만났네[184]	値世再絶
외로운 손으로 아버지의 뜻을 잘 이어[185]	隻手幹蠱
옛날 가업이 이지러짐이 없게 하였네	舊業無缺
선조의 뜻 잘 이어 집을 지어[186]	室肯堂構

182 단혈에 사는 봉황새였네 : 단혈(丹穴)은 전설상의 산 이름으로, 이곳에 오색 영롱한 봉황새가 산다고 한다. 《山海經 南山經》

183 이마에는……있고 : 장래에 귀하게 될 사람은 이마에 서각(犀角) 모양의 뼈가 있다는 말이 상법(相法)에 있다. 또 서각(犀角)은 사물을 잘 비추어 본다는 뜻이 있다. 진(晉)나라 온교(溫嶠)가 적신(賊臣) 조약(祖約)과 소준(蘇峻)을 토벌하고 우저(牛渚)에 이르니 물이 깊고 괴물이 많아 건널 수 없으므로 서각을 태워 비추고 건넜다고 한다. 《晉書 卷67 溫嶠列傳》

184 세대가……만났네 : 황익재의 아들 종간(宗榦)은 자식을 두지 못하였으며 다음 세대에는 욱종(勗重)을 양자로 들였으나 역시 아들을 두지 못하였다. 때문에 욱종의 재종(再從) 후중(垕重)의 아들 태희(泰熙)를 양자로 들였다.

185 아버지의……이어 : 원문의 '간고(幹蠱)'는 자식이 아버지의 뜻을 잘 계승하여 아버지가 미처 다 이루지 못한 사업을 완성하는 것을 말한다. 《주역》 〈고괘(蠱卦) 초육(初六)〉에 "초육은 아버지의 일을 주관함이니, 자식이 있으면 돌아간 아버지가 허물이 없게 되리라.〔初六, 幹父之蠱, 有子, 考无咎.〕"라고 한 데서 온 말이다.

시렁에 책을 소장하였네 架整籤帙
이때 선조의 묘소가 惟時先墓
자리를 잃음이 많았네 卜地多失
울면서 새로운 묘역을 구하여 泣求新兆
모두 길지에 두었네 咸厝其吉
대개 공의 정성과 효성은 蓋公誠孝
뿌리가 천성에서 나왔네 本自天出
또 큰일을 한 것이 있으니 又有大者
선조의 원통함을 통쾌하게 씻은 것이었네[187] 先枉快雪
훌륭한 우리 화재 어른이여 猗我華翁
결백하기가 백옥과 같았네 白玉其潔
그러나 망극한 시절을 만나 遭時罔極

186 선조의……지어 : 원문 '긍당구(肯堂構)'는 선조의 뜻과 일을 후손이 잘 계승하는 것을 말한다. "만약 아버지가 집을 지을 작정을 하여 이미 그 규모를 정했거든 그 아들이 곧 기꺼이 당기를 마련하지 않고서 하물며 기꺼이 집을 지을 수 있을 것인가?〔若考作室, 旣底法, 厥子乃弗肯堂, 矧肯構?〕"라고 한 말에서 유래하였다. 《書經 大誥》

187 선조의……것이었네 : 황태희의 증조부 황익재(黃翼再)가 1728년(영조4) 종성(鍾城) 부사로 재직할 때 이인좌(李麟佐)의 반란이 일어났는데, 도순무사 오명항(吳命恒), 영남 안무사 박사수(朴師洙)와 함께 청주에 이르러 난을 평정하는 데 공을 세웠다. 그러나 도리어 적도들에 연루되었다는 모함을 받아 구성(龜城)에 유배되었다. 7년 뒤인 1736년(영조12)에 사면되어 집으로 돌아왔으나 신원되어 복관(復官)되지는 못하였다. 그러다가 사후 41년 뒤 정조의 특명으로 신원되고 복권되었다. 《정조실록》 정조 12년(1788) 11월 10일 조에 '조덕린·황익재의 죄명을 씻어 주다.〔蕩滌趙德隣黃翼再罪名〕'라는 기사가 실려 있는데, 이때 황태희가 증조부의 신원을 위하여 조정에 상소한 것으로 보인다.

7년 동안 귀양살이하였네[188]　七載窮髮
비록 성은을 입어 돌아왔으나　雖蒙賜環
복관되지는 못하였네　未獲復秩
정조대왕의 은명이　先朝恩命
누차 내렸으나 곧바로 막혔네　屢下旋閼
원통함을 안은 채 돌아가시니　抱冤終世
하소연할 방법이 없었네　訴臆無術
이어서 거듭 초상을 당하여　繼以荐喪
궁궐에 가서 상소할 여가가 없었네　不遑叫閽
공이 화재께서 남긴 뜻을 체인하여　公體遺志
신원하고야 그만두리라 맹세했네　誓伸乃訖
행장을 꾸려 서울에 올라가　裹足西上
마음을 다하고 피를 짜내었네　瀝盡肝血
위험함을 밟고 위엄을 범하며　履危犯威
아홉 번 죽어도 그치지 않았네　九死靡輟
정성은 위로 하늘에 도달하여　精誠上格
신과 하늘이 긍휼히 여겼네　神天爲恤
이때 임금께서 영남의 상소문을 등람함은　際登嶺疏
또한 음으로 도와줌이 있는 것 같았네　亦若陰騭
태양〔임금〕이 빛을 비추니　太陽下燭

188 귀양살이하였네 : 원문 '궁발(窮髮)'의 원래 뜻은 불모지(不毛地)인 북쪽 끝 지방으로, 북쪽 변방을 말하나 여기서는 귀양지를 가리킨다. 《장자》〈소요유(逍遙遊)〉에 "궁발의 북쪽에 바다가 있으니, 천지(天池)이다."라고 하였다.

뜬구름이 사방으로 흩어졌네	浮雲四豁
백 년 동안의 억울했던 것이	百年幽鬱
하루아침에 풀어졌네	一朝宣洩
통정대부의 관직을	通政官銜
완연히 옛날 그대로 찾았네	宛依舊日
공의 지극한 정성이 없었다면	微公至誠
누가 그 일을 주선했겠는가	誰其旋斡
하물며 화재 어른을 제향함은	矧翁腏食
사람들의 오랫동안 간절함이었네	輿情久切
이로부터 이후로	自玆以後
공의가 더욱 결단되었네	公議益決
향림사와 봉산서원에	香祠鳳院
차례대로 제향 드림을 마련하였네[189]	次第禮設
이때 공이 병이 들어	是時公病
이미 몇 달이 지났지만	已淹屢月
힘을 다하여 제향을 도와	竭力助享
의식의 제물을 갖추었네	以具儀物
복직시켜 영혼을 편안케 하였으니	復職安靈
지극한 소원은 이에 마친 셈이네	至願斯畢
그러나 진심 어린 정성은	然其血忱

189 향림사와……마련하였네 : 황태희가 살아 있을 때인 1789년(정조13)에 황익재를 순천의 향림사(香林祠)에 제향하였으며, 황태희 사후 1794년(정조18)에 황익재를 상주 봉산서원(鳳山書院)에 제향하였다.

죽을 때까지 더욱 견고했네 垂死彌結
지난번에 화재 어른의 유문을 모아 囊集遺文
초고를 겨우 만들었네 草藁才脫
편집하는 것을 비로소 이루었으나 編摩甫就
교정하는 일을 마치지 못했네 讎校未卒
나에게 일을 끝내기를 요청하고 要我斷手
인하여 서문 써 주기를 부탁하였네[190] 因弁一說
이에 앞서 화재 어른의 행장은 先是翁狀
이미 대가에게 받아 놓았었네 旣受信筆
그러나 묘갈명은 顧於碣文
이때 청탁하지 못한 상황이었네 時未有乞
이것 또한 나에게 부탁하여 亦以屬我
아름다운 사적을 기술하게 하였네[191] 徽蹟俾述
베개에 엎드려 눈물을 흘리며 伏枕流涕
간절한 말로 거듭 당부하였네 喘語剌剌
내가 사양하기를 세 번 했지만 余辭至三
공의 간절함은 한결같았네 公懇如一
밝고 밝은 효심은 炳炳孝心
천지를 꿰뚫었네 天地貫徹

190 나에게……부탁하였네 : 《입재집》 권26에 실려 있는 〈화재유집서(華齋遺集序)〉가 그것이다.

191 이것……하였네 : 《입재집》 권39에 실려 있는 〈부사화재황공묘갈명(府使華齋黃公墓碣銘)〉이 그것이다.

저 푸른 하늘이 보답이 있다면	彼蒼有報
귀하고 장수하게 함이 마땅한데	宜貴且耋
어찌하여 60세에	奈何六旬
갑자기 초라한 집[192]에서 죽었는가	遽終蓬蓽
원래 공이 병이 든 것은	原公受恙
대개 을유년(1789)부터였네	蓋自歲乙
통한을 생각하며 분주히 다니면서	懷痛奔走
추위와 더위를 염두에 두지 않았네	不計寒熱
여러 해 동안 애태우고 고생하며	積年焦勞
굶주림과 갈증을 모두 맛보았네	備嘗飢渴
검은 머리카락은 희게 변하였고	髮變爲霜
비장이 상하여 질병이 되었네	脾傷成疾
곧 고질병이 되어서	遂便沈痼
끝내 갑자기 돌아가셨네	竟至奄忽
자손의 직분을 다하다가 죽었으니	盡職以死
공에게 무엇을 꾸짖으랴	在公何咄
효도는 천지신명의 도움을 받지 못하였으니	孝不見祐
이치는 진실로 따지기 어렵네	理固難詰
나는 들어 보니 하늘의 뜻이 정해지면	我聞天定
반드시 굽은 것을 펴 준다고 하였네[193]	必伸其屈

192 초라한 집 : 원문 '봉필(蓬蓽)'은 쑥대와 싸리나무로 만든 초라한 집을 말한다. 두보(杜甫)의 〈북정(北征)〉에 "돌아보니 부끄럽게도 나만 은총 입어, 초라한 집으로 돌아가도록 허락받았네.〔顧慙恩私被, 詔許歸蓬蓽.〕"라고 하였다.

공이 둔 자손들은	公有兒孫
모두가 훌륭하게 빼어났네	並皆秀拔
업[194]은 신령스러운 자태로	業也神姿
더욱 평범한 골상이 아니네	尤非凡骨
뒷날 하늘에 보답받음을	他日食報
이 아이에서 기필할 수 있으리	於玆可必
돌아가신 분이 이것을 안다면	逝者有知
어찌 위로되어 기쁘지 않으랴	寧不慰悅
내가 사돈이 된 뒤로	自我結親
이미 12년이 지나갔네	一紀已闋
속마음을 서로 기울여	肺腑相傾
평상시에도 함께함이 특별하였네	尋常與別
매양 말하기를, "여생에	每謂餘生
함께 따르며 더욱 친밀하게 지내세"라 하였네	追逐愈密
어찌 오늘에 와서	那意今來
유명을 달리할 줄 생각이나 했겠는가	幽明異轍
천지간에 부앙하니 비분강개하여	俯仰悲慨
눈물이 항상 넘쳐 흐르네	眥淚恒溢
생각건대 이 보잘것없는 사람은	念玆無似

193 하늘의……하였네 : 소식(蘇軾)의 〈삼괴당명(三槐堂銘)〉에 "신포서가 말하기를 '사람이 많으면 하늘의 뜻을 이기고, 하늘의 뜻이 정해지면 또한 사람을 이길 수 있다.'라고 하였으니〔申包胥曰 人衆者勝天, 天定亦能勝人.〕"라고 하였다.

194 업(業) : 자손의 이름이나 자(字)로 추측되나 족보에는 그런 사람이 보이지 않는다.

문장이 더욱 졸렬하네 其文尤劣
선배의 감추어진 빛을 前輩幽光
실로 천양하여 드러내기 어렵네 實難闡發
아! 공이 나에게 부탁하는 것이 嗟公謬託
임종의 말씀에서 나왔네 出於臨歿
유언이 정성스러웠으니 遺音丁寧
어찌 차마 태연히 있겠는가 何能忍恝
억지로 어두운 눈을 닦아 强拭昏眸
'어' 자와 '로' 자를 살피네[195] 魚魯是察
겸하여 거친 말을 엮어 兼綴蕪語
외람되이 글을 지었네 猥有序列
한결같이 바르고 꾸밈이 없으며 一直無華
오직 실제의 일을 기록함을 추구했네 惟求紀實
식견이 미치지 못함은 있겠지만 識有未逮
정성을 다하지 않음은 없었네 誠無不竭
공이 만약 할 수만 있다면 公如肯可
어찌 꿈속에서라도 질정받지 않으랴 盍夢相質
세월이 번개처럼 지나가니 流光電邁
소상이 갑자기 이르렀네 初祥臨倏
한 잔의 술과 정직한 글을 올려 單杯矢辭
천고토록 끝없이 슬퍼한다네 千古餘怛

195 '어'……살피네 : '어(魚)' 자와 '로(魯)' 자가 비슷하여 잘못된 글을 바로잡는다는 뜻으로, 교정보는 일을 말한다. 여기서는 《화재집》을 교정한 일을 말한다.

장령 남광지[196]에게 올리는 제문

祭南掌令光之文

오호라	嗚呼
생각하니 옛날 퇴촌[197]께서	念昔退村
조선조 숙종 때 벼슬하였네	仕我明陵
공은 그런 집안에서 태어나	公生乃家
일찍 용문에 올랐네[198]	龍門早登
조정에 끌어 주는 사람이 없어도	朝無汲引
역경을 분수로 달게 여겼네	分甘蹭蹬
사헌부와 사간원의 벼슬에	柏府薇垣
늙어서야 비로소 올랐네	抵老始陞

196 남광지(南光之) : 남필석(南必錫, 1738~1813)이다. 본관은 의령(宜寧), 자는 광지로 상주 사벌면 두릉에 거주하였다. 1773년(영조49)에 문과에 급제하여 사헌부 장령(司憲府掌令)을 지냈다. 그의 아들이 남한호(南漢皜, 1760~1821)로, 정종로의 첫 번째 제자이다.

197 퇴촌(退村) : 남후(南垕, 1644~1690)의 호이다. 본관은 의령(宜寧), 자는 재원(載元)이다. 1652년(효종3) 진사에 합격하고, 1669년(현종10) 문과에 급제하였다. 숙종 때 정언(正言), 집의(執義), 승지(承旨) 등을 역임하였다.

198 용문(龍門)에 올랐네 : 황하(黃河)가 용문(龍門)에 이르면 낙차가 매우 큰 여울이 되는데, 강해(江海)의 물고기들이 그 아래 모여 그 높은 여울에 뛰어오르면 용(龍)이 된다 한다. 일반적으로 과거시험에 합격하는 것을 등용문(登龍門)이라 한다. 후한(後漢)의 이응(李膺)은 덕망과 명성이 매우 높았는데, 당시 선비들이 그를 한번 만나면 용문에 오른다고 하였다.

진출의 길이 매우 기구하였으니 晉途已嶇
어찌 지방 관원[199]이 될 수 있었으랴 一麾曷能
대개 공은 결백한 마음으로 蓋公素心
부정한 방법[200]을 미워하였네 詭遇是憎
고관에게 분주하게 인사하러 다니는 奔走伺候
그런 생각이 싹튼 적이 없었네 念不萌曾
스스로 삼남이라 호를 지어 自號三南
대대로 지켜 이을 수 있었네 世守克承
평탄하게 자신의 본분대로 행하니[201] 坦我素履
누가 그대를 얽어맬 것인가 誰我拘繩
말을 하고 일을 실행함에 出言行事
전혀 꾸밈과 자랑이 없었네 了無飾矜

199 지방 관원 : 원문 '일휘(一麾)'는 지방 관원으로 나가는 것을 말한다. 남조 송(宋)나라의 안연지(顔延之)가 〈오군영(五君詠)〉을 지으면서, 완함(阮咸)에 대해 "몇 번 추천받아도 벼슬자리 못 얻다가, 순욱(荀勗)이 손을 한번 내저으매 수령으로 나갔도다.〔屢薦不入官, 一麾乃出守.〕"라고 읊은 데에서 유래한 것이다. 《文選 卷21 五君詠 阮始平》

200 부정한 방법 : 원문 '궤우(詭遇)'는 사냥하는 데 부정한 방법으로 말을 모는 것을 말한다. 《맹자》 〈등문공 하(滕文公下)〉에, 왕량(王良)이 폐해(嬖奚)의 사냥을 위하여 말을 몰고서 말하기를 "내 그를 위해서 말 모는 것을 법도대로 하였더니〔範我馳驅〕 종일토록 한 마리의 짐승도 잡지 못하였고, 그를 위하여 부정한 방법으로 짐승을 만나게 하였더니〔詭遇〕 하루아침에 열 마리의 짐승을 잡았다."라고 한 말에서 유래되었다.

201 본분대로 행하니 : 원문 '소리(素履)'의 뜻이다. 《주역》 〈이괘(履卦) 초구(初九)〉에 "본분대로 해 나가면 허물이 없다.〔素履往, 無咎.〕"라고 하였다.

그 용모는 진솔하였고 眞率其容
그 가슴은 넓고 평이하였네 曠易其膺
남가일몽[202]에서 깨어나 夢絶南柯
몸은 고목 등나무[203]와 짝하였네 身伴枯藤
이 두릉(杜陵) 골짜기를 돌아보니 瞻兹杜曲
은거하기에 충분히 걸맞았네 幽居足稱
이야기를 나눌 친척이 있고 話有親戚
방문해 줄 친구들이 있었네 訪有賓朋
몇 칸의 초가집에 數間茅屋
한 조각의 등잔불이었네 一片瓦燈
여기 조그만 공간에서 於焉容膝
잠자고 일어났네 載寢載興
산출〔차조〕을 수확함을 薄收山秫
곁의 울타리와 폐잔한 밭두둑에서 하였네 傍籬殘塍
세 아들이 번갈아 시종하며 三子迭侍
부모님의 심지를 받들며 오직 삼갔네 養志惟兢

202 남가일몽 : 벼슬이 끊어져 인간 일생이 속절없음을 말한다. 당(唐)나라의 순우분(淳于棼)이 어느 날 남쪽으로 뻗은 홰나무 가지 아래서 잠이 들었는데, 꿈에 괴안국(槐安國)에 가서 왕의 딸을 아내로 맞고 남가군 태수(南柯郡太守)까지 되는 등 부귀를 누리다가 꿈을 깨고 보니 그 홰나무 아래에 큰 개미구멍만이 있었다는 고사이다.

203 고목 등나무 : 고등(枯藤)은 고등장(枯藤杖)으로, 묵은 등나무로 만든 지팡이를 가리킨다. 송나라 육유(陸游)의 시 〈병진상원전일일(丙辰上元前一日)〉에 "한가한 유람 애당초 정처 없음이 우습나니, 흥이 식으면 어디서든 고등에 기대었다오.〔自笑閒游本無定, 興闌隨處倚枯藤.〕"라고 하였다.

술은 항상 술통에 가득하고 酒常盈樽
물고기는 어망에 없는 적이 없었네 魚不乏罾
윤택한 얼굴은 환하게 펴지고 渥顏敷腴
흰 머리카락은 헝크러졌네 華髮髯鬙
세간의 기지[204]를 발휘하는 것을 世間機智
철저하게 맑게 하여 없앴네 徹底淸澄
천진난만함은 爛漫天眞
보통 사람보다 몇 층 높았네 超人數層
기린 같은 자식[205]이 나열하여 麟抱成列
천리마 걸음으로 벼슬에 오르려 하네 驥步庶騰
공은 장수하고 謂公遐壽
많은 복을 받으리라 생각했네 繁祉以增
그런데 어찌 하룻저녁에 何圖一夕
갑자기 죽을 것을 생각했겠는가 大化遽乘
처음에 근원하여 마침으로 돌아가니 原始反終
이 이치는 또한 항상 그러하네 此理亦恒

204 기지(機智) : 《맹자》 〈진심 상(盡心上)〉에 "기지(機智)로 속이기를 교묘히 하는 자는 부끄러움을 쓸 데가 없다.〔爲機變之巧者, 無所用恥焉.〕"라고 하였다.

205 기린 같은 자식 : 원문 '인포(麟抱)'는 '기린포송(麒麟抱送)'의 준말로, 기린의 재능처럼 걸출한 아들을 말한다. 두보(杜甫)의 〈서경이자자(徐卿二子歌)〉에 "그대는 못 보았나? 서경의 두 아들 뛰어나게 잘난 것을, 길한 꿈에 감응하여 연이어 태어났네. 공자와 부처가 친히 안아 보내 주었으니, 두 아이는 모두가 천상의 기린아일세.〔君不見徐卿二子生絶奇? 感應吉夢相追隨. 孔子釋氏親抱送, 竝是天上麒麟兒.〕"라고 하였다. 《杜少陵詩集 卷10》

그대보다 뒤에 죽을 나 같은 사람은	後死如我
비통한 눈물을 이길 수 있으랴	悲涕可勝
같은 나이로 심지가 통하여	同庚孚志
만나면 문득 기뻐하며 응답했네	逢輒懽譍
잠깐 사이에 허무하게 되어	轉眄成虛
시름겨운 구름이 다만 엉기네	愁雲徒凝
거듭 생각하니 백미[206]가	重念白眉
부모상을 연달아 당하여	巨創連仍
쇠퇴한 나이에 근심하고 몸 훼손되어	衰年慽毀
병들어 아플까 염려되네	慮致瘽疼
후생들이 덕을 상고할 때	後生考德
장차 그에게 의지할 것이네	將渠是憑
원하건대 조상의 도움을 내려 주시어	願垂陰騭
어려움을 해결해 주시기를 넓게 해 주소서	濟艱惟弘
한 잔의 술로 강신주를 대신하니	單杯替酹
영혼은 제사를 흠향하시기를	靈庶歆烝

206 백미(白眉) : 형제들 중 재주가 가장 뛰어난 맏이를 뜻한다. 삼국 시대 촉한(蜀漢) 사람 마량(馬良)의 5형제 중 맏이인 마량이 가장 저명하였는데, 그의 눈썹이 희었으므로 백미라 하였다. 《三國志 蜀志 卷9 董劉馬陳董呂列傳》 여기서는 남필석의 아들 남한호(南漢皜)를 말하는 듯하다.

장인 완산 이공[207]에게 드리는 제문
祭外舅完山李公文

오호라! 우리 장인 완산(完山) 이공(李公)은 송애(松厓)[208] 어른의 아들로, 어릴 때부터 타고난 자질이 매우 뛰어났습니다. 들어 보니, 아버지 상을 당하였을 때는 공의 나이가 겨우 8세였지만 예를 갖추어 상을 치름에 고기를 먹지 않는 것[209]을 어른과 같이 하였습니다. 장자(長者)들이 비록 고기를 먹으라고 백방으로 권하였지만, 끝내 먹지 않았습니다. 그 결과 황달에 걸려 거의 위태로운 지경에 이르렀다가 소생하였습니다. 공의 아버지의 문장은 당시에 으뜸이었는데,[210] 불행하게도 일찍 돌아가셔서 뛰어난 글이 장차 민멸되려 하자 공이 피눈물을 흘리며 유고를 모아 약간 편

207 완산 이공 : 이민현(李民顯, 1703～1784)이다. 본관은 전주(全州)로 제천에 거주하였다.

208 송애(松厓) : 이수대(李遂大, 1674～1708)의 호이다. 본관은 전주(全州), 자는 취이(就而)이다. 1693년(숙종19)에 진사가 되었고, 1702년(숙종28)에 문과에 급제하여 벼슬이 병조 좌랑에 이르렀다.

209 예를……것 : 원문 '집상행소(執喪行素)'의 집상은 부모의 거상 중(居喪中)에 예절을 지키는 것이며, 행소는 상중(喪中)에 고기나 고기가 든 음식을 먹지 않고 채식(菜食)하는 것을 말한다.

210 아버지의……으뜸이었는데 : 《입재집》 권37에 실려 있는 〈기성랑송애이공묘갈명(騎省郞松厓李公墓碣銘)〉에 의하면, 이수대는 채팽윤(蔡彭胤)·오상렴(吳尙濂)과 함께 당대 삼문장(三文章)으로 일컬어졌는데, 특히 이수대는 송곡(松谷) 이서우(李瑞雨)의 의발을 전수받아 문장이 굉박(宏博)하고도 요묘(要妙)하였다고 하였다.

을 구하여 간행하고야 그만두었습니다.

두 형[211]을 공경히 섬겼는데, 백형과는 늙을 때까지 감히 옆에 나란히 앉지 않았습니다. 공의 첫째 부인은 영남의 옥산(玉山 인동(仁同)) 장씨(張氏)인데 친정집에서 죽었습니다. 친정 부모들이 정에 따라 고향[212]에 장례 지내기를 매우 힘썼지만 공이 완고하게 간쟁하여 "부인의 생사는 남편 집을 따르는 것이니, 어찌 이런 일이 있겠습니까."라고 하였습니다. 즉시 장정을 모집하여 경기도 선산의 곁에다가 장례를 지냈습니다. 이때 공의 조부가 살아 계셨는데, 즉시 재혼할[213] 것을 명하였습니다. 공이 꿇어앉아 품의하여 말하기를 "어른을 모시고 사는 것이 진실로 당연하지만, 다행히 두 형과 형수가 있어서 봉양하는 데는 문제가 없습니다. 또 저는 장자(長子)와는 다르니 조금 늦추어 상제(祥祭)를 마친 뒤에 재

211 두 형 : 공은 삼남 일녀 중 삼남으로, 큰 형은 이민헌(李民獻)이고 둘째 형은 이민준(李民儁)이다.

212 고향 : 원문 '천기(泉淇)'는 천원(泉源)과 기수(淇水)를 말하는 것으로, 고향으로 돌아갈 것을 생각함을 비유하는 말이다. 《시경》 〈죽간(竹竿)〉에 "천원이 북쪽에 있고 기수는 오른쪽에 있네. 여자가 집을 떠나 형제 부모를 멀리하였네.〔泉源在左, 淇水在右. 女子有行, 遠兄弟父母.〕"라는 말에서 유래한 것이다. 위(衛)나라 여자가 제후에게 시집가서 친정으로 돌아갈 것을 생각하지만 그 뜻을 이룰 수 없는 까닭에 이 시를 지었다고 한다.

213 재혼할 : 원문 '속현(續絃)'의 뜻이다. 《해내십주기(海內十洲記)》에, 서해(西海)의 봉린주(鳳麟洲)에는 선가(仙家)가 많은데, 그 선가에서 '봉황새의 부리와 기린의 뿔〔鳳喙麟角〕'을 고아서 제조한 기름을 난교라 하는바, 이것은 이미 끊어진 궁노(弓弩)의 줄도 다시 접속시킬 수 있는 강한 접착력이 있다고 한 데서, 전하여 후세에는 흔히 후처(後妻)를 맞이하는 것을 속현(續絃)이라 한다.

혼하기를 원합니다."라고 하니, 조부께서 의롭게 여기고 허락하였습니다. 계비(繼配)는 공암 허씨(孔巖許氏)로, 친정이 호서(湖西)의 제천(堤川)에 있었습니다. 공이 이미 부모께서 모두 돌아가시고는 제천의 산수와 풍속을 좋아하여 인하여 거기에 살게 되었습니다. 이때 공의 장인과 장모는 죽은 지 이미 오래되었고 유독 부인의 동생만이 양자[214]로 들어와 살았는데, 전답과 종들이 자못 풍족하였습니다.

공은 성품이 고결(高潔)하여 항상 재물을 탐하는 것을 경계하여 시종일관 객(客)으로 자처하고 절대로 살림살이에 간섭하지 않았습니다. 공의 부인 동생이 죽고 그 아들도 요절하게 되자 허씨의 세대는 드디어 끊어져서 이을 사람이 없었습니다. 공이 이에 남은 토지를 처분하여 요절한 자식을 후하게 장례를 치르고 부득이 부인으로 하여금 그 선조의 제사를 받들게 하였습니다.

만년에 가산(家産)이 쇠퇴하여 대소쿠리의 밥과 표주박의 물을 마시며 자주 쌀독이 비었지만,[215] 의리에 맞지 않은 일은 하나의

214 양자 : 원문 '명사(螟嗣)'는 양자(養子)를 뜻하는 말로 쓰인다. 나나니벌〔蜾蠃〕은 항상 자기 새끼가 아닌 명령(螟蛉 배추벌레)을 취해다 기르는데, 여기에서 유래한 말이다. 《시경》 〈소완(小宛)〉에 "배추벌레가 새끼를 둠에 나나니벌이 업고 간다.〔螟蛉有子, 蜾蠃負之.〕"라고 하였다.

215 대소쿠리의……비었지만 : 공자(孔子) 제자 안연(顔淵)과 같이 삶이 가난하였다는 말이다. 《논어》 〈옹야(雍也)〉에 "어질구나, 안회여! 한 소쿠리의 밥과 한 표주박의 물로 누추한 시골에서 지내는 것을 남들은 그 곤궁한 근심을 감당치 못하거늘, 안회는 도를 즐기는 마음을 바꾸지 않으니, 어질구나, 안회여!〔賢哉, 回也! 一簞食一瓢飮, 在陋巷, 人不堪其憂, 回也, 不改其樂, 賢哉, 回也!〕"라고 한 데서 단사표음의 말이 나오고, 또 〈선진(先進)〉에 "안회는 거의 도의 경지에 가깝도다! 그는 자주

지푸라기라도 타인에게 취하지 않았습니다. 박졸(朴拙)함을 지키기를 처녀와 같이 하였고, 진실로 재물과 벼슬을 구하는 데 관련되는 일은 특별히 이치를 해치는 것이 없어도 또한 말을 꺼내기를 어려워했습니다. 항상 말하기를 "사군자(士君子)가 재물과 이익에 대하여 시원스럽게 벗어나지 못하면 나머지는 볼만한 것이 없다."라고 하였습니다. 주량이 매우 세서 혹 한번 술자리에 앉으면 수십 잔을 마셔도 정신이 혼란스럽지 않았고, 스스로 자신이 술에 취하였다고 느끼면 오직 베개에 기대어 깊이 잠들 따름이었습니다.

평생토록 진솔한 뜻대로 살았기에 꾸미며 장식하는 것을 일삼지 않았으며, 동정운위(動靜云爲)에 절로 법도가 있었습니다. 그 자상(慈祥)하고 측달(惻怛)하며 혼후(渾厚)하고 침중(沈重)한 모습은 비록 호서 지역에 살았지만, 보는 자는 모두 "순전히 영남의 기상이다."라고 말하였습니다. 평소에 고서(古書) 읽기를 좋아하여 누우나 앉으나 책을 놓은 적이 없었습니다. 만약 마음에 깨닫는 곳을 만나면 문득 기뻐서 밥 먹는 것을 잊어버렸으며 혹 시로 읊어 회포를 풀었습니다.

대개 공은 어릴 때 과거시험을 공부하여 향시(鄕試)에 합격한 것이 여러 번이었습니다. 게다가 풍모와 자태가 옥과 같이 맑아서 한림원의 학사[216]로 지목하지 않음이 없었습니다. 그러나 시대와

끼니를 걸렀구나.〔回其庶乎! 屢空.〕"라고 하여 자주 쌀독이 비었다는 말이 나온다.

216 한림원의 학사 : 원문 '금규언(金閨彦)'은 금규의 선비라는 말이다. 금규는 금마문(金馬門)의 이칭(異稱)으로, 한(漢)나라 때 미앙궁(未央宮)에 있던 문인데, 문

운명이 불우하여 끝내 포의로 초가집에서 늙었습니다. 갑진년(1784, 정조8) 5월 24일에 향년 82세로 돌아가시니 어찌 슬프지 않겠습니까.

대저 공은 효도와 공경 그리고 강직과 절개로 자득한 아취가 있었고 겸하여 문채(文彩)와 의용(儀容)이 또 이와 같았습니다. 그러나 이것은 다만 소자가 아는 것일 따름이고, 그 외 알지 못하는 것을 또 어찌 이루 다 말할 수 있겠습니까. 하늘이 이에 공의 몸을 곤궁하게 하는 것도 부족하여 또 아들은 한 명만 두게 하였습니다. 딸은 세 명인데, 한 명은 죽고 한 명은 과부가 되었으며 세 명의 사위들 중에서 두 명은 죽고 한 명만 살아 있으니 살아 있는 사람은 바로 소자 진양(晉陽) 정종로(鄭宗魯)입니다.

평소에 저를 알아주심이 절로 특별하여 매양 "나는 보통의 사위로 자네를 대하지 않네."라고 말씀하셨으나, 저는 보잘것없음이 또한 특별히 심하여 전후로 공의 기대를 저버린 것을 이루 다 기록할 수가 없습니다. 아마도 또한 공의 운명과 분수에 관계되어 그런가요. 이에 삼 년 뒤 대상(大祥) 전날 저녁 모 간지(干支)일에 비로소 하찮은 제수로 영전에 공경히 올리고 통곡하며 다음과 같이 말합니다.

오호라, 소자가 오히려 어찌 공에게 곡할 수 있는 자격이 있겠습니까. 소자가 공의 집에 출입한 지 24년 남짓 되었습니다. 제가 헌함에 나아가 뵌 것을 손가락으로 헤아려 보니 5번에 불과한데, 이것은 이미 인정이 아닙니다. 전년도에는 공께서 병석에 누운 지

학(文學)하는 선비들이 출사(出仕)하던 곳으로 한림원을 말한다.

5개월이 되었지만 한 번도 문병하지 못했습니다. 공이 돌아가시고 4개월 뒤에 겨우 한 번 이르렀으니, 이것은 또 천만 인정이 아닙니다. 이와 같은 자가 오히려 어찌 공에게 곡할 수 있는 자격이 있겠습니까. 하물며 근래로부터 공께서 우리 부부를 보고자 생각하심이 더욱 간절하여 최근에 소자에게 편지를 보내시어 "눈이 빠지도록 바라보며 자네가 오기를 바랐고 병중에서는 더욱 배로 심하였네."라고 하셨으니, 말씀이 슬프고도 고달파 석인(石人)도 감동시킬 수 있었습니다.

또 여기 제천은 공에게 진실로 제2 고향[217]이 되지만, 사방을 돌아보아도 친척은 없고 슬하에 오직 아들 한 명이 모시며 탕약을 끓이고 있습니다. 집이 가난하고 또 농사가 흉년이 들어 그 곤궁하여 어찌할 수 없는 상황은 길 가는 사람들도 오히려 탄식하였는데, 소자는 이 모든 사실을 알지 못하고 있었으며 심지어 장례를 지낼 때도 그러했습니다. 소자는 다만 잔인한 사람이니 오히려 감히 '길이 멀고 천연두에 길이 막혔으며 가난 때문에 그렇게 했다.'고 말할 수 있겠습니까. 그러나 지금 여기 와서 보니, 물색(物色)은 여전한데 인사(人事)가 옛날과 달라졌으니, 이와 같은 저의 잔인한 마음으로도 오히려 저도 모르게 큰 소리로 울며 길이 애통하게 만듭니다. 공이 만약 아신다면 어두운 저승에서 어찌

217 제2 고향 : 원문 '병향(幷鄕)'은 병주(幷州) 마을로, 정이 들어서 마치 고향처럼 느껴지는 제2 고향이라는 말이다. 당(唐)나라 시인 가도(賈島)의 시에 "병주의 나그네살이 십 년이 지나도록 밤낮으로 고향 함양에 돌아가고파라. 무단히 다시금 상건수 물을 건너니 돌아보매 병주가 바로 고향처럼 느껴지더라.〔客舍幷州已十霜, 歸心日夕憶咸陽. 無端更渡桑乾水, 却望幷州是故鄕.〕"라고 한 데에서 유래한다.

저를 한스러워하고 의아하게 여기며 평소 사람을 잘못 알았다는 것을 스스로 탄식함이 없겠습니까.

대저 보답에 끝내 떳떳함을 얻는 것이 하늘의 이치이니 소자와 같은 사람은 그만일 뿐이지만, 지금 장인의 아들 경림(景霖)[218]은 재주와 학문이 매우 뛰어나 동료들이 나란히 견주기가 어렵고, 손자는 7살[219]인데 또한 비범하니, 모두가 하나도 부족함이 없는 자라고 말할 수 있습니다. 또 비록 외손이기는 하지만 허씨(許氏)가 한 명 있고 정씨(鄭氏)가 세 명 있는데, 그중에는 영발(英發)한 재주를 가진 이가 없지는 않으니, 공이 자신의 몸에서는 복록을 자시지 못하고 자손들이 복록을 먹음이 필연적이라는 것을 저는 알겠습니다. 공은 오히려 이것으로 스스로 위안하십시오. 오호통재라.

218 경림(景霖) : 이영진(李英進)의 자이다.

219 7살 : 원문 '영봉(詠鳳)'의 뜻이다. 두보(杜甫)는 〈장유(壯遊)〉 시에서 "일곱에 뜻이 건장하니 입을 열어 봉황을 읊었고, 아홉에 큰 글자를 쓰니 지은 글이 한 주머니 되었네.〔七齡思卽壯, 開口詠鳳皇. 九齡書大字, 有作成一囊.〕"라고 하였다.

입재집

제32권

제문 祭文 애사 哀詞

제문 祭文

권기천[1] 사호 에게 드리는 제문
祭權其天思浩文

오호라! 나는 공과 같은 시대에 태어났고 같은 경상도에 살면서 사우들에게 공의 명성을 들은 지 오래입니다. 그러나 낙동강을 사이에 두고 서로 바라보기만 하고 만날 기약이 없었던 것을 한스럽게 생각하였습니다. 다행히 혼인을 맺는 좋은 인연[2]으로 편지를 서로 주고받게 되었습니다. 또 다행히 공이 수레를 타고 우리 집을 방문해 주었기에 마음을 서로 나누어 보고서, 고가(故家)의 풍범(風範)과 처신 및 지론(持論)의 대략을 알고서는 사랑하고 사모함이 더욱 깊었습니다. 일찍이 제가 마음으로 망령되게 공을 평가하여 "가슴이 확 트였고 솔직하여 표리가 환히 밝은 사대부이다."라고 하였습니다. 이와 같은 기국과 도량이 누구보다 못했겠

1 권기천(權其天) : 권사호(權思浩, 1733~1806)이다. 본관은 안동(安東), 자는 기천 또는 사천(泗川), 호는 유양(酉陽)으로 봉화 닭실에 거주하였다. 1783년(정조 7)에 생원이 되어 정랑과 사천(泗川) 현감 등을 역임하였다.

2 혼인을……인연 : 권사호의 아들이 권의도(權義度)인데, 권의도의 딸이 정종로의 손자이며 정상진(鄭象晉)의 아들인 정민수(鄭民秀, 1786~1843)에게 시집갔다.

습니까마는 사마시(司馬試)에 합격하는 데 얼마나 많은 세월이 걸렸습니까. 관직은 정랑에 불과하였고 벼슬은 몇 고을의 현감에 불과하여 하늘의 보답이 어긋남이 이와 같은 데 이르렀으니, 가감의 이치로 논한다면 마땅히 백 년을 살아서[3] 자손들의 영광을 두루 보아야 할 것 같았습니다. 그런데 어찌하여 이미 환하기가 옥수(玉樹)와 같은[4] 둘째 아들의 죽음을 통곡하고, 또 무성하기가 기남(杞楠)[5]과 같은 맏아들의 죽음을 통곡하였습니까. 원숭이 창자가 마디마디 끊어지는 것[6]을 이미 말로 할 수가 없는데, 마침내 고황(膏肓)의 이수(二豎)[7]에 걸린 지 오래되어 남극성(南極星)[8]의

3 백 년을 살아서 : 원문 '기이(期頤)'는 백 세를 살아 부양(扶養)을 받는 것을 뜻한다. 《예기(禮記)》 〈곡례 상(曲禮上)〉의 "백 세가 되면 기(期)라 하니, 자손들에게 부양을 받는다.〔百年曰期, 頤.〕"라고 하였다.

4 환하기가 옥수(玉樹)와 같은 : 풍채가 매우 준수함을 뜻한다. 옥수는 옥으로 빚은 듯 준수한 풍모를 형용한 것이다. 두보(杜甫)의 〈음중팔선가(飮中八仙歌)〉에 "종지(宗之)는 씻은 듯 맑은 풍모의 미소년이라, 환하기가 마치 옥으로 된 나무가 바람 앞에 선 듯해라.〔宗之瀟洒美少年, 皎如玉樹臨風前.〕" 하였다. 《杜詩詳註 卷2》 종지는 당 현종(唐玄宗) 때의 풍류 문인인 최종지(崔宗之)를 이른다.

5 기남(杞楠) : 기나무와 녹나무는 둘 다 훌륭한 재목을 가리킨다. 두보(杜甫)의 〈누상(樓上)〉 시에 "대궐을 그리워하며 마음 태우는데 재목을 논하자면 기나무와 녹나무에 부끄럽네.〔戀闕勞肝肺, 論材媿杞楠.〕"라는 구절이 있다.

6 원숭이……것 : 자식의 죽음을 몹시 슬퍼하는 것을 형용한 말이다. 옛날에 환공(桓公)이 삼협(三峽)을 지날 때 그 부하 중의 한 사람이 원숭이 새끼를 잡아 가지고 배에 싣고 오니, 그 어미가 계속 배를 뒤따라오다가 배 안으로 뛰어들어 와서는 바로 죽었다. 그 배를 갈라 보니 창자가 마디마디 끊어져 있었다는 고사에서 온 말이다. 《世說新語 黜免》

7 고황(膏肓)의 이수(二豎) : 낫기 어려운 병(病)을 비유하는 말이다. 《춘추좌씨전》 성공(成公) 10년 조에 "진(晉)나라 경공(景公)이 병이 심하여 진(秦)나라의 명

광채가 갑자기 어두워졌습니다. 백옥당(白玉堂)[9]에 들어갈 수 있는 몸으로 온통 고생을 다 겪고 초라한 집[10]에서 인생을 마쳤습니다. 지금 다만 외로운 손자 한 명이 상복을 입고 제사를 올리는데, 외로운 그림자와 서로 조상하니, 누가 현달(賢達)한 사람이 복이 없음이 한결같이 이런 지경에 이르리라 생각했겠습니까. 생전에 다시 만나자는 약속이 지금은 이미 어긋났습니다. 저는 병든 몸으로 궁벽한 산골에 엎드려 솟구쳐 날아갈 방법이 없으니, 영전에 가서 한번 통곡함을 또한 할 수가 없습니다. 끝없는 이 한스러움이 어찌 끝이 있겠습니다. 수만 가지의 회포는 오직 저승에서 풀기를 기약하니, 공이 만약 지각이 있다면 반드시 묵묵히 알아보실 것입니다.

의(名醫)를 청하였는데, 그가 오기 전에 경공의 꿈에 두 수자(豎子 어린아이)가 나타나 서로 말하기를, '내일 명의가 오면 우리를 처치할 것이다. 그러니 우리가 고(膏)의 밑과 황(肓)의 위로 들어가면 명의도 어찌하지 못할 것이다.' 하였다. 이튿날 명의가 와서 진찰하고는, '병이 고황의 사이에 들어갔으니 치료할 수 없습니다.' 하였다."라고 하는 말이 보인다. 이후로 고황은 난치의 병을, 이수는 병마(病魔)를 지칭하는 말로 쓰인다.

8 남극성(南極星) : 노인의 장수를 상징하는 별로, 노인성(老人星) 또는 수성(壽星)이라 불린다.

9 백옥당(白玉堂) : 한림원(翰林院)을 말하니, 홍문관(弘文館) 즉 옥당(玉堂)의 학사(學士)가 되는 것을 말한다.

10 초라한 집 : 원문 '봉필(蓬蓽)'은 쑥대와 싸리나무로 만든 초라한 집을 말한다. 두보(杜甫)의 〈북정(北征)〉에 "돌아보니 부끄럽게도 나만 은총 입어, 초라한 집으로 돌아가도록 허락받았네.〔顧慙恩私被, 詔許歸蓬蓽.〕"라고 하였다.

이언길[11] 동호 에게 올리는 제문

祭李彦吉東浩文

오호라! 근고(近故) 처사(處士)로 본관이 광주(廣州)인 이공(李公)에 대하여는 제가 공과 혼인을 맺은 것이 이미 늦은 시기였고 얼굴을 뵌 것 또한 드물어서 진실로 그분에 대하여 깊이 알 수는 없습니다. 그러나 다만 귀로 듣고 눈으로 본 것으로 또한 어찌 그 대략을 알지 못하겠습니까.

대개 공은 석담(石潭)[12] 어른의 후손이며 대헌공(大憲公)의 현손자[13]로, 평소 뛰어난 기운을 가지고 큰 절개를 숭상하였으며 뜻이 크고 기개가 있어 작은 일에 잗다랗게 스스로를 구속한 적이 없었습니다. 그러나 왕왕 타인의 궁핍함을 구제함에는 용감하여 이해관계를 돌아보지 않았습니다. 가업은 본래 넉넉하여 재물을 경시하고 베풀기를 좋아하였으니, 춥고 굶주리며 궁핍한 자를 보

11 이언길(李彦吉) : 이동호(李東浩, 1735~1787)이다. 본관은 광주(廣州), 자는 언길로 칠곡에 거주하였다. 정종로의 첫째 아들 정상진(鄭象晉)의 장인이다.

12 석담(石潭) : 이윤우(李潤雨, 1569~1634)의 호이다. 본관은 광주, 자는 무백(茂伯)으로 칠곡 상지(上枝)에 거주하였다. 한강(寒岡) 정구(鄭逑)의 제자로 1591년(선조24) 진사가 되었고 1606년(선조39) 문과에 급제하였다. 벼슬이 이조 참의에 이르렀으며 저서로는 《석담집》이 있다.

13 대헌공(大憲公)의 현손자 : 사헌부 대사헌을 지낸 이원록(李元祿, 1629~1688)의 현손자이다. 원문에는 손자로 되어 있으나 잘못이다. 이원록의 자는 사홍(士興), 호는 박곡(朴谷)으로 허목(許穆)의 문인이다. 1651년(효종2) 진사에 장원급제하고 1663년(현종4) 문과에 급제하여 벼슬이 호조 참판과 대사헌에 이르렀다.

면 반드시 옷을 벗어 주고 음식을 주어서 주휼하기를 미치지 못하는 것같이 하였습니다. 본성이 손님을 좋아하고 교유를 중시하였기에 문밖에는 수레와 말들이 줄을 이었으며 손님을 불러 모으는 것에 게으른 기색이 없었습니다. 기상이 합치되는 사람을 만나면 반드시 그와 함께 밤새도록 즐기며 술을 마셨습니다. 술을 마시면 문득 강의 물고기를 그물질하고 산의 꿩을 사냥하여 질펀하게 물고기를 회 치고 꿩을 구워서 술안주에 도움이 되게 하여 기쁨을 극진히 하였습니다. 바야흐로 술잔을 들어서 서로 권하고 소매를 잡고서 서로 볼 때 간담을 헤쳐 놓고 형체를 도외시하였으며, 물(物)과 아(我)를 잊고 득과 실을 똑같이 여겨서, 일시에 쾌활함을 취하여 다시는 세간의 산업(產業)이 어떤 일인지를 염두에 두지 않았습니다. 이 때문에 집이 점점 쇠락하여 말년에는 빈한함을 걱정하는 데 이르게 되었지만, 오히려 조금도 걱정함이 없이 스스로 후회하지 않았습니다.

어릴 때 호방하고 얽매임이 없어서 이미 글을 배워 대략 대의를 알고는 여가가 날 때마다 활과 화살을 잡고 활쏘기를 익혀서 또한 기예의 분야에도 이름을 날려 우뚝하였습니다. 그러나 스스로 문학(文學)[14]을 중시하는 시대에 무사(武士)들 사이에 머리를 굽히는 것을 부끄럽게 여겨 뜻을 끊고 무과 시험을 보지 않았습니다. 평상시 무료할 때 이것으로 스스로 즐겨 남아의 큰 포부[15]

14 문학(文學) : 무학(武學)과 상대되는 뜻이지 요즘에 일컫는 문학과는 다르다.

15 남아의 큰 포부 : 원문 '상봉(桑蓬)'은 뽕나무로 만든 활〔桑弧〕과 쑥대로 만든 화살〔蓬矢〕이다. 고대에 사내아이가 태어나면 뽕나무 활에 쑥대 화살을 메워서 천지

의 뜻을 붙였습니다. 대개 온축한 바가 있었기에 범상치 않아 거동의 근간이 풍성하고 훌륭하였으니, 논자들이 장군과 재상에 합치될 만하다고 생각하였습니다. 그러나 재야에 물러나 숨어서 조금도 그 능력을 펼 수가 없었으니, 또한 일찍이 개연히 "대장부가 이 세상에 태어나서 마땅히 박시제중(博施濟衆)[16]을 하고서야 그만두려고 해야 하니, 저 범문정(范文正)[17]의 총사(叢祠)의 기도[18]는 어찌 먼저 나의 마음을 얻은 것이 아닌가."라고 생각하였습니다. 곧바로 의서(醫書)[19]를 가지고 문을 닫고 연구하여 그 이치를 신묘하게 깨달아 드디어 약을 처방하고 병을 치료하여 매번 기이한 효과를 보았습니다. 이에 대강(大江 낙동강) 이외의 여러 군현

사방에 쏨으로써 장차 천하에 원대한 일을 할 것을 기대하였던 고사에서 유래한 말로, 천하를 경영하려는 남아의 큰 포부를 뜻한다. 《禮記 內則》

16 박시제중(博施濟衆) : 《논어》 〈옹야(雍也)〉의 "널리 백성에게 은택을 베풀고 사람들을 구제함〔博施於民而能濟衆〕"에서 온 말이다.

17 범문정(范文正) : 북송 초기의 명재상이며 문장가인 범중엄(范仲淹, 989~1052)으로, 문정은 그의 시호이며 자는 희문(希文)이다. 1015년에 진사로 출사하여 벼슬이 참지정사(參知政事)에 이르렀다. 그는 항시 탁월한 재능에 원대한 뜻까지 겸비하여 천하를 다스리는 것을 자신의 임무로 삼았다. 자신이 귀하게 되자 남에게 베푸는 것을 더욱 좋아하였으며 친척 가운데 가난한 자들을 위하여 의전(義田)을 만들어 돌보아 주었으므로 의장(義庄)이라 일컬었다.

18 총사(叢祠)의 기도 : 총사는 숲속의 돌멩이로 쌓아 올린 사당으로, 여러 잡신에게 제사 드리는 곳이다. 범중엄이 현달하지 않았을 때 총사에서 기도하기를, "훌륭한 재상은 될 수 없더라도 훌륭한 의사가 되기를 원합니다.〔不得爲良相, 願爲良醫.〕"라고 하였던 일을 두고 말한다.

19 의서(醫書) : 원문 '기황(岐黃)'은 의가(醫家)의 시조(始祖)로 일컬어진 기백(岐伯)과 황제(黃帝)를 합칭한 말로, 전하여 의술(醫術)을 가리킨다.

(郡縣)에서 몸이 아픈 자들의 수레가 공의 대문에 몰려들었는데, 완치시켜 준 자를 이루 다 헤아릴 수가 없었습니다. 이런 지경에 이르렀으니, 공의 베풂은 또한 넓었던 것입니다. 그러나 범공(范公)은 끝내 천하의 재상이 되었지만, 공은 하나의 포의에 그치고 말았으니, 어찌 슬프지 않겠습니까.

또한 공은 기상이 장대한 것 때문에 거칠고 엉성한 것을 면하지 못할 것으로 의심할 수 있지만 그 마음이 고요하고 치밀함이 이와 같았으니, 비단 의술[20]에만 그러했을 뿐 아닙니다. 최근에 칠서(七書)와 그 대・소주(大小註)를 손수 베껴 합하여 49권을 만들었으며 그 외 여러 문인의 시문(詩文)도 또한 이와 비슷하게 만들었는데, 자획(字畫)이 단아하고 해정함이 수미(首尾)가 한결 같았습니다. 또 필사한 모든 것을 또렷이 기억하여 더욱 오래되어도 잊지 않았습니다. 공이 마음을 쓰고 꼼꼼히 생각하여 정력을 쏟아서 해박한 지식을 이루었던 것은 비록 노련한 훈장도 미칠 수가 없었습니다. 가령 공이 일찍이 엄사(嚴師)를 만나 자신을 굽혀서 경전의 가르침에 들어갔다면 수립한 공부가 어찌 보통 사람보다 천백 등급 우뚝하지 않았겠습니까. 그렇게 하지 못하였던 것을 애석하게 여깁니다.

조상들의 빛을 잉태받고 유풍의 여운(餘韻)을 유전(流傳)받은

20 의술 : 원문 '좌사술(佐使術)'은 약물의 군신좌사술(君臣佐使術)을 말한다. 한의학 용어로, 병을 치료하는 주요 역할을 하는 주 약재를 군(君)이라 하고, 보조 역할을 하는 보조 약재를 신(臣)이라 하며, 증상을 치료할 때 주 약재의 부작용을 막아주는 약재를 좌(佐)라 하고, 약물의 성분을 곧바로 환부(患部)에 이르게 하거나 여러 약물을 조화시키는 약재를 사(使)라고 한다.

자품의 수준이 이미 6, 7분(分)의 상승(上乘)[21]을 차지하였습니다. 이는 비유하자면 교룡은 길들이지 않아도 위령(威靈)이 절로 특별하고 천리마는 조련하지 않아도 걸음이 월등히 특이한 것과 같으니, 공과 같은 이는 참으로 사대부의 기이한 남자입니다. 세속의 고루한 유자나 왜곡된 선비가 겉으로 두 손을 모아 홀(笏)을 들고 무릎을 꿇어 절하고 몸을 굽히면서[22] 자질구레하게 어둡고 더러운 길로 다녀[23] 자신이 있음만 알고 타인이 있음은 알지 못하며, 성명(性命)을 닦음을 보잘것없는 것으로 여기며, 객이 이르면 싫어하는 기색을 얼굴에 가득 담으며, 한 가지의 기예도 명성을 이룸이 없고 한 촌 이익이라도 타인에게 은택을 미침이 없으며, 명분으로는 마음을 조존한다고 하지만 마음이 천 갈래로 분분하게 어지러운 자에 이르러서는 공이 대개 모기나 등에처럼 보았으니 오히려 입에 올릴 것이 있겠습니까.

공이 돌아가신 뒤로 공과 매우 친하지 않은 사람이나 상관이 없는 사람들도 공의 평일의 의기(義氣)에 대하여 말하여 비통해하고 애석해함을 계속하기를 하지 않음이 없습니다. 하물며 공의

21 상승(上乘) : 본디 불교 용어로 최상의 교법을 뜻하는데, 여기서는 좋은 자질을 가리킨다.

22 두……굽히면서 : 《장자(莊子)》 〈인간세(人間世)〉에 나오는 말로, 아부하면서 자신의 몸을 남에게 내맡기며 무릎 꿇고 절하는 예를 행함을 이른다.

23 어둡고……다녀 : 《시경》 〈상유(桑柔)〉에 "대풍이 불어옴이 길이 있으니 빈 큰 골짝으로 나오네. 이 선량한 사람은 소행을 선으로써 하지만, 저 도리에 따르지 않는 자들은 어둡고 더러운 길로 다니네.〔大風有隧, 有空大谷. 維此良人, 作爲式穀. 維彼不順, 征以中垢.〕"라고 하였다.

딸을 며느리로 삼은 저에게 있어서야 말할 것이 있겠습니까. 또 저의 선조 문장공(文莊公)[24]과 석담공(石潭公)이 도의(道義)로 교제하셨고, 저의 증조부 환성공(喚醒公)[25]이 또 대헌공(大憲公)의 사위가 되었으니, 대대로 정의(情誼)와 혼인의 우호가 한두 세대에 그치고 마는 것이 아닌 데 있어서야 말할 것이 있겠습니까. 하물며 저는 공과 비록 기상과 취미가 같지 않지만 마음으로는 공의 사람됨이 위에서 말한 것과 같은 것을 기특하게 여김에 있어서이겠습니까. 하물며 저는 혼인을 맺은 이후로 4년간 겨우 공을 세 번 보았는데 드디어 천고토록 이별하는 사람이 됨에 있어서이겠습니까. 하물며 저의 며느리가 공에 대하여 상복을 입고서 제 옆에 있는데 그 슬픈 얼굴을 보고 있자니, 비록 제가 공을 잊고자 하나 될 수 없는 것에 있어서야 말할 것이 있겠습니까. 하물며 저의 며느리가 저희 집에 시집온 지 5년이 되었는데, 연달아 두 아들을 낳아서 모두 준수하여 사랑할 만하니 제가 매번 끌어안고 어루만질 때마다 문득 아이들의 외할아버지의 풍범(風範)을 생각함에 있어서이겠습니까.

그럼에도 불구하고 공이 편찮아도 저는 가서 문병하지 못하였고 공이 돌아가셔도 저는 조문하지 못하였으며 공을 장례 지내도

24 문장공(文莊公) : 정경세(鄭經世, 1563~1633)로, 본관은 진양(晉陽), 자는 경임(景任), 호는 우복(愚伏)이며 문장은 그의 시호이다. 정종로의 6대조이다. 저서로는 《우복집》과 《상례참고(喪禮參考)》가 있다.

25 환성공(喚醒公) : 정석교(鄭錫僑, 1646~1700)이다. 본관은 진양(晉陽), 자는 희백(希伯), 호는 환성재(喚醒齋)이다. 음직으로 참봉과 영양 군수(英陽郡守)를 역임하였다.

제가 참석하여 공을 영결하지 못하고서, 핑계를 대며 "저는 천연두 전염병을 두려워합니다."라고 말하였습니다. 그다음 해 무신년(1788, 정조12) 10월 28일 소상(小祥)일 하루 전날 저녁에 비로소 아들 상진(象晉)을 보내어 영전에 제 대신 술을 올리게 하고 또 핑계를 대며 "저는 타고 갈 말이 없습니다."라고 말하게 하니, 어찌 몰인정함이 이런 지경에 이르렀습니까. 저 노호(蘆湖)의 물[26]이 황지(潢池)[27]에서 나와서 푸른 바다로 들어가서는 물결이 동탕하며 어룡(魚龍)들이 세차게 물을 뿜는데, 천 리에 한 번 굽어[28] 성대하여 막을 수가 없습니다. 왕왕 맑기가 거울과 같고 깨끗하기가 비단과 같아, 힘이 나란히 연결한 두 배를 움직일 수 있고 은택이 9리를 윤택하게[29] 할 수 있습니다. 저의 생각은 이 강물이 끊어지지 않으면 공의 신령도 없어지지 않을 것이니, 제가

26 노호(蘆湖)의 물 : 노호는 경북 칠곡군에 있는 지명으로, 공의 장지이다. 따라서 노호의 물은 공의 묘소 앞으로 흐르는 낙동강 물을 말한다.

27 황지(潢池) : 작은 못으로, 어린아이들이 물장구치고 노는 곳을 이른다. 전한(前漢) 선제(宣帝) 때에 발해(渤海) 지방에 민란이 일어나자, 공수(龔遂)를 발해 태수로 임명하여 도둑을 토벌하게 하였다. 이에 공수는 "바닷가의 먼 지방 백성들이 추위와 굶주림에 시달리는데도 관리들이 구휼하지 않았기 때문에 폐하의 백성들이 황지(潢池)에서 병기를 희롱할 뿐이니, 엄하게 다스려서는 안 됩니다."라고 하였다. 《漢書 卷89 龔遂列傳》 여기서는 낙동강의 발원지인 황지(黃池)를 말한다.

28 천……굽어 : 황하(黃河)는 천 리마다 굴곡이 한 번 있을 정도라는 데서 온 말로, 거침없이 잘 통함을 비유한 말이다.

29 은택이 9리를 윤택하게 : 은택(恩澤)이 먼 사람에게까지 미친다는 뜻이다. 《후한서》 권61 〈곽급열전(郭伋列傳)〉에 곽급이 영천 태수(潁川太守)로 나갈 때 황제가 위로하면서 "어진 태수가 제성(帝城)에서 멀지 않은 곳으로 가니, 하수가 9리를 윤택하게 하여 경사가 함께 복을 입기 바란다."라고 하였다.

뒷날 관단마(款段馬 조랑말)를 채찍질하여 이 낙동강에 임하여 마땅히 목 놓아 한번 통곡할 것입니다. 인하여 어슴푸레한 사이에서 공의 모습을 상상해 보고 저의 끝없이 비통한 마음을 쏟을 것이니 공은 그때 그것을 아시겠는지요. 저는 곧 진양(晉陽) 정종로(鄭宗魯)입니다. 흠향하시기 바랍니다.

황차야[30]에게 드리는 제문

祭黃次野文

오호라! 군의 집안은 방촌(厖村)으로부터 대대로 명덕(名德)을 가진 이가 있어서 나라의 대성(大姓)이 되었네. 군의 아버지 심기당(審幾堂)[31]에 이르러 또한 학문과 행실로 이름이 드러났으니, 비록 은거하여 일생을 마쳤으나, 원근의 지구(知舊)들이 숭상하고 사모하며 칭송하기가 쇠하지 않았네. 군의 경우는 군이 어릴 때부터 내가 이미 만나 보았네. 타고난 자질이 영특하여 담론(談論)을 잘하였으니, 비록 경전의 은미하고 심오한 뜻 같은 것이라 할지라도 반드시 분석해 내고서야 그만두고자 하였네. 그러므로 내 마음에 매우 기특하게 여기며 사랑하여 만약 여기에다가 독실한 공부를 더한다면 반드시 장차 크게 성취하는 바가 있을 것이라고 생각하였네.

심기당 어른이 돌아가시자 그분의 모범적 인간상이 군의 형제에게 남아 있었고 군은 그중에 또 계발함이 빼어나고 특출하였네.

30 황차야(黃次野) : 황암로(黃巖老, 1759~1812)를 가리킨다. 본관은 장수(長水), 호는 정재(正齋)이며, 차야는 그의 자이다. 정종로의 문인이며, 상주 모동에 거주하였다.

31 심기당(審幾堂) : 황계희(黃啓熙, 1727~1785)의 호이다. 그의 본관은 장수(長水), 자는 경초(景初)로 상주 모동에 거주하였으며 이상정(李象靖)의 문인이다. 1777년(정조1)에 생원에 합격하였다. 《대학》과 《중용》에 정통하였으며 성리학에 조예가 깊었다. 저서로 《심기당집》이 있다.

비록 당대의 제도 때문에 과거시험을 공부하였지만, 우리들이 바라는 것은 별도로 다른 곳에 있었네. 군은 또 나를 보기를 친부형처럼 여겨서 전후로 상종한 것이 지금까지 수십 년이 되었네. 매양 서로 대할 때 반드시 함께 경서를 토론하고 고금을 품평하였으며 성현의 책에 대하여 더욱 뜻을 다하였네. 내가 말하는 바가 있으면 군이 비로소 석연(釋然)히 수긍하지 않음이 없었고, 군이 말하는 바가 있으면 내가 또한 비로소 특별히 품평하지 않음이 없었네. 이와 같이 하기를 대개 여러 해 동안 한 뒤에 같은 데 귀결하고 동일한 데 이르게 되는 데 가까웠으니, 서로 함께하는 즐거움은 언어로 형용할 수 없는 것이 있었네.

군은 나보다 21살이 적지만 얼굴 모습이 시원하고 밝은 것이 아직 변함이 없고, 등골뼈가 짐을 지는 것이 더욱 견고한 것[32] 같다고 항상 생각하였네. 가령 하늘이 수명을 연장해 주어 그로 하여금 더욱 공부를 쌓는 것이 있게 하고 만년의 나이에 학문을 실컷 하게 하였다면 장차 그의 공부의 조예를 헤아릴 수 없음을 볼 것이고, 후생(後生)과 소배(少輩)들도 또한 덕업을 상고하고 물을 수 있었을 것이니, 우리 유도의 다행함이 마땅히 어떠했겠는가. 그런데 저 푸른 하늘이 보답하는 것이 이에 상도에 반대로 하여 보잘것없는 과거시험의 합격도 군에게 주지 않았으며 결국에는

32 등골뼈가……것 : 원문 '척량(脊梁)'은 등골뼈로, 그 뼈가 전신을 지탱하는 역할을 함이 마치 집에 들보가 있는 것과 같다고 해서 일컫는 말이다. 전하여 의지나 절조 따위가 굳건함을 비유하여 쓴다. 《주자어류(朱子語類)》 권52에 "더구나 세상이 쇠퇴하고 도가 미약해진 때에 더욱 꿋꿋한 척량을 써서 굽히거나 흔들림이 없어야 가능하다.〔況當世衰道微之時, 尤用硬著脊梁, 無所屈撓方得.〕"라는 말이 있다.

장수하는 것까지도 인색하여 겨우 50세를 넘기고서 갑자기 열홀을 앓다가 죽고 말았으니, 오호통재라. 이 무슨 일인가.

지금부터 나는 군에게 기대하였던 것과 군에게 의지하였던 것이 모두 어긋나게 되었네. 무릇 군과 뜻을 같이하는 벗들이 또한 탄식하고 애석해하면서 우리 유교의 운수가 그렇게 만듦이 있다고 생각하지 않음이 없네. 더구나 일찍이 군을 자질(子姪)로 본 나와 같은 자이겠는가. 지금 눈을 감고 생각해 보니, 항상 군은 우리 집 계단을 지나 당에 올라오고 그리고 방에 들어와 앉아서 나에게 안부를 물은 뒤, 내가 지은 글을 보고 내가 생각이 미치지 못하여 부족했던 것을 보충해 주려고 생각하였으리라. 세월이 얼마나 지났다고 군을 장차 장례 지내는 것으로 알려 옴에 나는 남쪽을 바라보면서 길게 부르짖으며 눈물을 하염없이 쏟아내네.

근래에 내가 또한 늙도록 서로 의지하고 지냈던 한 명의 동생[33]의 죽음을 통곡하고 마침 이미 저승으로 보냈네. 간장이 찢어지고 심신(心神)이 갈피를 잡을 수가 없어서 만 가지 회포를 다 펼칠 수가 없었네. 그러나 오히려 다행히 군에게는 자식으로 태응(台應)과 같은 이가 있고 또 한 명의 어린 손자가 매우 훌륭하여 군의 아름다움을 이어받아 뒷날에 보답을 받을 것이 충분하리니, 장차 어떠한가. 군은 모름지기 이것으로 스스로 조금 위안을 삼게.

33 동생 : 원문 '묘군(卯君)'은 훌륭한 아우를 뜻하는 말이다. 송나라 소식(蘇軾)이 그의 아우인 소철(蘇轍)이 묘년(卯年)에 출생했다 하여 소철을 묘군이라고 불렀는데, 소철 역시 문장으로 이름이 났었다. 여기서는 입재의 동생 정재로(鄭宰魯, 1755~1812)를 말하니, 그의 자는 사상(士相)이다.

오호라! 말은 다함이 있어도 뜻은 다할 수 없으니, 군은 그것을 아는가 모르는가. 단잔으로 영결하니 흠향하기를 바라네.

이경림[34]을 제사하는 글

祭李景霖文

아, 경림(景霖)이여! 그대가 죽은 지 지금 3년이 되었지만, 그대의 목소리와 얼굴, 뜻과 기상이 어느 날인들 나의 눈과 마음에 또렷하지 않음이 없네. 때때로 마치 장차 함께 이야기하려는 듯하나 될 수가 없으니, 이것은 어쩌면 그대의 어둡지 않은 영혼이 존재하여 나로 하여금 그렇게 만드는 것인가. 아니면 나의 잊을 수 없는 마음이 존재하여 그대로 하여금 그렇게 만드는 것인가. 나와 그대는 폐부지친(肺腑之親 인척)을 맺은 것이 거의 40년에 가깝네. 서로에 대하여 아는 것이 어떤 것인들 없으랴만 지난번 그대의 소상(小祥) 때 내가 몇 줄의 글을 지어 고하였는데, 현기증으로 정신과 생각이 더욱 황폐하고 쇠퇴하여 하고 싶은 말을 만분의 일도 기록할 수 없었네. 그래도 오히려 삼 년 내에 끝내 마땅히 나의 회포를 다 쏟을 날이 있을 것이라고 생각하였는데, 지금 그렇게 하지 못함이 또 이와 같네. 나는 늙고 힘이 없어 소백산을 넘어가서 빈소에 문상하지 못할 것이 분명하니, 이것은 또한 사람의 일에 있어서 매우 슬퍼할 만한 것이 아니겠는가. 지금은 오직 마땅히 저승에서 만나기를 기약해야 할 것이네. 그러나 그대의 평생의 지행(志行)을 민멸시킬 수 없는 것이 한두 가지에 그치지

34 이경림(李景霖) : 이영진(李英進)이다. 본관은 전주(全州), 자는 경림으로 이민현(李民顯)의 아들이며 정종로의 처남이다. 충북 제천에 거주하였다.

않으니, 내가 죽기 이전에 만약 조금이라도 정신을 가다듬을 수 있다면 마땅히 낱낱이 서술하여 그대의 자손에게 남겨 줄 것이네.

선조 송애공(松厓公) 유사에 대하여는 그대가 기록하여 둔 것이 또한 소략하네. 지난번에 그대의 아들이 울면서 나에게 그것을 보여 주고 한 편의 글을 지어 주기를 구하였네. 그러므로 장차 초고를 만드는 데 뜻을 두었다가 완성시켜 내어 주려고 하니, 비록 나의 글이 정확하게 기록되었는지[35] 여부는 알 수 없지만 애오라지 나의 마음을 다하여 그대의 부자가 깊이 바람이 있었던 뜻에 답하려고 하네.[36] 그대는 그것을 아는가 모르는가. 아! 경림은 흠향할지어다.

35 정확하게 기록되었는지 : 원문 '전신(傳信)'은 확실한 내용을 확실하게 기록해서 후세에 전하는 것을 말한다. 《춘추》 환공(桓公) 5년에 "봄 정월 갑술 기축에 진후 포가 죽었다.〔春正月甲戌己丑, 陳侯鮑卒.〕"라고 하였는데, 《곡량전(穀梁傳)》에 "어찌하여 죽은 날짜를 두 개나 기록하였는가. 《춘추》의 원칙을 보면, 사건이 확실한 것은 확실하게 기록하고 의심되는 것은 의심되는 대로 기록해 두기 때문이다.〔卒何爲以二日卒之? 春秋之義, 信以傳信, 疑以傳疑.〕"라는 말이 나오는데, 여기에서 유래한 것이다.

36 선조……하네 : 송애공(松厓公)은 이영진의 조부 이수대(李遂大, 1674~1708)이다. 그의 본관은 전주(全州), 자는 취이(就而), 호는 송애이다. 1693년(숙종19)에 진사가 되었고, 1702년(숙종28)에 문과에 급제하여 벼슬이 병조 좌랑에 이르렀다. 그에 대하여 정종로가 지은 글이 《입재집》 권37에 실려 있는 〈기성랑송애이공묘갈명(騎省郎松厓李公墓碣銘)〉이다.

사위 최청언[37] 식 의 담제 때 지은 제문

祭崔婿淸彦湜禫時文

오호라! 내가 자네와 더불어 장인과 사위의 정의(情誼)를 맺은 지 이미 30여 년이 되었네. 서로 간의 거리가 멀어 몇 번 만나지 못했지만, 평소 기대하는 마음은 어찌 끝이 있었겠는가. 또 중간에 사람들의 월조평(月朝評)[38]을 들어 보니 영남의 삼걸(三傑)에 자네가 들어 있었기에 더욱 내 마음에 위로됨이 가득함을 이길 수가 없었네. 그러나 승선(承宣 승지(承旨)) 김공목(金公穆)[39]과 전중감찰(殿中監察) 이제가(李際可)[40]는 모두 계수나무 꽃과 연꽃을

37 최청언 : 정종로의 맏사위 최식(崔湜, 1762~1807)을 가리킨다. 본관은 경주(慶州), 자는 청언(淸彦), 호는 근재(近齋)로 백불암(百弗庵) 최흥원(崔興遠, 1705~1786)의 손자이며 동계(東溪) 최주진(崔周鎭, 1724~1763)의 아들이다. 대구 팔공산 옻골에 거주하였다.

38 월조평(月朝評) : 인물평을 말한다. 후한(後漢)의 평여(平輿) 사람 허소(許劭)가 그 종형 허정(許靖)과 함께 고을의 인물을 핵론(覈論)하기를 좋아하여 매월 그 인물을 바꾸어 평가했던 까닭으로 여남(汝南)의 풍속에 월조평이 있게 되었다고 한다.

39 김공목(金公穆) : 김희주(金熙周, 1760~1830)를 말한다. 본관은 의성(義城), 자는 공목 또는 성사(聖思), 호는 갈천(葛川)으로 봉화 해저 출신이다. 이상정(李象靖)의 문인으로 1789년(정조13) 사마시에, 1795년(정조19) 문과에 각각 급제하여 벼슬이 우승지(右承旨), 사간원 대사간과 함길도 관찰사에 이르렀다. 만년에 영양 재산(才山)의 갈산리(葛山里)에 갈천정(葛川亭)을 짓고, 덕봉(德峰) 아래에는 덕봉정사(德峰精舍)를 지어서 자제들의 교육에 힘썼다. 저서로 《갈천집》이 있다.

40 이제가(李際可) : 이병운(李秉運, 1766~1841)이다. 본관은 한산(韓山), 자는 제가, 호는 면재(俛齋)로 이상정(李象靖)의 손자이다. 1783년(정조7)에 생원시에

꺾어[41] 당대에 이름을 드날려 혹자는 중앙직에서 혹자는 외직에서 근무하며 앞길이 참으로 무궁하였네. 유독 자네만은 포의로 있으면서 뜻밖의 곤궁함을 실컷 겪었고 마침내 수명마저도 장수하지 못하여 몸과 이름이 초야에 묻히게 된 것은 어떻게 된 것인가.

나는 진실로 그 연고를 궁구해 보아도 알 수가 없어서 조물주의 처분에 돌릴 수밖에 없네. 그러나 세상에 전할 만한 자네의 훌륭한 점 같은 것은 꼭 저들에게 미치지 못한다고 할 수가 없고 혹 도리어 더 뛰어나니, 위연(偉然)한 장자(長者)의 풍도(風度)와 의연(毅然)한 대장부의 지기(志氣)와 훌륭한 군자의 마음가짐과 우뚝한 고인(古人)의 행의(行誼)가 그것이네. 이 때문에 빽빽이 모인 사람들 가운데 서면 천 명이 가로막아도 가는 사람이고,[42] 홀로 터득한 견해를 행하면 만 마리의 소가 있어도 돌리기 어려운 사람이며, 가학(家學)을 잘 계승함에 있어서는 범속(凡俗)을 보기를 앵무새와 같이[43] 여길 뿐만 아니었고, 이륜(彝倫)의 도를

합격하여 전중감찰(殿中監察)과 청안 현감(淸安縣監)을 지냈다. 청백리에 녹선되었으며 이조 참의에 증직되었다. 저서로 《면재집》이 있다.

41 계수나무……꺾어 : 대과(大科)인 문과(文科)에 급제한 자에게는 월계화(月桂花)를 내리고, 소과(小科)에 합격한 자에게는 연꽃을 내린다. 이 때문에 대과에 급제한 것을 계방(桂榜)이라 하고, 생원(生員)이나 진사(進士)를 뽑는 사마시(司馬試)에 급제한 것을 연방(蓮榜)이라고 한다.

42 빽빽이……사람이고 : 증자(曾子)가 호연지기(浩然之氣)를 바탕으로 한 대용(大勇)을 공자(孔子)에게 듣고 자양(子襄)에게 말하기를 "스스로 돌이켜 곧지 않으면 비록 갈관박이라 할지라도 두렵게 할 수 없겠지만, 스스로 돌이켜 곧으면 비록 천만 사람이 가로막더라도 내가 가리라.〔自反而不縮, 雖褐寬博, 吾不惴焉, 自反而縮, 雖千萬人, 吾往矣.〕"라고 하였다. 《孟子 公孫丑上》

다할 것을 생각함에는 재물 보기를 거름과 같이 여길 뿐만 아니었네. 가령 자네가 명철한 선생과 훌륭한 벗을 만나 머리를 숙이고 기운을 낮추어 이치를 궁구하고 본성을 다하는〔窮理盡性〕 방법을 공부하였다면 훌륭한 인물의 배출이 아득한 이런 때에 자네와 같은 이가 성취할 수준을 어찌 헤아릴 수 있었으랴. 이 때문에 내가 애지중지하여 항상 보통 수준의 사위로 자네를 대하지 않았거늘 지금은 만사가 끝이 났구나.

자네의 용모와 목소리가 아직도 나의 심목(心目)에서 또렷하지만, 순식간에 아득하게 다시는 보고 들을 수가 없네. 하늘이 그대를 낳음은 무슨 뜻이었으며, 하늘이 그대를 빼앗아 감은 또 무슨 뜻이었던가. 자네의 아내와 외로운 아들 그리고 훌륭한 며느리가 외롭게 유택(遺宅)에 있으면서 조석으로 서로 의지하며 살아가고 있네. 아들 효술(孝述)[44]은 또한 자네의 아름다움을 이어 넉넉함이 있을 것 같으니, 지금에 나의 마음을 위로할 수 있는 것은 이것뿐이네. 혹시 어두운 저승에서 아들을 돌아보며 염두에 두어서 그를 훗날에 많은 복과 장수를 누리게 할 수 있게 한다면 자네는 이에 거의 보답을 받는 것이 되네. 또한 보답을 받게 될지 못 받게 될지는 알지 못하겠네. 나도 저승에 돌아가 자네를

43 앵무새와 같이 : 송(宋)나라 사양좌(謝良佐)가 "입으로만 높은 수준의 성리(性理)를 이야기하면서 실천(實踐)이 전혀 따르지 못한다면 앵무새와 다를 것이 없다." 라고 하였다.

44 효술(孝述) : 1786~1870. 본관은 경주(慶州), 자는 치선(穉善), 호는 지헌(止軒)이다. 벼슬이 돈녕부 도정과 부호군에 이르렀다. 천주교를 극력 물리치고 성리학과 예학에 조예가 깊었다. 저서로 《지헌집》이 있다.

볼 날이 머지 않았지만, 회포를 그만둘 수가 없어서 애오라지 다시 한 번 술회하네. 자네는 신령이 어둡지 않거든 살펴볼 수 있기를 바라네.

권경지[45] 의도 에게 드리는 뇌문

誄權敬持義度文

본관이 영가(永嘉 안동(安東))인 상사(上舍) 권경지(權敬持)가 나이 41세인 갑자년(1804) 2월 7일에 죽었으며 3월 13일에 장차 모 언덕에 장례를 지내려고 하였다. 그의 아버지 유산(酉山) 어른[46]이 나에게 편지로 알리어 말하기를 "우리 아이가 비록 불행하게도 일찍 세상을 떠났지만, 총명함과 해박함 그리고 식취(識趣)와 조행(操行)이 충분히 가문의 명성을 이음에 남음이 있었습니다. 그러므로 대개 기대하며 의지한 것이 심히 적지 않았는데, 지금에는 만사가 끝나 버렸습니다. 또 아이는 생애에 있어서는 일체 지식과 조행을 받아들이기만 하고 표출하지 않았으며 겸손으로 스스로 처신하여 이름이 고을과 향당(鄕黨)의 밖으로 나가지 않았습니다. 만약 드디어 이름이 민몰하여 전하지 않는다면 거듭 비통해할 만한 것입니다. 우리 두 집안은 세의(世誼)가 이미 평범하지 않으며, 그대는 또 내 아이의 딸을 손자며느리로 맞이하면서[47] 내 아

45 권경지(權敬持) : 권의도(權義度, 1764~1804)이다. 본관은 안동(安東), 자는 경지이니 권두경(權斗經)의 현손으로 봉화 닭실에 거주하였다. 1790년(정조14)에 생원시에 합격하였다.

46 유산(酉山) 어른 : 권사호(權思浩, 1733~1806)를 말한다. 본관은 안동, 자는 기천(其天) 또는 사천(泗川), 호는 유양(酉暘)이다. 1783년(정조7)에 생원시에 합격하여 정랑과 사천(泗川) 현감을 지냈다.

47 그대는……맞이하면서 : 권사호(權思浩)의 손녀이며, 권의도(權義度)의 딸인

이와 몇 번 얼굴을 마주하였을 것입니다. 비록 내 아이가 마음에 간직하고 있는 생각을 문득 꼭 알아보지 못했다 하더라도 또한 마땅히 그 사람됨을 대략 알았을 것이니, 어찌 한마디 말로 뇌문을 지어서 원통하게 죽은 영혼을 위로해 주지 않겠습니까."라고 하였다.

내가 처음에 상사가 죽었다는 소식을 듣고 진실로 이미 목 놓아 통곡하였고 상사의 아버지의 편지를 받음에 미쳐서 나도 모르게 마음이 더욱 답답하였다. 또 한편으로 사람이 자기 자식에게 혹 사랑에 빠져 지나치게 장려하는 자가 없지 않음을 생각해 보았다. 그러나 우리 유산 어른 같은 경우는 충정공(忠定公)[48]의 현명한 후손으로, 창설재(蒼雪齋)[49]와 낭간헌(琅玕軒)[50]의 아름다운

안동 권씨(1783~1842)가 정종로의 손자이며 정상진(鄭象晉)의 아들인 정민수(鄭民秀, 1786~1843)에게 시집왔다. 정민수의 자는 억일(億一)이며 혜릉 참봉(惠陵參奉)을 지냈다.

48 충정공(忠定公) : 권벌(權橃, 1478~1548)을 말한다. 본관은 안동, 자는 중허(仲虛), 호는 충재(冲齋), 시호는 충정이다. 1507년(중종2)에 문과에 급제하였고 예조 판서와 지의금부사(知義禁府事)를 역임하였다. 그러나 명종 초에 소윤 윤원형(尹元衡)의 대윤 윤임(尹任) 배척을 반대하다가 삭주(朔州)에 유배되어 이듬해 죽었다. 저서에 《충재집》이 있다.

49 창설재(蒼雪齋) : 권두경(權斗經, 1654~1726)의 호이다. 본관은 안동, 자는 천장(天章)으로 이현일(李玄逸)의 문인이다. 1679년(숙종5) 사마시(司馬試)에 합격하고, 1710년(숙종36) 문과에 급제하여 벼슬이 홍문관 수찬(修撰)에 이르렀다. 저서에 《창설재집》이 있고, 편저에 《퇴계선생언행록(退溪先生言行錄)》과 《도산급문제현록(陶山及門諸賢錄)》이 있다.

50 낭간헌(琅玕軒) : 권모(權暮, 1690~1751)의 호이다. 본관은 안동, 자는 창언(昌彦), 호는 낭간헌 또는 관행당(觀行堂)으로 권두경의 아들이다. 저서로 《낭간헌

실마리를 답습하여 흉중의 운치와 풍채의 기개가 항상 평탄하고도 소탈하였으며 명백하고도 올곧아 말을 돌리거나 꾸미는 뜻이 전혀 없었다. 그러므로 공이 사사로운 마음에 가려지지 않고 이런 말을 한 것이 분명하다. 또 내가 상사에 대하여 겨우 몇 번 만나 보아서 함께 이야기한 것은 또한 생활기거와 안부 인사에 그쳤다. 그러나 대저 그는 풍채가 정채롭고도 밝았으며 행동거지가 점잖고도 품위가 있었기에 다만 밖으로 나타나는 것만 보아도 또한 고가(故家)의 유풍과 우리 유교의 본색(本色)이 넉넉하게 있음을 알 수 있었다. 그러므로 내가 또한 사랑하고 아름답게 여기기를 그만두지 않아 간절하게 마음에 기대했던 것은 비단 인척의 우호[51]가 되기 때문일 뿐만은 아니었다. 지금 이후로 실제로 이와 같은 것이 있었음을 더욱 믿겠다. 아 애석하구나. 이 무슨 일인가.

근래에 학문을 계승하는 선비들 중에 훌륭한 정신과 기백을 가진 사람을 참으로 만나기 어렵기에 대부분 정신이 혼망(昏忘)하고 학문이 고루(孤陋)하며 학력이 쇠약하고 수준이 저급하여 도리(道理)를 계승하기에 부족하다. 만약 조금 일컬을 만한 지향(志向)과 학업이 있으면 또한 자신의 능력을 드러내고 마니, 자랑하고 뽐내는 것이 싫어할 만할 뿐만 아니라, 끝내는 반드시 장차 조

집》이 있다.

51 인척의 우호 : 원문 '가부(葭莩)'는 갈대 대롱 속에 있는 지극히 얇은 막(膜)으로 친함이 박한 것을 비유한 것인데, 후세에는 척의(戚誼)가 있음을 표현하는 말로 쓰였다. 《한서(漢書)》 권53 〈중산정왕전(中山靖王傳)〉에, "가부(葭莩)는 친(親)이 있는 것도 아니다." 하였는데, 그 주(注)에, "가(葭)는 갈대요, 부(莩)는 갈대 대롱 속에 있는 지극히 엷은 흰 청이다."라고 하였다.

그마한 성취로 스스로 만족하여 큰 진보를 기대할 수가 없다. 지금 상사는 한결같이 이와 반대로 하여 비록 온축한 학문이 얼마나 되며, 식견과 실천이 이미 어떤 경지에 이르렀는지는 알 수가 없으나, 요컨대 하늘에서 품부받은 자질이 보통 사람보다 뛰어났음에도 묵묵히 일삼는 것이 있어서 책을 읽고 이치를 궁구하며 몸을 씻고 덕을 닦는 것은 말할 것도 없고 오직 자기의 분수를 다하기를 생각하고 타인에게 알아주기를 구하지 않았다. 상사가 공부에 독실함과 입심(立心)의 고원(高遠)함에 있어서 앞으로 진척할 수준을 쉽게 헤아릴 수가 없었으니, 또한 어찌 보통 사람들이 거의 미칠 수 있는 것이겠는가.

아! 근래 이래로 운수와 기운이 좋지 않아 선배로 큰 덕망을 가진 분들이 차례로 돌아가시고, 유독 이 물건〔입재〕은 노쇠토록 죽지 않고 보잘것없는 모습이 이와 같다. 한 줄기의 유학의 전수가 대개 아슬아슬하게 거의 추락하려고 하는데, 후배들을 낱낱이 따져 보니 진실로 모모와 같은 몇 사람이 없는 것은 아니지만 우뚝하여 가망성이 있는 사람 같은 경우는 또한 많지 않다. 내 자신을 어루만지고 타인과 비교해 보니, 참으로 인재가 적막하다는 탄식을 이길 수가 없다. 이때에 다시 한 명의 훌륭한 벗을 만나 함께 공부할 수 있다면 어찌 매우 다행이 아니겠는가. 가령 경지(敬持)가 오래도록 살아 이 방면에 대대적인 공부를 펼쳐서 학문을 축적하고 도덕에 푹 잠겨 공부의 절실한 의미를 더욱 알고, 인하여 다시 동지들과 강마하고 선각자에게 잘못된 곳을 바로잡아 도에 나아가고 학문을 성취하는 공부를 지극히 하였다면, 어찌 한갓 가문의 명성을 잇는 데만 넉넉하고 말았겠는가. 우리 유자들이 더욱 외롭지 않았을 것이며 유교의 학문이 더욱 믿을 곳이 있게 되었음을 장차 보게 되어 그대보다 뒤에 죽을 내가 한이 없었을 것이다.

오호라! 알 수 없는 천도(天道)가 이런 지경에 이르게 되리라 생각했겠는가. 또 게다가 유산 어른은 지금 연세가 72세인데, 이에 앞서 이미 빼어난 자식 한 명을 잃었고 또 한 명의 아들은 양자로 나갔으니, 다만 슬하에는 경지 한 사람밖에 남아 있지 않았다. 비록 서로 살려 주고 길러 주는 도로써 말하더라도 만년에 의지함이 마땅히 어떠했겠는가. 또 경지에게는 다만 겨우 16세가 된 아들 하나가 있는데, 바야흐로 장가를 들려고 하다가 혼인의 시기에 미치지 못하였다. 이때에 경지가 죽었으니, 죽은 사람은 이미 그만이지만 백수의 늙은 할아버지가 외로운 손자를 끌어안고서 아침저녁으로 피눈물을 흘리는 것을 어찌하겠는가. 경지의 영혼이 앎이 있다면 반드시 명명한 저승에서 눈을 감을 수 없을 것이다.

비록 그러하나 하늘의 보답이 어긋나는 것은 예로부터 이미 그러하였으니, 운명에 통달한 군자는 천도(天道)를 원망한 적이 없다. 경지 같은 경우는 또 사마시(司馬試)에 합격하여 생전에 어버이를 영화롭게 하였으며, 지금 또한 한 명의 자식을 두어 자기가 죽은 뒤에 어버이를 맡겼는데, 아이의 골상(骨相)이 또한 영준(英俊)하여 선조의 아름다움을 잇고 가업을 떨치기에 충분하다고 하니, 세상 사람들 중에 이것마저도 또한 없는 자와 비교해 보면 천양지차이다. 그의 재질(才質)과 지행(志行)의 아름다움에 이르러서는 또한 이른바 '온전히 해서 돌아간다.'[52]는 것이 있으니, 또한 어떠한가. 경지는 오히려 이것으로 스스로 위로하고 조물주의 변화에 따라 죽고 순리대로 흩어져 땅속에서 울적한 마음이 없을 것이네. 나는 유산 어른에 대하여 또한 장차 이 말로써 위로할 것이니, 그대는 알겠는가. 나는 곧 그대의 딸의 시아버지의 아버지인 진양(晉陽) 정사앙(鄭士仰)인데, 글이 극도로 거칠고 옹졸한 이 뇌문으로 어찌 그대를 불후하게 하겠는가. 다만 나의 마음의 슬픔을 쏟아 내어 해로곡(薤露曲)[53]으로 대신한다.

52 온전히 해서 돌아간다 : 《예기》 〈제의(祭義)〉에 "부모가 온전히 낳아 주셨으니 자식이 온전하게 돌아가야만 효라고 할 것이다.〔父母全而生之, 子全而歸之, 可謂孝矣.〕"라고 하였다.

53 해로곡(薤露曲) : 해로가(薤露歌)로, 초상 때 죽은 자를 애도하는 노래이다. 부추 위에 맺힌 이슬처럼 덧없이 지는 인생을 슬퍼하는 노래로, 초상 때 부르던 만가이다. 한 고조(漢高祖)에게 반기를 들다 패망한 전횡(田橫)의 죽음을 두고 그 무리가 지은 만가 2장 중 1장에 "부추 위에 맺힌 이슬 어이 쉽게 마르나? 이슬은 말라도 내일이면 다시 내리지만, 사람은 죽어 한번 가면 언제 돌아오나?〔薤上朝露何易晞? 露晞明朝更復落, 人死一去何時歸?〕"라고 하였다. 《古今注 音樂》

막내 숙부 지현〔현감〕공에게 올리는 제문
祭季父知縣公文

아, 막내 숙부[54]께서는 어느 곳으로 가셨습니까. 막내 숙부께서는 뛰어난 자질로 풍부한 학업을 온축하셨으며, 온화하고 순수한 용모와 침착하고 원대한 법도와 조용하고 담박한 아취와 굳건하고 청고(淸苦)한 성품은 하늘에서 품부받은 것이 이미 두터웠습니다. 깊은 생각과 정밀한 사려와 해박한 지식과 포용하는 국량은 학력(學力)에 바탕하여 더욱 깊었습니다. 집에 거처함에 자상(慈祥)함으로 한결같이 하여 가득한 화기(和氣)가 집안에 넘쳐 나고, 고을에 거처함에 정성으로 한결같이 하여 성대하게 봄볕처럼 사람에게 다가왔습니다. 평소에 거처할 때 마음이 즐겁고 평이하여 타인과 다툼이 없었지만, 의리(義理)의 중요한 문제에 이르러서는 단연코 침범할 수 없는 안색을 가지고 있었습니다. 더욱이 일에 임하여 변화에 적응하는 즈음에 기미에 밝아 일에 앞서서 도모하는데, 주선하는 모습이 전혀 흔적이 없었습니다. 비록 갑자기 일을 당하여 지극히 처리하기 어려운 일이 있더라도 또한 조용히 다스렸으며 끝내는 핵심[55]을 터득하여 마무리하였습니다. 이것은 덕우(德宇)가

54 막내 숙부 : 정지모(鄭智模, 1716~1776)이다. 본관은 진양(晉陽), 자는 계정(季貞), 호는 추간(秋澗)이다. 1762년(영조38)에 생원시에 합격하여 경기전(慶基殿) 참봉과 음성 현감(陰城縣監)을 지냈다. 저서로 《추간유집》이 있다.

55 핵심 : 원문 '긍경(肯綮)'은 이치가 복잡하게 얽혀 있는 중요한 핵심 부분을 가리키는 말로 쓰인다. 《장자(莊子)》 〈양생주(養生主)〉에서 소 잡는 기술이 뛰어난 포

혼후하고 재기(材器)가 컸기 때문이니, 선조의 영광을 더욱 돈독하게 하였을 뿐만 아니었습니다. 출사하여 세상에 등용되었다면 또한 장차 가는 곳마다 가능하지 않음이 없었을 것입니다.

모든 것에서 시대와 운명이 어긋남이 많았기 때문에 벼슬길이 기구하여 관직 생활 6년 만에 비로소 지방 관원[56]이 되었습니다. 그러나 오히려 보잘것없는 관직을 비루하게 여기지 않고 직분을 받들기를 부지런히 하여 청렴하다[57]는 명성과 백성을 편안하게 한다[58]는 선정이 백성들의 입에 전파되었습니다. 드디어 암행어사가 칭찬하여 임금에게 보고하는 데 이르렀으니, 막내 숙부께서 평소에 온축한 것을 이에서 또한 솥 전체의 국 맛을 한 점의 고기로

정(庖丁)이 "소의 관절 사이에는 빈틈이 있고, 나의 칼날은 두께가 없으니, 두께가 없는 칼을 빈틈이 있는 관절 사이에 집어넣으면, 그 공간이 넓고 넓어 칼을 놀릴 때 반드시 여유가 있게 마련이다. 근육과 뼈가 엉켜 있는 복잡한 부위〔肯綮〕에도 칼날이 상한 적이 없는데, 더구나 큰 뼈와 같은 것이겠는가."라고 한 데서 나왔다.

56 지방 관원 : 원문 '일휘(一麾)'는 지방 관원으로 나가는 것을 말한다. 남조 송(宋)나라의 안연지(顏延之)가 〈오군영(五君詠)〉을 지으면서, 완함(阮咸)에 대해 "몇 번 추천받아도 벼슬자리 못 얻다가, 순욱(荀勗)이 손을 한 번 내저으매 수령으로 나갔도다.〔屢薦不入官, 一麾乃出守.〕"라고 읊은 데에서 유래한 것이다. 《文選 卷21 五君詠 阮始平》 여기서는 음성 현감으로 나간 것을 말한다.

57 청렴하다 : 원문 '식벽(食蘗)'은 소태〔黃蘗〕를 씹는다는 말로, 신념을 지키며 청렴한 자세를 견지하는 것을 말한다. 당(唐)나라 백거이(白居易)의 "3년 동안 자사로 있으면서, 맑은 얼음물을 마시고 쓰디쓴 소태를 씹었노라.〔三年爲刺史, 飲氷復食蘗.〕"라는 시구에서 유래한 것이다. 《白樂天詩集 卷1 三年爲刺史》

58 백성을 편안하게 한다 : 원문 '팽선(烹鮮)'은 백성들을 번거롭게 하지 않고 편안하게 생업에 종사하도록 정치한다는 뜻이다. 《노자》 제60장에 "큰 나라를 다스리는 것은 작은 생선을 삶는 듯이 해야 한다.〔治大國, 若烹小鮮.〕"라고 한 데서 나온 말이다.

도 알 수 있는 것입니다. 그러나 유독 어찌하여 알아주는 이가 매우 드물었단 말입니까. 혹 벼슬이 오더라도 즐거워하기 어려워 인끈을 풀어 벼슬을 버리고 집으로 돌아옴은 실로 또한 본래 소원하는 것이었습니다. 바야흐로 장차 진세의 그물의 뜬구름 같은 영화에서 벗어나 운림(雲林)[59]에 초복(初服)[60]으로 돌아와 넉넉하게 노닐며 인생을 마쳐 자신을 자연에 내맡겨 놓은 즐거움[61]을 즐기려고 하였습니다. 그러나 집으로 돌아가는 짐을 다 꾸리지도 않아서 갑자기 병[62]에 걸려 한 번 여관에 누워서는 홀연히 돌아가시니, 하늘이여 귀신이여! 이것은 어찌된 일입니까. 어쩌면 집안의 운수가 좋지 않아 훌륭한 인물을 장차 없애려고 목숨의 한계를 다하게 하였습니까. 아니면 상주 고을에 복이 없어서 덕 있는 노

59 운림(雲林) : 구름이 끼어 있는 숲으로, 보통 처사(處士)가 은둔하고 있는 곳을 말한다.

60 초복(初服) : 벼슬하기 전에 입던 옷이라는 뜻으로, 벼슬을 떠나 처음에 살던 곳으로 돌아가 은거함을 비유할 때 쓰는 말이다. 굴원(屈原)의 〈이소(離騷)〉에 "물러가 다시 나의 초복을 손질하리.〔退將復修吾初服〕"라는 구절에서 유래하였다.

61 자연에……즐거움 : 원문 '천방(天放)'은 자연한 가운데에 내맡겨 두는 즐거움을 말한다. 장자가 말하기를 "순일(純一)하여 한쪽에 치우치지 않는 것을 일컬어 천방이라 한다.〔一而不黨, 命曰天放.〕"라고 하였다. 《莊子 馬蹄》

62 병 : 원문 '이수(二豎)'의 뜻이다. 《춘추좌씨전》 성공(成公) 10년 조에 "진(晉)나라 경공(景公)이 병이 심하여 진(秦)나라의 명의(名醫)를 청하였는데, 그가 오기 전에 경공의 꿈에 두 수자(豎子 어린아이)가 나타나 서로 말하기를, '내일 명의가 오면 우리를 처치할 것이다. 그러니 우리가 고(膏)의 밑과 황(肓)의 위로 들어가면 명의도 어찌하지 못할 것이다.' 하였다. 이튿날 명의가 와서 진찰하고는, '병이 고황의 사이에 들어갔으니 치료할 수 없습니다.' 하였다."라고 하였다. 이후로 이수는 병마(病魔)를 지칭하는 말로 쓰인다.

성한 이를 점차 죽여서 사람의 힘으로는 어찌할 수 없게 하였습니까. 그렇지 않았다면 막내 숙부께서 타고난 자품의 훌륭함과 수양의 지극함으로 총명함과 정력(精力)이 젊은 시절에 비해 조금도 손색이 없었으니, 장수할[63] 운명이 어찌 갑자기 60세에 그치게 한단 말입니까.

아! 소자는 하늘의 복이 없어 어려서 부모님을 잃고 외로이 남은 쓸쓸한 인생을 오직 숙부들에게 의지하였습니다. 중부(仲父)께서 돌아가신 뒤로 우러러 의지하는 것이 더욱 도타워, 풍우가 몰아치는데 휘장으로 덮어 주었다는 말로는 그 양육해 주는 은혜[64]를 비유하기에 부족하며, 어두운 방에 촛불을 밝혀 주었다는 말로는 그 개도(開導)해 주는 고마움을 비유하기에 부족합니다. 그렇다면 소자가 오늘날이 있게 되어 사람의 축에 낄 수 있었던 것은 털끝만큼의 것이라도 모두 막내 숙부의 은혜입니다. 크나큰 은혜에 감격하고 작은 정성을 다할 것을 생각하여 항상 막내 숙부께서 살아 계실 때에 거의 스스로 제 몸을 바칠 날이 있을 것이라고 생각하였습니다. 그러나 요 몇 해 사이에 막내 숙부께서 먼 지방에 벼슬하러 가시고 소자는 깊은 산골에 박처럼 묶여서 막내 숙부의 곁을 떠난 그 세월이 얼마나 되는지 모르겠습니다. 매양 좋은 때와 명절에 사모하는 마음이 배로 간절하였고, 막내 숙부께

63 장수할 : 원문 '영춘(靈春)'은 신령스러운 대춘(大椿) 나무라는 뜻으로, 장수를 상징한다. 대춘(大春)이라고 쓰기도 한다. 《장자》 〈소요유(逍遙遊)〉에 "태고에 대춘이 있었는데, 이 나무는 봄이 8천 년이요 가을이 8천 년이다."라고 하였다.

64 양육해 주는 은혜 : 원문 '부로(覆露)'는 양육해 준 은혜이다. 부(覆)는 하늘처럼 감싸고 덮어 준 은혜, 노(露)는 비와 이슬처럼 윤택하게 하여 길러 준 은혜를 말한다.

서도 저를 돌아보는 마음을 그만두지 않으시어 때때로 혹 문안인사와 성묘를 위해 집에 왔다가 돌아가실 때면 이별에 임하여 슬퍼하는 뜻이 말씀에 넘쳐 났습니다. 어찌 한가할 때 길이 모시지 못하고 타향에서의 부고가 갑자기 이르러, 소자로 하여금 편찮으실 때 시병하지 못하게 하고 돌아가셨을 때 반함(飯含)하지 못하게 하십니까. 옛날 검은 수레 덮개[65]로 떠나셨던 분이 붉은 명정(銘旌)을 따라 돌아오실 줄 누가 생각이나 했겠습니까.

오호통재라. 막내 숙부께서 돌아가심에 외로운 사촌이 홀로 쓸쓸하게 통곡하고 계례(笄禮)를 하지 않은 어린 사촌 여동생이 근심을 품으니,[66] 누군들 눈물을 흘리는 상황이 아니겠습니까마는 소자가 막내 숙부를 위하여 애통해하는 것 같음은 더욱 절로 특별한 것이 있습니다.

오호라! 막내 숙부께서는 타고난 자품이 높고 학력(學力)이 심오하였으니, 비록 벼슬에 나아가 이 세상에 훌륭한 일을 하지는 못했지만, 가령 물러나 구원(丘園)을 지키며 천석에 고상한 뜻을 붙여 완락(玩樂)하고 음롱(吟弄)하는 여가에 후진들을 거두어 양육하고 동몽들을 가르치고 깨우쳤다면 우리 집안에 전해 오는 한

65 검은 수레 덮개 : 원문 '조개(皁蓋)'는 흑색의 수레 덮개라는 뜻으로, 지방 장관을 가리킨다. 《후한서》 〈여복지 상(輿服志上)〉에 "중 2000석과 2000석은 모두 수레 덮개를 흑색으로 한다.〔中二千石, 二千石皆皁蓋.〕"라고 하였다.

66 근심을 품으니 : 원문의 '함휼(銜卹)'은 근심을 품는다는 뜻으로, 부모가 세상을 떠남에 근심하는 자식의 마음을 일컫는다. 《시경》 〈육아(蓼莪)〉에 "아버지가 없으면 누구를 믿으며 어머니가 없으면 누구를 믿을꼬. 나가면 근심을 품고 들어오면 이를 곳이 없노라.〔無父何怙, 無母何恃? 出則銜卹, 入則靡至.〕"라고 한 데서 온 말이다.

줄기 문학(文學)이 여기에 의지하여 추락하지 않게 되었을 것입니다. 그리고 막내 숙부께서는 삼분오전(三墳五典)에서 이미 그 기름진 것을 물리도록 맛보셨고 그 현미(玄微)한 것을 깊숙이 탐색하셨기에 평소에 마음으로 터득하고 뜻에 깨달은 것이 반드시 무궁함이 있었을 것입니다. 그러므로 만약 비단에 수놓은 듯한 문장으로 지극히 평범하면서도 유익한 말[67]을 펴서 단서를 표방하고 게시하여 내세에 빛나게 비추었다면 문호(門戶)를 유지하고 유도(儒道)와 유교(儒敎)를 부지함이 어떠했겠습니까.

우리 집안에 정리되지 않은 글이 또한 많으니, 문장공(文莊公)의 별고(別稿)와 연보(年譜)[68] 그리고 무첨재(無忝齋)[69]의 《소대췌어(昭代稡語)》[70]와 현록(賢錄)[71]이 비록 선배들의 교정과 당시

67 지극히……말 : 원문 '숙속지언(菽粟之言)'은 사람의 일용에 필요한 음식처럼 지극히 평상하면서도 유익한 문장을 비유하는 말이다. 이천(伊川) 정이(程頤)의 문장의 맛이 포백숙속과 같다[其言之旨, 若布帛菽粟然.]는 말이 《송사(宋史)》에 나온다.

68 문장공(文莊公)의 별고(別稿)와 연보(年譜) : 문장공은 우복 정경세(鄭經世)를 말한다. 《우복집(愚伏集)》의 원집은 사위 송준길(宋浚吉)과 사손(嗣孫) 정도응(鄭道應)이 주관하여 20권 10책으로 정리・편차하여 1657년(효종8)에 목판으로 간행하였다. 연보와 기타의 글이 포함되어 있는 별집(別集) 12권은 정종로가 대부분 정리하였던 것을 그의 사후에 후손 정상리(鄭象履) 등이 정종로의 유지에 따라 1821년 목판으로 간행하였다.

69 무첨재(無忝齋) : 정종로의 고조부 정도응(鄭道應, 1618~1667)이다. 본관은 진주(晉州), 자는 봉휘(鳳輝), 호는 무첨재・휴암(休庵)이다. 상주 청리면 율리에서 태어나 8세에 아버지를 여의고 조부 우복(愚伏) 정경세(鄭經世)의 슬하에서 자랐다. 관직이 공조 좌랑과 창녕(昌寧) 현감에 이르렀다.

70 소대췌어(昭代稡語) : 정종로의 고조부 정도응(鄭道應)이 지은 책으로, 국조(國朝) 이후로 제가에서 초록한 야사를 수집하여 편찬한 것이다. 국조의 사실(事實)

에 널리 채집하고 정밀하게 조사하는 과정을 거쳤으나, 그 가운데 나아가서 첨삭할 만한 것이 과연 없다고 보장할 수가 없으니, 그렇다면 교정하고 윤문하여 책을 만들 사람은 그 책임이 다른 이에게 있지 않고 막내 숙부에게 있는데, 지금은 모든 것이 끝나 버렸습니다. 지금부터 선대의 유풍을 누가 이을 것이며 막내 숙부의 평소에 온축한 학문을 누가 알겠습니까. 소자는 무능하기 때문에 구물(舊物)[72]에 대하여 보존하여 지켜 내지 못할까 두려워합니다. 하물며 그것을 감히 교정하며[73] 졸렬한 솜씨[74]로 망령되게 수정하

을 증거할 수 없음이 많아 해동의 야승(野乘)을 두루 읽어 그 중요한 사실을 발췌하여 목록을 달았는데 태조에서 선조까지로 총 24책으로 이루어져 있었다고 한다. 아쉽게도 현전하지는 않는다.

71 현록(賢錄) : 무엇을 가리키는지 명확하지 않으나, 아마도《소대명신행적(昭代名臣行蹟)》을 말하는 듯하다.《무첨재집》연보에 의하면, 정도응이 43세 때 국조(國朝)의 명신(名臣)들의 행적이 많이 사라져 후대 사람들이 고증할 근거가 없어짐을 염려하여 주자(朱子)의《송조명신행록(宋朝名臣行錄)》의 예를 본받아 8책으로 지었다고 하였다. 1814년 정종로의 나이 77세 때 아들 정상관(鄭象觀)에게 명하여 정도응이 편찬한《명신록(名臣錄)》의 일편(逸篇)을 보완하도록 하였다고 한다. 그러나 이 책 역시 전하지 않고 있다.

72 구물(舊物) : 선조들의 유고를 말한다.

73 교정하며 : 원문 '은근(銀根)'은 교정을 볼 때 서로 비슷한 글자를 잘 못 알아보는 것을 말한다. 당(唐)나라 때 한유(韓愈)의 아들 창(昶)이 집현 교리(集賢校理)가 되어 금근거(金根車)를 금은거(金銀車)로 잘못 고쳤던 것에서 유래한다. 금근거는 천자가 친히 밭을 갈 때 타는 수레이다.

74 졸렬한 솜씨 : 원문의 '혈지(血指)'는 '혈지한안(血指汗顔)'의 줄임말로 문장 솜씨가 졸렬함을 뜻하는바, 한유(韓愈)의 〈제유자후문(祭柳子厚文)〉에 "서투른 목수가 나무를 깎으면 손가락에 피가 흐르고 얼굴에 땀이 흐른다.〔不善爲斲, 血指汗顏.〕"라고 한 말에서 유래하였다.

겠습니까. 말이 여기에 미치자 저도 모르게 슬픔과 한스러움이 더욱 가슴을 메우는데, 세월이 흘러 장례일이 갑자기 도래하였으니, 한번 무덤의 문이 닫히면 재차 밝아지는 것은 기대할 수 없습니다. 저는 어느 날에 다시 막내 숙부님의 모습을 보며 막내 숙부님의 목소리를 들어서 저의 평소의 지극한 소원을 이룰 수 있겠습니까.

종숙부에게 올리는 제문

祭從叔父文

아, 나의 종조부의 둘째 아들 종숙부[75] 진양(晉陽) 정공(鄭公)이 돌아가셔서 장례를 치렀고 대상일이 되었습니다. 종조카 종로(宗魯)가 혹은 병이 나거나 혹은 천연두를 두려워하였기에 한 번도 상례의 일에 몸소 가서 정성을 바치지 못했습니다. 비록 빈소에서 곡을 한 것은 여러 번이지만, 평상시 유명의 사이에 죄를 지어 용서받을 수 없을 것 같습니다. 탈상하는 날에 정성의 만분의 일이라도 펴 보려고 생각하였지만, 불행하게도 천연두가 또 길을 막아 갈 수가 없었으니, 통한(痛恨)스러움이 어찌 끝이 있겠습니까. 이에 생선과 과일 몇 접시를 갖추어 절하고 종제(從弟) 모에게 주어 영전에 공경히 올리게 하고 저는 남쪽으로 향하여 대성통곡하니, 이날은 무신년(1788, 정조12) 2월 26일로 대상 하루 전날 저녁인 무오(戊午)일입니다. 고어(古語)에 말하기를 "지극한 정은 글로 표현할 수 없다."라고 하니, 하물며 보잘것없는 소자(小子) 같은 이가 무슨 할 말이 있겠습니까. 그러나 이날이 지나가 버리면 저의 구구한 슬픈 마음을 글로 표현하는 데 또한 마땅한 곳이 없게 되니, 오히려 그만둘 수 있겠습니까.

아, 종숙부의 타고난 성품의 강직함과 행실을 제어함의 아름다

75 종조부의……종숙부 : 정종로의 종조부 정달원(鄭達源, 1691~1768)의 둘째 아들 정박모(鄭博模)이다.

움에 대하여는 소자가 진실로 충분히 알지 못합니다. 그러나 그윽이 대롱으로 엿보는 좁은 견해로 고인(古人)에게 구하여 비슷한 사람을 찾는다면 한(漢)나라에 장정위(張廷尉)[76]와 급회양(汲淮陽)[77]이 있고 송(宋)나라에 당질숙(唐質肅)[78]과 석조래(石徂徠)[79]

76 장정위(張廷尉) : 한 문제(漢文帝) 때 정위(廷尉)를 지낸 장석지(張釋之)를 말한다. 법률과 범죄의 적용에 엄격하였다. 장석지가 문제에게 말하기를, "법이란 천자가 천하와 함께 지켜야 하는 것입니다. …… 정위는 천하의 저울대인데, 저울대가 한번 기울면 천하에 법을 적용함에 기준이 없게 될 것이니, 백성들이 어떻게 마음 놓고 생활할 수 있겠습니까."라고 하였다. 《漢書 卷50 張釋之列傳》

77 급회양(汲淮陽) : 회양 태수(淮陽太守) 급암(汲黯)을 말한다. 그는 한(漢)나라 무제(武帝) 때의 명신(名臣)으로 직간(直諫)을 잘하였다. 무제가 급암을 회양 태수로 임명하자, 급암이 말하기를, "신은 몸이 허약하여 질병이 많으니, 외직(外職)보다는 내직(內職)에 있으면서 임금의 부족한 점을 보충하고 빠뜨리는 것을 수습하겠습니다.〔補闕拾遺〕" 하였다. 이에 무제가 말하기를, "그대는 회양 태수를 하찮게 여기는가? 회양이 멀리 바닷가에 있어 교화가 잘 베풀어지지 않고 백성과 관리가 서로 맞지 않기 때문에 명망이 높은 그대로 하여금 다스리게 하는 것이다. 내 곧 그대를 다시 부를 것이다." 하였다. 그 후 급암은 10년 동안 회양 태수로 있다가 끝내 돌아오지 못하고 임소(任所)에서 죽었다. 《史記 卷120 汲黯列傳》

78 당질숙(唐質肅) : 송(宋)나라 때 당개(唐介, 1010~1069)를 말한다. 자는 자방(子方)으로 강직한 직간을 잘하였다. 황우(皇祐) 연간에 전중시어사(殿中侍御史)가 되어 간쟁할 때 권력자들을 피하지 않다가 재상 문언박(文彦博) 휘하의 사람을 탄핵하여 영주 별가(英州別駕)로 좌천당하였다. 후에 복직되어 1059년에 다시 간원(諫院)을 맡았으나 예전과 달라진 것이 없어 다시 외직으로 전전하였다. 이후 어사중승(御史中丞), 참지정사(參知政事) 등에 올랐다. 시호는 질숙(質肅)이다.

79 석조래(石徂徠) : 송나라 때 석개(石介, 1005~1045)로 조래는 세칭(世稱) 조래 선생을 약칭한 것이고 자는 수도(守道)이다. 인종(仁宗) 천성(天聖) 8년(1030) 진사시에 급제하고 벼슬이 태자중윤(太子中允)에 이르렀다. 그는 강정(剛正)한 사람으로, 홀(笏)로 요괴한 뱀을 쳐서 죽인 공도보(孔道輔)를 찬미한 〈격사홀명(擊蛇

가 있으며, 또 그보다 시대를 올라가면 공자(孔子) 문하의 계로(季路)와 원사(原思)[80]가 또한 그런 사람입니다. 저들은 모두 때를 만나 등용되었거나 혹은 성인인 공자를 만나 스승으로 삼았습니다. 그러므로 그들의 언론(言論)과 풍절(風節)이 현저하게 드러나서 지금까지 칭송하기가 쇠퇴하지 않았습니다. 그러나 종숙부께서는 초야에서 궁핍하게 거처하며 귀의할 데가 없었기에, 비록 세상에 빼어난 식견과 무리에서 뛰어난 기량이 있어도 사람들이 장차 일컬을 수가 없었으니, 어찌 탄식할 만한 점이 아니겠습니까. 비록 그러하나 종숙부의 역량에 힘입어 고을에서는 동료배들이 의지하는 바가 있어서 정론(正論)이 실행되었고, 집에서는 서얼들이 함부로 하지 못하고 무서워하는 바가 있어서 명분(名分)이 어지럽지 않았습니다. 집안 명성은 이것 때문에 심하게 추락하지 않았고, 대대로 이어 온 학업은 이것 때문에 심하게 무너지지 않았습니다. 뜻밖에 예측할 수 없는 화[81]가 갑자기 닥치게 되어서는 밝게 사물의 기미를 비추어 담소하면서 처리하여 확고하게 털끝만큼도 두려워하는 뜻이 없었습니다. 얼마 있지 않아서 과연 처음

笏銘)〉을 지었다.

80 계로(季路)와 원사(原思) : 계로(季路)는 중유(仲由)의 자이니 자로(子路)로 더 많이 일컬어지는데, 강직하고 용기가 대단하였다. 원사(原思)는 원헌(原憲)으로 자가 자사(子思)이기에 원사라 한다. 매우 가난하게 살았지만 도를 즐기며 안빈낙도(安貧樂道)하였다.

81 뜻밖에……화 : 1782년(정조6)에 윤득성(尹得成)이라는 사람이 정박모(鄭博模)가 서당안(書堂案)에 입록을 허락하지 않는 것에 앙심을 품고 정박모를 역모로 무고한 일을 말한다. 《승정원일기 정조 6년 3월 24일 조》

에 헤아린 것처럼 위기에서 벗어날 수 있었으니 여기에서 또한 정신과 담력이 보통 사람보다 크게 뛰어나서 참으로 환란에 처신하는 법이 될 만한 점을 볼 수 있으니, 그 공적을 따져 보면 또한 어찌 보잘것없다 하겠습니까.

소자는 어리석고 몽매하여 다만 마음으로 사모하고 기뻐할 줄 알아 바야흐로 장차 평생토록 우러러 의지하려고 하였는데, 생각지도 못하게 하루아침에 돌아가셨습니다. 지금부터는 우리 고을의 정론(正論)이 느슨해질 것이고 우리 집안의 명분이 문란해질 것입니다. 소자를 보호해 주는 장막이 철거되는 데 대하여는 보잘것없는 제 몸도 생각할 여가가 없는데, 장차 선조의 구물(舊物 유고)에 대하여 어떻게 할까요. 종숙부께서 영혼이 있다면 혹 명명한 가운데서 몰래 도와서 보호하여 지켜 주시기를 평상시와 같이 하게 할 수 있겠습니까. 종숙부께서 세상에 계실 때 고생한 것과 여러 재종들의 굶주림과 추위 같은 것은 종숙부께서 대개 분수 안의 일로 보고 평상의 도리로 처리하였으니, 소자가 또 어찌 감히 구구하게 많은 이야기를 하여 높고 밝은 식견과 우뚝하게 통달한 견해를 가진 분의 귀를 더럽히겠습니까.

중모 강릉 김씨[82]에게 올리는 제문

祭仲母江陵金氏文

오호라. 중모의 장례 때 소자가 몇 줄의 글로 저의 마음을 우러러 진술하였으나, 그때는 애통함이 지극하였기에 마음을 다 서술할 수 없었습니다. 지금 세월이 빨리 흘러 소상이 갑자기 다가왔으니, 구구한 저의 마음에 맺힌 것을 본래 이날에 맞추어 모두 아뢰려고 생각하였습니다만 눈물이 먼저 쏟아져 상세하게 아뢸 수가 없습니다. 만약 영혼이 어둡지 않다면 또한 저의 마음을 묵묵히 알아줌이 있을 것으로 생각합니다.

오호라. 부인의 덕은 자기가 낳은 자식이 아닌데도 자상하고 사랑스러운 도를 곡진히 다하는 것보다 큰 것이 없으니, 또한 반드시 그것은 가정에서 터득함이 있어야 이와 같을 수가 있습니다. 《시경(詩經)》에서 이른바 "뻐꾸기가 뽕나무에 있으니, 그 새끼가 일곱이로다.〔鳲鳩在桑, 其子七兮.〕"[83]와 "이 아가씨가 시집감이여,

82 중모 강릉 김씨 : 중부 정의모(鄭義模, 1709~1756)의 두 번째 부인인 강릉 김씨(江陵金氏, 1724~1803)이니 김석구(金錫龜)의 딸이다. 정의모의 첫 번째 부인은 함안 박씨(咸安朴氏, 1710~1750)이다.

83 뻐꾸기가……일곱이로다 : 《시경》 조풍(曹風) 〈시구(鳲鳩)〉에 "뻐꾸기가 뽕나무에 있으니 그 새끼가 일곱이로다. 숙인군자여 그 위의(威儀)가 한결같도다. 그 위의가 한결같으니 마음이 맺혀 있는 듯하도다.〔鳲鳩在桑, 其子七兮. 淑人君子, 其儀一兮. 其儀一兮, 心如結兮.〕"라고 하였다. 뻐꾸기가 7마리의 새끼를 공평하게 기르는 의리라는 말로, 중모의 마음 씀씀이가 균평전일(均平專一)함을 의미한다.

그 집안을 화순하게 하리라.〔之子于歸, 宜其室家.〕"[84]는 것은 어찌 근본해야 할 도리를 알지 못했겠습니까. 소자가 아직도 기억하기로는, 중모께서 우리 집에 시집올 때 돌아가신 중모(仲母) 박유인(朴孺人)의 빈소가 그때까지도 있었습니다. 중모께서는 시아버지에게 절하고 사당을 배알한 뒤 물러나서 곧바로 빈소에 나아가서 매우 슬프게 통곡하였습니다. 이때 어머니를 잃은 나의 사촌 누나와 동생은 모두 4명[85]으로 방에 가득하였는데, 중모께서는 모두 어루만져 보살피기를 마치 자기가 낳은 자식처럼 하였습니다. 곧 이어 또 홍역이 유행하는 대재난을 당면하였는데, 때마침 차례대로 병들어 동시에 병석에 누었으며 증세도 모두 매우 위태로웠습니다. 중모께서는 홀로 구원하며 치료하는 데 정성을 다하고 힘을 극진히 하였습니다. 어떤 경우에는 큰아이를 등에 업고 돌아다니며 그 통증을 안정시켰으며 어떤 경우에는 어린아이를 무릎에 안아 어루만지며 그 울음을 그치게 하였습니다. 왼쪽으로 죽을 주고 오른쪽으로는 음식을 주며 나가서는 밥을 짓고 들어와서는 밥을 먹도록 권하여 밤낮으로 수고스러움을 잠시도 늦추지 않은 것이 거의 한 달이 되어서야 마침내 아무 탈 없이 끝나게 되었습니다. 그 당시에 이 전염병으로 혹 집이 망하는 데 이르기도 하고 그렇

84 이……하리라 : 《시경》 주남(周南) 〈도요(桃夭)〉에 "복숭아나무의 아름다움이여, 그 꽃이 성대하구나. 이 아가씨 시집감이여, 그 집안을 화순하게 하리라.〔桃之夭夭, 灼灼其華. 之子于歸, 宜其室家.〕"라고 하였다. 교화가 잘 이루어져 남녀가 제때 혼인하고, 또 부인이 어질어 집안을 화순하게 함을 찬미한 것이다.

85 사촌……4명 : 아들 정익로(鄭翼魯), 정태로(鄭泰魯), 정명로(鄭明魯)와 의성(義城) 김씨(金氏) 김상성(金相聖)에게 시집간 딸을 말한다.

지 않으면 또한 반드시 한두 명이 죽는 불행이 있었음이 대부분이었습니다. 그러나 중모께서는 시집와서 겨우 삼 일이 지난 신부로 만사(萬死)의 위기에서 4자녀를 잘 보호하여 안전한 지대에 놓아 두었으니, 이것은 어찌 보통 사람이 그 만분의 일이라도 미칠 수 있는 것이겠습니까. 이 때문에 우리 조부께서 크게 어질게 여기면서 항상 칭찬하기를 그만두지 않았습니다.

중부께서 돌아가신 뒤에 중모께서는 미망인으로 자처하여 다시는 세상의 일에 대하여 마음이 없었습니다. 그러나 또한 자녀를 염두에 두어 평상시에 손에서는 베 짜는 일을 그만두지 않았고 몸에서는 가정의 일을 수습하는 수고로움을 꺼리지 않았습니다. 그리하여 자녀들이 모두 제때에 시집가고 장가들었습니다. 중모의 유복녀로 이씨(李氏)에게 시집간 여동생[86]이 있었으니, 중모의 혈손은 다만 이뿐입니다. 그가 시집갈 때 혼수품을 마련하여 준 것이 앞의 자녀보다 낫지 않았습니다. 세 아들이 조금 거리가 떨어진 곳에서 분가하여 살았는데, 한 사람이라도 혹 병고(病故)가 있으면 즉시 가서 차도가 있는 것을 보고 돌아왔습니다. 맏아들에게 더욱 염념불망하여 이 아이가 당신〔중모〕께서 일신을 의탁할 곳일 뿐만 아니라 남편의 제사를 받들 자라고 생각하였습니다. 자나 깨나 일심으로 정성을 기울이고 쏟아서 대개 잠깐 사이라도 마음에 조금이라도 느슨한 적이 없었습니다.

오호라. 세상에 비록 자식에게 자애롭고 사랑스럽게 하는 도를

86 유복녀로……여동생 : 홍양(興陽) 이씨(李氏) 이국배(李國培)에게 시집간 사촌 여동생이다.

곡진히 하는 자가 있으나, 나의 중모처럼 지극한 자는 천백에 한둘도 되지 않을 것으로 생각합니다. 오직 중모께서는 대체(大體)를 알고 자기의 분수를 극진히 함이 이와 같았습니다. 그러므로 규문 안에서 교령(敎令)하는 것이 대부분 사물의 이치에 합치되었으며, 말은 엄정하고 의리는 발라서 사람들이 굴복하면서 감히 항의하지 못했습니다. 한번 노하는 뜻이 있으면 아랫사람들이 모두 벌벌 떨며 용서받기 어려울까 두려워하였습니다. 그러나 사람을 대하고 사물을 접함에 또한 은근한 정을 지극히 하니, 비록 자질(子姪)들이 하루에 열 번 뵙더라도 보기만 하면 문득 화락한 안색을 띠고 기뻐하며 이야기하였고 한 번도 그렇게 하지 않은 적이 없었습니다.

오호라. 중모께서의 아름다운 덕행이 또한 어찌 뿌리가 없이 그렇게 되었겠습니까. 대개 중모의 선조 지산공(芝山公)[87]은 퇴도(退陶) 문하에서 배워서 후세에 법도를 끼친 것이 이미 평범하지 않으며, 중모의 조부 노촉재공(老燭齋公)[88] 또한 선조의 뜻을 잘 이어 그 자제들에게 이르게 하였으니, 중모께서 타고난 자품이 특이함과 가정 교육을 받음에 바탕이 있었음을 따라서 알 수 있습니다. 무릇 일상생활에 드러난 중모의 행실이 또한 소자가 칭술함과 같을 뿐인 데 그치지 않으니, 유독 어찌 하늘이 큰 복을 내려

87 지산공(芝山公) : 김팔원(金八元, 1524~1589)을 말한다. 본관은 강릉(江陵), 자는 순거(舜擧) 또는 수경(秀卿), 호는 지산이다. 1555년(명종10)에 생원 진사에 합격하고 그해에 문과에 급제하였다. 벼슬이 예조 좌랑과 용궁 현감에 이르렀다. 옥계서원(玉溪書院)과 보구서원(洑邱書院)에 제향되었으며, 저서로는 《지산집》이 있다.

88 노촉재공(老燭齋公) : 김용달(金龍達)을 말한다. 성균 진사를 지냈다.

주지 않고 중모에게 액운을 줌이 이와 같이 하여 저로 하여금 무한한 슬픔과 고통을 실컷 겪게 하여 눈물을 흘리며 한 세상을 마치게 합니까. 지금 다시 한두 가지를 더 제시하고 싶지만, 그렇게 하면 한갓 나의 중모의 마음을 슬프게 하여 다만 명명한 저승에서 슬픔을 더하게 할 것입니다. 또 이미 전일 장례 때 대략 기술하였기 때문에 오직 소자가 가슴에 흠앙하고 심복하는 것을 가지고 눈물을 섞은 먹물을 붓에 적셔 기록하여 고하노니, 존령(尊靈)은 과연 묵묵히 저의 충정을 알고 상세하게 말하는 것을 필요로 하지 않겠지요. 오호통재라.

김씨에게 시집간 고모[89]에게 올리는 제문

祭金姑母文

오호라. 나의 고모(1719~1788)는 얼음과 옥[90]을 온축하여 자질을 이루었고 혜초와 난초를 바탕하여 심성을 이루었습니다. 요조(窈窕)한 덕망과 단장(端莊)한 위의는 능히 선조비(先祖妣)의 유범(遺範)을 계승하였고, 성실하고 깊은 성품과 맑고 삼가는 행실은 옛 열녀(列女)의 아름다운 덕음을 따랐습니다. 시부모에게 순종함은 환씨(桓氏)가 물을 긷고[91] 당부인(唐夫人)이 젖을 먹임이고,[92]

89 김씨에게 시집간 고모 : 정종로의 둘째 고모로, 안동 천전(川前)에 사는 의성 김씨(義城 金氏)인 김시건(金是建)의 후손인 김제동(金濟東, 1727~1761)에게 시집갔다. 김제동의 자는 사겸(士兼)이니 김응하(金應河)의 아들로 김명하(金命河)에게 양자로 갔다.

90 얼음과 옥 : 맑고 깨끗하여 아무런 티가 없음을 뜻하는 말인데, 흔히 고결한 지조를 뜻하는 말로 쓰인다.

91 환씨(桓氏)가 물을 긷고 : 한(漢)나라 포선(鮑宣)의 아내 환씨의 고사이다. 포선의 아내 환소군(桓少君)은 부유한 집안에서 자랐으나 포선에게 시집와서 청고(淸高)하게 살려는 남편의 뜻을 따라 시집올 때 데리고 왔던 종들과 사치한 복식을 다 돌려보낸 다음, 짧은 삼베 치마를 입고 작은 수레〔鹿車〕를 몰고 시댁으로 와서는 시부모에게 절하고 몸소 동이를 들고 물을 길어 부도(婦道)를 실천했다. 《小學 善行》

92 당부인(唐夫人)이 젖을 먹임이고 : 당(唐)나라 최관(崔琯)의 조모인 당부인(唐夫人)이 시어머니 장손부인(長孫夫人)에게 젖을 먹이며 지성으로 섬겨 시어머니를 건강하게 여생을 마치게 하였다. 이에 장손부인이 임종에 말하기를 "자손이 모두 나의 며느리처럼 효경(孝敬)한다면 최씨 문중이 어찌 창성하지 않겠는가?"라고 하였다. 그 결과 최관의 형제 자손이 번성함이 향리의 종족 가운데 비길 이가 드물었다.

남편을 공경함은 맹광(孟光)의 거안제미(擧案齊眉)[93]이며 극결(郤缺)이 김매는데 상대여빈(相對如賓)하는 것이었습니다.[94] 제사를 지낼 때는 계란(季蘭)이 보잘것없는 제수라도 공경을 다함이며[95] 손님을 접대함에는 담모(湛母)의 가발로 함이었습니다.[96] 아울러

《小學 善行》

93 맹광(孟光)의 거안제미(擧案齊眉) : 후한(後漢) 양홍(梁鴻)의 아내 맹광이 남편을 감히 마주 보지 못하고 밥상을 눈썹 높이에 맞추어 들었던 데서 온 말로, 부부끼리 서로 공경하는 것을 비유한다. 맹광은 나이 서른 살에 매우 성대하게 치장을 하고 양홍에게 시집갔는데 이레가 되도록 양홍이 대꾸를 하지 않자, 맹광이 추계(椎髻)와 포의(布衣)로 갈아입고 앞에 나서니 양홍이 그제서야 기뻐하며 "이것이 바로 양홍의 아내로다."라고 하였다고 한다.

94 극결(郤缺)이……것이었습니다 : 극결은 춘추 시대 진(晉)나라의 농부였다. 기(冀) 땅에서 밭의 김을 매는데 그 아내가 들밥을 내와서는 서로 공경하여 대하기를 손님과 같이 하였다. 사신을 가던 구계(臼季)가 그 광경을 보고 그를 수레에 태워 함께 조정에 가서 문공(文公)에 아뢰니, 문공이 극결을 하군대부(下軍大夫)로 삼았으며 기 땅을 식읍으로 주었다. 《小學 稽古》

95 제사를……다함이며 : 《춘추좌씨전》 양공(襄公) 28년 조, "여울과 늪의 가장자리와 길에 고인 물웅덩이에 난 수초(水草)를 뜯어다가 종묘(宗廟)에 올리고서 계란(季蘭)이 제사를 주재(主宰)하여도 신이 흠향하는 것은 공경하기 때문이니 공경을 버려서야 되겠는가.〔濟澤之阿, 行潦之蘋藻, 寘諸宗室, 季蘭尸之, 敬也, 敬可棄乎?〕"라고 하였으니, 여울 늪과 길 웅덩이에 나는 보잘것없는 빈조(蘋藻) 등의 나물을 채취해다가 난초(蘭草)를 찬 소녀〔계란〕로 하여금 제사를 주재하게 하여도 신이 오히려 흠향하는 것은 소녀가 공경하기 때문이라는 말이다. 여기서는 고모가 보잘것없는 제수로도 제사를 공경히 받들었다는 말이다.

96 손님을……함이었습니다 : 진(晉)나라 도간(陶侃)이 매우 가난하였는데, 손님 범규(范逵)가 찾아왔다. 이때 손님을 대접할 쌀과 돈이 없었는데, 도간의 어머니 담씨(湛氏)는 자기의 긴 머리를 잘라 두 개의 가발을 만들어 그것을 팔아 쌀을 사서 손님을 대접하였다고 한다. 《世說新語》 여기서는 고모가 집이 가난하여도 찾아온 온

소씨(蘇氏)처럼 비단을 짬이 아름다웠고[97] 육속(陸續)의 어머니처럼 파를 일촌(一寸)으로 잘라 음식을 만듦이 정결하였습니다.[98]

이미 시가 식구들을 기쁘게 하였고 또 친정에 은혜를 돈독히 하였습니다. 할아버지가 살아 계실 때 친정에 문안인사하러 와서 효도를 끝까지 마무리하였으며, 숙부께서 홀아비가 된 이후에 안부를 묻고 물품을 보내서 정성을 다하였습니다. 여러 조카들을 친자식처럼 대하였으며 여러 여종들을 어머니가 기르듯이 하였습니다. 무릇 이런 여러 가지 훌륭한 점을 다 기록할 수가 없으니, 참으로 잔치하며 즐거워하는 석인(碩人)이며[99] 마땅히 복록을 누릴 군자입니다.[100] 그런데 유독 어찌하여 어린 나이에 어머니를 잃고

손님을 극진히 대접하였다는 말이다.

97 소씨(蘇氏)처럼……아름다웠고 : 소씨는 소혜(蘇蕙)인데 자가 약란(若蘭)이기에 소약란으로 널리 알려져 있다. 진(晉)나라 두도(竇滔)의 아내이다. 두도가 진주자사(秦州刺史)가 되어 떠난 후 오랫동안 돌아오지 않자, 소약란이 남편을 그리워하다 못해 회문선도시(迴文旋圖詩)를 비단으로 짜서 보냈는데, 이것이 회문시(回文詩)의 시초가 되었다고 한다.《晉書 卷96 竇滔妻蘇氏列傳》 여기서는 두도의 아내 소씨가 비단을 짜서 아름다운 회문시를 짓듯이 고모가 베를 잘 짰다는 말이다.

98 육속(陸續)의……정결하였습니다 : 후한(後漢)의 육속의 어머니는 음식을 만드는 데 절도가 있어서 고기를 자를 때 방정(方正)하지 않음이 없었고 파를 자를 때 일 촌의 크기로 법도 있게 잘랐다고 한다. 여기서는 고모가 음식을 정결하게 잘 만들었다는 말이다.

99 잔치하며 즐거워하는 석인(碩人)이며 : 《시경(詩經)》 〈거할(車舝)〉에 "때에 알맞은 저 석녀(碩女)가, 아름다운 덕(德)으로 와서 가르쳐 주니, 잔치를 하고 또 즐거워하여, 그대를 끝없이 좋아하노라.〔辰彼碩女, 令德來敎, 式燕且譽, 好爾無射.〕"라 하였으니, 정종로의 고모가 처음 시집가서 훌륭한 사람〔碩人〕으로 잔치에 즐거워하며 좋아하였다는 말이다.

서 밤에 까마귀〔자식〕가 피눈물로 울었으며 중년에 미망인이 되어 낮에 켠 촛불처럼[101] 빛이 나지 않았습니까. 숙환을 앓아 고황(膏肓)[102]을 고칠 수가 없었고, 가난하게 살아 변변찮은 음식[103]도 배불리 먹지 못했습니다. 게다가 양자로 들인 아이[104]도 요절하여 집안이 황량하게 되어 외로운 과부들이 서로 지키니 길 가던 사람들도 상심하였습니다. 최근에 다행히 후사를 들이는 소원을 이루었고[105] 또 장차 손자며느리를 맞이할 기약이 있었으니, 국을

100 복록을 누릴 군자입니다 : 원래는 문왕(文王) 후비의 덕을 칭송한 말이다. 《시경(詩經)》 〈규목(樛木)〉에 "남쪽에 가지가 늘어진 나무가 있으니 칡덩굴이 감겨 있도다. 마음씨 좋은 군자여 복록으로 편안히 하도다.〔南有樛木, 葛藟纍之. 樂只君子, 福履綏之.〕"라는 구절이 있는데 여기서 군자는 입재의 고모를 말한다.

101 중년에……촛불처럼 : 빛이 나지 않아 아무런 의미가 없다는 말이다. 장적(張籍)의 〈정부원(征婦怨)〉에 "남편이 전쟁터에서 돌아가시고 유복자가 있으니, 나의 몸은 비록 살아 있으나 낮에 켠 촛불과 같네.〔夫死戰場子在腹, 妾身雖存如晝燭.〕"라고 하였다.

102 고황(膏肓) : 낫기 어려운 병(病)을 비유하는 말이다. 앞의 주 7 '고황(膏肓)의 이수(二豎)' 참조.

103 변변찮은 음식 : 원문 '숙수(菽水)'의 뜻이다. 공자의 제자 자로(子路)가 집안이 가난해서 효도를 제대로 못 한다고 탄식하자, 공자가 "콩죽을 끓여 먹고 물을 마시더라도 기쁘게 해 드리는 일을 극진히 행한다면, 그것이 바로 효이다.〔啜菽飮水盡其歡, 斯之謂孝.〕"라고 위로했던 고사가 전한다. 《禮記 檀弓下》

104 양자로 들인 아이 : 김재운(金載運, 1750～1772)을 말한다. 원문 '명령(螟蛉)'은 뽕나무벌레의 유충인데, 나나니벌이 데려가 새끼로 삼는다고 하기에 양자를 들임을 의미한다. 《시경》 〈소완(小宛)〉에, "뽕나무벌레의 새끼를 나나니벌이 업고 가는구나. 너도 자식 잘 가르쳐 착한 이를 닮게 하라.〔螟蛉有子, 蜾蠃負之, 教誨爾子, 式穀似之.〕"라는 말이 보인다.

105 최근에……이루었고 : 양손(養孫)으로 들인 김이수(金頤壽, 1769～1848)를 말한다.

끓임에 식성에 맞게 할 희망이 있고[106] 가묘를 주관할 사람이 없는 것을 면하게 되었습니다. 비록 일생 동안 고통스럽고 한스러움이 저와 같았으나 거의 만년에 믿는 것이 여기에 있었거늘 하늘이 다시 재앙을 줄 것을 후회하지 않아 귀신이 더욱 방사하고 흉악하였습니다. 이에 한번 병석에 누워서는 세상을 떠나고 말아 만사가 공허하게 되어, 복이 눈가에 가득 차지도 않았고 수명은 겨우 70세에 미쳤으니, 덕에 보답함이 이와 같이 마땅함에 어긋나리라고 누가 생각했겠습니까.

예로부터 어진 부인이 많은 복록을 받음이 드물어 공강(共姜)은 의리를 지켰으나 배필을 잃었고[107] 장강(莊姜)은 아름다웠으나 자식이 없었습니다.[108] 혹 계두(桂蠹)에 마음 찡그리고[109] 혹 퇴곡

106 국을……있고 : 당(唐)나라 왕건(王建)의 〈신가랑(新嫁娘)〉 시에 "시집온 지 사흘 지나 부엌에 가서, 손을 씻고 국을 끓였네. 시어머니 식성을 아직 모르니, 먼저 시누이에게 맛보게 했네.〔三日入廚下, 洗手作羹湯. 未諳姑食性, 先見小姑嘗.〕"라고 하였다.

107 공강(共姜)은……잃었고 : 공강은 춘추 시대 위(衛)나라 세자 공백(共伯)의 처이다. 공백이 일찍 죽자 개가하지 않기를 맹세하고 끝까지 수절하였다. 《시경(詩經)》 용풍(鄘風) 〈백주(栢舟)〉에 "두둥실 떠 있는 저 잣나무 배여! 저 황하 가운데 떠 있네. 두 갈래 머리 더펄거리는 저분이, 진실로 내 배필이니, 죽음을 걸고 맹세컨대 딴 데 시집가지 않으리. 어머니는 곧 하늘이시거늘, 어이하여 이 마음 헤아려 주지 않으시나요.〔汎彼柏舟, 在彼中河. 髧彼兩髦, 實維我儀, 之死矢靡他. 母也天只, 不諒人只.〕"라고 하였다.

108 장강(莊姜)은……없었습니다 : 위(衛)나라 장공(莊公)의 정비(正妃)인 장강(莊姜)이 아들이 없자, 후처 소생인 환공(桓公)을 아들로 삼았다. 장공의 첩의 아들 주우(州吁)가 싸움하기를 좋아하였고, 석작(石碏)의 아들 후(厚)가 주우와 어울리기를 좋아하자, 석작이 이를 말렸다. 뒤에 주우가 환공을 죽이자, 석작은 그의 아들

(蓷谷)에서 눈물을 흘렸습니다.[110] 저 사람들은 하나의 어려운 경우를 만나도 오히려 슬퍼하였는데, 고모는 네 가지를 겸하였으니 어찌 슬픔이 끝이 있겠습니까. 그러나 고모께서는 옥 같은 얼굴에 별 같은 눈동자로 인간 세상에서 우뚝 뛰어났고 순수한 기운과 정신은 진세의 세상에서 없어지지 않을 것입니다.

생각건대 꽃술과 구슬 같은 몸이 고통의 바다를 건너가셨으니, 만약 그렇다면 지금 이에 인간 세상에서 고모의 죽음을 슬퍼하며 부여잡고 부르짖음에 고모께서 반드시 장차 태청(太淸)[111]에서 굽어보고 웃으며 어버이를 잃고 겨우 목숨을 부지하는 상주를 염려하며 또 어루만져 사랑하는 지극한 정을 줄 것입니다. 은혜에 감격하는 마음이 만 가지가 있으나 보답함은 하나도 없습니다. 10년 동안 헤어져 있던 저는 천고토록 영결하는 날이 되었으나, 병

을 죽였다.

109 계두(桂蠹)에 마음 찡그리고 : 이백(李白)의 〈고풍(古風) · 기이(其二)〉에 나오는 '계두화불실(桂蠹花不實)'이라는 말은 좀먹은 계수나무는 꽃만 필 뿐 열매를 맺지 못한다는 뜻으로, 당 현종(唐玄宗)의 왕황후(王皇后)가 자식이 없음을 비유한 이래로 '계두'는 후손이 없음을 의미한다. 여기서는 양자 들인 아이가 일찍 죽은 것을 말한다.

110 퇴곡(蓷谷)에서 눈물을 흘렸습니다 : 《시경》 〈중곡유퇴(中谷有蓷)〉는 흉년에 기근이 들어 가족이 뿔뿔이 흩어져 굶주리는 상황을 노래한 시인데, 그중에 "골짜기 속에 익모초가 있으니 습지에도 바짝 말랐도다. 여인이 남편과 헤어져서 흐느껴 울도다. 흐느껴 우니 슬퍼한들 어찌 미치리오.〔中谷有蓷, 暵其濕矣. 有女仳離, 啜其泣矣. 啜其泣矣, 何嗟及矣?〕"라는 말이 나온다. 여기서는 고모가 곤궁하였던 것을 말한다.

111 태청(太淸) : 천상(天上)의 신선이 산다는 삼청(三淸) 중의 하나이다. 삼청은 옥청(玉淸), 상청(上淸), 태청(太淸) 등 세 궁궐을 말한다.

이 들었을 때는 약을 들고 가지 못하였고 돌아가셨을 때는 반함(飯含)[112]하지 못하였습니다. 무덤의 문이 장차 닫히려 하고 흰 상여를 비로소 붙드니 비록 병 때문이라고 말하나 은혜를 저버린 죄를 피할 수가 없습니다. 이 때문에 더욱 애통하며 눈물만 흘릴 뿐이고 따라 죽을 수도 없습니다. 삼가 생각건대 존령께서는 저의 마음을 헤아려 주시기를 바랍니다.

112 반함(飯含) : 원문 '함주(含珠)'는 옛날 장례 때 죽은 사람의 입에 구슬을 넣는 것을 말한다.

종형 동은[113] 처사에게 올리는 제문

祭從兄東隱處士文

오호라! 종형 동은 처사(東隱處士) 진양(晉陽) 정공(鄭公)은 곧 나의 중부(仲父) 창주공(滄洲公)의 아들이며 근고(近故) 남야(南野)[114] 어른의 생질입니다. 재간과 국량이 엄숙하고 단정하였으며 올바른 행위가 돈독하고 착실하였습니다. 바르고 큰 논의와 강건하고 방정한 절조는 이미 윤리와 강상을 부지하여 무너진 풍속을 떨쳐 일으키기에 충분할 수 있었으며, 효우(孝友)의 정성과 돈목(敦睦)의 의리는 또 문중의 종족을 감화시키고 후배들에게 모범이 되기에 충분할 수 있었습니다. 이런 것은 이미 가정의 가르침을 저버리지 않은 것이며 외삼촌의 덕망과 매우 닮았던 것입니다. 또 약관의 나이 때부터 곧바로 향상(向上 성리학)의 공부에 뜻을 두고서 거처할 때 항상 이 마음을 다잡았으며, 경서를 펼쳐 읽음에 날마다 반드시 의관을 정제하고 꼿꼿하게 앉아 경솔하게 말하거나 움직이지 않았습니다. 대저 우리 집안에서 대대로 전해 오는 학문이 종형에 이르러 또한 좋은 기질(氣質)과 아름다운 식취(識

113 동은(東隱) : 정익로(鄭翼魯, 1737~1795)의 호이다. 자는 성연(聖演)으로 정의모(鄭義模, 1709~1756)의 맏아들이다.

114 남야(南野) : 박손경(朴孫慶, 1713~1782)의 호이다. 그의 본관은 함양(咸陽), 자는 효유(孝有)로 예천군 용문면 상금곡리(上金谷里)에 거주하였다. 저서에 《남야집(南野集)》이 있다. 박손경의 누님이 정의모에게 시집왔다. 그러므로 정익로는 박손경의 생질이 된다. 정종로가 40세에 박손경을 배알하고 가르침을 청하였다.

趣)를 가진 이를 만난 것이 이와 같았습니다. 가령 유도자(有道者)에게 나아가 바로잡고 훈도(薰陶)를 받으며 일정한 방소가 없이 널리 배워 지식과 견해를 유추하여 넓혔다면, 잘못된 것을 바로잡고 변화시키며 인격을 연마하기를 투철하게 하여 끝내는 종용(從容)하고 쇄락한 경지에 도달한 것이 어떠했겠습니까. 그러나 애석하게도 그렇게 할 수가 없었습니다.

종형의 본래 타고난 천품이 이미 저급하지 않았기에 실행하는 것과 아는 것을 막론하고 비록 혹 지나치거나 고집하는 병통이 있기는 하였으나, 요컨대 절로 대체(大體)는 합당하여 또한 옛날의 도를 실행하고 옛날의 의리를 믿는 단정한 사람과 바른 선비가 되는 것을 잃지 않았습니다. 《증전(曾傳) 대학(大學)》과 《사전(思傳) 중용(中庸)》 그리고 선유(先儒)들의 잠(箴)과 명(銘)으로 자기에게 절실한 말 같은 경우는 날마다 완미하며 외우지 않음이 없었습니다. 비록 병이 위독한 때를 당하여도 왕왕 비몽사몽간에 헛소리로 잠꼬대하는 것이 모두 이런 말들이었으니, 그 좋아함이 독실하여 항상 가슴에 복응하고자 하는 뜻을 이에 볼 수 있습니다.

오호라! 종형 같은 경우는 어찌 말세에 쉽게 만날 수 없는 인물이 아니겠습니까. 이런 점은 마땅히 하늘로부터 복록을 받아 장수를 누리고 큰 복으로 그 보답을 받아야 함에도 불구하고 도리어 일찍 부모님을 여의었고 중도에 부인이 죽어서 누항(陋巷)에서 일생토록 갖은 고생을 실컷 겪었습니다. 만년에 비로소 혼인하여 다소나마 세상을 사는 맛이 있었으나, 예쁜 막내딸이 나이가 15세에 미치지 못했으며, 며느리를 본 지 여러 해가 되었지만 한 명의 손자도 보지 못하였습니다. 위로는 학발(鶴髮)의 어머니가

훤당(萱堂)에 계시고 아래로는 외로운 난초 같은 자녀가 홀로 빼어났습니다. 오랜 세월 동안의 고질병으로 나이가 60세도 되지 않아 갑자기 하루아침에 돌아가시니, 곧 을묘년(1795) 2월 25일입니다. 그다음 달 3월 21일은 또 장례를 치르는 날입니다.

아득한 푸른 하늘이여! 이것은 어떻게 된 것입니까. 종제(從弟) 종로(宗魯)는 어려서는 함께 자랐고 늙어서는 서로 의지하며 원래 정(情)으로 좋아함의 돈독함이 이미 평범한 사람에게 비길 수가 없었습니다. 근래에 미쳐서는 치아와 머리카락이 더욱 쇠하고 마음의 회포가 갈수록 나약해져 매일 서로 마주하는데도 오히려 그리워하고 사모하여 차마 이별할 수가 없었습니다. 혹시 때로 잠시 떨어져 있으면 또다시 울적한 마음이 생겨 견딜 수가 없었습니다. 그런데 지금 유명을 달리하여 영원히 가로막혀 거동을 보고 목소리를 들을 수가 없게 되었습니다. 오직 시신을 갖춘 하나의 관이 엄연히 방에 있기에 아침저녁으로 우러러 쳐다보면 오히려 비슷한 모습이라도 상상할 수 있었는데, 잠깐 사이에 무덤의 문이 장차 닫히게 되어서 이 밤이 지나면 또한 이것마저도 다시는 볼 수 없게 됩니다. 인생이 이런 지경에 이르니, 비록 목석이라도 제 심장(心腸)이 어찌 창칼에 마디마디 끊어지는 것을 견디겠습니까. 드디어 발인하기 전날 저녁에 한 잔의 술을 올리며 대성통곡하고 다음과 같이 고합니다.

오호통재라! 저는 형과 성향이 같지 않으니, 타고난 성품으로 말해 보면 형은 강건하고 저는 유약하고, 사람됨으로 말해 보면 형은 명철하고 저는 어리석습니다. 평소에 함께 공부에 매진할 때 제가 형을 규계한 것은 겨우 백에 한두 가지이고 형이 저를 경계한 말은 거의 열에 여덟아홉입니다. 그러나 저는 항상 형의 강의(强毅)한 모습에 심복하고 형도 또한 저의 옹용(雍容)의 태도를 취하지 않음이 없었습니다. 드디어 각자가 지나친 것은 덜어 내고 부족한 것은 보충하여 교대로 닦으며 함께 나아가고 서로 장점을 취하여 선한 일을 하여, 중정(中正)하고 순수(純粹)한 경지에 이르렀으니, 서로 얻는 즐거움이 골육과 은정(恩情)의 사이에 있을 뿐만 아니라 서로 기약하는 뜻이 날이 저문 만년의 나이에서 더욱 간절함이 있었습니다. 형은 또 선조의 업적을 천양하고 후진(後進)들을 인솔하는 것으로 병석에서 신음하는 가운데서도 저에게 정성스럽게 가르치면서 말하기를 "자네가 근일에 다른 집안의 글을 지은 것은 많으나 도리어 우리 집안에 대한 글은 반대로 소홀히 하는 것은 어떻게 된 것인가. 옛날에 나의 외삼촌과 청대(淸臺)[115] 어른은 무릇 자기 집안의 선조 가장(家狀)에 관계되는 것은 찬술하여 비치해 두지 않음이 없었으니, 자네가 만약 뜻이 있다면 하루라도 일찍이 하라. 집안의 흥망성쇠는 전적으로 자질(子姪)들의 근학(勤學) 여부에 관계되는데, 내가 본 바로는 현재 특별히 우뚝하게 가망성 있는 사람이 없다. 만약 나와 자네가 죽고 있지 않으면 그것이 폐해질까 더욱 걱정이니, 이것 또한 신경을 써서 자질들을 권장하고 장려하여 한 줄기 가학을 이어 가 땅에

115 청대(淸臺) : 권상일(權相一, 1679~1759)을 말한다. 본관은 안동(安東), 자는 태중(台仲), 호는 청대로 상주의 근암리(近嵒里)에서 출생했다. 1710년(숙종36) 문과에 급제해 대사간, 지중추부사, 대사헌 등을 역임하고 기로소에 들어갔다. 저서로는 《청대집》, 《초학지남(初學指南)》 등이 있다. 시호는 희정(僖靖)이며, 죽림정사(竹林精舍)와 근암서원(近嵒書院)에 향사되었다.

추락하는 데 이르지 않게 하는 것이 좋겠다."라고 하였습니다.

오호라! 형이 저에게 바라는 것이 여기에 이르렀으니 또한 과연 어떠했습니까. 이 말씀을 이어받은 뒤로부터 저의 충정(衷情)이 더욱 격동하여 오직 죽기 전에 형제간에 우애 있게 지내라는 가르침을 길이 받들고, 분수에 따라 면려하며 채찍질하고 글을 지어 적절하게 조치하여, 한편으로 형에게 우러러 가부를 질정하고 한편으로 우러러 저의 다소의 책임을 다하기를 바라는 것이 바로 저의 마음에 지극히 원하는 것이었습니다. 오호라! 눈 한번 깜빡이는 사이에 사람의 일이 갑자기 이런 지경에 이르러 저의 백수(白首) 여생으로 하여금 한갓 끝없는 한스러움을 품게 할 줄을 일찍이 생각이나 했겠습니까.

더욱 매우 비통하게 하는 것은 형이 돌아가실 즈음에 이미 말을 할 수 없는 지경에 이르렀는데, 제가 곁에 있는 것을 보고 차례대로 두 손을 들어 저에게 건네면서 악수로 영결하는 처지로 삼은 것이니, 이때의 광경은 천고토록 마음을 답답하게 만드는 것이었습니다. 만약 저를 사랑하는 지극함이 아니라면 만 가지 인연이 모두 공허한 데로 돌아가는 가운데 어찌 능히 유독 저를 기억하여 이런 행동을 했겠습니까. 형이 돌아가신 뒤로 형의 평소의 신세(身世)를 생각해 보니, 추급하여 상심되는 단서가 아님이 없으나 그것은 이미 과거의 일로 끝났습니다. 가장 비통한 것은 형의 어머니께서 아침저녁으로 피눈물을 흘리고 아비 잃은 조카가 외로운 그림자 모습으로 부여잡고 부르짖기에 족히 길 가는 사람으로 하여금 눈물을 흘리게 하는 것입니다. 하늘에서 타고난 효성과 남보다 뛰어난 자애로움을 가진 형은 반드시 이 모습을 돌아보며 눈물을 삼킬 것이 분명합니다. 하늘이 선한 일을 한 사람에게 한결같이 어긋나게 베풂이 어찌 이와 같은가요. 동생인 저의 입장에서 보면 실제로는 한 분의 엄한 스승과 훌륭한 친구를 잃은 것이니, 비단 지극히 친한 집안사람을 잃은 것을 통곡할 뿐만 아닙니다. 그렇다면 지금부터 이후로 저의 허물은 장차 누가 규계해 줄 것이며 일은 장차 누구에게 의논할 것이며, 저 자질들은 또 다시 누구를 겁을 내어 함부로 행동하지 않게 될까요. 대개 또한 우리 집안의 동량(棟樑)이 꺾어진 것입니다. 말이 여기에 미치자 오장육부가 찢어지는 것 같습니다. 얼굴을 가리고 울며 회포를 서술하니, 말이 순서와 논리가 없어 만분의 일도 표현하지 못하였습니다. 어둡지 않은 영혼이 계시거든 혹시 저의 충정을 묵묵히 알아줌이 있기를 바랍니다.

사촌 동생 성첨[116]에게 제사 지내는 글

祭從君聖瞻文

기미년(1799, 정조23) 3월 신유일은 사촌 동생 성첨(聖瞻)과 그의 맏아들 상익(象益)과 상익의 부인 김씨(金氏)가 같은 날에 묘소로 돌아가는 날이다.[117] 장례 이틀 전인 기미일에 종형인 사앙(士仰)이 술잔을 올리고 다음과 같이 통곡한다.

오호라! 옛날 병자년(1756, 영조32)에 하늘이 우리 집에 재앙을 내려 조부께서 돌아가시고 한 달이 되지 않아 중부께서 또 돌아가시고 또 한 달 만에 16살 먹은 나의 동생이 요절하였고, 또 한 달 만에 아버지께서 나를 버리고 돌아가셨으니,[118] 당시 상사의 혹독함은 그 무엇에도 비견될 수가 없었다. 그런데 지금 하늘이 또 우리 집에 재앙을 내려 어머니께서 장수하기[119]를 바랐으나

116 성첨(聖瞻) : 정태로(鄭泰魯, 1740～1799)의 자이다. 창주(滄洲) 정의모(鄭義模)의 둘째 아들이다.

117 기미년……날이다 : 성첨 정태로는 1799년 1월 27일에 죽었고, 아들 상익은 1799년 1월 21일에 죽었으며 상익의 부인 안동 김씨(安東金氏)는 1799년 1월 27일에 죽어서 세 사람 모두 3월 신유일에 함께 장례를 치렀다.

118 병자년에……돌아가셨으니 : 정종로의 조부 정주원(鄭胄源)이 1756년 2월 18일에 죽었고 중부 정의모(鄭義模)가 3월 9일에 죽었으며 아버지 정인모(鄭仁模)가 5월 21일에 죽었다.

119 장수하기 : 원문 '강릉(岡陵)'은 장수를 기원하는 말이다. 《시경》 〈천보(天保)〉의 "하늘이 당신을 보호하고 지켜 주시니, 흥하지 않음이 없으리로다. 산 같고 언덕 같고, 산등성이 같고 구릉 같도다.〔天保定爾, 以莫不興. 如山如阜, 如岡如陵.〕"

하루아침에 갑자기 돌아가시고[120] 열흘이 되지 않아 상익(象益)이 죽었고, 또 6일 뒤에 막내 숙모가 돌아가셨다. 그다음 날에 군(君)의 며느리가 죽었고 또 수십 일 뒤에 군의 계수(季嫂) 황씨(黃氏)가 죽었으니, 이런 상사의 혹독함은 또 병자년의 것과 비교할 것이 아니다. 군의 경우에는 전년도에 이미 둘째 아들을 잃었고 또 그 전년도에 이미 둘째 아들의 부인과 아이를 잃어, 불과 3년 사이에 노소(老少)를 합쳐 모두 6명이 죽었으니, 천하에 어찌 이런 일이 있는가.

군은 어릴 때부터 효도하고 우애하는 성품과 공손하고 삼가는 행실을 가지고 있었다. 군이 아버지와 어머니의 상을 당하였을 때 나이가 겨우 각각 11세와 17세였지만, 소식(素食)하며 몸을 훼손하기를 마치 어른같이 하였다. 백형과 함께 한방에 거처하면서 한결같은 뜻으로 자제로서 할 일을 하여 베개와 대자리를 거두며 의관을 올림에 매우 공경히 하였다. 백형의 상과 김씨(金氏)에게 시집간 여동생의 상을 만났을 때는 나이가 이미 56세였지만, 두 곳에 모두 3년상을 마치도록 행소(行素)[121]하였으니, 군이 형제간의 윤리의 정에 돈독함이 이미 이와 같았다. 용모는 또 미려하게 잘생겨 복을 누릴 관상을 가지고 있었다. 비록 글을 짓는 것에 서

라는 말에서 유래하였다.

120 어머니께서……돌아가시고 : 정종로의 계모 충주 박씨(忠州朴氏)가 1월 13에 죽었다.

121 행소(行素) : 비통한 생각에 고기는 먹지 않고 채식만 하는 것을 말한다. 소반(素飯) 혹은 소식(素食)이라고도 한다.

틀려서 공명을 세우는 데 희망을 끊었지만, 기자(箕子)의 홍범구주(洪範九疇)를 누림에 오복(五福)[122]으로 함은 반드시 누릴 것을 의심할 것이 없다고 사람들이 항상 생각하였다. 또 이미 군이 아내와 백년해로하고 두 아들을 장가보내고 여러 손자를 보아서 한 집에서 단란하게 지냈으니, 인간 세상에 사는 재미를 완비하였다고 말할 수 있겠다. 그러므로 나는 바야흐로 군이 장수를 누려 무궁토록 큰 복을 받기를 축원하였는데, 도리어 하늘이 보답함은 이와 같이 크게 어긋났다. 그리하여 군에게 일생 동안 가난하게 살아 배부르게 먹고 몸이 따뜻한 즐거움이 있지 않게 하였으며, 두문불출하여 바깥일에 대하여 관여하여 알지 못하게 하였다. 이치로 말하자면 마땅히 초연히 마음에 누가 됨이 없고 담박하게 자득(自得)하여 넉넉하게 노닐며 세상을 마칠 것 같았는데, 말년에 여러 해에 걸쳐 혹독한 슬픔이 있었고 게다가 하늘이 몹쓸 질병을 주어 원숭이 창자가 마디마디 끊어져[123] 장수할 목숨[124]이 갑자

122 기자(箕子)의……오복(五福) : 홍범구주의 아홉 번째는 오복이니, 오복은 수(壽), 부(富), 강녕(康寧), 유호덕(攸好德), 고종명(考終命)이다.

123 하늘이……끊어져 : 성첨의 둘째 아들과 며느리가 병으로 죽은 것에 부모로서 매우 애통해한 것을 형용한 것이다. 《수신기(搜神記)》 권20에 "임천(臨川) 동흥(東興)의 사람이 산에 들어가 원숭이 새끼를 잡아 가지고 집에 돌아왔는데, 어미 원숭이가 그 사람의 뒤를 따라왔다. 그 사람이 새끼 원숭이를 나무에다 묶어 놓자 어미 원숭이가 그 사람을 향해 볼을 만지며 애걸하였는데, 다만 말을 못 할 뿐이었다. 그 사람이 새끼 원숭이를 놓아주지 않고 결국 때려 죽이니, 어미 원숭이가 슬피 울며 스스로 몸을 던져 죽었다. 그 사람이 어미 원숭이의 내장을 꺼내어 보니, 마디마디 끊어져 있었다."라고 하였다.

124 장수할 목숨 : 원문 '귀령(龜齡)'의 뜻으로, 거북은 십장생으로 장수하는 동물이다.

기 요절하였으니, 오호애재라! 이 무슨 일인가.

상익(象益)이 장년(壯年)에 요절하자 그 아내가 심지를 굳게 먹고 남편을 따라 죽으니, 더욱 천고의 매우 처참한 것이다. 군의 둘째 아들 내외의 빈소가 이때 여전히 철거되지 않고 있었으니, 이미 군을 염을 하고 살펴보니 5개의 빈소와 3개의 관(棺)이 한 방에 나란히 나열되어 있었다. 지금 이 묘소는 또 둘째 아들이 그 아내와 함께 먼저 장례를 지낸 곳이고, 군과 상익의 내외가 바야흐로 모레 같은 날 장지로 돌아간다. 이에 한 굽이의 선영[125]에 모인 무덤이 올망졸망하구나.

오호라! 군과 같이 어질고 선량한 사람이 하늘의 도움을 받지 못하고 잠깐 사이에 사람의 일이 이런 지경에 이를 줄 누가 생각하겠는가. 더욱 가슴이 답답하여 차마 말할 수 없는 것은 중모(仲母)께서 지금 76세인데 슬하에 6남매였던 것이 군이 죽은 뒤로부터 이제는 살아남아 있는 이가 없는 점이니, 가령 군이 죽었다는 것을 아신다면 숙환에 상심이 지극하여 장차 숨이 끊어지려고 할 것이니 또한 어떻게 해야 할지 모르겠다. 그러므로 지금까지 숨기며 알리지 않고 매양 군의 병을 진단해 보지 않았다는 것으로 해

125 선영 : 원문 '가성(佳城)'은 무덤이라는 뜻이다. 한 고조(漢高祖) 때의 명신으로 등공(滕公)에 봉해진 하후영(夏侯嬰)이 일찍이 말을 타고 동도문(東都門)에 이르렀을 때, 말이 가지 않고 발로 땅을 허비적거리기에 그곳을 파 보니 석곽(石槨) 하나가 나왔는데, 거기에 "답답하던 가성이 삼천 년 만에 흰 해를 보았도다. 아, 등공이 이곳에 거처하리라.〔佳城鬱鬱, 三千年見白日, 吁嗟滕公居此室.〕"라는 명문(銘文)이 새겨져 있었다. 이에 하후영이 죽은 뒤에 유명(遺命)에 따라 그곳에 장사 지냈다. 《西京雜記 卷4》

명하였다. 이와 같은 지경은 실로 인리(人理)의 극처(極處)이다. 저 푸른 하늘은 어찌 이런 일을 차마 하는가. 군은 명명한 저승에서 또한 반드시 돌아보고 눈물을 삼키며 눈을 감지 못할 것이다. 말이 여기에 이르자 하늘에 사무치는 통곡과 저승에 미치는 눈물이 있을 따름이니, 오히려 무슨 말을 하겠는가.

사촌 동생 철경[126]에게 제사 지내는 글
祭從君哲卿文

정미년(1787, 정조11) 1월 29일 무술일은 나의 사촌 동생 철경(哲卿)의 대상(大祥)일이다. 하루 전날 저녁 정유일에 종형 사앙(士仰)은 술을 올리고 통곡하며 다음과 같이 제문을 쓴다.

오호라! 내가 군을 통곡하는 일도 오늘에 그친다. 군을 통곡하는 것이 오늘에 그친다면 군을 애달파함은 또한 오늘 그칠 수 있지만, 나의 슬픈 마음은 통곡하는 것에 따라 그칠 수가 없는 것은 어떻게 된 것인가. 군의 목숨이 짧음을 생각하면 애달프지만, 내가 군을 잃어버림을 생각하면 슬프니 생각은 정(情)에서 나오고 정은 마음에 근본한다. 마음은 몸을 주재하니 내 몸이 살아 있는 날에는 곧 슬프고 애달픈 날이 아님이 없을 것이니, 아마도 장차 내 몸이 죽고 난 뒤에야 끝날 것이로다.

오호라! 군의 재주는 높은 등급의 과거시험에도 여유 있게 합격할 정도였지만 한 번도 향시(鄕試)에 합격할 수 없었고, 기량은 옥당(玉堂)의 자리에 채워도 여유가 있었지만 도리어 초가집에서 장수하지 못하였으며, 학문은 과거 철인(哲人)을 뒤따르는 데 어렵지 않았지만 또한 자기 의지와 소원을 일찍 따를 수가 없었으니, 이런 점이 내가 죽을 때까지 군을 애달파하는 까닭이다. 내가

126 철경(哲卿) : 정명로(鄭明魯, 1743~1799)의 자이다. 창주(滄洲) 정의모(鄭義模)의 셋째 아들이다.

군을 잃음으로부터 경서의 의리에 대하여 함께 토론할 곳이 없고 사물의 이치에 대하여 함께 의논할 곳이 없으며, 문장에 대하여 함께 논의할 곳이 없게 되었다. 의심이 있어도 물을 데가 없고 허물이 있어도 들을 데가 없어서 갈팡질팡하며 갈 곳이 없는 듯하며 외로운 모습으로 의지할 데가 없는 듯하니, 이런 점이 내가 죽을 때까지 스스로 슬퍼하는 까닭이다. 대저 군을 애달파하고 스스로를 슬퍼함이 이와 같으나 군의 의형(儀形)의 상궤(牀几)와 영혼의 휘장이 있었기에 오히려 군의 평소의 모습을 상상할 수 있어서, 내가 비록 빈소에 자주 들어가 곡하지는 못했지만 마음에 오히려 의지함이 있는 듯하였다. 그러나 지금에는 이것마저도 또한 철거하게 되었으니, 지금부터는 장차 다시 어디에서 군의 비슷한 모습을 만나서 나의 슬픔과 애달픔을 붙일까.

오호라! 눈으로 보아도 군의 안색은 보이지 않지만 의기양양한 모습이 항상 나의 안중에 있는 듯하고, 귀를 기울여도 군의 목소리는 들리지 않지만 낭랑하던 목소리가 항상 나의 귓가에 있는 듯하네. 군의 성정과 심술(心術)에 대하여는 또 항상 나의 마음 가운데 존재하여 대개 없어지지 않은 것이 있으니, 아마도 군이 내가 슬퍼하고 애달파함을 생각하여 또한 내가 죽을 때까지 함께 하고자 해서인가. 오호라! 소리 내어 통곡하는 것은 진실로 오늘에 그치지만 소리 없는 통곡은 어느 때 그칠 수 있을지 모르겠다. 오호라! 군은 헤아려 줌이 있기를 바란다. 군은 헤아려 줌이 있기를 바란다.

김씨에게 시집간 막내 여동생[127]에게 제사 지내는 글
祭季妹金室文

오호라! 김씨에게 시집간 막내 여동생은 빼어나면서도 현명하여 대개 사덕(四德)[128]을 갖추고 있었으나 불행하게도 28세에 과부가 되었다. 이에 앞서 낳은 아들 하나도 죽어서 남편 형의 아들 중에 가장 어린 자를 아들로 삼아 거처하였다. 여동생이 얼마 되지 않아 또 기이한 병에 걸려 죽을 뻔한 것이 여러 번이었다. 지난 여름에 가마를 타고 친정 어머니의 슬하로 돌아와 다방면으로 치료하였지만 끝내 효과가 없어서 올해 봄에 드디어 죽으니, 실제로 병오년(1786, 정조10) 2월 5일이며 나이는 겨우 38세였다. 시가에서 시신을 자기 선산으로 운구(運柩)하여 9월 7일에 남편의 묘소 왼쪽에 합장하였다. 장례 하루 전날 오빠인 사앙(士仰)이 술을 올리고 통곡하며 다음과 같이 제문을 짓는다.

오호애재라! 하늘이 이미 너에게 자질을 부여함이 이와 같이 곱고 아리따우며 유순하고 아름다우며, 너에게 성품을 부여함이 이와 같이 개명(開明)하고 온화(溫和)하였다. 부도(婦道)에 속하는 부용(婦容), 부언(婦言), 부사(婦事), 부공(婦功)의 모든 것에

127 김씨에게……여동생 : 안동 김씨(安東金氏) 김경(金絅)에게 시집간 여동생을 말한다. 김경은 하담(荷潭) 김시양(金時讓)의 후손이다.

128 사덕(四德) : 부인으로서 갖추어야 할 네 가지 덕, 즉 부언(婦言), 부덕(婦德), 부공(婦功), 부용(婦容)을 말한다.

하나라도 혹 하자가 없거늘 유독 복록[129]을 주고 큰 복[130]을 내려 주어 부부가 해로하며 자식을 두고서 백 년의 영화를 누리게 하지 못하게 하였다. 이미 그렇게 하지 못하고 얼마 되지 않아 칼집에서 웅검(雄劍)[131]을 이별하고 갑자기 농장(弄璋)[132]에서 명주(明珠)를 떨어뜨렸다. 적막한 규방에서 길게 울음을 머금은 상아(孀娥)[133]가 되었으니 또 어찌 너의 남은 몸을 편안하게 하며 너의 남은 목숨을 보장하여, 양자로 들인 이[134]에게 반 푼의 세상의 즐

129 복록 : 원문은 '불록(茀祿)'으로, 《시경》 〈권아(卷阿)〉에 "그대가 천명을 받음이 장구하니, 복록으로 그대가 편안하도다.〔爾受命長矣, 茀祿爾康.〕"라는 말에서 인용하였다. 불(茀)은 복(福)의 뜻이다.

130 큰 복 : 원문은 '순하(純嘏)'로 대복(大福)이란 뜻이다. 《시경》 〈빈지초연(賓之初筵)〉에, "너에게 큰 복을 주리니 자손이 아마도 즐거울 것이다.〔錫爾純嘏, 子孫其湛.〕"라는 구절에서 나온 말이다.

131 웅검(雄劍) : 춘추 시대 오(吳)나라의 간장(干將)이 만든 두 개의 칼 가운데 하나의 이름인데, 전하여 보검을 뜻하는 말로 쓰인다. 막야(莫邪)가 만든 자검(雌劍)과 짝이 되는 것으로, 여기서는 남편을 뜻한다.

132 농장(弄璋) : 아들을 얻은 기쁨을 말한다. 《시경》 〈사간(斯干)〉에 "아들을 낳으면 …… 구슬을 가지고 놀게 하고〔乃生男子 …… 載弄之璋〕"라고 한 말에서 유래한 것이다.

133 상아(孀娥) : 일명 항아(嫦娥)라고도 하는 달 속에 사는 여선으로, 여기서는 과부가 된 것을 말한다. 항아는 본래 유궁후(有窮后) 예(羿)의 부인이었는데, 예가 서왕모(西王母)에게 불사약(不死藥)을 얻어 오자, 상아가 이를 훔쳐 먹고 혼자 달 속의 광한전으로 들어가서 몸을 숨기고 두꺼비가 되었다고 한다. 《後漢書 志10 天文上》

134 양자로 들인 이 : 원문 '축명지라(祝螟之蠃)'는 양자의 뜻이다. 명령(螟蛉)은 뽕나무벌레의 유충인데, 나나니벌이 데려가 새끼로 삼기에 양자의 의미로 쓰인다. 《시경》 〈소완(小宛)〉에, "뽕나무벌레의 새끼를 나나니벌이 업고 가는구나. 너도 자식 잘 가르쳐 착한 이를 닮게 하라.〔螟蛉有子, 蜾蠃負之, 教誨爾子, 式穀似之.〕"라는

거움을 받아서 비같이 흐르는 눈물을 조금이라도 거두게 하지 않았는가. 곧바로 괴상한 이수(二豎)가 너의 고황(膏肓)에 자리하여[135] 장난치며 놀리는 것을 마음대로 하여 삼 년간 갖은 고생을 하였으니, 빙천(氷天)[136]과 뜨거운 산 가운데를 지날 뿐만 아니었다. 대저 그렇게 된 것은 내경(內景)[137]과 외영(外榮)[138]으로부터 척촌의 살갗이 있는 곳까지 어디에도 고질병과 중병이 들지 않음이 없어서이니, 마침내 복은 이미 눈에도 차지 않은 채 미망인으로 구차하게 목숨을 연장하게 하였는가. 또한 그것마저도 장수하지 못하게 하여 난초를 부러뜨리고 옥을 꺾어 버려 하늘이 보답함이 도리에 어긋나게 함을 극도로 하였으니, 나는 알지 못하겠지만, 저 푸른 하늘이 어찌 너를 미워하여 일체의 가혹한 보답을 하는 것이 여기에 이르게 하였는가.

말이 보인다.

135 이수(二豎)가……자리하여 : 낫기 어려운 병(病)을 비유하는 말이다. 《춘추좌씨전》 성공(成公) 10년 조에 "진(晉)나라 경공(景公)이 병이 심하여 진(秦)나라의 명의(名醫)를 청하였는데, 그가 오기 전에 경공의 꿈에 두 수자(豎子 어린아이)가 나타나 서로 말하기를, '내일 명의가 오면 우리를 처치할 것이다. 그러니 우리가 고(膏)의 밑과 황(肓)의 위로 들어가면 명의도 어찌하지 못할 것이다.' 하였다. 이튿날 명의가 와서 진찰하고는, '병이 고황의 사이에 들어갔으니 치료할 수 없습니다.' 하였다."라고 하는 말이 보인다. 이후로 고황은 난치의 병을, 이수는 병마(病魔)를 지칭하는 말로 쓰인다.

136 빙천(氷天) : 북극의 매우 추운 땅을 이른다.

137 내경(內景) : 사람의 신체 안에 중요한 세 부분인 내경(內景), 외경(外景), 중경(中景) 중 하나인데, 내경은 오장육부를 말한다.

138 외영(外榮) : 밖의 영위(榮衛)로, 몸을 보양하는 혈기이다.

아아, 나의 여동생여! 천고의 매우 처참함이 또한 너와 함께 등급을 같이하는 자가 있겠는가. 나는 너의 애달프고 원통한 것을 서술하고자 한다면 비록 동해(東海)로 연지(硯池)를 삼더라도 또한 끝나기도 전에 이미 그 물결이 말라 버릴까 염려된다. 다만 너의 평일의 지극한 소원은 오직 남편을 따라 갑자기 죽어서 영원히 깨어나지 않음에 있었다. 지금 또한 남편과 함께 한 언덕에 묻혔으니, 비록 혼백이라 할지라도 마땅히 남편과 함께 즐겁게 놀며 너풀너풀 춤을 출 것이고, 또한 옛날 포대기에 있던 어린아이의 정수리의 헝클어진 머리카락을 쓰다듬고 있을 것으로 생각된다. 이것이 바로 부부와 모자간의 즐거움이니, 어찌 남편과 자식 없이 인간 세상에 사는 것보다 매우 좋지 않겠는가. 저승은 화락하고 즐거워 다시는 결함이 있는 이승처럼 장난하는 마귀가 없을 것이다. 오직 서산에 기운 해처럼 연로한 학발(鶴髮)의 어머니께서는 자나 깨나 아픈 마음을 가지고 피눈물을 황하처럼 쏟아 내고 있다.

아아, 나의 여동생이여! 장차 이와 같음을 어찌하리오. 너의 양자로 들인 아이는 지금 이미 10살이니, 그 사람됨이 자못 아름답다. 지난번 내가 너의 빈소에서 곡할 때 그 아이가 오동나무 지팡이를 잡고 삼베옷을 끌면서 빈소 궤연의 앞과 묘소 산의 언덕에서 울부짖으며 애달파하는 모습을 보니, 마치 장성하여 가정을 둔 사람과 같았다. 비유하건대 저 접붙인 나무가 꽃을 피우고 열매를 맺는 것이 하나의 혈맥의 생기(生氣)로, 참으로 본 뿌리에서 난 가지와 차이가 없었다. 오늘 너를 위로할 수 있는 것은 오직 여기에 있고 다른 것이 없다. 내가 태어난 지 4일째와 19세에, 애통함이 이미 육아(蓼莪)에 얽혀 있음을 마음 아프게 여긴다.[139] 다만 4남매가 아버지를 잃은 외로운 나머지 어머니의 그늘 곁에서 나란히 지내 왔는데, 너의 자품의 뛰어남과 운명의 기박(奇薄)함 같은 것은 더욱 가련하고 마음 아팠다. 과거에 살아 있을 때는 따로 떨어져 있어 오히려 동떨어진 곳[140]에서 삼상(參商)의 별[141]이 된 것을 한스러워하였는데, 지금에는 갑자기 유명의 길이 갈림길이 되어 버려 너의 목소리와 얼굴을 접함이 영원이 막혀 버렸다. 비록 나의 심목(心目)에 남아 있는 것이 항상 완연한 모습으로 펼쳐지지만, 꽃다운 자취는 날로 아득하고 달로 멀어진다. 옛날 너를 즐겁게 맞이하던 곳에 다만 처량하게 목메는 해가(薤歌)[142]가 들리고, 내일 통곡하고 너를 보낼 자리에는 오직 높은 언덕의 무덤과 거친 사초(莎草)만 보이니, 인생이 이런 지경에 이르면 비록 목석과 같은 심장(心腸)이라 할지라도 어찌 창칼에 마디마디 베어지

139 내가……여긴다 : 정종로는 태어난 지 4일 만에 어머니를 잃었고 19세 때 아버지를 잃었다. 〈육아(蓼莪)〉는 《시경(詩經)》에 실린 편 이름으로, 자식이 부모의 봉양을 생전에 뜻대로 하지 못한 것을 슬퍼하며 읊은 것이다. "길고 긴 아름다운 쑥이라 여겼더니, 아름다운 쑥이 아니라 저 나쁜 쑥이로다. 슬프고 슬프다 부모여, 나를 낳으시느라 수고하셨도다.〔蓼蓼者莪, 匪莪伊蒿. 哀哀父母, 生我劬勞.〕"라고 하였다.

140 동떨어진 곳 : 원문 '각애(角涯)'는 천애지각(天涯地角)의 준말로, 하늘가와 땅 모퉁이가 서로 간에 아주 동떨어져 있다는 말이다.

141 삼상(參商)의 별 : 서방의 삼성(參星)과 동방의 상성(商星)이 서로 등져 있어 동시에 두 별을 볼 수 없으므로 친한 사람과 이별하여 서로 만나지 못하는 것을 비유한다.

142 해가(薤歌) : 해로가(薤露歌)의 준말로, 사람의 죽음을 애도하는 만가(輓歌)이다. 상여가 나갈 때 부르는 노래인데, 사람의 목숨이 염교 잎 위의 이슬 같아서 쉽사리 없어진다는 뜻이다.

는 아픔을 견디겠는가. 비록 그러하나, 나는 또한 수염과 살짝이 희어지고 귀에는 매미 소리가 들리고 눈에는 비단 무늬가 아른거리니, 얼마 있지 않아 저승에서 서로 따르며 네가 낭랑한 목소리로 웃으며 나를 맞이하는 것을 보지 않겠는가. 아아, 나의 여동생이여! 아는가 모르는가. 오호애재라.

묘군[143] 사상에게 제사 지내는 글
祭卯君士相文

오호라, 사상(士相)이여! 군이 나를 버리고 가는가. 나를 버리는 것도 오히려 차마 하지 못할 것인데, 군의 처자식을 버리고 가는가. 군은 모두 세 번 장가를 들었는데, 그중에 한 사람이 곧 지금의 제수씨이다. 군에게 시집온 지 겨우 17년 되었지만, 부덕(婦德)을 완전히 갖추어 부용(婦容), 부언(婦言), 부사(婦事), 부공(婦功)에 있어서 하나라도 혹 미진한 것이 없었으니, 이것이 이미 군이 차마 버리고 갈 수 없는 점이다. 군에게 아들 둘[144]이 있는데, 맏아들은 그 아내가 매우 현명하고 둘째 아들은 그 아내가 기이한 질병에 걸렸다.[145] 딸은 6명으로, 그중에 둘은 비록 시집을 갔으나, 나머지 4명은 제수씨가 낳았는데 모두 시집을 가지 않았다. 그중 첫째는 겨우 비녀를 꽂은 15세이고 나머지 어린 것들은 혹 더펄머리 아이이거나 혹 젖먹이 아이이니, 이것이 또한 군이

143 묘군(卯君) : 훌륭한 아우를 뜻한다. 정종로의 동생 정재로(鄭宰魯, 1755~1812)를 말하니, 그의 자는 사상(士相)이다. 송나라 소식(蘇軾)이 그의 아우인 소철(蘇轍)이 묘년(卯年)에 출생했다 하여 소철을 묘군이라고 불렀는데, 소철 역시 문장으로 이름이 났었다.

144 아들 둘 : 상복(象復, 1785~1826)과 상순(象順, 1791~1838)이다.

145 맏아들은……걸렸다 : 상복의 부인은 풍산 유씨(豊山柳氏, 1788~1835)이다. 상순은 첫째 부인인 안동 권씨(安東權氏, 1793~1813)가 일찍 죽었기 때문에 재령 강씨(載寧康氏, 1795~1857)를 둘째 부인으로 맞이하였다.

차마 버리고 가지 못하는 점이다. 그런데 어찌하여 하루아침에 미련 없이 내버려 남편을 잃은[146] 통곡과 땅을 치는 슬픔을 천지가 다하도록 끝이 없게 하는가.

아, 사상이여! 나는 군과 형제간 된 것이 58년이다. 하늘이 돌보지 않아 군이 태어난 그다음 해에 아버지께서 돌아가셨고 16세인 군의 형이 또 어린 나이로 죽었으니, 오직 두 여동생과 군과 나만 남았었다. 어머니께서 밤낮으로 군을 어루만지며 길러 수고하고 고생스러운 일을 극진히 하여 자나 깨나 일념으로 잠시라도 잊은 적이 없었다. 두 여동생이 시집가서 그중 하나가 죽자 어머니는 더욱 군에게 정을 오로지하여 군에게 장수하고 복받기를 비는 것이 마땅히 얼마나 지극하였던가. 그러나 군은 고분(叩盆)의 아픔[147]이 두 번 있었고 새로 장가를 든 것[148]이 또 두 번이었으

146 남편을 잃은 : 원문 '붕성(崩城)'은 남편을 잃은 아내의 슬픔을 뜻한다. 춘추 시대 제(齊)나라 장공(莊公)의 대부인 기량(杞梁)이 전사하자 그 아내가 그의 시체를 성 아래에 놓고 열흘 동안 통곡하니 성이 무너졌다 한다. 《列女傳》 일설에는 진시황 때 기량(杞良)이란 사람이 장성(長城)을 쌓다가 억울하게 죽음을 당하여 그 시체가 성을 쌓은 돌무더기 속에 들어 있었는데 그의 아내가 가서 통곡하자 성이 무너지고 기량의 시체가 나타났다 한다.

147 고분(叩盆)의 아픔 : 상처(喪妻)한 일을 말한다. 장자(莊子)의 아내가 죽었을 때 혜자(惠子)가 조문(弔問)했는데, 장자가 다리를 뻗고 앉아 와부(瓦缶)를 두들기며 노래한 고사에서 유래한다. 《莊子 至樂》

148 새로……것 : 원문 '속현(續絃)'은 금슬(琴瑟)의 끊어진 현(絃)을 다시 잇는다는 말로서, 상처한 사람이 다시 부인을 맞이함을 뜻한다. 《해내십주기(海內十洲記)》에, 서해(西海)의 봉린주(鳳麟洲)에는 선가(仙家)가 많은데, 그 선가에서 '봉황새의 부리와 기린의 뿔〔鳳喙麟角〕'을 고아서 제조한 기름을 난교라 하는바, 이것은 이미 끊어진 궁노(弓弩)도 다시 접속시킬 수 있는 강한 접착력이 있다고 한다.

니, 어머니께서는 이것으로 슬퍼하고 이것으로 기뻐하여 또한 보통 사람의 경우에 비길 것이 아니었다. 게다가 하늘이 돌보지 않아 제수께서 우리 집에 시집온 지 겨우 4년째 되던 해에 어머니께서 또 돌아가시니, 나와 군은 근심을 품으며 또 이를 곳이 없었으니,[149] 다시 말할 만한 것이 없었다. 그러나 오히려 다행한 것은 군의 내외가 병 없이 건강하였고 근래에는 또 하촌(下村)에서 새로운 집을 지어 자손들이 앞에 가득하고 의식이 대략 풍족한 점이었다. 이것이 어두운 저승에 계시는 어머니의 평소의 마음을 거의 위로할 수 있는 것이었다. 지금 군이 죽는 데 이르니, 장수와 복을 모두 온전하게 누리지 못하였다. 생각해 보니 어둡지 않은 군의 영혼은 또한 반드시 이 때문에 크게 슬퍼하고 근심함이 매우 많았을 것이다. 북쪽으로 가성(佳城 무덤)을 바라보니, 어렴풋이 한숨 쉬며 탄식하는 소리를 듣는 듯하다. 내가 목석으로 된 심장(心腸)이 아니니, 오히려 어찌 애통함을 부르짖으며 기절할 지경이 아니겠는가.

아, 사상이여! 군이 타고난 자질은 완후(完厚)하고 타고난 품성은 느긋하여 다만 잠자고 먹는 모습을 보면 조금도 천수를 누리지 못하리라는 의심이 없었다. 게다가 안으로 민첩하고 예리한 재주를 품어서 밖으로 펴서 글을 지을 때마다 모든 것이 보통 사

149 근심을……없었으니 : 원문 '함휼미지(銜恤靡至)'의 뜻이다. 부모가 세상을 떠나 늘 근심하는 자식의 마음을 일컫는다. 《시경》 〈육아(蓼莪)〉에 "아버지가 없으면 누구를 믿으며 어머니가 없으면 누구를 의지할꼬? 나가면 근심을 품고 들어오면 이를 곳이 없노라.〔無父何怙? 無母何恃? 出則銜恤, 入則靡至.〕"라고 하였다.

람보다 월등히 뛰어났다. 그러나 아버지와 어머니 모두가 돌아가신 뒤로 드디어 과거시험을 폐하여 궁핍하게 거처하고 고요히 마음을 기르며 한가로움을 즐기며 자락하였다. 때로 외경(外境)과 정신이 합치됨이 있어서 근체시와 고체시 여러 편을 지으면 청신(淸新)하고 화려(華麗)하여 문장 솜씨가 샘물이 솟아나듯이 끝이 없었다. 그러나 또 시 짓는 것을 달갑게 여기지 않아 마치 그런 재능을 소유하고 있지 않은 듯하였으며, 사람들에게 글을 지어 달라는 재촉을 받지 않으면 또한 즐겨 하지 않았다. 대개 군의 덕망과 기국은 순수하고도 온전하여 평상시에 침묵하며 말이 적었고 기뻐함과 노여워함을 드러내지 않았다. 마음가짐이 공평하고 논의를 견지함이 충서(忠恕)하였다. 재물에 임하여 청렴하며 절개 있는 지조가 있었고, 의리를 봄에 확고하고 굳은 지킴이 있었다. 그러므로 호린옹(皓隣翁)[150]이 또한 일찍이 군에게 부친 시에 "세상일에 따라 변함이 없는 그대의 마음을 사랑하네.〔愛子心無變化機〕"라고 말하였으니, 대개 또한 군을 잘 관찰한 말이다.

아, 사상이여! 군의 이와 같은 자질과 행실로 어찌하여 60세도 살지 못하고 이런 죽는 지경에 이르고 말았는가. 참으로 내가 우애롭지 못하고 변변찮기 때문에 군이 완연히 병상에 누운 것을 본 것이 삼 개월이라는 오랜 기간에 이르렀으나, 끝내 한 번도 신

150 호린옹(皓隣翁) : 강세백(姜世白, 1748~1824)을 말한다. 본관은 진양(晋陽), 자는 청지(淸之), 호는 호린으로 상주(尙州) 봉대(鳳臺)에 거주하였다. 1792년(정조16)에 실시한 도산서원(陶山書院) 별시에 장원급제하여 홍문관 응교(弘文館應敎)를 역임하다가 사직 후 정종로(鄭宗魯)에게 학문을 강론받았다. 저서로 문집과 《진종성헌(晋宗成憲)》 4책이 전한다.

단(神丹)을 복용하여 고황(膏肓)의 이수(二豎)[151]를 제거하게 할 수 없었고 가만히 앉아서 목숨이 끊어지는 것을 볼 뿐 구제하지 못했다. 하늘이여 귀신이여! 이 사람〔입재〕은 어떠한 사람입니까.

아, 사상이여! 나의 운명은 험하고 사나워 태어난 지 4일 만에 어머니를 잃었고 19세에 아버지와 남동생을 잃었으며, 48세에 또 여동생을 잃었고 62세에 또 계모를 잃었다. 지금 75세에 또 남동생인 군을 잃은 내가 백발로 만년에 외로운 그림자로 홀로 남았다. 천지를 돌아보니 의지할 데가 없는 듯하니, 참으로 남은 인생이 얼마 되지 않아 군을 따라 함께 저승으로 돌아감이 다만 조만간에 있을 일이라는 것을 알겠다. 그러나 목숨이 다하기 전에 장차 무엇으로 회포를 삼아 살아가랴. 아, 사상이여! 변변찮은 나와 같은 사람에게도 오히려 다시 한 푼의 인정이라도 있어서 그렇게 하는 것인가.

지금 이 장지는 곧 선영의 경내로, 북쪽에는 아버지와 어머니의 묘소가 있어 서로 바라보는 곳에 있다. 군의 전배(前配) 강씨(姜氏)와 채씨(蔡氏)[152]는 모두 그 좌우에 있으니, 저승에서 즐거움이 반드시 인간 세상의 것과 다르지 않을 것이다. 나도 또한 오래지 않아 마땅히 군을 따라 저승에 갈 것이니, 모름지기 이것을 위로로 삼고 희망으로 삼아라.

151 고황(膏肓)의 이수(二豎) : 낫기 어려운 병(病)을 비유하는 말이다. 앞의 주 7 참조.

152 군의……채씨(蔡氏) : 정재로의 첫 번째 부인은 진산 강씨(晉山姜氏, 1760~1789)이고, 두 번째 부인은 인천 채씨(仁川蔡氏, 1767~?)이며, 세 번째 부인은 광산 노씨(光山盧氏, 1770~1815)이다.

아, 사상이여! 오늘 이 밤을 지나면 나와 군은 드디어 천고토록 영결한다. 말이 여기에 이르자 오장이 마디마디 끊어지니, 군은 그것을 아는가 모르는가. 아, 사상이여! 흠향하기를 바라네.

죽은 아내 숙인[153] 완산 이씨에게 제사 지내는 글
祭亡室淑人完山李氏文

오호라!	嗚呼
내가 당신과 부부가 됨[154]이	與子結髮
40여 년이 되었으니	餘四十年
금슬의 은혜로운 정이	琴瑟恩情
어찌 평범하였겠는가	夫豈泛然
비로소 당신이 나를 버리니	始子捐背
눈물이 비 내리듯 흐르네	涕零如雨
방에 들어가니 아득하고 적막하며	入室冥漠
그림자 돌아보니 외롭고 쓸쓸하네[155]	顧影凉踽
그러나 인생을 생각해 보니	却念人生
누가 같은 날에 죽겠는가	死誰同日

153 숙인(淑人) : 정3품 벼슬 문관의 부인에게 내리는 정3품 외명부 품계이다.

154 부부가 됨 : 원문의 '결발(結髮)'은 댕기를 풀고 상투를 트는 것으로, 혼인을 의미한다. 한(漢)나라 소무(蘇武)의 시에 "성인(成人)이 되어 부부의 인연을 맺은 뒤로 둘 사이에 은애를 의심하지 않았노라.〔結髮爲夫妻, 恩愛兩不疑.〕"라는 말이 보인다. 《文選 卷29》

155 외롭고 쓸쓸하네 : 원문 '양우(凉踽)'의 뜻으로, '踽踽凉凉'에서 온 것이다. 《맹자》 〈진심 하(盡心下)〉에 위선자인 향원(鄕原)이 견자(獧者)에 대해서 "행실을 어찌하여 저렇게 외롭고 쓸쓸하게 하는가. 이 세상에 태어나서 이 세상 사람들에게 좋은 말을 듣기만 하면 그만이다.〔行何爲踽踽凉凉? 生斯世也, 爲斯世也, 善斯可矣.〕"라고 하였다.

한 사람이 먼저 죽고 한 사람이 뒤에 죽음은	一先一後
그 이치가 또한 진실로 그러하네	其理亦實
하물며 당신은 장수를 누려	矧子得壽
거의 70세가 되었으니[156]	幾滿七旬
70년 동안에	七旬之間
복을 누림이 끝이 없었네	享福無垠
아들은 장가들고 딸은 시집가서	子娶女嫁
다섯 쌍의 부부를 두었으니[157]	有五其雙
친손자와 외손자들이	內外諸孫
무릎에 돌기도 하고 걸어다니기도 하네	繞膝成行
만년의 영화로움과 즐거움은	晩來榮樂
또한 거기에 짝할 이가 드무니	又少其儔
넉넉한 숙인이여	優優淑人
백 가지에 하나의 근심도 없었네	百無一憂
평상시 항상 가졌던 소원은	居恒有願
죽어 남편의 손에 묻히는 것이었는데	葬于夫手
지금 다시 그렇게 되었으니	今復如之
무슨 한스러움이 있겠는가	何恨之有
거슬러 올라가 말함이 여기에 미치니	溯言及此

156 당신은……되었으니 : 부인의 생몰 연대는 1736년에서 1803년으로, 향년 68세이다.

157 아들은……두었으니 : 아들은 상진(象晉), 상승(象升), 상관(象觀)이고 두 딸은 최식(崔湜)과 황석로(黃錫老)에게 시집갔다.

또한 족히 탄식할 만한 것이 없네 亦不足嗟
최고로 잊기 어려운 것은 最所難諼
당신의 덕이 매우 많았다는 점이네 子德孔多
처음 당신이 우리 집에 시집왔을 때 始子入門
어머니께서 과부로 계셨고 先妣寡居
두 명의 여동생과 한 명의 남동생[158]은 二妹一弟
당신보다 10살 이상 어렸는데 長年十餘
당신이 좌우로 잘 돌보아 주어 子克左右
성인이 되게 하였네 以至成立
어머니께서 질병이 있으면 先妣有疾
밥 짓는 것을 반드시 친히 하였으니 爨必親執
어찌 부릴 여종이 없었겠는가마는 豈無婢使
봉양함에 참마음을 다하려는 것이었네 護養要忠
정결함과 정성으로 제사를 받들어 潔誠奉祭
음식을 갖춤에 몸소 하지 않음이 없었고 具靡不躬
앉아서 닭 울기를 기다리는데[159] 坐以待雞
혹시 때를 놓친 적이 없었으며 罔或愆時
순수하고 깨끗한 한결같은 마음을 精白一心
늙을 때까지 그만두지 않았네 至老不已

158 두……남동생 : 각각 조명복(趙明復)과 김경(金絅)에게 시집간 두 명의 여동생과 남동생 재로(宰魯)를 말한다.

159 닭 울기를 기다리는데 : 음식을 그 전날에 미리 준비하였다가 닭이 울어야 비로소 제사를 지냈다.

우리 집안이 세상에 드러남은	我家顯世
문장공[160]으로부터 시작하였는데	粤自文莊
당신은 그분을 일찍부터 듣고 알아	子夙聞知
공경하고 사모함이 특별하였네	景慕出常
"지금 우리 집안을 유지해 가는 것은	曰今維持
모두 선조의 은혜이다"라 하면서	皆是祖賜
매양 밥 먹을 때 반드시 칭찬하여	每飯必稱
죽을 때까지 그 말을 하였네	以至沒齒
숙부께서 만년에 홀아비가 되어	叔父暮鰥
항상 나의 이웃에 거처하셨는데	居常我隣
당신이 숙부 옷을 바느질한 것이	子任縫線
몇 년인지 모른다네	不知幾春
은혜가 숙부의 어린아이들에게 미쳐	施及諸穉
머리카락의 빗질까지 해 주었으니	至爲梳髮
이 때문에 환심을 얻어	用得歡心
숙부의 칭찬이 자주 나왔네	褒語累發
막내 숙부와 숙모 섬기기를	事季父母
또한 시부모와 같이 하였으니	亦若舅姑
정의가 서로 간에 미더워	情意交孚
털끝만큼도 간극이 없었네	無間絲毫

160 문장공(文莊公) : 정경세(鄭經世, 1563~1633)로, 본관은 진양(晉陽), 자는 경임(景任), 호는 우복(愚伏)이며 문장은 그의 시호이다. 저서로는 《우복집》, 《상례참고(喪禮參考)》가 있다.

중모께서 운명이 기구하여 仲母奇釁
마음의 상처가 가슴에 쌓였으며 積抱疚傷
노년에는 실명하여 臨年廢明
오래토록 병상에 계셨네 長在褥牀
당신이 독실하게 모시며 잊지 않고 子篤不忘
문후인사를 드림에 매양 민첩하여 省候每敏
모든 맛있는 음식이 있으면 凡有旨甘
언제나 반드시 가져가 올렸네 動必攜進
중모께서 울면서 말씀하시기를 仲母泣言
죽어서도 고마움이 남아 있을 것이다 하였네 死有餘感
겸하여 상례를 치름도 잘하였는데 兼熟治喪
상례는 반드시 염을 해야만 하였네 喪必待殮
염하고 습하는 여러 도구들을 殮襲諸具
입으로 명령하고 손으로 마름질하여 口呼手裁
상례를 처음부터 끝까지 주선하여 始終周旋
정성과 애달픔을 다하였네 以盡誠哀
조부에게는 첩에게 난 자식이 王考側出
또한 두 분이 있었는데 亦有二人
당신이 거두어 구휼하여 子爲收恤
굶어 죽지 않게 하였네 俾不壑塡
옛날에 당신이 처음 시집올 때 昔子初來
어려운 일을 두루 겪었지만 備嘗艱難
재물을 쓸 데가 있으면 臨財有用
조금도 인색한 적이 없었네 曾不少慳

어떤 사람이 와서 빌리는 것이 있으면	有來求假
그 응대함이 물 흐르듯 아끼지 않았으니	其應如流
다만 자신이 베풀려고 하였고	但要己施
남에게 보답을 요구하지 않았네	不責人酬
초탈하여 얽매임이 없었고	脫然無累
염두에 두는 것은 오직 의리였네	所知惟義
항상 대체를 견지하였으니	常持大體
선행을 다 기록할 수가 없네	事不勝紀
"내가 총부(冢婦)가 되어	曰余爲冢
감히 나의 지손에게 사사로이 하랴	敢私吾支
밝고 밝은 한마음으로	炳炳一心
종족을 보존함을 생각하네"라 하였네	保宗是思
두 딸이 시집갈 때	二女于歸
데리고 갈 수 있는 여종이 있었지만	有婢可與
여종이 제수를 장만하는 일 때문에	爲其隸祀
딸을 맨몸으로 가게 하였네	任其徒去
둘째 아들이 양자로 나가니[161]	仲兒出繼
가난하고 어려운 생활이었으나	貧莫之活
선대의 가업을 소중히 여겨	重是先業
한 뙈기 전답도 잘라 주지 않았네	寸田不割
막내아들을 매우 사랑하여	季也愛鍾

161 둘째……나가니 : 둘째 아들 상승(象升, 1773~1821)은 문로(文魯, 1737~1800)에게 양자로 갔다.

마음에서 떼 놓지 못하듯 하였지만	若不離懷
숙부에게 양자 감에 미쳐서[162]	逮后叔父
결단하여 보내고는 평상으로 돌아왔네	斷送遂恢
무릇 이런 몇 가지 일에 대해서	凡玆數件
비단 당신의 뜻이 그럴 뿐만 아니네[163]	匪獨子意
참으로 이치에 어두웠다면	苟昧於理
또한 누가 그렇게 할 수 있었겠는가	亦孰能爾
또 크게 훌륭한 점이 있었으니	又有大者
충성스러운 마음으로 권세에 담담했네	懷忠恬勢
항상 말하기를 "우리 전주 이씨는	常言我李
국왕 종실의 후예다"라 하였네	宗室之裔
몸이 비록 여자였지만	身雖女子
나라를 향하는 마음은 절로 특별하여	嚮國自別
임금께서 남쪽으로 얼굴을 향하였기에	以君面南
뒷간을 북쪽에 두는 것을 금하였네	廁禁置北
내가 관직에 임명되자	及余拜官
영화를 보고 두려움으로 여겼으며	視榮爲懼
잠시 출사하였다가 집으로 돌아오자	暫出賦歸
당신은 더 이상 벼슬을 사모함이 없었네	子無餘慕

162 막내……미쳐서 : 상관(象觀, 1776~1820)은 정종로의 사촌 동생인 성로(成魯, 1751~1835)에게 양자로 갔다.

163 비단……아니네 : 아내가 모든 일을 처리함에 생각이 그러할 뿐만 아니라 이치에 밝아서 그랬다는 뜻이다.

나의 은거하는 삶[164]을 즐거워하고　樂我衡泌
이보다 편안한 것이 없다고 말하였으니　謂莫斯安
이런 많은 훌륭한 점은　凡玆衆美
모두 사람들이 하기 어려운 것이었네　皆人所難
복이 저와 같고　以福若彼
덕이 이와 같으니　以德若玆
당신은 이미 유감이 없고　子旣無憾
나도 무슨 슬픔이 있겠는가　余又何悲
가장 마음에 걸리는 한 가지 일로　最是一事
오히려 마음에 잊혀지지 않고 있네　猶爲介介
내가 일찍이 당신에게 말하기를　吾嘗語子
"부부가 함께　夫婦共坐
한 마루에 앉아　一堂之上
자손들을 모두 모으니　咸致子孫
안팎의 남녀이며　內外男女
줄지어 시봉하는 형제이네　列侍弟昆
좌로 어루만지고 우로 끌어안으며　左撫右抱
앞에는 술잔이고 뒤에는 그릇이네　前觴後豆
머리카락이 희끗희끗한 두 늙은이　皤皤兩老

164 은거하는 삶 : 원문 '형비(衡泌)'는 누추한 집〔衡門〕과 샘물인데, 전의되어 은거하는 곳을 말한다. 《시경》 〈형문(衡門)〉에 "집이 비록 누추하지만 휴식할 수 있고, 샘물이 졸졸 흐르니 굶주림을 즐길 수 있네.〔衡門之下, 可以棲遲. 泌之洋洋, 可以樂飢.〕"라고 하였다.

이 즐거움이 이루어지기를 바라네"라 하였네	此樂庶遂
당신이 지금 이미 죽었으니	子今已矣
나 홀로 누린들 무슨 즐거운 마음일까	獨享何心
한 잔의 술과 영결하는 말을 올리니	單杯矢辭
영혼은 돌아보며 흠향하소서	靈庶顧歆

유모에게 제사 드리는 글
祭乳母文

오호애재라 嗚呼哀哉
옛날 내가 처음 태어날 때 昔我初生
곧바로 어머니가 돌아가심에 卽喪先慈
강보에서 시끄럽게 울어 대니 呱呱襁褓
실낱같은 목숨 위태로웠네 縷命阽危
이때 나의 유모께서는 維時我媼
아이 하나를 새로 낳아 길렀네 新擧一兒
젖이 이미 풍족하고 乳道旣足
복스러운 모습도 좋았네 福貌且宜
드디어 나를 기르게 되었으니 遂令鞠我
저 영수 물가였네[165] 于彼瀨湄
이에 유모가 젖가슴을 내놓고 爰披腹心
몸과 살갗으로 나를 어루만졌네 接以體肌
나를 끌어안고 나를 어루만지며 抱我拊我
이것을 생각하고 마음에 두었네[166] 念茲在茲

165 내가……물가였네 : 정종로의 어머니는 부림 홍씨(缶林洪氏)로, 1738년 11월 13일에 문경군 영순면 율리의 친정에서 정종로를 낳았으나 4일 만에 죽었다. 친정인 율리 근처에 영강이 있다.

166 이것을……두었네 : 《서경》 〈대우모(大禹謨)〉에 "이를 생각함도 이에 있으며, 이를 버림도 이에 있으며, 이를 명명하여 말함도 이에 있으며, 진실로 마음에서 나옴

찡그리면 목마른가를 걱정하고 嚬恐其渴

울면 배고픈가를 걱정하였으며 啼恐其飢

춥고 따뜻하며 마르고 축축함을 寒煖燥濕

자세히 살피기를 오직 공경히 했네 諦視惟祇

그러다가 혹시 질병이 나면 厥或有病

놀라 두려워하며 탄식하였네 驚惶嗟咨

목욕재계하고 기도를 올리며 沐浴祈禱

밤낮으로 보호하고 지켰네 晝夜護持

지극한 정성이 이르렀기에 至誠攸格

의사도 필요 없이 병이 나았네 瘥不待醫

그러나 유모의 아이는 顧媼之兒

죽어서 산 언덕에 묻혔네 死歸山陂

젖을 나누어 먹였기에 이렇게 되었으나 分哺有是

이에 대하여 원망하는 말이 없었으니 曾無怨辭

만약 지극한 충정이 아니었다면 倘微赤忠

어찌 이와 같을 수 있었겠는가 曷克如斯

하물며 사람이 아이를 기름은 況人育嬰

자애로운 마음 때문에 피곤함을 잊네 慈故忘疲

만약 자기가 낳은 아이가 아니라면 若非己出

그 어려움은 배가되네 其難倍之

유모의 입장에서 나를 보면 以媼視我

존비의 지위가 현격하지만 位絶尊卑

도 이에 있다.〔念茲在茲, 釋茲在茲, 名言茲在茲, 允出茲在茲.〕"라고 하였다.

힘쓰고 고생하면서	黽勉劬悴
3년의 세월을 보냈네	歲歷三期
달게 잠을 재우느라 편안하지 않았고	寢甘莫安
맛있는 음식을 먹이는 데 때가 없었네	食美莫時
평소에 울음을 그치게 하려고	尋常止啼
또한 온갖 심기를 다 허비하였네	亦費心機
이런 유모의 쌓은 공로를	玆其積勞
대저 누가 나란히 견주랴	夫孰與夷
내가 외가에서 우산으로 돌아오니	逮我歸庭
또한 서로 생각함이 간절하였네	又切相思
혹 유모가 때때로 와서 나를 찾아볼 때	或時來見
손에는 반드시 가진 물건이 있었네	手必有攜
문에 들어와 짐꾸러미를 풀어	入門解苞
나에게 엿을 먹여 주었네	啗我以飴
유모가 장차 돌아갈 때	及其將返
뒤돌아보며 머뭇거렸네	睠顧躕踟
정성스럽고 곡진한 뜻은	繾綣之意
늙어서도 쇠퇴하지 않았네	至老不衰
지난 정미년(1787, 정조11)에	往在赤羊
드디어 나에게 와서 의지하였네	遂來我依
흰 머리카락에 노년이어서	鶴髮殘齡
이미 엄자산[167]에 임박하였네	已迫崦嵫

167 엄자산(崦嵫山) : 옛날에 해가 들어가는 곳이라 생각했던 산의 이름으로, 만년

아내를 도와 살림을 꾸려서	佐婦治生
힘이 닿는 대로 일을 하였네	隨力有爲
우물과 절구를 두루 점검하고	看檢井臼
대문을 지키며 살폈네	守視門楣
오이 심고 채소밭에 김매며	種瓜耘蔬
날마다 부지런히 일하였네	惟日孜孜
집안사람들이 믿고 의지하니	家人恃賴
거의 어머니에 버금갔네	殆亞萱闈
하물며 내가 기뻐함이	矧余之喜
어찌 끝이 있었겠는가	曷有其涯
유모가 더욱 건강하여	祝媼愈健
길이 백 년 살기[168]를 축원하였네	永享期頤
나에게 기장밥과 쌀밥을 지어 주었고	餐我粱稻
나에게 갖옷과 갈포를 입혀 주었네	服我裘絺
태산과 같은 높은 은혜에	泰山厚恩
거의 보답은 털끝만큼 작았네	庶答毫釐
작년 초여름에	昨歲初夏
갑자기 귀향할 것을 고하여	忽焉告歸
수구초심[169]의 바람이 간절하였으니	首丘願切

(晩年) 또는 노년(老年)의 비유로 쓰인다.

168 백 년 살기 : 원문 '기이(期頤)'는 백 년을 살아 부양(扶養)을 받는 것을 뜻한다. 《예기(禮記)》 〈곡례 상(曲禮上)〉의 "백 세가 되면 기(期)라 하니, 자손들에게 부양을 받는다.〔百年曰期, 頤.〕"라고 하였다.

갈림길에 임하여 말이 비통하였네	臨岐語悲
말없이 서로 바라볼 뿐	脈脈相視
눈물이 눈에 가득하였네	有淚盈眦
함께 뒷날 기약을 가리키며	共指後期
오래 이별하지 않으리라 생각했네	謂不久離
어찌 알았으랴 이 이별이	那知此別
드디어 북두성과 기성이 됨[170]을	遂成斗箕
중간에 소식이 두절되었으니	中間阻絶
역병에 걸렸기 때문이네	職癘之罹
마침내 이 때문에 운명하여	竟以此隕
갑자기 덕스러운 모습 감추었네	奄閟德儀
두 아들이 끝까지 효도하였고[171]	二男終孝
여러 손자들은 주위를 둘러쌌네	諸孫傍圍
80세에 돌아가시니	八十乘化
사람들이 복 많은 아낙네라 말하네	人稱福嫠
그러나 내가 유모에게 보답함은	顧余酬媼
평소에 이미 보잘것없었네	平昔旣微
사생의 즈음에	死生之際

169 수구초심(首丘初心) : 여우가 죽을 때 머리를 제가 살던 언덕 쪽으로 향한다는 뜻으로, 고향을 생각한다는 말이다.

170 북두성과 기성이 됨 : 이 두 별의 사이에는 은하(銀河)가 가로놓였으므로, 간격이 있어 만남이 원활하지 못한 것을 비유한다.

171 끝까지 효도하였고 : 원문 '종효(終孝)'는 부모보다 먼저 세상을 뜨지 않고 끝까지 효를 마친다는 뜻이다.

또 마음이 뜻대로 되지 않아	心事又違
병환에도 약을 지어 드리지 못했고	病未操藥
죽을 때도 문상하지 못했네	歿不拊屍
은덕을 갚고자 하나	欲報之德
어느 때에 좇을 수 있을까	何時可追
생각해 보니 옛날에 한유가	念昔韓公
유모를 위하여 비석을 세워[172]	至爲竪碑
지금까지 천 년이 되도록	迄今千載
그 글이 빛났네	有炳其辭
나 같은 능력 없는 사람은	若余無能
거의 이런 일에 미칠 수 없네	末由庶幾
그러나 오히려 묘지명을 지어	猶擬作誌
자손에게 주려고 생각하네	子孫是貽
세월이 멈추지 않고 흘러	日月不淹
이미 상여가 출발하네	已駕靈輀
박주(薄酒)로 정성을 올리니	薄醪薦忱
나의 술을 흠향하소서	尙歆我巵

172 한유(韓愈)가……세워 : 《한창려집(韓昌黎集)》 권35에 〈유모묘명(乳母墓銘)〉이 실려 있다. 유모는 이씨(李氏)로, 서주(徐州) 사람이며 호는 정진(正眞)이다. 한유가 태어난 지 두 달이 되지 않아 어머니를 잃어 유모가 길렀다고 한다.

애사 哀詞

사촌 여동생의 남편 이충언[173]을 애도하는 글 병서
哀從妹婿李忠彦詞 並序

오호라! 이충언(李忠彦) 군은 지초와 난초 그리고 금과 옥 같아 평소 언행에 한 점의 흠결도 없었네. 향기로운 칭예가 성대하여 향당(鄕黨)에서 기대하였으며, 백일장 대회에 나가서 또한 여러 차례 승리하였네. 군이 과거시험에 합격하는 것은 다만 조만간에 있을 일이었으나 군에게 이런 일들은 오히려 보잘것없는 것이었네. 군의 자질의 아름다움과 재주의 빼어남으로 가령 일찍부터 현명한 스승을 만나 학문에 종사하였다면 그 성취를 어찌 헤아릴 수 있었겠는가. 불행하게도 29세에 갑자기 요절하니, 아아 원통하구나. 군이 살았을 때 내가 이미 애지중지하였고 군이 죽음에 내가 군의 뒤를 이를 자식이 없는 것을 더욱 애달파하네. 군의 장례 때 거친 말로 글을 지어 애도하니, 애사는 다음과 같네.

173 이충언(李忠彦) : 이국배(李國培, ?~?)이니, 본관은 흥양(興陽)이며 자는 충언이다. 월간(月澗) 이전(李㙉)의 후손으로 상주에 거주하였다. 그는 정종로의 중부(仲父) 정의모(鄭義模)의 딸에게 장가들었다.

아, 군의 청결함이여!	猗夫君之淸潔兮
어찌 그 마음은 희고 맑았던가	何皎皎其靈臺
얼음 항아리 맑아 밑바닥까지 보이고	冰壺瑩而澈底兮
보배로운 거울 텅 비어 티끌이 없네	寶鏡虛而無埃
이는 선조의 빛남을 받아 잉태한 것으로	是蓋胚胎於前光兮
진실로 맑고 신령스러움은 유래가 있네[174]	固淑靈之有自
옛날 월간(月澗)[175] 어른이 덕을 수양함에	昔月老之養德兮
옛 철인을 지목하여 모범으로 삼았네	指往哲而爲軌
서애(西厓) 문하에서 지극한 가르침을 계승하여	承厓門之至訓兮
창석(蒼石)[176] 어른과 함께 공부하였네	與蒼翁而偕征
나의 선조[177]께서 그들과 도의를 강론하여	吾祖與之講道兮
평생토록 금란지교(金蘭之交)를 맺었네	結金蘭於平生

174 맑고……있네 : 《한서(漢書)》 권97 하 〈외척전 하(外戚傳下)〉에, "조고의 유덕을 이어받음이여! 어쩌면 그리도 성명이 맑고 신령한지.〔承祖考之遺德兮, 何性命之淑靈?〕"라고 하였다.

175 월간(月澗) : 이전(李㙉, 1558~1648)의 호이다. 본관은 홍양(興陽), 자는 숙재(叔載)이다. 유성룡의 문인으로, 임진왜란 때 동생 이준(李埈)과 함께 의병을 일으켜 싸우다가 적에게 포위된 적이 있었는데, 그때 동생을 데리고 탈출에 성공하였다. 1603년(선조36)에 생원에 합격하였다. 옥성서원(玉城書院)에 제향되었다.

176 창석(蒼石) : 이준(李埈, 1560~1635)의 호이다. 본관은 홍양(興陽), 자는 숙평(叔平)이다. 유성룡(柳成龍)의 문인으로, 1582년(선조15) 생원시를 거쳐 1591년(선조24) 문과에 급제하였다. 임진왜란 때 의병을 일으켜 왜적에 대항하였다. 벼슬이 첨지중추부사와 대사간에 이르렀다. 상주의 옥성서원(玉城書院)과 풍기의 우곡서원(愚谷書院)에 제향되었다. 저서로 《창석집》을 남겼으며, 《형제급난지도(兄弟急難之圖)》를 편찬하였다. 시호는 문간(文簡)이다.

177 나의 선조 : 정종로의 6대조 우복(愚伏) 정경세(鄭經世)를 말한다.

끼친 향기 멀리 가서 사라지지 않으니　遺芬遠而不沫兮
그 후예에 특출한 이가 많음은 마땅하네　宜厥苗之多異
비유하건대 단혈(丹穴)의 기이한 봉황[178]은　譬丹穴之奇毛兮
고표(高標)의 상서로 다섯 무늬를 찬란케 했네　爛五章以標瑞
그대가 어린아이 때부터　自子在於穉齡兮
나는 이미 자태를 기이하게 생각했네　余已奇夫姿狀
완연(婉然)히 아름다운 눈이여[179]　淸揚婉而美目兮
눈썹이 더욱 시원스럽게 생겼네　眉髮又其疎爽
심간이 이마에 드러남이여　心肝露於額上兮
기가 문덕(文德)으로 빛나고 안색은 온화하였네　氣文明而色溫
이때 나의 중모께서 사위로 선택하여　時余仲母之擇婿兮
어진 자기 딸에게 좋은 배필로 만들었네　協良配於賢媛
그대가 처음 목안(木雁)을 잡고 장가옴에　始執鴈而入門兮
보는 사람들이 모두 놀라는 얼굴색을 하였네　觀者咸爲動色
얼굴은 떠오르는 태양처럼 화려하게 빛나서　容華耀於旭日兮
참으로 밝고도 윤택함이 옥과 같았네[180]　信朗潤而如玉

178 단혈(丹穴)의 기이한 봉황 : 단혈(丹穴)은 전설 속의 산 이름이다. 《산해경(山海經)》 〈남산경(南山經)〉에 "단혈의 산에 새가 있는데, 그 모양이 닭과 같고 오색의 문채가 나는데 봉황이라고 한다."라고 하였다.

179 완연(婉然)히 아름다운 눈이여 : 《시경》 〈야유만초(野有蔓草)〉에 "의로운 한 사람이여! 눈썹과 눈 사이가 완연하구나.〔有義一人, 淸揚婉兮.〕"라고 하였으니, 눈썹과 눈의 사이가 완연히 아름다움을 뜻한다.

180 윤택함이 옥과 같았네 : 훌륭한 사위를 말한다. 진(晉)나라 위개(衛玠)가 악광(樂廣)의 딸에게 장가들자, 배숙도(裴叔道)가 "장인은 얼음처럼 맑고, 사위는 옥돌

뭇사람들이 바야흐로 용을 탔다고 축하하였고 衆方賀夫乘龍兮
나는 홀로 군의 동정을 그윽이 살펴보았네 余獨竊視其動靜
엄격한 법도로 종종걸음을 걷고 규범대로 걸음이여 儼繩趨而矩步兮
이미 그 위의가 매우 아름다웠네 旣厥儀之孔令
묵묵히 몸을 계칙함을 일삼음이 있음에 默有事於飭躬兮
《소학(小學)》을 지니고 기준으로 삼았네 佩小學而爲準
이것으로 벗들과 교제하니 以而交於儕友兮
벗들이 그의 충신에 심복하였네 儕友服其忠信
이것으로 향당에 행하니 以而行於鄕黨兮
사람들이 그의 순후하고 근신함을 좋아하였네 鄕黨悅其醇謹
어찌 집안에서의 행실에 혹 잘못이 있었겠는가 豈內行之或虧兮
그의 전형(典刑)을 보면 또한 알 수 있네 觀厥刑而又知
온화하게 옷깃을 바로 하고 규방에 처함이여 穆整襟而處閨兮
아내가 말하고자 하면 반드시 얼굴을 보았네[181] 婦欲語而必視面
날마다 완연한 용모로 어머니를 받들고 日婉容而奉母兮
숙부를 섬김에도 정성을 다하였네 事叔父又盡善
재물에 임하여 담담하게 욕심이 없음이여 澹無欲於臨財兮
가정에서 우애와 화목을 드러내었네 著友睦於家庭

처럼 윤기가 난다.〔婦公氷淸 女婿玉潤〕"라고 찬탄한 고사에서 유래하였다. 《晉書 卷36 衛瓘列傳 衛玠》

181 아내가……보았네 : 아내가 남편에게 말을 할 때 건성으로 대하지 않고 경청하였다는 말이다. 《의례(儀禮)》 <사상견례(士相見禮)>에 "대인(大人)과 말할 적에 처음에는 얼굴을 보고 중간에는 가슴을 보고 마지막에는 얼굴을 보며 변동함이 없어야 한다.〔凡與大人言, 始視面, 中視抱, 卒視面, 毋改.〕"라고 하였다.

표리를 관철하여 한결같이 행동함이여　徹表裏而如一兮
시종 일관하여 변경함이 없었네　貫終始而無變更
하물며 문장이 빛남이여　矧文華之燁燁兮
시문[182]이 찬란하여 섬세하고 고왔네　爛天葩之纖麗
성대하게 문단에서 재주를 드날림이여　沛掉鞅於詞場兮
소·대과의 합격[183]은 분수 내의 일이었네　視蓮桂爲分內
나는 오히려 군이 여사로 여겼을 것으로 생각하니　余猶謂君之餘事兮
어찌 일찍부터 유교의 참공부를 하지 않았으랴　盍早下夫斯學之眞工
이미 타고난 자질이 도에 가까우니　旣天資之近道兮
애를 쓰지 않아도 성공할 수 있었네　可不勞而成功
나이가 바로 꽃다운 때에 미쳐서는　及年華之政芳兮
앞길이 만 리처럼 트였네　萬里闊於前程
어찌 이런 바람에 부합해 주지 못하고　胡此望之未副兮
갑자기 한 번 잠들어 깨어나지 못하는가　奄一寐而無醒
그대의 문호에 복이 적음이여　將子門之薄祜兮
동량의 준걸 재주가 꺾어졌네　摧棟樑之才儁
또한 우리들이 복이 없어서　抑吾黨之無祿兮
후배 중에 뛰어난 인재[184]를 잃었네　失翹楚於後進

182　시문 : 원문의 '천파(天葩)'는 뛰어난 재주나 시문을 뜻한다. 한유(韓愈)의 〈취증장비서시(醉贈張祕書詩)〉에 "동야는 세속을 경동시키니 천파가 뛰어난 향기를 발한 때문이네.〔東野動驚俗, 天葩吐奇芬.〕"라고 하였는데, 동야는 맹교(孟郊)의 자이다.

183　소·대과의 합격 : 원문 '연계(蓮桂)'는 과거시험에 합격함을 말한다. 생원과 진사의 소과에 급제하면 연꽃을 꽂기 때문에 연방(蓮榜)이라 하고, 문과인 대과에 급제하면 계수나무를 꽂기 때문에 계방(桂榜)이라 한다.

내가 그 원인을 궁구하며 중얼거림이여 究厥故而沈吟兮

갑자기 내가 깨달음이 있는 것 같네 忽余若其有寤

대개 만물이 우주에 깃들어 있으면서 蓋凡物寓於宇內兮

진기한 재주로 오래도록 생존함은 드무네 鮮珍奇而能久保

채색 구름이 엉키나 쉽게 흩어지고 綵雲凝而易散兮

붉은 무궁화 꽃은 저녁까지 가지 않네 朱槿華而無暮

저 영롱한 유리는 彼琉璃之玲瓏兮

또한 심히 약해 잘 부서지네 亦孔脆而善碎

어찌 사람이라고 유독 다르겠는가 豈人生之獨異兮

기가 지극히 맑은 자는 참으로 어찌할 수가 없네 氣至淸者固無奈

듣건대 그대가 장차 죽으려 할 때 聞子臨夫將化兮

정신이 전혀 혼란하지 않았다 하네 了不亂乎神識

문득 한 가닥 목숨이 다하려 해도 奄一縷之垂盡兮

효심은 오히려 빛나며 세찼네 孝心猶其炳烈

어머니에게 안채로 들어가시라 청하여 請母氏而入內兮

자신의 운명을 보지 못하게 하였네 俾不見乎其絶

차마 슬하를 떠나 갑자기 죽음이여 忍違膝而溘逝兮

근심을 끼침에 지극한 한을 안은 것이네 抱至恨於貽慽

학발의 어머니는 아이를 부르며 피눈물 흘리고 鶴髮呼兒而血涕兮

아들이 이미 눈을 감을 수 없음을 염려하였네 念子已不能乎瞑目

184 뛰어난 인재 : 원문 '교초(翹楚)'는 뛰어난 인재를 이른다. 《시경》 〈한광(漢廣)〉의 "쑥쑥 뻗은 잡목 속에 회초리나무를 베리라.〔翹翹錯薪, 言刈其楚.〕"라는 구절에서 유래하였다.

청상과부가 죽으려 함을 애달피 여기니	哀孀婦之乞死兮
어찌하여 유복자는 아들이 아니었던가	又奚遺腹之非男
우리 그대로 하여금 후사가 없게 하니	使吾人而無嗣兮
원통한 기운이 천지에 다하리	冤氣窮乎輿堪
세월이 홀연히 가서 멈추지 않으니	日月忽其不淹兮
무덤의 문이 장차 닫히려 하네	云玄扃之將閉
옥 같은 얼굴을 영원히 보지 못함을 애달파하니	哀玉貌之永閟兮
다시 누가 그대의 덕음을 이을까	復德音之誰繼
내가 옷을 걸치고 가서 전송하려 하였으나	攬我衣而欲送兮
길이 멀고 막혀 갈 수 없었네	路脩阻而莫往
슬픈 바람에 임하여 눈물을 뿌리며	臨悲風而灑泣兮
하고 싶은 많은 말을 엮어[185] 묘지로 보내네	結煩言而寄幽壙
거듭 말하노니	重曰
청효[186]의 산이 빼어나 은거할 만함이여	驍之山明秀而可盤旋兮
청효의 물이 맑아 물길 따라 거닐 만하네	驍之水淸麗而可洄沿些
그대의 몸이 묻힌 무덤이여	是惟子降魄之宮兮
천만년토록 편안함이 무궁하리	千秋萬歲其寧無窮些

185 하고……엮어 : 《초사(楚辭)》 〈구장(九章)〉에 "진실로 할 말이 많아서 끝맺어 님에게 줄 수 없으니, 뜻을 진달하고 싶어도 길이 없어라.〔固煩言不可結而詒兮, 願陳志而無路.〕"라고 하였다. 즉 할 말이 너무 많지만 대략 글을 엮어 자기의 뜻을 상대방에게 보낸다는 뜻이다.

186 청효(靑驍) : 상주 청리(靑里)의 옛 지명이다. 이곳은 흥양 이씨(興陽 李氏)의 집성촌이다.

김상사[187] 성호를 애도하는 글

哀金上舍性浩詞

내가 착한 한 사람의 죽음을 애달파하니	余哀彼嬔一人兮
크게 재주가 있었으나 장수하지 못했네	顧有才而無命
자고로 이와 같은 이가 한둘이 아니지만	自古若是者非一兮
원통함이 그대와 나란히 견줄 사람이 없네	冤莫爾之與儷
그대는 대개 빼어남을 모아 지방[188]에서 나서	爾蓋鍾英而生於芝房兮
선대의 맑은 기운을 계승하였네	襲前世之淸氛
일찍부터 문단에서 재주를 드날려	夙縱靶於詞場兮
성대하게 꽃다운 명성이 멀리까지 들렸네	藹芳聲之遠聞
옛날에 내가 나그네로 그대를 만나 보니	曩余遇於萍水兮
눈썹과 눈이 완연히 아름다웠네	眉目婉其淸揚
홀로 대중에 휩쓸리지 않고 고결함이여	孑不羣而皎厲兮
청운에 뜻을 두고 높이 뛰어올랐네	志雲霄而高驤
얼마 후 과거시험장으로 출발하여	俄發軔於荊圍兮
갑자기 성균관[189]에서 영명을 날렸네	倏蜚英於芹宮

187 김상사(金上舍) : 김성호(金性浩, 1759~?). 본관은 순천(順天), 자는 양오(養吾)로 문경에 거주하였다. 1783년(정조7)에 생원에 합격하였다.

188 지방(芝房) : 영지(靈芝)가 총생(叢生)하는 곳이라는 뜻으로, 인재가 많은 가문을 비유한다.

189 성균관 : 원문의 '근궁(芹宮)'은 제후의 태학(太學)을 이르는 말로, 성균관을 이른다. 《시경》 〈노송(魯頌) 반수(泮水)〉의 "반수에서 즐김이여, 잠깐 미나리를 캐

연꽃을 따서 손에 잡으니　搴芙蓉而在手兮
봉황과 기린을 장식하여 몸에 걸쳤네　飾鳳麟而被躬
부모님에게 달려와 절하고 춤추니　趨庭闈而拜舞兮
찬란하게 그 영광을 빛냈네　煥爛燁其榮光
나이가 한창 장성할 때로　及年華之方壯兮
꽃향기 화창하게 펴며 끝이 없었네　芳翕習而未央
나는 그대가 가서 다시 계수나무 꺾어　余謂君行復折桂兮
멀리 입신양명에 이르리라 여겼네　期遠到於立揚
어찌 조물주가 액운을 주어　何造物之阨巇兮
어지럽게 아름다움을 빼앗고 상서로움을 꺼렸던가　繽攘揄而忌祥
푸른 혜초에 가을 서리 떨어지니　零秋霜於碧蕙兮
봄임에도 갑자기 시들어 꺾어졌네　奄萎折於青陽
바야흐로 하객들이 문전을 메웠듯이　方賀客之塡門兮
조문하는 사람이 홀연히 당에 가득 찼네　弔者忽其滿於堂
난삼과 복두로 싸서 시신을 염하니　裹襴幞而斂尸兮
화려한 채색은 아직도 변하지 않았네　華采猶其未渝
좋은 술을 따라 궤연에 올리니　斟慶醁而奠筵兮
남은 술방울이 또 술병에 있네　餘瀝又其在壺
무엇이 이보다 참담하고 상심되겠는가　孰慘傷而加玆兮
아득히 신의 이치를 따질 수 없네　茫神理之不可詰
아마도 허깨비꽃이 잠시 나타났다가　豈幻花之暫現兮
물거품과 함께 사라졌는가　與浮漚而偕滅

노라.〔思樂泮水, 薄采其芹.〕"라는 말에서 유래하였다.

남은 화표주는 홀로 서 있으니 餘華表而獨立兮
어느 날에 정령위가 돌아올까[190] 返令威其何日
부모는 애달픈 원숭이처럼 마디마디 창자 끊어지고[191] 哀猿之寸斷腸兮
조모는 엿을 먹으며[192] 거듭 피눈물 흘리네 重以血涕於含飴
과부의 원통함이 하늘을 부르짖으니 寡鵠之冤叫天兮
또 어찌 한 명의 자식도 남겨 주지 않았는가 又奚一塊之不遺
상상컨대 정혼이 어둡지 않아 想精魄其不昧兮
날마다 돌아보며 눈물을 삼킬 것이네 日反顧而飮泣
하물며 무덤[193]을 잃어버림이여 矧佳城之失藏兮

190 화표주는……돌아올까 : 화표주(華表柱)는 귀인의 무덤 앞에 나무 기둥 두 개를 세우고 위에다 나무를 가로지르고 붉은 칠을 하여 화려하게 한 것이다. 도연명(陶淵明)의 〈수신후기(搜神後記)〉에, "정령위(丁令威)는 본래 요동(遼東) 사람으로, 영호산(靈虎山)에서 도를 배워 신선이 되었는데, 그가 뒤에 학으로 화하여 성문 앞의 큰 기둥인 화표주에 앉아 있었다. 이때 어떤 소년이 활로 쏘려고 하자 학이 날아서 공중을 배회하며 말하기를, '새여, 새여, 정령위로다. 집을 떠난 지 천 년 만에 이제야 돌아오니, 성곽은 옛날과 같은데 백성은 그때 사람이 아니로구나. 어찌하여 신선술을 배우지 않아 무덤만 즐비한고.' 하고는 날아가 버렸다."라고 하였다.

191 애달픈……끊어지고 : 부모가 자식의 죽음을 몹시 슬퍼하는 것이다. 옛날에 환공(桓公)이 삼협(三峽)을 지날 때 그 부하 중의 한 사람이 원숭이 새끼를 잡아 가지고 배에 싣고 오니, 그 어미가 계속 배를 뒤따라오다가 배 안으로 뛰어들어 와서는 바로 죽었다. 그 배를 갈라 보니 창자가 마디마디 끊어져 있었다는 고사에서 온 말이다. 《世說新語 黜免》

192 조모는 엿을 먹으며 : 원문 '함이(含飴)'는 '함이농손(含飴弄孫)'이란 말에서 온 것이니, 엿을 먹음으로써 감미로움을 맛보고 손자를 데리고 노는 것을 낙으로 삼는 일을 뜻한다. 후한(後漢) 때 마황후(馬皇后)가 연로하자 "나는 다만 엿이나 먹고 손자나 데리고 놀 뿐이지 다시는 정사에 관여하지 않겠다."라고 말하였다. 《後漢書 卷十上》

계의 골짜기로 이장하였다 들었네 聞移骨於稽之峽
관(棺)이 엄연히 세상에 나와서 玄和儼而出世兮
고향을 바라봄이 과거와 같았네 望故園而如昨
그러나 이미 저승길은 궤도가 달라 旣冥路之異軌兮
아! 다시 고향으로 나아갈 수 없었네 羗不可以復卽
이승을 좇아 영원히 하직함이여 遵陽界而永辭兮
무덤을 가리키며 장차 다시 닫히려 하네 指幽扃而將復閉
내가 만약 그대의 탄식과 울분을 보았다면 吾若見君之歔欷而於邑兮
한마디 말을 하여 잠깐 쉬게 하였으리라 贈一言兮願小憩
대개 상제의 명은 일정하지 않으니 蓋帝命之靡常兮
장수와 단명에 누가 인위적인 힘을 허용할까 孰脩短之容力
오직 달인은 달관으로 惟達人之大觀兮
팽과 상을 같은 영역으로 보았네[194] 齊彭殤於一域

193 무덤 : 원문 '가성(佳城)'의 뜻이다. 한 고조(漢高祖) 때의 명신으로, 등공(滕公)에 봉해진 하후영(夏侯嬰)이 일찍이 말을 타고 동도문(東都門)에 이르렀을 때, 말이 가지 않고 발로 땅을 허비적거리기에 그곳을 파 보니 석곽(石槨) 하나가 나왔는데, 거기에 "답답하던 가성이 삼천 년 만에 흰 해를 보았도다. 아, 등공이 이곳에 거처하리라.〔佳城鬱鬱, 三千年見白日. 吁嗟滕公居此室.〕"라는 명문(銘文)이 새겨져 있었다. 이에 하후영이 죽은 뒤에 유명(遺命)에 따라 그곳에 장사 지냈다. 《西京雜記 卷4》

194 팽과……보았네 : 팽(彭)은 옛날에 800세를 살았다는 팽조(彭祖)로 장수(長壽)를 뜻하고, 상(殤)은 19세 이전에 죽은 자를 이르는 말로 단명(短命)을 뜻한다. 장자(莊子)는 〈제물론(齊物論)〉에서 "천하에는 상자(殤子)만 한 장수가 없고 팽조만 한 단명이 없다. …… 생(生)을 탐하는 것은 미혹이고 죽음을 두려워하는 것은 어려서 고향을 잃고 객지를 유랑하면서 돌아갈 줄 모르는 것과 같다."라고 하였는데, 그 뜻은 우주라는 큰 관점에서 보면 상자(殤子)의 단명과 팽조의 장수가 같고, 생과

하물며 어설픈 신선이 뛰어난 재주꾼만 못하니[195] 況頑仙不如才鬼兮
명성을 길이 보존함을 어찌 한갓 부질없다 말하랴 名永存者豈云徒促
내가 이것으로 그대 아버지를 위로하니 吾以慰夫乃翁兮
무익한 슬픈 마음을 푸소서 抒無益之悲腔
영혼이 세상을 떠나서 순리대로 돌아감이여 靈亦乘化而順歸兮
답답한 마음으로 길이 스스로 상심함이 없으리 無結鬱而長自傷
슬픈 바람에 임하여 말을 마치니 臨悲風而語罷兮
그대와 이별한 것을 생각하니 9년이네 憶別君兮纔九霜

사가 동일하다는 말이다.

195 어설픈……못하니 : 완선(頑仙)은 선도(仙道)를 처음 맛본 서투르고 어설픈 신선, 재귀(才鬼)는 재주가 뛰어난 사람을 가리킨다. 양(梁)나라 때 도홍경(陶弘景)이 일찍이 양 무제(梁武帝)에게 글씨를 논하여 올린 계(啓)에서 "매양 재귀가 되는 것이 또한 의당 어설픈 신선보다 낫다고 여깁니다.〔每以爲得作才鬼, 亦當勝於頑仙矣.〕"라고 하였다.

권휘조[196] 종묵 를 애도하는 글

哀權輝祖宗默詞

오호라, 휘조(輝祖)여! 이런 지경에 이르고 말았구나. 휘조는 동계(桐溪) 선생[197]의 후손이다. 선생의 정충(貞忠)과 직기(直氣)는 이미 우주를 진동시키며 빛났다. 휘조의 아버지[198]도 고상한 표상과 굳센 절개로 당시에 소문났는데, 나와 정신으로 사귄 지 오래이다가, 서로 만나 알게 되어서는 즉시 막역한 사이로 기뻐하게 되었다. 애석하게도 그가 진기한 보배를 품었지만 시험해 보지도 못하고 죽었다. 오직 아들 휘조가 있었는데, 사람이 영민하고 온아(溫雅)하였으며 집안에서의 행실에 독실하였다. 그리하여 어버이를 섬김에 있어서 살았을 때 봉양함과 죽었을 때 장례 치름에 곡진하지 않음이 없었다. 어릴 때부터 과거시험을 공부하여 향시(鄕試)에 합격한 것이 여러 차례였으나, 또한 합격의 여부로 기쁨

196 권휘조 : 권종묵(權宗默, ?~?). 본관은 안동(安東), 자는 휘조(輝祖)이다.

197 동계(桐溪) 선생 : 권달수(權達手, 1469~1504)를 말한다. 본관은 안동(安東), 자는 통지(通之), 호는 동계이다. 1492년(성종23) 문과에 급제하였다. 1504년(연산군10) 연산군의 생모 윤씨를 종묘에 모시려 하자, 그 부당함을 주장하다가 용궁(龍宮)에 유배되었고 갑자사화 때 국문을 받다가 옥사하였다. 시신이 집에 도착하자 그 부인 동래 정씨(東萊鄭氏)도 절명(絶命)하여 절의성쌍(節義成雙)이 되었다. 뒤에 도승지에 추증되었고 1693년(숙종19) 함창 임호서원(臨湖書院)에 제향되었다.

198 휘조의 아버지 : 권철(權徹, ?~?)이다. 본관은 안동, 자는 통백(通伯)으로 상주 함창(咸昌)에 거주하였다.

과 슬픔을 삼지 않았다. 항상 향상(向上 성리학) 공부에 뜻을 두고서 성현의 책을 읽기 좋아함을 그만두지 않았다. 평소에 몸을 검속하고 계칙하는 것을 조금도 게을리하지 않았으니, 그의 어진 행실이 출중함과 식견이 비범함이 과연 어떠했겠는가.

또 군이 나를 두고 나이가 조금 많다는 것으로 선생이라 여겨[199] 즐겨 적막한 우산(愚山)의 물가에 와서 배웠다. 그러므로 내가 일찍이 시를 지어 군의 아버지를 조곡(弔哭)하였는데, 그 시에 "동계 어른의 옛 실마리를 지금 누가 이을까. 또다시 현명한 아들이 있어 학업에 뜻을 둠이 넉넉하네.〔桐翁舊緖今誰繼, 更有賢郎志業饒.〕"라고 하였으니,[200] 군에 대한 기대와 희망이 자못 적지 않았다. 누가 군이 하루아침에 이런 지경에 이를 줄 생각이나 했겠는가. 가령 하늘이 수명을 연장하여 군의 본래 뜻을 이룰 수 있게 했다면 우리 유교에 관련되는 영향이 과연 어떠했겠는가. 지금 만사가 이미 끝나 버렸다. 들어 보니 내일 장례를 치른다고 하니, 나는 몸이 아파서 장지에 갈 수가 없어서 애사를 지어 그 애달픔을 서술한다. 애사는 다음과 같다.

199 나이가……여겨 : 원문 '일일지장(一日之長)'은 나이가 조금 더 많다는 것으로, 스승을 의미한다. 《논어》 〈선진(先進)〉에 자로(子路), 증석(曾晳), 염유(冉有), 공서화(公西華)가 공자를 모시고 앉아 있을 때 공자께서 "내가 나이가 여러분들보다 다소 많다 하여 나 때문에 하고 싶은 말을 어려워하지 말라.〔以吾一日長乎爾, 毋吾以也.〕"라고 하였다.

200 내가……하였으니 : 《입재집》 권7에 칠언 율시의 〈만권통백(輓權通伯)〉이 실려 있는데, 다만 마지막 구절이 '珍重賢郎志業饒'로 되어 있어 여기의 '更有賢郎志業饒'와 조금 다르다.

성대하고 빛남이여	奕兮舄兮
선조 공렬의 혁혁함이네	祖烈之赫兮
희고 깨끗함이여	皎兮潔兮
선공의 특출함이네	先公之特兮
유풍이 멀리까지 전함이여	流風之傳於遠兮
그대와 같은 아름다움은 마땅하네	宜如子之鮮兮
하물며 겸하여 땅의 신령한 기운을 모았으니	矧兼鍾於地靈兮
또한 어찌 훌륭한 자식[201]을 두지 않을까	又焉得不寧馨兮
함창(咸昌)의 산은 선명하고도 아름다우니	咸之山明而媚兮
그대가 그것을 얻어 모습이 되었네	子得之而爲貌兮
함창의 물은 곱고도 맑으니	咸之水麗而淸兮
그대가 그것을 얻어 정신이 되었네	子得之而爲精兮
어찌하여 그 기운이 박하고 두텁지 못해서	胡其氣薄而不厚兮
그대를 오래 살지 못하게 만들었는가	使子而不得久兮
비록 잠시 동안 인간 세상에 머물렀지만	縱暫留於人世兮
참으로 중인들을 초월하여 홀로 빼어났네	寔超衆而孤詣兮
과거에 발을 들였지만 성인 학문에 마음 두었으니	跡科臼而心聖門兮
비단 과문(科文)만 일삼을 뿐 아니었네	匪直事乎時文兮

201 훌륭한 자식 : 원문 ‘영형(寧馨)’으로 본디 ‘이 같은 아이’라는 말인데, 훌륭한 아이라는 뜻으로 쓰인다. 진(晉)나라 때 어려서부터 총명하고 점잖다고 이름난 왕연(王衍, 256~311)이 어린 시절에 죽림칠현(竹林七賢) 중 한 사람인 산도(山濤, 205~283)를 찾아갔을 때 산도가 한참 동안 감탄하고 그가 떠나는 모습을 멀리 바라보며 “어떤 부인이 이 같은 아이를 낳았을까?〔何物老嫗, 生寧馨兒?〕”라고 했다는 고사에서 유래하였다. 《晉書 卷43 王衍列傳》

엉뚱하게 나에게 배워 학업을 마치려 하였으니	謬欲從我而卒業兮
이 계획이 완수될 날이 있을 것이라 생각했네	謂此計之遂有日兮
아, 조물주가 시기심이 많음이여	嗟造物之多猜兮
재주와 목숨이 끝내 어긋나고 말았네	才與命其竟乖兮
갑자기 한 번 병이 들어 죽음이여	奄一疾而乘化兮
40년 세월이 석화처럼 별안간 지나갔네	四十之光陰瞥若石火兮
비유컨대 저 그윽한 난초가 막 싹이 빼어났다가	譬彼幽蘭之方秀兮
모진 서리에 갑자기 떨어진 격이네	嚴霜之忽墜兮
끝내는 빈 언덕의 무덤으로 장차 감이여	終然曠原之將適兮
저승의 길이 이에 아득하네	玄逵之乃邈兮
무엇이 이보다 슬프고 상심되겠는가	孰憯傷而加茲兮
꿈이지 참된 현실은 아닌 것 같으니	似夢非眞兮
나를 멍하게 만들며 눈물 흘리게 하네	使我惝恍而涕洟兮
사랑할 만한 맑고 밝은 그대의 얼굴이며[202]	瑩朗兮芝宇之可愛兮
또 귀하게 여길 만한 청결한 절조[203]이네	潔淸兮冰操之又可貴兮
지금 다시는 만날 수 없으니	今不可以復得兮

202 얼굴이며 : 원문 '지우(芝宇)'는 상대방의 눈썹, 즉 용모를 미화한 표현이다. 당(唐)나라 원덕수(元德秀)의 자는 자지(紫芝)인데, 재상(宰相) 방관(房琯)이 항상 덕수를 보면 감탄하면서 "자지(紫芝)의 눈썹을 보면 명리(名利)의 마음이 다 녹아 없어진다.〔見紫芝眉宇, 使人名利之心都盡.〕"라고 한 데서 나온 말이다. 《新唐書 卷194 元德秀列傳》

203 청결한 절조 : 원문 '빙조(氷操)'는 빙벽절조(氷蘗節操)의 준말이다. 즉 얼음물을 마시고 황벽나무를 식용으로 한다는 말로, 청고(淸苦)한 생활을 하며 절조(節操)를 지킨다는 뜻이다.

조물주[204]에게 따져 보고자 하나 欲詰眞宰兮
하늘을 보니 아득하기만 하네 而視天其漠漠兮
그래도 그대의 모범을 닮은 아들이 있으니 尙有典刑之克肖兮
그윽이 여기에 보답받기를 기대하네 竊期夫於此而食其報兮

204 조물주 : 원문 '진재(眞宰)'는 만물을 주재(主宰)하는 조물주를 이른다. 《장자》 〈제물론(齊物論)〉에 "진재(眞宰)가 있는 것도 같은데, 다만 그 조짐을 알 수 없다.〔若有眞宰, 而特不得其眹.〕"라고 하였다.

신운거[205] 치룡 를 애도하는 글

悼申雲擧致龍詞

신공 운거(申公雲擧)는 영남 지방의 고사(高士)이다. 동양씨(東陽氏)[206]의 종족이 우리나라에서 유명하여 상세(上世) 이래로 경대부(卿大夫)들이 줄지어 배출되었지만, 공은 이것을 가지고 스스로 자랑스럽게 생각하지 않았다. 벼슬이 끊어지고 문호가 쇠퇴한 것이 또한 3, 4대가 되었지만, 공은 또한 이것으로 스스로 보잘것없게 여기지 않았다. 개연(介然)히 홀로 거처하며 확고하게 절조를 지킴이 있었다. 붉은 인끈을 매고 황금 인장을 차며[207] 사두마차

205 신운거(申雲擧) : 신치룡(申致龍, 1736~1804). 본관은 평산(平山), 자는 운거로 신치봉(申致鳳)의 형이다. 문경에 거주하였다.

206 동양씨(東陽氏) : 신익성(申翊聖, 1588~1644)을 말한다. 본관은 평산(平山), 자는 군석(君奭), 호는 낙전당(樂全堂) 또는 동회거사(東淮居士)이다. 아버지는 영의정 신흠(申欽)이고, 어머니는 병마절도사 이제신(李濟臣)의 딸이다. 선조의 부마(駙馬)로, 정숙옹주(貞淑翁主)와 혼인하여 동양위(東陽尉)에 봉해졌다. 병자호란 때의 척화오신(斥和五臣) 중 한 사람이다. 시호는 문충(文忠)이다. 저서로는 《낙전당집(樂全堂集)》, 《낙전당귀전록(樂全堂歸田錄)》, 《청백당일기(靑白堂日記)》 등이 있다.

207 붉은……차며 : 고위 관직을 말한다. 남조(南朝) 양(梁)나라 구지(丘遲)의 〈여진백지서(與陳伯之書)〉에 "지금 공신과 명장들이 질서정연하게 위의를 갖추고서 붉은 인끈을 매고 황금 인장을 차고서 조정의 일을 협의하며, 초헌을 타고 정절(旌節)을 세우고서 지방관의 임무를 맡되 모두 말을 잡아 피를 내어 맹세하여 자신의 신분을 자손에게 물려준다.〔今功臣名將, 雁行有序, 佩紫懷黃, 讚帷幄之謀, 乘軺建節, 奉疆埸之任, 竝刑馬作誓, 傳之子孫.〕"라고 하였다.

를 타고 말고삐를 나란히 하는 것을 세상 사람들이 부러워하지 않음이 없었지만, 공은 그것이 의리에 맞지 않으면 전혀 가지지 않은 것처럼 여겼다. 사립문과 뚫어진 창문[208]과 양식이 없어 깨끗한 부뚜막과 먼지가 쌓인 시루[209]를 사람들이 괴로워하지 않음이 없지만, 공은 만약 도리에 맞다면 운명처럼 편안하게 여겼다. 대개 우연히 오는 벼슬을 뜬 티끌로 생각하고, 자신의 몸을 선하게 하는 것을 지극한 보배로 삼았다. 그러므로 공의 말에 "선비가 세상에 처신함에 궁핍하고 굶주림을 달게 참아 내는 것을 제일 중요한 일로 여긴다. 그렇게 하지 않으면 방정한 절조를 상실하여 장차 나쁜 일을 하는 데 이르지 않음이 없을 것이다."라고 말하였다. 평생토록 두려워함은 약속을 지키지 못하여 혹 곤란하게 되는 것이었고, 아주 작은 것[210]이라도 타인에게 빌린 적이 없었다. 일찍이 대흉년이 든 해에 밥을 먹지 못한 것이 5일이 되었지만 오

208 사립문과 뚫어진 창문 : 원문 '필문(蓽門)'은 대나무를 엮어서 만든 사립문을 말하고, '규두(圭竇)'는 담장을 뚫어 만든 창문이라는 뜻으로, 모두 가난한 사람이 사는 다 쓰러져 가는 집을 말한다.

209 먼지가 쌓인 시루 : 원문은 '증진(甑塵)'으로 범염(范冉)의 고사이다. 범염의 자는 사운(史雲)이다. 《후한서(後漢書)》 권111 〈범염열전(范冉列傳)〉에 내무(萊蕪) 고을의 수령으로 임명되었던 범염(范冉)이 가난하게 살면서도 낯빛 하나 변하지 않자, 사람들이 "범사운의 시루 속에서는 먼지만 풀풀 나고, 범내무의 가마솥 속에는 물고기가 뛰논다네.〔甑中生塵范史雲, 釜中生魚范萊蕪.〕"라는 노래를 지어 찬미한 고사가 전한다.

210 아주 작은 것 : 원문 '수양약홉(銖兩龠合)'의 해석이다. 수(銖)는 양(兩)의 1/24로 아주 작은 무게의 단위이고, 약(龠)은 홉(合)의 1/10로 아주 작은 부피의 단위이다.

히려 꼼짝하지 않고 누워서 목숨이 다하기를 기다렸으며, 구차하게 타인에게 빌어서 살 방법을 강구하는 것을 즐겨 하지 않았다. 공은 타인과 교제함에 진실로 자신을 알아주는 사람이면 비록 거리가 멀더라도 반드시 도보로 걸어가서 문상하였고, 자기를 알아주지 않는 사람이면 비록 이웃에 가까이 살아도 절대로 가지 않았다. 이런 태도로 종신토록 살았으나 후회하는 일이 없었다. 갑자년(1804, 순조4) 8월 16일에 죽으니 나이 69세였다.

진양자(晉陽子 정종로)가 부음을 듣고 애통해하며 다음과 같이 말하였다. 옛날에 왕신민(汪信民)이 한 말에 "나물 뿌리를 먹을 수 있으면 어떤 일이든 할 수 있다."[211]라 하였으니, 이것은 공과 같은 이를 두고 말하는 것이 아닌가. 세상에서 천금의 기증을 가벼이 여기고 만종(萬鍾)의 봉록을 사양하는 사람이 있으면 천하 사람들이 우러러 사모하지 않음이 없어서 얼굴빛을 바꾸며 칭찬하고 서로 입으로 칭송하기를 그치지 않을 것이다. 그러나 이와 같은 일들은 오직 나물 뿌리를 먹는 사람만이 할 수 있다는 것을 매우 모르는 것이다. 아울러 먹을 수 있는 나물 뿌리조차 없는 사람에 이르러는 또한 죽음으로 스스로 기약하여 한 터럭도 마음이 흔들리거나 뜻을 바꿈이 없은즉 이와 같은 사람은 가령 흰 칼날이 앞에 있어도 즉시 죽을 수 있음이 필연적이다. 천하의 지극히 어려운 일 가운데 과연 빈궁함이 이와 같은 지경에 이르렀음에도 불구하고 오히려 잘못된 일을 하지 않고 부정한 물건을 취하지

211 왕신민(汪信民)이……있다 : 왕신민은 왕혁(汪革)으로, 송(宋)나라 때 임천(臨川) 사람이다. 이 이야기는 《소학》 〈선행(善行)〉에 나온다.

않는 것보다 훌륭한 것이 있겠는가. 이것은 얼음과 눈으로도 그 고결함을 비유하기 부족하고 쇠와 돌로도 그 강건함을 비유하기에 부족하니, 공의 덕망과 자질의 아름다움에 누가 능히 미칠 수 있겠는가.

공은 문희(聞喜 문경(聞慶))의 포의(布衣)로 재주는 세상에 드러나지 못했고 문장은 시대를 울리지 못한 채 궁핍한 골짜기에서 늙어 죽어서 저승으로 떠나고 말았으니, 사람들의 입장에서 보면 다만 평범한 사람이 마침 왔다가 가 버린 것이 될 것이다. 그러나 가령 공이 공자(孔子)의 시대에 태어났다면 "해진 솜옷을 입고도 갖옷을 입은 자와 나란히 서도 부끄러워하지 않을 것이다."는 칭찬이 반드시 계로(季路)보다 아래에 있지 않았을 것이다.[212] 위(魏)나라 문후(文侯) 시절에 태어났으면 또한 반드시 이극(李克)이 다섯 가지를 살펴서 천거하는 데 버림을 받지 않았을 것이지만[213] 세상에서는 도리어 알아주는 자가 없었다. 끝내 민중숙(閔仲叔)[214]이 보리가 이미 섞였다고 받지 않았던 것[215]과 양백란(梁

212 공자(孔子)의……것이다 : 공자가 제자 자로(子路 : 季路)를 두고 칭찬하여 "해진 솜옷을 입고도 여우나 담비 가죽으로 만든 갖옷을 입은 사람과 나란히 서서도 부끄러워하지 않을 자는 중유(仲由 : 子路)일 것이다.〔衣敝縕袍, 與衣狐貉者, 立而不恥者, 其由也與!〕"라고 하였다. 《論語 子罕》

213 위(魏)나라……것이지만 : 위 문후(魏文侯)가 이극(李克)에게 위성자(魏成子)와 적황(翟璜) 중 누구를 재상으로 삼을지 물었는데, 이극이 "거처할 때 누구와 가까이하는지, 부유할 때 누구에게 베풀었는지, 높은 자리에 있을 때 누구를 천거하였는지, 곤경에 처했을 때 무엇을 하지 않았는지, 가난할 때 무엇을 취하지 않았는지, 이 다섯 가지를 살펴보면 충분히 정하실 수 있을 것입니다."라고 하자, 이 말을 듣고 위 문후가 위성자를 재상으로 삼았다. 《史記 卷44 魏世家》

伯鸞)이 남의 솥의 뜨거운 기운을 빌리지 않은 것[216]과 함께 곧은 절개를 가진 무리에 귀결된다. 구학(溝壑)에 굴러 떨어져 죽는 것을 잊지 않는 지조[217]와 큰 절개에 임하여 빼앗을 수 없는 절조[218]

214 민중숙(閔仲叔) : 후한(後漢) 민공(閔貢)의 자(字)가 중숙이다. 그는 안읍(安邑)에 우거(遇居)할 적에, 늙고 병이 든 데다 집이 가난해서 고기를 사 먹지 못하고 오직 돼지 간 한 조각만을 매일 구입하곤 하였는데, 정육점 주인이 잘 팔려고 하지 않자 이를 안 안읍의 현령이 주선해서 매일 사 먹을 수 있도록 하였다. 그러자 아들을 통해 이 사실을 전해 들은 민중숙이 "내가 어찌 먹는 것 때문에 안읍에 폐를 끼칠 수 있겠는가.〔豈以口腹累安邑耶?〕" 하고는 그 고을을 떠났던 고사가 있다. 또한 그는 같은 시대 주당(周黨)과 함께 청렴과 절개로 이름났는데, 주당은 광무제의 부름에 나아가지 않을 정도로 강직했고, 민공은 항상 자신이 주당에게 미치지 못한다고 여기면서 콩과 물만 먹고 지냈는데, 하루는 주당이 찾아가 생마늘을 주었다. 하지만 그는 받아만 두고 먹지는 않았다고 한다. 《後漢書 卷83 周黃徐姜申屠列傳》

215 보리가……것 : 이것은 민중숙의 고사가 아니고 범염(范冉, 자가 사운(史雲))의 고사이다. 범사운이 당고(黨錮)에 걸렸을 때 처자식을 태운 작은 수레를 밀고 다니며 추수하고 남은 이삭 따위를 주워 끼니를 때웠다. 아들이 한번은 5곡(斛)의 보리를 주웠는데, 이웃 사람 윤대(尹臺)가 그의 아들에게 보리 1곡을 주면서 아버지에게 알리지 말라고 당부했다. 범사운이 나중에 그 사실을 알고 아들이 주운 보리 5곡과 윤대가 준 보리 1곡을 모두 윤대에게 돌려주게 하면서, "보리가 이미 뒤섞였기에 맹세코 받지 않겠다고 전해라."라고 하였다 한다. 《世說新語補》

216 양백란(梁伯鸞)이……것 : 양백란은 한나라 때 사람 양홍(梁鴻)이니, 그의 자가 백란이다. 양홍이 홀로 살면서 남보다 식사를 늦게 하였는데, 이웃집에서 그에게 식지 않은 솥을 주면서 식기 전에 밥을 짓게 하였으나 그는 이를 마다하고 자기 솥으로 밥을 지어 먹은 데에서 온 말이다. 《東觀漢記 梁鴻傳》 남의 뜨거운 솥을 빌리지 않는다는 것은 성격이 고고하여 남에게 동정을 받거나 남의 신세를 지지 않으려 할 때 쓰는 말이다.

217 구학(溝壑)에……지조 : 《맹자》 〈등문공 하(滕文公下)〉에 "지사는 구덩이에 떨어져 죽는 것을 잊지 않고, 용사는 자기 목을 잃는 것을 잊지 않는다.〔志士不忘在溝壑, 勇士不忘喪其元.〕"라고 하였다. 이 글귀는 공자(孔子)가 원유(苑囿)지기를 칭

의 경우에 대하여도 내가 말한 바와 같음이 있었으나, 끝내 세상에 드러내어 알릴 수가 없었으니 어찌 매우 슬퍼할 만한 것이 아니랴. 공의 동생 문서(文瑞)[219]도 세상에서 고매한 선비로, 또한 나와 벗으로 잘 지내고 있다. 공의 장례에 미쳐서 문서가 나에게 애도의 말을 지어 공의 영구를 인도해 달라고 요구하기에 드디어 평소의 견해를 위와 같이 쓴다. 또 이어 다음과 같이 애도한다.

온 세상 사람들이 재주 있음을 귀하게 여기나	擧世而貴有才兮
재주가 뛰어나면 덕망이 적으니	才勝則德薄
나는 그것이 귀하게 될 만한지를 모르겠네	吾不知其可貴也
온 세상 사람들이 문채 남을 아름답게 여기나	擧世而美有文兮
문채가 우세하면 질박함이 없어지니	文勝則質滅
나는 그것이 아름다움이 되는지를 모르겠네	吾不知其爲美也
백옥이 박옥에 묻혀 있음이여	白玉在璞兮
어찌 그 참됨을 손상시키겠는가	何損乎其珍

찬한 말로, 지사는 정의로운 일에는 목숨을 바친다는 굳은 의지를 나타낸 말이다.

218 큰……절조 : 《논어》 〈태백(泰伯)〉에 "증자가 말하기를 '육 척의 어린 임금을 맡길 만하고 백 리의 제후국의 국명을 부탁할 만하며, 큰 절개에 임하여 그 절개를 빼앗을 수 없다면, 군자다운 사람인가? 군자다운 사람이다.'라고 하였다.〔曾子曰 可以託六尺之孤, 可以寄百里之命, 臨大節而不可奪也, 君子人與? 君子人也.〕"라 하였다.

219 문서(文瑞) : 신치봉(申致鳳, 1743~?)의 자이다. 본관은 평산(平山), 호는 흘남(屹南)이다. 문경에 거주하였으며, 정종로(鄭宗魯), 남한조(南漢朝)와 도의로 교유하였다. 과거시험에 뜻을 버리고 학문에 전념하였으며, 채제공(蔡濟恭)이 여러 차례 벼슬길에 나오라고 권유했지만 사양하고 나아가지 않았다.

푸른 녹나무가 골짜기에서 늙음이여　蒼枏老壑兮
스스로 그 참됨을 보존하네　自保乎其眞
나는 하늘이 공의 일생을 궁핍하게 함을 유독 괴이하게 여기니　獨怪夫天之竆餓公一生兮
끝내 하늘이 공에게 준 것은　畢竟與之者
바로 영남의 고사라는 이름에 불과하네　乃不過南州高士之名也歟
아, 지금 세상에 탁한 물결이 멋대로 흐름이여　嗟今之世濁浪橫流兮
맑은 향기가 사라져 없어졌네　淸芬消歇
어찌하면 공과 같은 무리를 일으켜 세워　顧安得扶起夫如公輩兮
이에 그 만분의 일이라도 격양(激揚)[220]할까　于以激揚其萬一焉

220 격양(激揚) : '격탁양청(激濁揚淸)'의 준말로, 악한 부류들을 배척하고 선한 부류들을 드날림을 이른다.

송경일[221]을 애도하는 글

悼宋敬一詞

송경일(宋敬一) 군은 예천(醴泉)의 훌륭한 선비이다. 예천은 우리 상주와의 거리가 백 리로, 멀리 떨어져 있는 데다가 나도 산간오지에 깊숙이 은거하고 있었기에 예천 사람들과 접촉함이 드물었다. 그러나 군의 벗인 예천 용궁(龍宮)의 정명응(鄭明應),[222] 이문응(李文應)[223]과 우리 지역 상주의 유경보(柳敬甫),[224] 남자호(南子皜)[225] 같은 이들이 모두 이구동성으로 송경일 군을 칭찬하여

221 송경일(宋敬一) : 송상천(宋相天, 1766~1804)이다. 본관은 여산(礪山), 자는 경일, 호는 사물재(四勿齋)로 예천에 거주하였다. 1787년(정조11) 관찰사가 만나 보기를 원했으나 출사에 뜻을 두지 않고 숨어 살며 부모를 봉양하는 데 전념하였다. 당시 유명한 학자들과 교유하며, 특히 성리서를 연구하여 사림의 추앙을 받았다. 저서로 《사물재집》이 있다.

222 정명응(鄭明應) : 정필규(鄭必奎, 1760~1831)이다. 본관은 청주(淸州), 자는 명응, 호는 노암(魯庵)으로 예천(醴泉) 용궁(龍宮)에 거주하였다. 1789년(정조13)에 사마시에 합격하였고, 1814년(순조14)에 학행으로 추천되어 혜릉 참봉(惠陵參奉)에 제수되었으나 부임하지 않았다. 김종덕(金宗德)의 문인으로 이종수(李宗洙), 정종로(鄭宗魯), 남한조(南韓朝) 등과 교유하였다.

223 이문응(李文應) : 이석표(李錫標, 1770~1807)이다. 본관은 여주(驪州), 자는 문응, 호는 설좌거사(雪左居士)이다.

224 유경보(柳敬甫) : 유식(柳栻, 1755~1822)을 말한다. 본관은 진주(晉州), 자는 경보, 호는 근와(近窩)이다. 정종로의 문인으로 1790년(정조14)에 진사에 합격하였다. 저서로 《근와집》이 있다.

225 남자호(南子皜) : 남한호(南漢皜, 1760~1821)를 말한다. 본관은 의령(宜寧),

"이 사람이 비록 과거시험을 공부하고 있지만, 합격 여부를 가지고 기뻐하거나 슬퍼하지 않는다. 그의 문장은 족히 뭇사람들이 추앙하여 장옥(場屋)에 거수(巨手)가 될 만하였으나, 도리어 천연두를 두려워하며 근신하였기에 심지어는 일생 동안 과거시험장에 나아간 것이 겨우 3번에 그쳤다. 평소에 뜻을 둠이 따로 있어서 마음을 수렴함을 게을리하지 않았다. 항상 성현의 책을 읽어 깊이 침잠하고 강구(講究)하여 식견이 정밀하고 해박하였으나, 오히려 스스로 부족하게 여기는 마음이 있어서 손옹(損翁)[226]과 같은 선배들에게 의의(疑義)를 질문한 것이 거의 1권이 되었다."라고 말하였다. 내가 듣고 감탄하며 마음에 스스로 "앞에 나열한 여러 사람은 모두 학문한 사람인데, 그들의 말이 이와 같다면 군의 현명함을 알 수 있다."라고 말하였다. 또 무릇 향상(向上)의 공부[227]를 통해 함께 훌륭한 일을 할 수 있는 자는 반드시 세간의 명성과 이익의 분야에 먼저 스스로 결단하여 내버려야 한다. 비록 부득이하게 세속을 따라 과거시험에 응시하더라도 항상 초연한 마음이

자는 자호(子皜), 호는 성재(誠齋)로 상주(尙州)에 거주하였다. 정종로(鄭宗魯)의 첫 번째 제자로 정필규(鄭必奎), 조승수(趙承洙), 유심춘(柳尋春) 등과 도의로 교유하였다. 출사에 뜻을 끊고 위기지학(爲己之學)의 학문을 연마하였다. 저서로 《성재집》이 있다.

226 손옹(損翁) : 남한조(南漢朝, 1744~1810)를 말한다. 본관은 의령(宜寧), 자는 종백(宗伯), 호는 손재(損齋)이다. 상주 두릉에 거주하였다. 대산(大山) 이상정(李象靖)에게 배워 정재(定齋) 유치명(柳致明)에게 학문을 전수하였다. 저서로 《손재집》이 있다.

227 향상(向上)의 공부 : 성리학에서 심성을 함양하는 형이상학적인 공부를 말한다.

보존되어 있어야 바야흐로 조금 쉴 수 있는 단계에 도달하여[228] 거의 이런 기초 위에서 진실하게 공부를 해 나갈 수 있으니, 지금 세상에 능히 이와 같이 할 수 있는 자가 몇 사람이나 될까.

접때 내가 상중에 있을 때 군이 나에게 와서 안부를 물었는데, 이별할 때 마땅히 지금에 이어서 다시 올 것이라고 생각하였다. 얼마 후 군이 보낸 편지를 받으니, 나에게 경의(經義)에 대하여 물었는데, 모든 질문이 깊이 연구한 끝에 나온 것이었다. 이에 앞에서 말한 몇 사람들의 말들이 나를 속인 것이 아님을 더욱 믿게 되었고, 뒷날 군이 학문을 성취할 수준을 대개 헤아릴 수가 없었다.

또 군이 근래에 고요하고 외진 산수 사이에 집 한 채를 지어서 장차 스스로 즐기며 이 세상을 마치려 한다고 하였다. 내가 또 매우 기뻐하며 완전한 수양과 학문의 조예가 깊어지는 것이 이로부터 더욱 보장할 수 있겠다고 생각하였다. 아, 군을 두고 겨우 40세에 갑자기 이렇게 되어 장도(長途)에 오른 뛰어난 말을 여기에 그치게 하고 말 것이라고 누가 생각했겠는가. 생각이 여기에 이르니 늙은 나의 마음이 더욱 슬프고 슬퍼서 애도하는 몇 구절을 부쳐 슬픔을 나타내노라. 그 애도의 말은 다음과 같다.

아, 양양(예천의 옛 지명)의 지역은　　猗襄陽之爲郡兮

228 항상……도달하여 : 《심경부주(心經附註)》 권4에 "상채 사씨가 말하기를 '명리의 관문을 통과해야 비로소 조금 쉴 수 있는 곳이니, 지금의 사대부야 족히 말할 것이 있겠는가. 말만 잘하는 것이 앵무새와 같다.'라 하였다.〔上蔡謝氏曰 : 透得名利關, 方是小歇處, 今之士大夫何足道. 能言眞如鸚鵡也.〕"라고 하였다.

대개 우리 영남의 유명한 고을이네	蓋吾嶺之名鄕
풍속이 추로처럼 되어 멀리 미쳤고	風鄒魯而遠及兮
시속이 시례를 익힘을 잊지 않았네	俗詩禮而不忘
옛날 남야[229]가 우뚝 일어나	昔南野之崛起兮
행의와 문장이 성대하였네	菀行誼與文章
그러나 기국이 높고 깊었음에도	顧器宇之崇深兮
문채를 가리고 빛을 감추었네	惟晦彩而韜光
그의 문하에 배우는 사람이 거의 없어	鮮有學於其門兮
학문의 실마리가 드러나지 않을까 염려했네	懼餘緖之靡彰
그대가 우뚝 서서 분발할 것을 생각하여	子矯然而思奮兮
학문함에 방법이 있음을 알았네	知爲學之有方
자신의 위의를 수렴하여 방종하지 않았고	斂我儀而不放兮
자신의 마음을 다잡아 장엄하게 하였네	操吾心而惟莊
긴 두레박줄로 옛 경전을 연구함이여[230]	得脩綆於汲古兮
이치를 털끝같이 세세히 분석하고자 했네	理欲析夫毫芒
아, 이치를 밝히지 않으면 그만두지 않아	羌不明而不措兮
장차 윤리의 떳떳함을 극진히 하려 하였네	將以盡夫倫常

229 남야(南野) : 박손경(朴孫慶, 1713~1782)의 호이다. 본관은 함양(咸陽), 자는 효유(孝有)로 예천 용문면(龍門面) 상금곡리(上金谷里)에 거주하였다. 정종로가 40세에 박손경을 배알하고 가르침을 청하였다. 저서에 《남야집》이 있다.

230 긴……연구함이여 : 원문 '급고(汲古)'는 옛 전적(典籍)을 연구하는 것을 깊은 우물에서 물을 긷는 데 비유한 것으로, 한유(韓愈)의 〈추회시(秋懷詩)〉에 "어리석음으로 돌아감에 길이 평탄함을 알겠고, 옛 우물에서 물을 길음에 긴 두레박줄을 얻었어라.〔歸愚識夷塗, 汲古得脩綆.〕"라고 한 구절에서 유래하였다.

티끌세상을 초월하여 홀로 우뚝이 서서	超氛埃而獨立兮
보배로 여기는 마음을 혹 손상할까 염려하였네	恐所寶之或傷
비록 대중들을 따라 과거시험에 응했지만	雖隨衆而應擧兮
어찌 한결같이 그것에 분주하고 바빴겠는가	肯一例而奔忙
만년에 산간에 집을 지어	晩卜築於山間兮
인생을 마치도록 노닐 것을 기약하였네	期終歲而徜徉
도서에 지극한 맛을 붙임이여	寓至味於圖書兮
부질없는 영화를 쭉정이와 같이 여겼네	等浮榮於粃糠
학문의 조예가 갈수록 깊어져	謂造詣之轉深兮
계단을 지나 당에 오르리라[231] 생각했네	庶歷階而升堂
어찌나 하늘의 뜻은 믿기가 어려운지[232]	何天意之難諶兮
갑자기 중도에서 죽고 말았네	奄中途而云亡
동료배들이 모두 코가 시큰해지고	儕朋擧爲酸鼻兮
늙은 나는 더욱 눈물까지 나네	老我益其沾眶
저 예천을 돌아보니 처참함이여	睠彼醴而慘悽兮
누가 그대의 훌륭함과 같겠는가	孰如子之其臧
하고 싶은 말을 엮어 부치고자 하니	結煩言而欲寄兮
만 가지 회포가 마음에 남아 있네	懷萬端而餘腔

231 당에 오르리라 : 《논어》 〈선진(先進)〉에서 공자가 제자 자로(子路)의 경지를 두고 말하기를 "당에는 올랐고 아직 실에는 들어오지 못했다.〔升堂矣, 未入於室也.〕"라 하였는데, 학문의 경지가 어느 정도 진척된 사람을 승당(升堂)이라 한다.

232 하늘의……어려운지 : 《서경(書經)》 〈함유일덕(咸有一德)〉에 "아, 믿기 어려운 것은 하늘이요, 무상(無常)한 것은 명이로다.〔嗚呼, 天難諶, 命靡常.〕"라는 말이 나온다.

거듭 다음과 같이 말한다	重曰
그대의 유순한 용모의 빛남이	婉婉容輝
오히려 내 눈에 아른거리네	尙在目些
찬란한 글과 필체도	爛爛辭筆
또한 그대가 준 편지에 남아 있네	亦留牘些
눈 진흙의 기러기 발자국[233]이	雪泥鴻爪
또한 내 가슴을 치게 하는구나	亦攻臆些
하물며 학발의 어머니가 계시니	矧伊鶴髮
어떻게 아픈 마음을 억누를까	胡能抑些
그대 죽은 뒤를 생각하니	念子身後
또한 자식이 없어 사뭇 적막하네	又寥闃些
영혼이 만약 어둡지 않다면	靈如不昧
반드시 얼굴을 가리고 울겠지	必掩泣些
그러나 인간의 만사는	然人萬事
인위적인 힘을 허용하지 않네	不容力些
장수와 단명, 부유와 가난을	脩短豐嗇
마음대로 바꿀 수가 없다네	莫能易些
그대가 천명을 안다면	子知天命

233 눈……발자국 : 원문 '설니홍조(雪泥鴻爪)'는 눈 진흙에 남긴 기러기 발자국이란 뜻인데, 정처 없는 종적을 이른다. 소식(蘇軾)의 〈화자유민지회구(和子由澠池懷舊)〉 시에 "우리 인생 가는 곳마다 어떠한가. 응당 나는 기러기 눈 속 진흙 밟은 것과 같겠지. 진흙에 우연히 발자국 남기지만 기러기 날아감에 어찌 동서를 따지랴.〔人生到處知何似? 應似飛鴻踏雪泥. 泥上偶然留指爪, 鴻飛那復計東西?〕"라고 한 데서 유래하였다.

또한 어찌 슬퍼하랴 亦奚慽些

저 대자연의 법칙[234]대로 맡겨 任彼大化

맺혀 있는 원통함을 푸소서 休結轖些

234 대자연의 법칙 : 원문 '대화(大化)'는 우주의 법칙이나 대자연의 법칙으로, 흔히 사람이 죽는 것을 뜻하는 말로 쓰인다.

김황중[235] 찬 을 애도하는 글 뒤에 이름을 정구로 고쳤다
悼金黃中瓚詞 後改鼎九

김황중(金黃中)은 송만(松灣)[236] 옹(翁)의 후손이다. 계해년(1803, 순조3) 가을 8월에 나이 20세로 자식이 없는 채 요절하였다. 늙은 나는 몸이 아파 빈소에 가서 조곡하지 못하고 그다음 해인 1804년 7월에 추급하여 다음과 같이 애도한다.

아, 황중이여! 자네는 어찌하여 이런 지경에 이르렀는가. 옛날 자네가 겨우 10여 세 때 내가 자네의 용모를 보니 자못 준수(俊秀)하여 자네 조부에게 "어르신의 집이 또한 쇠퇴했으니, 만약 떨쳐 일으키고자 한다면 자손들로 하여금 문학(文學)에 종사하게 하는 것보다 좋음이 없는데, 이 아이가 사람됨이 이미 비범하니, 어찌 또한 일찍부터 도모해 보지 않겠습니까."라고 말하니, 자네 조부께서 흔연히 기뻐하며 사례하고 "이것은 참으로 나의 뜻이다."라고 하셨네. 이윽고 자네 조부가 과연 자네에게 책 상자를

235 김황중(金黃中) : 김찬(金瓚, 1784~1803)이다. 본관은 상산(商山)으로 상주에 거주하였다.

236 송만(松灣) : 김혜(金憓, 1566~1624)의 호이다. 본관은 상산(商山), 자는 회중(晦仲)으로 상주에 거주하였다. 유성룡(柳成龍)의 문인이다. 임진왜란 때 정경세(鄭經世), 이준(李埈) 등과 함께 창의하였다. 1605년(선조38) 문과에 급제하여 호조좌랑 등을 역임하였으나, 광해군 때 벼슬을 버리고 향리로 돌아와 서당과 서원을 창립하였다. 인조반정 이후에 이조 좌랑과 풍기 군수를 역임하였다. 구호사(龜湖祠)에 제향되었으며 저서로는 《송만일고》가 전하고 있다.

지고 가서 우산(愚山)에 있는 나를 따라 배워 책을 읽고 글을 짓게 한 것이 대개 여러 해가 되었는데, 경의(經義)를 가지고 가르치면 말을 해 주자 깨달을 수 있었네. 또 자네가 지은 구절은 능히 왕왕 사람을 놀라게 하는 것이 있어서 바야흐로 수준이 진척하여 그치지 않았네. 마음을 다잡음이 또한 순실(純實)하고 화이(和易)하며 명령을 받듦을 오직 삼갔기에 반드시 훌륭한 일을 할 수 있는 후생(後生)이었네. 그러므로 내가 매우 기뻐하여 자네 조부를 보면 문득 훌륭한 손자를 두었다고 축하하여 기대와 희망이 결코 얕지 않았네. 자네가 하루아침에 갑자기 죽기를 이처럼 바람 앞에 촛불이 꺼지듯이 할 줄을 누가 생각했겠는가. 자네 아버지도 또한 나에게 배운 적이 있었는데, 순수하고 온전한 뜻이 있었네. 그러나 그 형편이 학문(學文)에 전력할 여가가 없어서 사제 간이라고 말하는 것이 두 사람에게 실상이 없는 데 귀결됨을 면하지 못하였네. 그러므로 자네의 경우에는 내가 대면하여 유도하고자 하는 것을 더욱 몇 배로 많이 하였는데, 지금은 만사가 끝이 났으니, 오히려 차마 이야기하랴. 드디어 몇 글자로 애사를 지어 그 심정을 서술하여 다음과 같이 말하네.

아, 황중이여!	嗟嗟黃中
자네의 모습은 밝고도 풍성하였으며	爾之貌晳而豐兮
자네의 재주는 명민하면서도 통달하였네	爾之才敏而通兮
서책에 있어서는 그 뜻을 환히 알았고	書能曉其義
학문은 또 그 공부를 부지런히 하였네	學又勤其工兮
게다가 성품과 자질이 순박하고 두터워	重以性質之淳厚

남과 함께 선을 할 수 있었네 而可與爲善兮
제자로서 지켜야 할 직분에는 其爲弟子之職
한결같이 온화하고 공손하였네 一惟溫且恭兮
하늘이 이미 자네를 낳음이 우연하지 않은 것 같은데
天旣生爾之若不偶然兮
유독 장수의 목숨을 주어 獨不可與之以壽
넉넉하게 공부하여 성공함이 있도록 하지 않았네
俾其得優游服習而有成功兮
나이가 정히 꽃다울 때 及年華之政芳兮
앞길 만 리가 멀리 통하였다고 생각하였더니 謂前途萬里之遐通兮
지금 어디로 돌아갔는가 今其何歸兮
다만 자네의 곱던 형상만 나의 심목에 머물러 있구나
徒娟娟色相之留於吾心目中兮
비유하건대 허깨비 꽃이 잠시 인간 세상에 나타났다가
譬如幻花之暫現於人間兮
잠깐 만에 홀연히 이미 공(空)이 됨과 같네 轉眄之頃忽焉而已成空兮
하물며 죽은 뒤에 한 명의 혈손도 남아 있지 않았네
矧未有一塊血遺於身後兮
처가[237]에서 고복(皐復)[238]하여 皐復甥館

237 처가 : 원문 '생관(甥館)'은 사위가 거처하는 방으로, 처가살이하는 것을 일컫는 말이다. 생(甥)은 사위를 지칭하는 말로, 《맹자》 〈만장 하(萬章下)〉에 "순(舜) 임금이 위로 올라가 요(堯) 임금을 뵙자, 요 임금은 사위인 순 임금을 부궁(副宮)에 머무르게 하였다.〔舜尙見帝, 帝館甥于貳室.〕"라는 말에서 유래한 것이다.

238 고복(皐復) : 초혼(招魂)이라고도 한다. 사람이 죽었을 때, 그가 입던 옷을 들

부자간과 조손간이 볼 수 없어서 隔父子祖孫
깊은 원통함이 겹겹이 맺혔으니 而結幽冤之重重兮
무슨 처참함이 이보다 더하겠는가 孰慘傷而加玆兮
아득한 신의 이치를 하늘에 물을 수 없네 茫神理之不可問於上穹兮
저 길 가는 사람도 오히려 코가 시큰해지지 않음이 없는데
彼行路猶莫不酸鼻兮
나는 여러 해 동안 자네를 사랑한 정이 있었기에 以吾幾多年愛爾之情
더욱 어찌 눈물로 눈동자 적심을 금하겠는가 尤豈禁涕淚之沾瞳兮
애도의 글을 봉하여 부치려고 하면서 緘玆詞而欲寄兮
슬프게 우산의 숲에서 홀로 서 있네 悵獨立於山之叢
자네가 전일에 여기에 와서 노닐던 자취를 되돌아보니
顧視汝前日來遊之蹤
이미 아득하기가 마치 눈 진흙을 밟고 날아간 기러기 발자국[239] 같네
已杳然若雪泥之飛鴻兮
저 유수도 오열하며 흘러가는데 彼流水亦爲之嗚咽而逝兮
또 어찌 끊임없이 슬픈 바람까지 불어오는가 又奚有吹不斷之悲風兮
오호애재라 嗚呼哀哉兮
자네가 만약 영혼이 있다면 爾如有靈
나의 충정을 알 수 있기를 바라네 其尙克知余之衷兮

고 지붕이나 마당에 서서 북쪽을 향하여 옷을 휘두르면서 '아무 동네 아무개'를 원 다음 큰 소리로 길게 '복(復)'을 세 번 외치는 일을 말한다. 이는 죽음으로 인해 나간 혼이 다시 돌아와 몸과 합쳐져 살아나기를 기원하는 뜻을 담고 있다.

239 눈……발자국 : 눈 진흙에 남긴 기러기 발자국이란 뜻인데, 정처 없는 종적을 이른다. 앞의 주 233 참조.

입재집

제33권

비명 碑銘

비명 碑銘

도산서원 두 선생 사적비명 병서
道山書院兩先生事蹟碑銘 並序

고정(考亭)[1]으로부터 세대가 멀어짐에 따라 유학(儒學)이 침체되었으나, 우리 동방만은 퇴계(退溪) 선생이 계시어 비로소 유학을 크게 밝힐 수 있었다. 이에 당대와 후대를 막론하고 사모하여 흥기하는 자가 많았으니, 권만회(權晩悔)와 권탄옹(權炭翁) 부자 두 선생이 어찌 그러한 사람이 아니겠는가.

만회(晩悔) 선생 휘(諱) 득기(得己)[2]는 태어나면서부터 도(道)에 근접한 자질을 지녔고 만년에는 위기지학(爲己之學)에 독실하

1 고정(考亭) : 송나라 때 성리학(性理學)을 집대성했던 주희(朱熹, 1130~1200)의 별호이다. 자는 원회(元晦), 호는 회암(晦庵) 등이 있다.

2 만회(晩悔) 선생 휘(諱) 득기(得己) : 권득기(權得己, 1570~1622)를 말한다. 본관은 안동(安東), 자는 중지(重之), 만회는 그의 호이다. 1589년(선조22) 진사시에 합격하고, 1610년(광해군2) 식년문과에 장원급제하여 예조 좌랑(禮曹佐郞)이 되었다. 그 뒤 광해군이 모후를 서궁(西宮)에 유폐하고 영창대군을 살해하는 등 정치가 혼란해지자 관직을 버리고 야인 생활을 하였다. 저서로는 《만회집》·《연송잡기(然松雜記)》 등이 있다.

였다. 일찍이 "군자의 학문은 마음에는 한 털끝만큼의 사특함이 없도록 해야 하고, 일에는 반드시 십분의 옳음을 구하여야 하며, 평소에는 진덕(進德) 수업(修業)을 게을리하지 않고 오직 경전을 궁구하고 행실을 삼가는 것을 힘써야 한다."라 하였으니, 당시 나이 많고 덕이 높은 이들 중 자신을 낮추어 공과 교제하는 이가 많았다.

선조(宣祖) 연간에 처음 관직에 진출하였고 장원으로 급제하여 예조 좌랑(禮曹左郎)이 되자 명성이 매우 높아졌다. 광해군 때의 혼란한 정세(政勢)에 떳떳한 윤리가 날로 무너져 가는 것을 보고서 수천 마디 소장을 작성하여 대의(大義)를 통렬하게 진달하고자 했지만, 시대가 어긋나 곧 몸을 깨끗이 하고는 난국을 피하여 해곡(海曲)에 은거하면서 삶을 마쳤다. 유집 16권이 있다.

탄옹(炭翁) 선생 휘 시(諰)[3]는 세상에 보기 드문 재주로 집안의 학문을 독실히 계승하였고, 정직함으로 기(氣)를 보양하고 공정함으로 마음을 보존하였다. 일상의 언어와 행동은 꾸밈을 일삼지 않아 말하고 행동할 때마다 고인의 법도에 합치되었다. 두루 포용하고 널리 사랑하여 절대 편당 짓는 사사로움이 없었으며, 한결같은 성심(誠心)으로 덕을 이루어 광대(光大)함을 지극히 하였다. 은거하면서 그 밖의 것을 사모하는 마음 없이 여유롭게 자락

3 탄옹(炭翁) 선생 휘 시(諰) : 권시(權諰, 1604~1672)로, 본관은 안동(安東), 자는 사성(思誠), 탄옹은 그의 호이다. 1636년(인조14) 대군사부(大君師傅)에 제수된 이래 여러 차례 벼슬이 주어졌으나 나아가지 않았고, 1649년 효종 즉위 뒤 공조 좌랑에 임명되어 처음 벼슬길에 나아갔다. 송시열과 같은 기호학파로서 예론에 밝았으며, 저서로는 《탄옹집》이 있다.

하였다.[4]

효종(孝宗)의 지우(知遇)를 입었을 적 총애와 예우가 융숭하여 십 년 동안 진선(進善)・찬선(贊善)을 역임하다가 한성 우윤(漢城右尹)에까지 이르렀다. 매번 관직 진출을 난감해하는 뜻을 지니고 있었기에 관직에 배수될 때면 사양하였지만, 경연(經筵)에 입대(入對)할 때와 소장(疏章)의 주달(奏達)에 있어서는 반드시 대지(大志)를 확립하고 대의(大義)를 밝혀 나라를 경륜하거나 시대에 절실한 일에 부지런함과 정성스러움이 그치지 않았으니 당대에 도움이 된 것이 크고 많았다. 현종(顯宗) 초기에 대례(大禮)를 논한 것[5]이 매우 정당하였지만 시대에 부합하지 않아 13년간이나 물러나 지냈다. 자신의 정성이 남을 감동시키지 못한다는 점을 스스로 부족하게 여겼지만 절대 남을 원망하거나 허물하는 뜻을 품지 않고서 삶을 마쳤다. 유집 12권이 있다.

만회와 탄옹 두 선생의 평생의 대략은 이와 같다. 두 분의 덕

4 은거하면서……자락하였다 : 원문 '효연자락(囂然自樂)'의 풀이로, 초야(草野)에 있으면서도 즐거워하며 지낸다는 뜻이다. 《맹자》 〈만장(萬章)〉에 "탕(湯) 임금이 사람을 시켜 폐백으로 초빙하자 이윤(伊尹)이 자득한 듯이 말하기를, '내가 어찌 탕 주상의 초빙하는 폐백에 상관있겠는가. 내가 어찌 농토 속에 있으면서 이로 말미암아 요순의 도를 즐기는 것만 같겠는가.'라고 하였다〔湯使人以幣聘之, 囂囂然曰, 我何以湯之聘幣爲哉, 我豈若處畎畝之中, 由是以樂堯舜之道哉?〕"라고 하였다.

5 현종(顯宗)……것 : 현종 즉위년 기해년(1659)에 벌어진 일로, 효종이 승하한 뒤 인조의 계비 자의대비(慈懿大妃)의 복상 문제를 두고 논란이 벌어진 사건을 말한다. 윤선도가 송시열의 "효종은 중자(衆子)이므로 자의대비의 복제는 기년복(朞年服)이 되어야 한다."라는 주장을 비판하며 삼년복을 주장하였고, 권시는 이러한 윤선도의 견해에 동조함으로써 그를 구원하는 소를 올렸다가 서인의 탄핵으로 파직당하였다.

행(德行)·절의(節義)·사업(事業)은 한결같이 경술(經術)에 근본하였으니 백세토록 본보기가 되기에 충분하다. 숙종 신미년(1691)에 사림들은 공주(公州) 유성(儒城)은 선생의 묘소가 있기도 하고 생전 머물던 마을이라 하여 서원을 세워 선생을 제향하고 도산서원(道山書院)[6]이라 이름하였다. 금상 계해년(1803, 순조 3)에 서원 문밖에 비석을 세우고 유사(遺事)를 새겨 후세에 드리우고자 나에게 한마디 해 달라고 부탁하면서 말하기를, "만회와 탄옹 두 선생은 진실로 우리 유문(儒門)에 해와 별 같은 분이십니다. 그러나 이와 같이 하지 않는다면 무궁하게 전하는 데에 어찌 더욱 보익할 만하지 않겠습니까."라고 하였다. 나는 글을 짓기에 적합한 사람이 아니라는 이유로 사양했지만 받아들여지지 않아 삼가 이상과 같이 기록하고, 명(銘)을 이어 붙인다.

문명의 순환은 끝이 없으니	文明運環無終極
우리 동방에 박이 다하고 복이 생겼네[7]	剝盡復生吾東國
규벽이 광채 내며 내려오고 지령이 길러 주니	奎璧彩降地靈毓
밝은 조정에 많은 유림 문채가 찬란하였네	熙朝盛儒彬郁郁

6 도산서원(道山書院) : 대전광역시 서구 탄방동에 자리한 서원으로, 1693년(숙종 19) 지방 유림의 공의로 권득기와 권시의 학문과 덕행을 추모하기 위해 창건하여 위패를 모시고 있다. 흥선대원군의 서원철폐령으로 1871년(고종8)에 훼철되었다가 1921년 지방 유림이 단(壇)을 세우고 춘추로 향사를 계속하여 오고 있다.

7 박이……생겼네 : 박(剝)과 복(復)은 《주역》의 괘 이름인데, 박은 음의 기운이 성하고 양의 기운이 쇠약한 형상이고, 복은 비로소 양의 기운이 생겨나기 시작하는 형상을 의미한다.

도산의 퇴계 선생은 회암의 적통이니　陶山夫子晦庵嫡
영남에서 우뚝이 일어나 목탁[8]이 되었네　勃興嶠南振木鐸
풍교가 멀리 미쳐 사숙하는 이 많으니　風敎遠及多私淑
호중의 두 어른 또한 그 자취 계승하였네　湖中二老又繼躅
타고난 자질 뛰어나고 지기 굳건하였으니　天姿絶異志氣確
젊을 때부터 이미 바른 학문 따를 수 있었네　少小已能趨正學
경으로써 마음을 맑게 하고 문으로써 넓혔으며　敬以澄心文以博
자신에게 돌이켜 실천하여 공이 더욱 쌓였네　反躬踐實功彌積
조금의 사악함 반드시 제거하여 참됨을 얻으니　毫邪必去眞是得
부자가 일생 동안 수용한 것이 넉넉하였네　父子一生受用足
평소 진덕 수업에 인륜을 오직 독실히 하였으니　尋常進修倫惟篤
효제하고 충신하며 또한 돈목하였네　孝悌忠信又敦睦
만회 어른은 음보로 문과에 계적[9]하여　晩老補蔭通桂籍
쌓은 능력 펼쳐 시대에 쓰일 조짐 보였네　需時兆若展所蓄
불행하게도 세상이 혼탁해져서　不幸世界入昏濁
서궁의 논의[10] 일어나자 분노 억누를 수 없었네　西宮議起憤莫抑

8 목탁(木鐸) : 정치를 하며 백성들에게 교화를 베풀 때 사람들을 경계시키던 도구를 말한다. 《논어》 〈팔일(八佾)〉에 "의(儀) 고을의 봉인(封人)이 공자를 뵙고 나서 말하기를 '천하가 무도한 지 오래되었으니, 하늘이 장차 부자를 목탁으로 삼으시리라.'라고 하였다."라고 하고, 주희의 주석에 "목탁은 정치 교화를 베풀 때에 흔들어서 대중을 경계시키는 것이다."라고 하였다.

9 계적(桂籍) : 과거에 급제한 자의 명부를 말한다.

10 서궁의 논의 : 1618년 인목대비(仁穆大妃)를 폐위하여 서궁에 유폐한 계축옥사(癸丑獄事)를 말한다. 1613년(광해군5)에 대북파 정인홍(鄭仁弘)·이이첨(李爾瞻)

손수 쓴 한 통의 소장에 대의가 빛나니	手中尺疏大義赫
늠름한 강직함은 된서리와 대적할 만하였네	凜凜直與嚴霜敵
둔괘를 만나 불태워[11] 기미 보고 일어났으니	遇遯而焚見幾作
개석(介石) 같은 절개[12] 그 과단함 알 만하네	介如石焉斷可識
서쪽 해곡에서 몸을 깨끗이 하고 고요히 지내니	潔身自靖西海曲
청풍과 탁절은 공이 오직 독보적이었네	淸風卓節公惟獨
탄옹 어른 중망받음은 초야에 계실 때부터이니	炭老重望自初服
뛰어난 경연관이나 훌륭한 대신이 될 만했네	經幄之彦巖廊碩
고반[13]에 은거하며 스스로 즐기면서	隱居考槃以自樂
장차 임천에서 여생을 마칠 듯이 하였네	若將終身於澗谷
풍운[14]에 감응해 만나서 관직에 응하니	感會風雲應束帛

등이 소북파에서 영창대군(永昌大君)을 옹립하려 했다고 아뢰어 소북파의 영수인 유영경(柳永慶)과 연흥부원군(延興府院君) 김제남(金悌男)을 사사하고, 인목대비를 서궁에 유폐하였으며, 영창대군을 강화도(江華島)로 유배하였다가 살해하였다.

11 둔괘(遯卦)를 만나 불태워 : 주희가 송 영종(宋寧宗) 경원(慶元) 1년에 봉사(封事)를 작성해 올리려다가 채원정(蔡元定)의 권유로 점을 치자 둔괘(遯卦)가 나와 초고(草藁)를 불에 태워 결국 소장을 올리지 않은 일이 있다.《朱子大全 附錄 卷6 年譜》. 여기서는 만회 선생이 작성한 소장(疏章)을 결국 올리지 못한 것을 비유한 말이다.

12 개석 같은 절개 : 때가 이르는 기미를 알고 굳게 그 절개를 지켜 떠나는 것을 말한다.《주역》〈예괘(豫卦) 육이(六二)〉에 "절개가 돌과 같아 하루를 마치지 않고 떠나가니 정하고 길하다.〔介于石, 不終日, 貞吉.〕"라고 하였다.

13 고반(考槃) :《시경(詩經)》 위풍(衛風)의 편명으로, 은거지를 비유하는 말이다.〈고반(考槃)〉에, "산골 시냇가에서 한가히 소요하나니, 현인의 마음이 넉넉하도다.〔考槃在澗, 碩人之寬.〕"라 하여, 은자가 산수 사이에 은거하여 한가로이 소요하며 지내는 즐거움을 노래하였다.

14 풍운(風雲) : 명군(明君)과 현신(賢臣)이 서로 만난 것을 말한다.《주역》에 "구름

홍점과 봉의[15]를 앞다투어 기대하였네　鴻漸鳳儀爭拭目
예로 나아가고 의로 물러남에[16] 여유가 있었으니　進禮退義有餘綽
주도면밀한 계획은 시대를 바로잡을 계책이었네　經緯密勿匡時策
성상께서 허심탄회하게 직접 면대하시니[17]　聖主虛佇賜顏色
이 시대 화락해짐을 곧 여기에서 보겠네　措世雍熙看在卽
평소의 지조는 시속따라 바뀌지 않았으니　素守不隨時移易
한 통 소장으로 올린 논의 마침내 배척당하였네　一疏呈論遂擯斥
공정한 마음은 본래 거울과 저울대 같아서　公心本自鑑衡若
사물을 비추고 응함에 조금의 어긋남도 없었네　照物應物毫無忒
앉아서 방례로 하여금 근본과 법도 분명히 하니　坐令邦禮明本則

은 용을 따르고, 바람은 범을 따른다.〔雲從龍, 風從虎.〕"라고 하였다.《周易 乾卦 文言》

15 홍점(鴻漸)과 봉의(鳳儀) : 큰 기러기가 점차 높은 곳으로 날아오르는 것과 봉황의 아름다운 자태를 뜻하는 말로, 현인이 조정에 나아가 벼슬하는 것을 비유하는 말이다. 《주역(周易)》 점괘(漸卦)의 상구효(上九爻)에 "기러기가 공중으로 점차 나아가는 것이다. 그 깃이 의법이 될 만하니 길하다.〔鴻漸于陸, 其羽可用爲儀, 吉.〕"라고 하였다.

16 예로……물러남에 : 《맹자》 〈만장 상(萬章上)〉에 "공자는 예로 나아가고 의로 물러나서, 벼슬을 얻고 얻지 못하는 데에는 명이 있다.〔孔子進以禮, 退以義, 得之不得曰有命.〕"라고 하였다.

17 성상께서……면대하시니 : 기해예송에서 윤선도의 주장에 동조했다는 이유로 권시가 도성문 밖에 나가 대죄(待罪)할 적에, 왕이 특별히 사관을 보내어 위로하고 타이르라고 명하였는데, 승지(承旨) 박세성(朴世城)이 대간(臺諫)의 입장을 거론하며 즉시 거행하지 않자, 왕이 진노하여 "대간이 있는 것만 알고 임금이 있는 것은 모른다."고 하면서 엄한 분부를 내려 잡아다 국문하고 장차 왕명을 거역한 것으로 죄주려 한 일을 두고 한 말인 듯하다. 《顯宗實錄 顯宗 1年 4月 25日》 《顯宗實錄 附錄 顯宗大王行狀》

몸은 막혔으나 도가 형통함에 무엇을 슬퍼하리	身否道亨何所慽
두 어른의 평생은 이것이 그 대략이니	二老平生此其畧
아마 백세에 성인을 기다려도 의혹이 없으리라[18]	盖有百世竢不惑
하물며 다시금 유문도 모두 읽을 만하니	況復遺文皆堪讀
학술과 덕업이 여기에 갖추어 모아져 있음에랴	學術德業斯備摭
선비들이 두 어른을 광악[19]처럼 우러르니	縫掖仰之如光岳
서로 이끌며 갱장[20]에 마음 깃들이고자 하네	相攣欲寓羹墻憶
모두가 이 땅은 일찍이 향기를 전파한 곳이라 하여	咸謂此地曾播馥
우뚝한 사당을 지어 영원히 제향하고 있네	作廟翼翼永尸祝
이에 단단한 옥돌 채벌하여 그 행적 기록하니	爰伐貞珉紀其蹟
영원토록 학자들 찾아와 마땅히 본받으리	窮宙學子來宜式

18 백세에……없으리라 : 《중용장구(中庸章句)》 제29장에서 온 말로, "귀신에게 질정해 보아도 의심이 없으며, 백세에 성인을 기다려도 의혹되지 않는 것이다.〔質諸鬼神而無疑, 百世以俟聖人而不惑.〕"라고 하였다.

19 광악(光岳) : 삼광(三光)과 오악(五嶽)의 준말로, 천지(天地)를 뜻한다. 삼광은 해·달·별로 하늘을 뜻하고, 오악은 태산(泰山)·화산(華山)·형산(衡山)·항산(恒山)·숭산(嵩山)으로 땅을 뜻한다.

20 갱장(羹墻) : 국과 담을 뜻하는 말로, 상대에 대해 우러르고 사모하는 지극한 마음을 의미한다. 후한(後漢) 이고(李固)가 말하기를, "옛날 요 임금이 죽은 뒤에 순 임금이 3년 동안 우러르고 사모하여, 앉았을 때는 담에서 요 임금을 보고 밥 먹을 때는 국그릇에서 요 임금을 보았다.〔昔堯殂之後, 舜仰慕三年, 坐則見堯於牆, 食則睹堯於羹.〕"라고 하였다. 《後漢書 卷93 李固列傳》

축옹 선생 황공 신도비명 병서
畜翁先生黃公神道碑銘 並序

축옹 선생 황공은 정조(正祖) 병오년(1786, 정조10)에 그의 고조 익성공(翼成公)의 사당에 배향되었다. 그러나 유사가 크게 전해지지 않아 후학들이 항상 이 점을 한스럽게 여겼더니, 공의 종손(宗孫) 석로(錫老)가 친족 중 상사(上舍) 신로(莘老)·번로(磻老)와 함께 공의 행적 약간을 얻어 신도(神道)에 비석을 세우고자 나에게 한마디 해 줄 것을 부탁하였다. 나는 사양하였지만 받아들여지지 않아, 삼가 글을 살펴보고 다음과 같이 서문을 쓴다.

선생의 휘는 효헌(孝獻), 자는 숙공(叔貢), 축옹은 그 호이다. 황씨는 신라 시중(侍中) 경(瓊)을 시조로 하며, 고려 전중감(殿中監) 공유(公有)가 이의방(李義方)[21]에게 미움을 받아 비로소 장수(長水)에 살게 되면서 관향이 되었다. 일재(逸齋) 휘 감평(鑑平)을 거쳐, 군서(君瑞)에 이르러 조선조 태조(太祖)를 섬겨서 강릉판관(江陵判官)이 되었으며 학문과 행실에 힘쓴다고 일컬어졌다. 군서의 아들 휘 희(喜)는 세종(世宗) 때 재상이 되어 묘정(廟庭)에 배향되었으니 이분이 곧 익성공(翼成公)이다. 희에게 3남이

21 이의방(李義方) : ?~1174. 본관은 전주(全州)이다. 고려 의종(毅宗) 24년(1170)에 보현원(普賢院)에서 대장군 정중부(鄭仲夫)·이고(李高) 등과 무신란(武臣亂)을 일으켜 성공한 뒤 응양용호군(鷹揚龍虎軍)의 중랑장(中郞將)에 임명되었고, 정중부 등과 의종(毅宗)을 폐위하고 명종(明宗)을 맞아 무신정권을 수립하였다. 이때 황공유는 난을 피해 고향 장수로 내려가 세거하기 시작하였다.

있으니 장남은 판중추부사(判中樞府事)를 지낸 호안공(胡安公) 치신(致身)이고, 셋째는 영의정을 지낸 열성공(烈成公) 수신(守身)이며, 둘째는 소윤(少尹)을 지낸 휘 보신(保身)이니 이분이 공의 증조이다. 보신은 문호(門戶)가 성대하고 가득하다는 이유로 영남 상산(商山) 중모현(中牟縣)으로 내려가 낚시하고 나무하며 은거하였다. 이분이 선공감 부정(繕工監副正) 증 이조 참판 휘 종형(從兄)을 낳았고, 종형은 부사(府使) 증 이조 판서 휘 관(瓘)을 낳았다. 관은 진산 강씨(晉山姜氏) 목사(牧使) 미수(眉壽)의 따님에게 장가들었다.

공은 황명(皇明) 경술년(1491, 성종22)에 태어났다. 태어나면서 아름다운 자질을 지녔고, 어릴 적부터 부지런하여 널리 배우고 힘써 실천하였다. 18세에 진사시에 합격하였고, 25세에 급제하였다. 김모재(金慕齋)[22]가 당시 시관(試官)이 되어 인재를 잘 얻는다고 일컬어졌다. 홍문관 박사(弘文館博士)에 선임되고 천거로 예문관 검열(藝文官檢閱)이 되었다.

중종(中宗)이 평소 유술(儒術)을 숭상하여 훌륭한 정치를 이룰 것을 도모하여, 병자년(1516, 중종11)에 의정부·이조·예조·성균관에 명하여 남을 감당할 만한 사유(師儒)로 이자(李耔)·최숙생(崔淑生)·김세필(金世弼)·김안국(金安國)·소세양(蘇世讓)·

22 김모재(金慕齋) : 김안국(金安國, 1478~1543)을 말한다. 본관은 의성(義城), 자는 국경(國卿), 모재는 그의 호이다. 1507년(중종2)에 문과 급제한 이후 예조 판서·대사헌·병조 판서·좌참찬·대제학·찬성·판중추부사 등을 지냈으며, 저서에 《모재집》·《모재가훈(慕齋家訓)》 등이 있다.

조광조(趙光祖)·김구(金絿)·박상(朴祥)·김정(金淨) 등을 선발하였는데 공이 여기에 들어 있었다.

정축년(1517)에 사헌부 지평(司憲府持平)·지제교(知製敎)에 제수되었다가, 이조 정랑(吏曹正郎)·홍문관 교리(弘文館校理)로 전직되어 호당(湖堂)에서 사가독서(賜假讀書)하였고 예문관 응교(藝文館應敎)에 특별히 제수되었으니 이는 장래에 문형(文衡)을 주관할 직분이었다. 그러나 공은 이를 꺼려 어제(御製) 배율(排律)을 잘 지을 줄 모르다고 핑계 대고서, 곧 스스로 탄핵하여 체직하였다. 무인년(1518)에 수찬(修撰)으로 사직을 아뢰고 집으로 돌아와 부모님을 찾아뵈었다.

기묘년(1519)에 경연(經筵)에서 《성리대전(性理大全)》을 강론하고자 이에 적합한 자를 선발할 때 공은 정암(靜庵 조광조(趙光祖))·모재(慕齋 김안국(金安國))·충재(冲齋 권벌(權橃)) 등 제현들과 선발에 응하려 했지만, 외인(外人)의 입장이라는 이유로 나아가지 않았다. 아마 이 당시 조정암은 모든 사람들에게 크게 중망을 받고 있었는데, 매번 입대(入對)할 때마다 아는 것을 전부 다 말하여 비록 매서운 추위나 무더위에도 해질녘까지 그치지 않았으니, 함께 입시한 이들이 모두 싫어하면서 괴로워하는 기색을 띠었기 때문일 것이다.

기묘년 봄에 김우증(金友曾)이 사림들을 무고하고 헐뜯어 시사(時事)가 몹시 근심스러운 일이 있었다.[23] 조광조는 곧 뜻을 함께

23 기묘년……있었다 : 김우증(金友曾)이란 자가 사림을 모함하여 헐뜯다가 일이 발각되어 정신(廷訊)한 일이 있었다. 당시 조광조는 대사헌의 직분으로 여기에 참여

하는 제현들과 더불어 이를 제지하고 조정하는 데에 힘을 썼지만, 연소한 신진배들은 반드시 일의 공로를 떨치고자 하였기에 예기(銳氣)가 크게 드러나 있었다. 공의(公議)에 용납되지 못한 당시의 구신(舊臣)들이 몰래 그 틈을 엿보았으니, 그해 11월에 북문(北門)의 화[24]가 발생하였다.

북문의 화가 발생하기 전, 공은 사사로이 사람들에게 말하기를, "주상이 비록 선(善)을 좋아하나, 충직하고 올곧은 논의를 들으면 자리를 피하고 낯빛을 바꾸어 버려 마음을 비우고 흡족히 수용하려는 뜻이 없다. 또한 조광조(趙光祖), 김정(金淨), 김식(金湜) 등 3인은 진실로 사림의 영수(領袖)인데, 일을 꾸미기 좋아하는 신진배 중 하풍(下風)에 아부하는 자는 대부분 과격해서 구신(舊臣)을 배척하여 무공(武功)을 삭탈하는 일이 많아 이들을 좋아하지 않는 이가 많으니, 음모하여 모함할 것이 분명하다."라고 하였는데, 이때에 이르러 공의 말이 과연 그대로 맞았다. 이 일은 하곡(荷谷) 허봉(許篈)[25]의 《해동통재(海東通載)》에 수록되어 있다.

하였다. 《承政院日記 孝宗 卽位年 6月 22日 條》

24 북문(北門)의 화 : 기묘사화(己卯士禍)를 말한다. 북문은 궁궐의 북쪽 문인 신무문(神武門)을 가리키는데, 조광조(趙光祖)·김정(金淨)·김식(金湜) 등 신진사류가 남곤(南袞)·심정(沈貞)·홍경주(洪景舟) 등의 훈구 재상에 의해 화를 입은 사건이다. 1519년(중종14) 11월 정국 훈적(靖國勳籍)을 삭제해야 한다는 논의가 일어나자, 훈구 재상들이 밤중에 신무문을 통해 밀계(密啓)를 올려 모반(謀反)을 고발하고, 선전관을 보내어 금위군(禁衛軍)을 거느리고 조광조 일파를 대궐 뜰에 잡아 왔다가 의금부에 하옥시켰다.

25 하곡(荷谷) 허봉(許篈) : 1551~1588. 본관은 양천(陽川), 자는 미숙(美叔), 호는 하곡이다. 유희춘(柳希春)의 문인이다. 1572년에 문과 급제하였고, 1584년 병조

공은 임천으로 자취를 거두고 당세에 뜻을 두지 않았다. 저서에 《하유편(下帷篇)》과 《갈굴편(渴掘篇)》 등이 있으니, 《갈굴편》은 일찍이 경연에 있을 적 임금에게 계옥(啓沃)[26]했던 소차(疏箚)를 모은 것이다. 정해년(1527, 중종22)에 간사하고 흉악한 무리들이 폐사한 뒤, 문익공(文翼公) 정광필(鄭光弼)이 다시 조정으로 들어와 재상이 되자 조정이 청명(淸明)해지니, 이해에 특별히 공을 선발하여 대사성(大司成)으로 삼았다. 공은 부제학(副提學)으로 전직되었다가 곧 승정원에 제수되었으며, 외직으로 나가 강원도 감사와 황해도 감사가 되어 청백리(淸白吏)로 이름이 났다.

기축년(1529, 중종24)에 이조 참판(吏曹參判)·홍문관 제학(弘文館提學)에 배수되었고, 대제학(大提學)에 의망(擬望)되었으며, 얼마 뒤 고향으로 돌아왔다. 임진년(1532, 중종27)에 어떤 일로 외직으로 나가 안동 부사에 보임되었으며, 그해 6월 모일에 관사에서 돌아가셨으니 향년 43세이다. 상주(尙州) 고모담(鈷鉧潭)에 장사 지냈으며, 이후 묵방(墨坊) 선영의 간좌(艮坐) 언덕으로 이장(移葬)하였다.

배위는 숙부인(淑夫人) 파평 윤씨(坡平尹氏)이니 파성군(坡城君) 금손(金孫)의 따님이다. 4남 2녀가 있으니, 장남 순(惇)은 현

판서 이이(李珥)를 탄핵하였다가 종성(鍾城)에 유배되었고 해배 뒤 방랑 생활을 하다 38세에 금강산에서 죽었다. 저서에 《하곡집》, 《하곡수어(荷谷粹語)》 등이 있고, 편저에 《의례산주(儀禮刪註)》, 《북변기사(北邊記事)》 등이 있다.

26 계옥(啓沃) : 신하가 충심을 다하여 임금을 계도하고 보좌하여 임금을 선도(善道)로 유도한다는 뜻이다. 《서경》 〈열명(說命)〉에 은(殷)나라 고종(高宗)이 부열(傅說)에게 "네 마음을 열어 내 마음에 대도록 하라.〔啓乃心, 沃朕心.〕"라고 하였다.

감(縣監)을 지냈고 승지(承旨)에 증직되었으며, 그다음 후사로 나간 기(愭)는 감찰(監察)을 지냈고 판서에 증직되었으며 장녕군(長寧君)에 봉해졌고, 그다음 혜(憓)는 현감을 지냈고, 그다음 징(憕)은 생원 위솔(衛率)이고 승지(承旨)에 증직되었다. 딸은 사의(司議)를 지낸 구엄(具淹)과 주부(主簿)를 지낸 임진(林溍)에게 각각 시집갔다. 순에게 2남이 있으니 대원(大元)은 병사(兵使)를 지냈고 후사가 없으며, 의원(義元)은 판관(判官)을 지냈고 참판(參判)에 증직되었다. 기에게 3남이 있으니, 장원군(長原君) 성원(性元), 이원(理元), 직장(直長)을 지냈고 참의에 증직된 도원(道元)이다. 딸은 허사경(許思慶), 김가진(金可珍)에게 각각 시집갔다. 혜에게 3남이 있으니 유원(裕元), 현원(顯元), 철원(哲元)이다. 딸은 이정립(李正立), 이우필(李禹弼)에게 각각 시집갔다. 징은 아들이 하나 있으니 현감을 지낸 준원(俊元)이며 참의에 증직되었다. 딸은 정상덕(鄭象德)에게 시집갔다. 의원은 아들이 하나 있으니 무과 급제하여 의주 부윤(義州府尹)을 지낸 집(緝)이다. 성원은 아들이 하나 있으니, 부사를 지낸 진(縉)으로 판서에 증직되었고 장천군(長川君)에 봉해졌다. 도원은 아들이 하나 있으니 찰방을 지낸 급(級)이다. 준원은 2남이 있으니, 뉴(紐)는 문과 급제하여 지평(持平)을 지냈고, 신(紳)은 현감을 지냈다. 집(緝)의 증손 익재(翼再)는 문과 급제하였고 부사(府使)를 지냈다. 석로는 곧 익재(翼再)의 현손이고, 신로(莘老)와 번로(磻老)는 곧 뉴의 7대손이다.

아, 우리 중종 대에 문운(文運)이 크게 열려 위로는 규벽(奎璧)이 광채를 내리고 아래로는 산하가 정기(精氣)를 길러, 일시의 여러 현인들이 문운에 응하여 배출되었고 선생이 그 사이에 태어났으니, 타고난 바탕의 빼어남과 평소 온축한 아름다움을 대개 상상해 볼 수 있다. 그리하여 성대하고 밝은 조정에서 끊임없이 재주를 펼치면서 관각을 출입하며 군주의 계책을 보좌하니 당시 여론은 모두 공이 문형(文衡)을 주관할 것이라 기대하였건만, 불행하게도 재앙의 기미가 갑자기 일어나 조정암 이하 제공이 모두 당고(黨錮)의 화를 입었다.

선생은 일찍이 그 기미를 알아채고 초연하게 세속에서 훌쩍 떠나 자취를 거두고 강호에서 머문 지 10년이란 오랜 세월에 이르자, 어둑한 기운이 걷히고 태양이 거듭 빛나 이전에 황야에서 숨어 지내던 이들이 차례대로 무리 지어 모여들게 되었다. 그리하여 선생이 먼저 일어나 성균관과 홍문관의 우두머리가 되어 의술(蛾述)[27]의 교화를 떨쳐 광대한 학업을 증진시킨 것이 적지 않았고, 지방관의 임무를 맡았을 적엔 부임하는 곳마다 청렴결백함으로 한 세대에 드러나 알려졌다. 만약 오랜 수명을 누려서 세상에 베푸는 일을 다 해낼 수 있었더라면, 비록 이로써 재상의 지위에 오르고 생용(笙鏞)[28]의 정치를 한다 해도 또한 무엇이 불가했겠는

27 의술(蛾述) : 부지런히 학문하여 지덕(知德)이 날로 향상하는 것을 말한다. 《예기》〈학기(學記)〉에 "개미의 새끼는 수시로 흙을 물어 나르는 일을 익힌다.〔蛾子時術之〕"라 하여, 새끼 개미가 어미 개미의 행태를 배워 쉬지 않고 흙을 날라다가 개미둑을 쌓듯이, 사람도 항상 성현의 교훈을 배우며 익히면 지덕(知德)이 날로 향상하게 됨을 의미한다.

28 생용(笙鏞) : 악기 종류인 생황(笙簧)과 대종(大鐘)을 가리키는데, 왕정을 행하는 조정의 귀한 인재를 비유하는 말로 쓰인다. 순 임금 때의 악관(樂官)인 기(夔)의

가. 그러나 마침 해가 중천에 떠 있을 때에 갑자기 우연(虞淵)[29]의 광채를 덮어 버렸으니, 이 어찌 끝없는 한이 아니겠는가. 게다가 세대가 오래되고 멀어져 사적이 마멸되었으니, 선생의 모든 아름다운 언행을 자세히 알 길이 없다.

지금 당시의 선배 및 후현들이 언급한 것을 살펴본다면, 충재(冲齋) 권벌(權橃)은 "명성과 명망이 일찍이 드러나 선류들의 추중을 받았네.〔聲望早著, 見推善類.〕"라고 하였고, 잠암(潛庵) 김의정(金義貞)은 "반고(班固)와 사마천(司馬遷)을 계승하였고, 정호(程顥)와 정이(程頤)를 연원하였네.〔踵武班馬, 溯波伊洛.〕"라고 하였으며, 송계(松溪) 권응인(權應仁)은 "문장이 전아하고 고고하여 사라지지 않으리라.〔文章典雅高古, 不可泯.〕"라고 하였고, 용재(容齋) 이행(李荇)은 "평생의 삶은 황숙도[30]요, 문장은 서한 시대의 솜씨였네.〔平生黃叔度, 文字漢西京.〕"라고 하였으며, 창석(蒼

말에 "생과 용을 번갈아 울리자 새와 짐승들이 서로 춤을 추고, 소소를 아홉 번 연주하자 봉황이 와서 춤을 추었습니다.〔笙鏞以間, 鳥獸蹌蹌, 簫韶九成, 鳳凰來儀.〕"라고 하였다. 《書經 益稷》

29 우연(虞淵) : 전설상의 해가 지는 곳을 말한다. 《회남자(淮南子)》 〈천문훈(天文訓)〉에 "해가 우연에 이르는 것을 황혼이라고 한다.〔日至于虞淵, 是謂黃昏.〕"라고 하였다.

30 황숙도(黃叔度) : 후한(後漢) 황헌(黃憲, 75~122)을 말하며, 숙도는 그의 자이다. 학행(學行)이 뛰어나 한 시대의 추중을 받았으며, 안회(顔回)에게 비유되기도 하였다. 황헌에 대해 곽태(郭泰)가 평가하기를, "숙도는 너무나 드넓어 마치 천 이랑의 물결과 같은 사람이라, 맑게 하려 해도 맑아지지 않고 흐리게 하려 해도 흐려지지 않으니, 참으로 헤아릴 수 없다.〔叔度汪汪如千頃陂, 澄之不清, 淆之不濁, 不可量也.〕"라고 하였다. 《後漢書 卷53 黃憲列傳》

石) 이준(李埈)은 “지위가 아경에 이르렀으나 청렴 검약함은 포의와 같았네.〔位至亞卿, 淸約如布衣.〕”라고 하였고, 우리 선조 문장공(文莊公)은 또 “덕행이 뛰어나 세상 사람들이 청백리라 칭하였네.〔德行踔絶, 世稱淸白吏.〕”라고 하였으니, 이 모두 눈으로 보고 귀로 들은 데에 나와 그 실상을 얻은 것이지만 논평한 것이 또한 다만 개략적이어서 소략함을 면치 못했다. 다만 하곡(荷谷) 허공(許公)의 기록에 “공은 기묘년 화가 발생하기 전 미리 그 재앙이 일어날 것을 근심하여 기미를 보고 움직였더니, 이후 과연 그러하였다.”라고 한 것은 선생의 거취(去就)에 대한 하나의 큰 논평이다. 이는 곧 옛적 진중궁(陳仲弓)[31]·서유자(徐孺子)[32]·곽임종(郭林宗)[33]·사마군실(司馬君實)[34] 등 서너 명의 현자들과 세대는 달리하지만 행동은 같았던 것이니, 아, 위대하도다!

31 진중궁(陳仲弓) : 후한(後漢) 진식(陳寔, 104~187)을 가리키며, 중궁은 그의 자이다. 환제(桓帝) 때 태구의 장에 제수되었고 당고(黨錮)의 화를 당하였다가 사면되었는데, 이후 조정에서 당인(黨人)들을 모두 처벌하였으나 진식은 죽음을 면하였다. 《後漢書 卷62 陳寔列傳》

32 서유자(徐孺子) : 후한(後漢) 서치(徐穉, 97~168)를 가리키며, 유자는 그의 자이다. 진번(陳蕃)의 우대를 받아 천거되었으나 조정에 나가지 않고, 직접 농사지으며 공손 검약하게 살아 고사(高士)로 불렸고 당고(黨錮)의 화를 면하였다. 《後漢書 卷35 徐穉列傳》

33 곽임종(郭林宗) : 후한(後漢) 곽태(郭泰, 128~169)를 가리키며, 임종은 그의 자이다. 환제(桓帝) 때 당고(黨錮)의 사건이 일어나 천하의 명현이라고 하는 사람들이 모두 구당(鉤黨)으로 지목받아 멸절당하는 상황에서 자신은 벼슬에 나아가지 않고 말을 겸손히 하여 끝내 화를 당하지 않았다. 《後漢書 卷68 郭泰列傳》

34 사마군실(司馬君實) : 송(宋) 사마광(司馬光, 1019~1086)을 가리키며, 군실은 그의 자이다. 《宋史 卷336 司馬光列傳》

선생은 평소 《맹자》 읽는 것을 좋아하여 비록 입직하는 날이라 해도 반드시 전체를 한 번 읽은 이후에 조정에 나아갔으니, 평소 호연지기를 길러 본령으로 삼았던 것을 여기에서 알 수 있다. 명(銘)은 다음과 같다.

옛날 정 상서가 상주문 품고서 신발 끄는 소리 내니[35]
昔鄭尙書抱霜簡而徹履聲
비록 그 간언한 말은 징험할 수 없지만 雖諫說無徵
신발 끄는 소리에 가을 물수리[36] 우는 줄 알았네
可卽履聲而認其秋鶚之鳴也
한 이부가 은하수를 갈라 하늘의 문장을 나눠 가지니[37]
韓吏部抉雲漢而分天章
설령 글은 전하지 않더라도 設文詞無傳
하늘의 문장 바라보며 운금의 광채는 알 수 있네
可仰天章而知其雲錦之光也

35 옛날……내니 : 정 상서는 한(漢) 정숭(鄭崇)을 말한다. 그가 간쟁(諫爭)하러 갈 때마다 가죽신을 끌면서 갔는데, 그때마다 황제가 웃으면서 "정 상서의 발자국 소리를 내가 안다.〔我識鄭尙書履聲〕"라고 하였다. 《漢書 卷77 鄭崇傳》

36 물수리 : 원문 '악(鶚)'의 풀이로, 재망(才望)이 출중한 사람을 비유한다. 두보(杜甫)의 시에 "교룡은 운우를 얻은 듯하고, 수리와 물수리는 가을 하늘에 있는 듯하네.〔蛟龍得雲雨, 鵰鶚在秋天.〕"라고 하였다. 《杜少陵詩集 卷5 奉贈嚴八閣老》

37 한……가지니 : 한 이부는 당 헌종(唐憲宗) 때 이부 시랑(吏部侍郎)을 지낸 한유(韓愈)를 말한다. 소식(蘇軾)이 〈조주한문공묘비(潮州韓文公墓碑)〉에서 "공은 옛날에 용을 타고 백운향에 노닐면서, 손으로 은하수를 갈라 하늘 문장을 나눠 가졌네.〔公昔騎龍白雲鄉, 手抉雲漢分天章.〕"라 하여 한유(韓愈)의 문체를 찬양하였다.

더구나 양백기가 밤중에 금을 물리친 일[38]과 況乎楊伯起之却金暮夜

범맹박이 수레 고삐를 잡고서 천하를 맑게 하려[39]

范孟博之攬轡澄淸

선철이 칭송하는 평가에서 환하게 드러나네 昭在於往哲揄揚之評者乎

살펴보건대 위급한 때에는 기러기가 바다 위를 나는 듯이 하고[40]

번성한 시절에는 봉황 같은 자태를 펼쳤으니

觀其鴻冥於危時而鳳儀於昌辰

〈대아〉에서 이른바 '명철하여 그 몸을 지킨다'[41]는 것이라네

大雅所謂旣明且哲以保其身者

38 양백기가……일 : 양백기는 후한(後漢) 양진(楊震)을 말한다. 그가 태수로 있으면서 친구 왕밀(王密)을 천거하였는데, 왕밀이 창읍령(昌邑令)으로 가면서 밤에 금 10근을 품고 와서 사례하려 하였다. 그러면서 "어두운 밤이라 아는 이가 없다.〔暮夜無知者〕"라 하니, 양진이 "하늘이 알고 귀신이 알고 내가 알고 그대가 아니, 어찌 아는 사람이 없다 하는가.〔天知, 神知, 我知, 子知. 何謂無知.〕"라 하자, 왕밀이 부끄러워하며 물러갔다.《後漢書 卷54 楊震列傳》

39 범맹박이……하려 : 범맹박은 후한(後漢) 범방(范滂)을 말한다. "기주(冀州)에 흉년이 들어 도적이 떼 지어 일어나자 조정에서 범방을 청조사(淸詔使)로 삼아 안찰하게 하였는데, 이때 범방이 수레에 올라 고삐를 잡고서 개연히 천하를 맑게 하려는 뜻을 품었다.〔時冀州飢荒, 盜賊群起, 乃以滂爲淸詔使, 案察之. 滂登車攬轡, 慨然有澄淸天下之志.〕"는 기록이 있다.《後漢書 卷67 范滂傳》

40 기러기가……하고 : 뛰어난 재능을 품고서 세상을 피해 은거하는 선비를 의미한다. 양웅(揚雄)의《법언(法言)》〈문명(問明)〉에 "치세에는 출현하고 난세에는 숨어야 하니, 기러기가 아득히 하늘 높이 날면 주살을 쏘는 사람이 어찌 잡으리.〔治則見, 亂則隱, 鴻飛冥冥, 弋人何篡焉.〕"라고 하였다.

41 명철하여……지킨다 :《시경》〈대아(大雅) 증민(蒸民)〉에, 윤길보(尹吉甫)가 주(周)나라 선왕(宣王)의 신하 중산보(仲山甫)가 선왕의 명을 충실히 수행한 것을 묘사하면서 "명철하여 그 몸을 지키네.〔旣明且哲, 以保其身.〕"라고 하였다.

공에게 실로 이것이 있으니 公實有焉

내 알겠구나 백세 뒤에 반드시 공을 위해 집편[42]을 원하는 이 있을 줄을 吾知百世之下必有願爲之執鞭者歟

42 집편(執鞭) : 말채찍을 잡고 수레를 몬다는 뜻으로, 상대방에 대한 존경을 나타내는 말이다. 《사기(史記)》 〈관안열전(管晏列傳)〉의 태사공 논평에 "안자(晏子)가 지금 살아 있다면 그의 마부가 되어 말채찍을 잡는 일이라도 흔쾌히 할 것이다.〔假令晏子而在, 余雖爲之執鞭, 所忻慕焉.〕"라고 하였다.

고려 정당문학 문충공 난계 김공 유허비명 병서

高麗政堂文學謚文忠公蘭溪金公遺墟碑銘 並序

아! 이곳은 난계(蘭溪) 김 문충공(金文忠公) 휘(諱) 득배(得培)의 유허(遺墟)이니 상주(尙州) 서문 밖 낙양역(洛陽驛) 앞에 위치한다. 공의 아우 낙성군(洛城君)[43] 휘 선치(先致) 또한 함께 거주한 곳이라 한다.

공은 고려 공민왕(恭愍王)을 섬겨 관직이 정당문학(政堂文學)에 이르렀다. 또 서북면(西北面) 도순문사(都巡問使)가 되었을 때 마침 홍건적의 난으로 나라가 거의 망할 지경이었는데, 공이 백면서생(白面書生)으로서 의(義)를 떨쳐 적을 토벌했던 덕에 망하지 않을 수 있었으니 그 공로가 크다. 그러나 불행하게도 간신(奸臣) 김용(金鏞)이 당시 공로가 있었던 이들을 시기하여, 밀지(密旨)를 고쳐서 총병관(摠兵官) 정세운(鄭世雲)을 원수(元帥) 안우(安祐)·지휘사(指揮使) 이방실(李芳實)의 군중에서 죽이게 하고는, 곧 제멋대로 죽인 것이라 논하면서 공이 그들과 함께 정세운을 죽인 것이라 하였다.[44] 그러나 공은 실제로는 다른 의견을 내세워 힘써

43 낙성군(洛城君) : 김선치(金先致, 1318~1398)를 말한다. 1342년에 낭장(郎將)으로 전라도 도순문사(都巡問使) 유탁(柳濯)을 따라 왜구를 격퇴하고, 공민왕 때 홍건적을 물리쳐 1등공신에 책록되었다. 1378년에 낙성군(洛城君)에 봉해졌고, 상주에 물러나 살다가 세상을 마쳤다. 《高麗史 114 金先致列傳》

44 간신(奸臣)……하였다 : 김용(金鏞, ?~1363)은 본관은 안성(安城)이다. 1362년 그와 평소 사이가 나쁜 정세운이 홍건적과의 전투에서 공을 세우자, 이를 시기해

그들을 저지한 자이니, 이 일은 《고려사(高麗史)》와 《상산지(商山誌)》에 자세히 실려 있다.

포은(圃隱) 정 선생(鄭先生)[45]은 또한 공의 문인으로서 시신을 거두어 제사 지낼 것을 주상에게 청하고, 제문을 짓기를, "나는 공의 충성스럽고 장렬한 혼백(魂魄)이 지하에서 흐느껴 울고 있을 줄 알겠도다."[46]라고 하였으니, 공의 원한을 어찌 여기에서 더욱 상상해 볼 수 있지 않겠는가. 이로써 우리 성조(聖朝)에서 문충(文忠)을 추시(追諡)하고, 마전군(麻田郡) 숭의전(崇義殿)에 배향토록 하였다. 상주(尙州) 선비들 또한 옥성서원(玉成書院)[47]에 공을 제향하였고, 그 유허는 또한 후인들이 애모(愛慕)하는 곳이 되어 지금껏 4백여 년이 되도록 여전히 손으로 가리키며 찬탄하

안우(安祐)·김득배(金得培)·이방실(李芳實)을 시켜 정세운을 죽이게 한 다음, 이들이 정세운을 살해했다는 죄목으로 이들 또한 참살하였다. 이로 인해 김득배도 처벌을 면할 수 없게 되어 산양현(山陽縣)에 도피하여 숨었으나 결국 체포되어 상주에서 효수(梟首)되었다.

45 포은(圃隱) 정 선생(鄭先生) : 정몽주(鄭夢周, 1337~1392)를 말한다. 본관은 영일(迎日), 자는 달가(達可), 포은은 그의 호이다. 저서로는 《포은집》이 있다. 영천의 임고서원(臨皐書院)에 제향되었다.

46 나는……알겠도다 : 정몽주(鄭夢周)가 작성한 김득배에 대한 제문에서, "내 그의 충성스럽고 장렬한 혼백이 천추 만세토록 반드시 지하에서 흐느껴 울고 있을 줄 알겠으니, 아, 슬프도다! 명이로다! 어찌하겠는가.〔吾知其忠魂壯魄, 千秋萬歲, 必飮泣於九泉之下, 嗚呼命也, 如之何如之何.〕"라고 하였다. 《東文選 卷109 祭金得培文》

47 옥성서원(玉成書院) : 경상북도 상주시 외남면에 위치한 서원으로, 1551년(명종6) 상주 목사로 부임한 신잠(申潛)에 의해 세워진 수양서당(首陽書堂)이 그 모태이며, 1633년에 서원으로 승격되었다. 김득배, 신잠, 김범(金範), 이전(李琠), 이준(李埈) 등이 배향되어 있다.

고 있다.

그러나 공의 후손이 쇠미하여 중간에 거의 보존하지 못하다가 주손(冑孫) 용우(龍雨)가 종족들과 잘 지켜 내었고, 또한 작은 비석을 세워서 드러내고자 하였는데 이를 실행하기도 전에 용우가 세상을 떠나 버렸다. 지금 낙성군(洛城君)의 후손 계동(啓東)이 또한 그와 뜻을 함께하여, 마침 돌을 마련해서 그 사적을 기록하려 나에게 명을 지어 줄 것을 부탁하였다. 명은 다음과 같다.

열렬하도다 공은 문재 있고 또 충성스러웠으니	烈烈惟公文且忠
유술로 일어나 그 공적 드러내었네	用儒術起著厥庸
광란한 도적 난입하여 나라가 거의 망할 뻔하자	狂寇猝入國幾亡
죽음 맹세하고 적개심 품고서 적의 칼날 꺾었네	誓死敵愾摧其鈋
백면서생으로 의를 떨쳐 그 절의 더욱 빛났는데	白面奮義節尤炳
간신 김용이 그 공적을 시기하여 모함하였네	奸鏞忌功設機穽
저 두 장수가 그 술수에 빠져드는 것을 꾸짖으니	嘖彼二帥墮其術
공이 불가함을 견지한 그 말 엄절하였네	公持不可辭嚴截
어찌 그 귀를 막고서[48] 결국 정세운을 죽였던가	奈裒厥耳竟殺雲

48 귀를 막고서 : 원문 '부이(裒耳)'에 대한 풀이로, 앞뒤 문맥이 통하지 않아 '부(裒)'를 '수(褎)'로 바로잡아 번역하였다. '수이(褎耳)'는 '수여충이(褎如充耳)'의 준말로, 《시경》 〈모구(旄丘)〉에서 "위나라 대부들이여, 소매로 귀를 막고 있구나.〔叔兮伯兮, 褎如充耳.〕"라고 하였는데, 이에 대한 정현(鄭玄)의 전문(箋文)에서, "충이는 귀를 막는다는 뜻이니, 위나라 제신의 낯빛이 웃기만 하는 것이 마치 귀를 막은 것처럼 보였다.〔充耳, 塞耳也, 言衛之諸臣顔色褎然, 如見塞耳.〕"라 하여, 이후 수이는 귀를 막고 상대방의 말을 듣지 않는 것을 비유적으로 이르는 말로 사용되었다.

일이 오랜 뒤에야 밝혀져 흑백이 분명해졌네	事久乃定白黑分
죄를 온통 뒤집어써 원통함이 하늘에 닿으니	混被其罪冤徹天
포은의 제문에서 공이 황천에서 흐느낀다 하였네	圃老一誄公泣泉
성조에서 추시하고 숭의전에 배향하니	聖朝追謚配義殿
위대하고 뛰어난 공적이 역사서에 빛나네	偉功異蹟光史傳
사림들이 제향하여 끝없이 보답하니	士林尸祝報無極
이 유허를 돌아봄에 완연한 향기 남아 있네	瞻玆遺墟宛餘馥
천추 만세토록 사람들이 잊지 않으리니	千秋萬歲人不忘
이를 징험해 보려거든 나의 글을 보시라	有欲徵之視我章

자헌대부 한성 판윤 문양공 간재 최공 묘비명 병서
資憲大夫漢城判尹諡文襄公艮齋崔公墓碑銘 並序

공의 휘(諱)는 연(演), 자는 연지(演之), 호는 간재(艮齋)이며, 강화 최씨(江華崔氏)이다. 고려조에 휘 문한(文漢)이 충혜왕(忠惠王)의 딸에게 장가들었고, 세 도(道)의 안렴사(按廉使)가 되었으며 대광 판군기(大匡判軍器)의 지위에 올라 국사(國事)가 나날이 그릇되는 것을 보고 강릉(江陵)으로 물러나 은둔하였으니, 이로써 강릉이 관향이 되었다. 문한의 아들 휘 극림(克霖)이 처음 조선을 섬겨 현령(縣令)을 지냈으니, 이분이 공의 고조이다. 증조 휘 윤(允)은 사포(司圃) 증 좌승지(贈左承旨)이고, 조부 휘 자점(自霑)은 교리(校理) 증 예조 참판(贈禮曹參判)이며, 고(考) 휘 세건(世楗)은 현감(縣監) 증 이조 판서(贈吏曹判書)이고, 비(妣)는 정평 김씨(定平金氏) 세량(世良)의 따님으로 증 정부인(贈貞夫人)이니, 증조 조부 부모가 모두 증직받은 것은 공이 귀하게 되었기 때문이다.

공은 홍치(弘治) 계해년(1503, 연산군9)에 태어났다. 을유년(1525, 중종20)에 생원시와 진사시에 응시해 입격(入格)하여 정자(正字)에서 검열(檢閱)·전적(典籍)으로 옮겨 갔다가 사서(司書)로 옮겼다. 곧 홍문관으로 들어가 수찬(修撰)에 배수되어 호당(湖堂)에서 사가독서(賜暇讀書)를 하였으며, 정언(正言)·지제교(知製敎)·예조 정랑(禮曹正郎)·병조 정랑(兵曹正郎)을 지냈다. 외직으로 나가 호서(湖西)의 막부를 보좌하였고, 내직으로 들어와 지평(持平)이 되었으며 교리(校理)로 환직하였다가 장령(掌令)으로 옮겼다. 퇴촌(退村) 소세양(蘇世讓)[49]을 따라 중국 사신 시독(侍讀) 화찰(華察)[50]을 맞이하였고, 돌아와서 사성(司成)·필선(弼善)·보덕(輔德)·검상(檢詳)·사인(舍人)·직제학(直提學)을 지냈으며, 대사간(大司諫)·이조 참의(吏曹參議)·병조 참의(兵曹參議)로 옮겼다. 이해에 부친상을 당하여 삼 년간 시묘살이를 하였고, 상을 마친 뒤 곧 도승지(都承旨)·이조 참판(吏曹參判)에 배수되었고, 한성 판윤(漢城判尹)으로 승직되었다. 이때 주상의 총애가 특별히 융숭하여 능운(凌雲)[51]을 떨칠 만한 영렬(英烈)한 기상과 척지(擲地)[52]를 울릴 만한 문장의 재주가 있다는 칭찬을 받았다.

49 퇴촌(退村) 소세양(蘇世讓) : 1486~1562. 본관은 진주(晉州), 자는 언겸(彦謙), 호는 양곡(陽谷)·퇴재(退齋), 시호는 문정(文靖)이다. 1532년(중종27)에 홍주 목사를 지냈으며, 형조·호조·병조·이조 판서, 우찬성·좌찬성 등을 역임하였다. 저서에 《양곡집》이 있다.

50 화찰(華察) : 1497~1574. 자는 자잠(子潛), 호는 홍산(鴻山)으로, 중국 강소성 무석인이다. 1539년(중종34)에 한림원 시독(翰林院侍讀)으로 있으면서 우리나라에 사신으로 왔다.

51 능운(凌雲) : 구름 위로 치솟을 만큼의 빼어난 기상(氣像)를 비유하는 말이다. 사마상여가 〈대인부(大人賦)〉를 지어 천자에게 아뢰자, 천자가 "표표히 구름 위로 치솟는 기상이 있고 천지 사이에서 노니는 듯한 의취가 있다.〔飄飄有凌雲之氣, 似游天地之間意.〕"라고 하였다. 《史記 卷117 司馬相如列傳》

52 척지(擲地) : '척지금성(擲地金聲)'의 줄임말로, 매우 뛰어난 문장을 비유하는 말이다. 진(晉)나라의 문장가 손작(孫綽)이 〈천태산부(天台山賦)〉를 지은 뒤에 친구인 범영기(范榮期)에게 "그대는 시험 삼아 이 부(賦)를 땅에 던져 보게나, 마땅히 금석 소리가 날 것이라네.〔卿試擲地, 當作金石聲.〕"라고 하였다. 《晉書 卷56 孫綽列傳》

무신년(1548, 명종3)에 동지사(冬至使)로 연경에 갈 때, 아우 순(洵)이 뛰어난 재주를 지녔다는 것으로 동행할 것을 계청(啓請)하였다. 돌아올 때 용만(龍灣)에 이르러 순이 죽자, 공은 곡을 하다가 몸이 상하여 이로 인해 병에 걸려 평양 관사에서 세상을 떠났으니, 기유년(1549) 2월이고 향년 47세이다. 주상이 애도하며 조제(弔祭)를 지내고 상사(喪事)를 돕도록 하였다. 돌아와 본부(本府) 북쪽 신리(新里) 건좌(乾坐) 언덕에 장사 지냈다.

공은 효성과 우애를 타고나 부모를 섬기고 네 아우를 사랑함이 모두 극진하였다. 성품이 청렴결백하여 집안에 사재(私財)를 쌓아 두지 않았고, 조심스레 직무를 수행하면서 조급해하거나 경쟁하려는 마음을 품지 않았다. 비록 고위관직을 역임하여 재상의 지위에 이르렀다 해도 항상 검소와 절약을 스스로 지켰기에, 권간(權奸)들이 위복(威福)[53]을 행세할 때일지라도 격분하지 않고 따르지도 않아 재앙과 피해 없이 몸을 보전할 수 있었다.

공은 총명함이 무리에서 뛰어나 날마다 수만 언을 외웠고 글을 지음에 붓을 잡으면 그 즉시 이루어져 찬란하여 읽어 볼 만하였다. 기재(企齋) 신광한(申光漢)[54]이 문형(文衡)을 주관하였을 때

53 위복(威福) : 원래 통치자가 시행하는 상벌의 권한을 뜻하는 말이나, 이후 이러한 권한을 지닌 사람이 권세를 믿고 제멋대로 농단하는 것을 뜻하는 말로 사용되었다. 《서경(書經)》 〈주서(周書) 홍범(洪範)〉에, "군주만이 복을 만들 수 있고, 군주만이 위엄을 부릴 수 있다.〔惟辟作福, 惟辟作威.〕"라고 하였는데, 공영달(孔穎達)의 소(疏)에 "군주만이 복을 만들기 때문에 사람에게 포상할 수 있고, 군주만이 위엄을 부리기 때문에 사람을 처벌할 수 있다.〔惟君作福, 得專賞人也 ; 惟君作威, 得專罰人也.〕"라고 하였다.

공을 매우 인정하여, 글 지을 일이 있으면 늘 대신 짓게 하였고, 또 누차 소장을 올려 문병(文柄)을 풀어서 공에게 주려고 하였지만, 공이 중도에 세상을 떠나 이 일은 실행되지 못하였다.

배위는 정부인(貞夫人) 수산 이씨(壽山李氏)이니, 진사(進士) 흡(翕)의 따님이다. 2남을 낳았으니, 운경(雲慶)은 후사가 없고, 운광(雲廣)은 주부(主簿)이다. 운광의 2남 중 유성(有成)은 훈련원 봉사(訓鍊院奉事)이고, 경성(景成)은 중추부사(中樞府事)이니 모두 무과(武科) 출신이다. 유성의 아들 용(瑢)과 현(玹)은 모두 진사(進士)이고, 쟁(琤)과 창(瑒)이 있다. 경성의 아들은 겸(鎌)과 근(瑾)이다. 나머지는 기록하지 않는다.

공의 9대손 병현(秉鉉)이 마침 묘도에 비석을 세우려 나에게 유사(遺事)를 가지고 와 부탁하기를 "선조의 행적은 분명 이것만은 아닐 것이나, 집이 누차 화재를 입어 유집 40권 중 다만 8분의 1만 남았습니다. 더구나 그 외 만사(輓詞)와 뇌문(誄文) 등 칭술한 글은 어떻겠습니까. 어르신께서 명(銘)을 지어 유광(幽光)을 드러내어 주시길 바랍니다."라고 하였다. 내가 말하기를 "공자는 구(求)의 재주, 사(賜)의 통달함, 유(由)의 과단성으로 모두 정치에 종사함을 허여하였고,[55] 또 몸가짐에 부끄러움이 있고 전

54 기재(企齋) 신광한(申光漢) : 1488~1555. 본관은 고령(高靈), 자는 한지(漢之)·시회(時晦), 기재는 그의 호이다. 그 외에 석선재(石仙齋)·청성동주(青城洞主)라는 별칭이 있으며 시호는 문간(文簡)이다. 1521년(중종5)에 문과에 급제하여 호당(湖堂)에 들었으며, 이후 대제학을 거쳐 판돈녕부사(判敦寧府事)에 이르렀다. 저서에 《기재집》이 있다.

55 공자는……허여하였고 : 《논어》 〈옹야(雍也)〉에 나오는 말로, 공자는 "자로는

대(專對)할 수 있어야 사(士)라 할 수 있다[56]고 하였습니다."라고 하였다.

공이 입신양명하여 지나온 이력을 살펴보니, 분명 이 세 사람의 장점을 겸비하였음은 의심할 것이 없고, 또 집안에서의 수양과 세상에서의 처신은 부끄러워하는 마음을 지닌 데에서 나오지 않은 것이 없으며, 막 훌륭한 인재들이 조정에 가득하였을 때 유독 사신을 접대하라는 명을 받았으니 전대(專對)[57]에 뛰어났음을 또한 알 수 있다. 그렇다면 오히려 유사가 크게 전해지지 못함을 한스러워할 것이 있겠는가. 지금 남아 있는 시문은 비록 많지는 않지만, 위봉(威鳳)의 한 깃털[58]로도 또한 다섯 문채의 상서로움을

과단성이 있으니 정사에 참여하는 데 무슨 문제가 있겠는가. 자공은 통달하였으니 정사에 참여하는 데 무슨 문제가 있겠는가. 염유는 재주가 좋으니 정사에 참여하는 데 무슨 문제가 있겠는가.〔由也果, 於從政乎何有, 賜也達, 於從政乎何有, 求也藝, 於從政乎何有.〕"라고 하였다.

56 몸가짐에……있다 : 《논어》 〈자로(子路)〉에 나오는 말로, 공자는 "몸가짐에 부끄러움이 있으며, 사방 나라에 사신으로 가서는 군주의 명을 욕되게 하지 않으면 선비라 이를 만하다.〔行己有恥, 使於四方, 不辱君命, 可謂士矣.〕"라고 하였고, 또 같은 편에 "시 3백 편을 외우면서도 정사를 맡겼을 때 제대로 처리하지 못하고 사방에 사신 가서 전대하지 못한다면 비록 시를 많이 외운들 또한 어디에 쓰겠는가.〔誦詩三百, 授之以政, 不達 ; 使於四方, 不能專對, 雖多, 亦奚以爲?〕"라고 하였다.

57 전대(專對) : 타국에 사신으로 가서 독자적으로 잘 대응하는 것을 뜻한다.

58 위봉(威鳳)의 한 깃털 : 위봉은 위엄 있는 봉황이란 뜻으로, 원래 선정(善政)의 일부를 대략 살펴본다는 의미지만, 여기서는 일부만을 들어 전체를 가늠해 볼 수 있다는 비유적 표현으로 사용되었다. 《양서(梁書)》 〈유준전(劉遵傳)〉에, "홍도가 읍으로 내려가자 선정을 펼치기도 전에 백성들로 하여금 떠날까 봐 염려하는 생각을 지니게 하였고, 들판에는 길들여진 꿩이 많도록 하였으니, 이 또한 위봉의 한 깃털로

징험할 수 있으니, 이를 특별히 기록하여 무덤을 꾸미는 것이 마땅하다. 마침내 명을 짓는다.

일찍이 시험 삼아 천문을 우러러 살펴보니	嘗試仰觀于乾象
자미성 담 밖에 뭇별들이 둘러 있네	紫薇垣外列宿環向
그중 어두웠다가 다시 밝아진 한 개의 별	箇中一星幾晦而復明者
이는 공의 정기가 아니겠는가	此非公之精也耶
나는 알겠구나 사 척의 봉분에	吾知四尺之封
그 광채를 가릴 수 없을 줄을	不能掩其晶光
만약 내 말 믿지 못하겠거든	有如不信
여기에 새긴 이 명을 보시라	視此銘章

그의 오덕을 징험하기에 충분하다.〔及弘道下邑, 未申善政, 而能使民結去思, 野多馴雉, 此亦威鳳一羽, 足以驗其五德.〕"라 하였다.

증 호조 판서 행 이천 도호부사 광산 노공 신도비명 병서
贈戶曹判書行利川都護府使光山盧公神道碑銘 並序

증 호조 판서 광산(光山) 노공(盧公)이 돌아가신 지 거의 2백 년이 되었는데, 그의 7세손 광서(光瑞)가 가장(家狀)과 미수(眉叟) 허 문정공(許文正公)[59]이 찬술한 갈음기(碣陰記)를 가지고 와 내게 건네주며 말하기를 "선조의 행적과 치적이 진실로 여기에 갖추어져 있습니다만, 질직(秩職)이 이미 상경(上卿)의 반열이었음에도 신도(神道)에 아직 비석(碑石)이 없는 점은 참으로 영식(令式)에 어긋나니, 감히 이로써 신도비명을 청합니다."라고 하였다. 나는 글을 쓸 적합한 인물이 아니라는 이유로 굳이 사양하였지만 허락받지 못하였다. 또 생각건대 미수의 기록은 백대에 전할 만하니 이것은 다만 예를 갖추는 것일 뿐이라서 감히 해 볼 만한 점이 있기에 마침내 글을 쓴다.

공의 휘(諱)는 대하(大河), 자(字)는 수오(受吾)이니, 국초(國初)의 우의정(右議政) 경평공(敬平公) 휘 숭(嵩)[60]의 6대손이며,

59 미수(眉叟) 허 문정공(許文正公) : 허목(許穆, 1595~1682)을 말한다. 본관은 양천(陽川), 자는 문보(文甫), 미수는 그의 호이다. 경사(經史)와 예학(禮學)에 밝았고 전서(篆書)와 문장(文章)에도 뛰어났다. 저서에 《기언(記言)》, 《동사(東事)》, 《경례유찬(經禮類纂)》, 《척주지(陟州誌)》 등이 있다.

60 경평공(敬平公) 휘 숭(嵩) : 노숭(盧嵩, 1337~1414)을 말한다. 자는 중보(中甫), 호는 상촌(桑村)이다. 1357년(공민왕6)에 진사가 되고, 1365년 문과에 급제하여 정언(正言)·지신사(知申事)·대사헌·지밀직(知密直) 등의 요직을 두루 역임

영의정(領議政) 문간공(文簡公) 소재(穌齋) 선생 휘 수신(守愼)[61]의 조카이다. 광산 노씨(光山盧氏)는 고려 대호군(大護軍) 서(恕)를 시조로 하며, 경평공의 손자 판관(判官) 처화(處和)에 이르러 한양에서 상주(尙州) 화령(化寧)으로 옮겨 살았다. 이후로 대대로 벼슬을 하였으니, 후(珝)는 풍저창 수(豐儲倉守)를 지내고 좌찬성(左贊成)에 증직되었으며, 홍(鴻)은 별제(別提)를 지내고 영의정(領議政)에 증직되었다. 홍은 휘 극신(克愼)을 낳았고, 극신은 돈녕부 첨정(敦寧府僉正)을 지내고 좌승지(左承旨)에 증직되었으니, 이분이 곧 공의 고(考)이다. 비(妣)는 덕산 이씨(德山李氏)이니 목사(牧使) 증영(增榮)의 따님이다.

공은 가정(嘉靖) 병오년(1546, 명종1) 11월 모일에 태어났다. 젊었을 적 능통하고 민첩하여 명성이 드러났다. 29세에 음보(蔭補)로 선공감 감역(繕工監監役)을 지내고 사헌부 감찰(司憲府監察)로 옮겼다. 9년이 지나 은진 현령(恩津縣令)이 되었고, 임기가 만료되고 다시 6년이 지나 장예원 사의(掌隷院司議)가 되었다. 이듬해 의성 현령(義城縣令)이 되었고 4년 뒤 그만두고 돌아왔다.

이듬해 임진년(1592, 선조24)에 왜구가 대거 침입하여 선조(宣祖)가 거빈(去邠)[62]의 행차를 하였을 때, 공은 사섬시 첨정(司贍

하였고, 상주의 옥연사(玉淵祠)에 제향되었다.

61 소재(穌齋) 선생 휘 수신(守愼) : 노수신(盧守愼, 1515~1590)을 말한다. 자는 과회(寡悔), 호는 소재(穌齋)·이재(伊齋)·암실(暗室)·여봉노인(茹峰老人) 등이다. 1543년 문과 급제 이후 수찬·이조 좌랑·대사간·대사헌·이조 판서·대제학·우의정·좌의정·영의정 등을 역임하였다. 저서에 《소재집(蘇齋集)》 등이 있다.

62 거빈(去邠) : 임금이 난을 피하여 도성을 떠나 다른 곳으로 거처를 옮기는 것으

寺僉正)으로서 어가(御駕)를 따라 사현(沙峴)에 이르렀다. 주상이 여러 관리들에게 늙은 모친이 있는 자는 따라오지 말 것을 명하자, 공은 모친을 모시고 안협(安峽)으로 피난할 수 있었다. 그해 7월 이천(伊川)에서 세자(世子)를 알현하였고, 9월에 상의원 판관(尙衣院判官)에 배수되었으며, 10월에 익위사 익위(翊衛司翊衛)로 옮겼고, 11월에 명을 받들어 용만(龍灣)의 행재소(行在所)에 문안을 갔으며 사복시 판관(司僕寺判官)이 되어 화공(火攻)의 무기를 수송하는 등의 일을 맡았다. 이어 검찰사(檢察使) 김응남(金應南)의 막하에 예속되어 용천(龍川)과 의주(義州)에서 식량을 운반하는 일을 겸하여 맡았으니 하는 일마다 모두 즉시 처리되었다.

갑오년(1594, 선조27)에 복명(復命)하고 감찰(監察)에 배수되었으며, 얼마 있지 않아 외직으로 나가 안산 군수(安山郡守)가 되었으나 병으로 체직(遞職)되었고, 얼마 후 모친상을 당하였다. 4년 뒤 청풍 군수(淸風郡守)에 제수되었는데, 이때 당시 명나라 병사들이 아직 철수하여 돌아가지 않은 상황이라 조정에서는 공이 먼 곳에 있다는 이유로 즉시 체직시켰다. 또 단양 군수(丹陽郡守)에 배수되었으나 부임하지 않았고, 이듬해 부친상을 당하였다.

그다음 해에 종친부 전부(宗親府典簿)에 배수되었고, 이윽고

로, 여기서는 선조(宣祖)가 의주(義州)로 피난한 것을 가리킨다. 주 태왕(周太王), 즉 고공단보(古公亶父)가 빈(邠)에 있을 때에 적인(狄人)이 쳐들어오자 백성을 해치지 않기 위하여 빈을 떠나 기산(岐山) 아래로 옮겨 갔던 고사에서 나온 말이다. 《孟子 梁惠王下》

천안 군수(天安郡守)가 되었다. 전쟁의 여파로 불에 탄 자리에 다시 관사를 지었는데 백성을 조금도 수고스럽게 하지 않았고, 또 대동법(大同法)[63]을 시행하여 백성을 편안하게 해 주었으니, 이후 여러 고을에서 이를 영구한 법으로 삼았다. 임기가 만료되었을 때 암행어사가 올린 포계(褒啓)로 인해 이천 부사(利川府使)에 배수되었다. 이때 토적(土賊)들이 봉기하여 백성들이 불안에 떨었지만, 공이 부임한 뒤로 근심이 마침내 사라지니, 비석을 세워 공이 떠난 뒤의 그리움을 깃들인 고을이 모두 두 곳이었다.

이듬해 병이 들어 벼슬을 그만둘 것을 요청하고 고향으로 돌아왔다. 또 이듬해 고부 군수(古阜郡守)가 되었고 이곳 관사에서 별세하시니, 곧 경술년(1610, 광해군2) 12월 모일이다. 향년 65세이다. 이소원(履素院) 오향(午向) 언덕에 장사 지냈다. 이후 조정에서 공이 원종공신(原從功臣) 일등(一等)에 녹훈(錄勳)된 것으로 좌승지(左承旨) 이조 참판에 증직하였고, 후에 공의 차남 도일(道一)이 영국 원종공신(寧國原從功臣)에 녹훈된 것으로 호조 판서에 증직하였다.

공은 벌열(閥閱) 가문의 후손으로서, 타고난 자질이 이미 남달랐다. 소재 선생이 진도(珍島)에서 귀양살이할 때, 공은 미성년의 나이로 천리길을 걸어 풍랑(風浪)을 무릅쓰고 바다를 건너 가 수

63 대동법(大同法) : 현물로 바치던 공물(貢物)을 미곡(米穀)으로 환산하여 바치게 한 납세 제도를 말한다. 방납(防納)의 폐해를 시정하기 위하여 이이(李珥), 유성룡(柳成龍) 등이 제기한 이래, 1608년(선조41) 영의정 이원익(李元翼)의 건의에 따라 방납의 폐단이 가장 심한 경기로부터 시작하여 점차 지방으로 확대 시행하여 조선 후기에는 공법(貢法)의 중심이 되었다.

업을 받았다. 소재 선생은 이를 매우 가상하게 여겨 간절하고 지극하게 가르치니 이로써 공의 문학이 크게 성취될 수 있었다. 누차 과거에 응시하였으나 합격하지 못하자, 곧 과거 공부를 그만두고 오직 성리학에 전심하여 이륜(彝倫)에 힘을 쏟았다.

모친, 부인 이씨, 그리고 과부가 되어 아들이 없는 여동생의 상을 당하였을 때는 모두 난리를 겪던 중이라 박천(博川)에서 여장(旅葬)[64]을 지냈고, 부친이 호남(湖南)에서 돌아가셨을 때 화령(化寧)에서 반장(返葬)을 지낸 뒤에 다시 이전의 세 여장을 옮겨와 반장하였다. 여동생의 상을 먼저 치른 뒤에 부인의 상을 치르면서 말하기를 "아들 없이 과부가 된 내 여동생의 상을 차마 뒤에 치를 수 있겠는가."라고 하였다. 부모상에 슬픔을 다하여 모두 유감없이 하였고, 백부를 부친처럼 섬겼다. 소재 선생이 돌아가신지 이미 오랜 시간이 지났지만 말이 미칠 때면 눈물을 흘렸으며, 선생의 유집을 교정하고 간행해서 세상에 널리 전하였다.

공은 평소 예로써 스스로를 다잡아 태만한 기질을 온몸에 두지 않았기에, 한가로이 거처하거나 잠을 잘 때에 곁에서 모시는 자제들이 또한 공의 살갗이 혹 드러나는 것을 보지 못했다. 집안 사람들을 훈계할 때에는 엄격하여 법도가 있었고, 스스로 검소함에 힘써 화려한 옷을 입은 적이 없었다. 공의 상을 치를 때 고을에서 염습(殮襲)에 사용할 수의(襚衣)와 비단 이불을 만들었지만, 정읍(井邑) 수령 박충생(朴忠生)이 와서 염습하는 것을 보고 이를 걷

64 여장(旅葬) : 타향(他鄕)에서 죽은 사람을 그대로 타향 땅에 장사 지내는 것을 말한다.

어 내라고 하면서, "이는 공을 영결하는 예가 아니다."라고 하여 결국 이를 사용치 않았다. 상국(相國) 일송(一松) 심희수(沈喜壽)[65]가 공을 곡하는 글에서 "소재 어른을 한 번 찾아뵈어, 정성껏 도를 깊이 구하였네. 오두(烏頭)[66]로 득력하여 분발해서 일어났네.〔一拜穌老, 誠深求道. 烏頭得力, 奮發作興.〕"라고 하였으니, 세상 사람들이 실상을 기록한 것이라 하였다.

전배(前配)는 참판(參判) 신담(申湛)의 따님이다. 2녀를 낳았으니 진사 이식(李栻), 김인봉(金仁鳳)에게 각각 시집갔다. 후배(後配)는 곧 이씨이니, 절도사(節度使) 각(珏)의 따님이다. 2남 3녀를 낳았으니 장남 도립(道立)은 지조와 절개가 있었고 호는 야로당(野老堂)이며, 그다음 도일(道一)은 현감을 지냈고, 딸은 진사 허준(許遵), 관찰사 홍립(洪雴), 이삼근(李三近)에게 각각 시집갔다. 서자(庶子)는 도응(道凝), 참봉 도남(道南), 도행(道行)이다. 도립의 아들은 생원 익명(翼命), 윤명(允命), 순명(順命)이고, 딸은 생원 정태승(鄭泰升)에게 시집갔다. 도일(道一)의 아들은 현명(顯命)과 숙명(淑命)이고, 딸은 권국(權鞠), 생원 허오(許

65 일송(一松) 심희수(沈喜壽) : 1548~1622. 본관은 청송(青松), 자는 백구(伯懼), 호는 일송·수뢰루인(水雷累人), 시호는 문정(文貞)이다. 노수신(盧守愼)의 문인이다. 1572년 문과 급제 후, 대사헌·이조 판서·우의정·좌의정에 올랐으며, 청백리(淸白吏)에 뽑혔다. 저서에 《일송집》이 있다.

66 오두(烏頭) : 약재 이름으로, 여기서는 스승으로부터 얻은 학문의 힘을 뜻한다. 송(宋)나라 때 사상채(謝上蔡)가 스승에게 하직하고 떠날 때 윤화정(尹和靖)에게 "오두(烏頭)를 복용하였을 때는 안색이 윤택하고 근력이 강성했더니 이제 하루아침에 오두의 효력이 없어지게 되니 장차 어찌할까?"라고 한 일이 있다. 《宋元學案 卷24 上蔡學案》

隩), 현감 송도창(宋道昌)에게 각각 시집갔다. 서자는 무명(茂命)이다. 이식의 사자(嗣子) 원환(元煥)은 부사(府使)를 지냈고, 김인봉의 아들은 응해(應海)이다. 홍립의 사자(嗣子) 주후(柱後)는 군수를 지냈고, 이삼근의 아들 양복(陽復)은 좌랑(佐郞)을 지냈다. 익명의 사자(嗣子)는 사증(思曾)이고, 2녀는 진사 홍적(洪覿), 좌랑 여영징(呂榮徵)에게 각각 시집갔으며, 서자는 사검(思儉)이다. 윤명의 아들은 후사로 나간 사증(思曾), 사유(思裕)이고, 딸은 진사 성호재(成虎在), 신한귀(辛漢龜), 민임중(閔任重), 이지용(李之龍)에게 각각 시집갔다. 서자는 사흠(思欽)이다. 순명의 아들은 사맹(思孟), 사필(思弼), 사의(思義)이고, 딸은 황종명(黃鍾鳴)에게 시집갔다. 현명의 아들은 사안(思顔), 사정(思貞)이고, 딸은 조융(趙彤), 박후(朴煦), 여팔화(呂八和)에게 각각 시집갔다. 숙명의 아들은 사헌(思憲), 사철(思哲)이고, 딸은 조성석(趙聖錫), 홍중삼(洪重三), 배태형(裴泰亨)에게 각각 시집갔다. 명(銘)은 다음과 같다.

곤포[67]에서 나는 옥과	崑圃之玉
대야[68]가 정련한 금에	大冶之金
그 문양을 쪼았으며[69]	有琢其章

67 곤포(崑圃) : 옥이 많이 생산된다는 곤륜산(崑崙山)을 말한다. 한(漢)나라 환관(桓寬)의 《염철론(鹽鐵論)》에 의하면, 예로부터 곤륜산 주위에서는 옥박(玉璞)을 까치에게 던질 정도였다고 한다.

68 대야(大冶) : 금을 잘 정련하는 숙련된 기술자를 일컫는 말이다.

그 칼날을 예리하게 하였네	有利其鐔
내외직을 역임함에	歷職中外
시험하여 능하지 않음이 없었네	無試不能
어찌 끝내는 묻혀서	曷終于沈
오르지 못했던 것인가	而未之升
찬란하게 빛나는 미수의 글은	眉筆炳若
천만년 드리울 만하니	可垂千億
비석에 새긴 나의 명문은	我詩于珉
다만 법식을 따른 것일 뿐이네	惟以依式

69 문양을 쪼았으며 : 《시경》 〈대아(大雅) 역박(棫樸)〉에, "그 문양을 새기고 쪼기를, 금옥의 바탕을 따라야 하네.〔追琢其章, 金玉其相.〕"라 하였다.

증 예조 참판 행 강원도 관찰사 학동 이공 신도비명 병서
贈禮曹參判行江原道觀察使鶴洞李公神道碑銘 並序

고(故) 통정대부(通政大夫) 강원도 관찰사(江原道觀察使) 증 예조 참판(贈禮曹參判) 학동(鶴洞) 이공(李公)이 돌아가신 지 거의 이백 년이 된 지금에야 비로소 묘소에 비석을 세우게 되었다. 공의 7대손 기발(基發)이 여헌(旅軒) 장 선생(張先生)[70]이 지은 묘지(墓誌)와 성호(星湖) 이공(李公)[71]이 작성한 행장(行狀)을 나에게 보여 주며 신도비명 작성을 요청하였다. 스스로 생각건대 나는 재주가 천박하여 감당할 수 없는 데다가 이미 백세의 신필(信筆)이 있으니 더욱이 다시 부언할 것이 없다. 다만 이것은 예를 갖추어 법식을 따르는 것에 불과할 뿐, 사람 때문에 중망받을 것은 아니기에 마침내 사양치 않고 삼가 다음과 같이 서술한다.

공의 휘(諱)는 광준(光俊), 자는 준수(俊秀), 성은 이씨이니 본관은 영천(永川)이다. 휘 휘(暉)가 고려조에 합단(哈丹)을 토벌한 공로로 여러 관직을 거쳐 상호군(上護軍)에 이르렀고, 그 아들 영

70 여헌(旅軒) 장 선생(張先生) : 장현광(張顯光, 1554~1637)을 말한다. 본관은 인동(仁同), 자는 덕회(德晦), 여헌은 그의 호이다. 저서에 《여헌집》, 《역학도설(易學圖說)》 등이 있다. 《여헌집》 속집 권8에 〈관찰사학동이공묘지명(觀察使鶴洞李公墓誌銘)〉이 수록되어 있다.

71 성호(星湖) 이공(李公) : 이익(李瀷, 1681~1763)을 말한다. 본관은 여주(驪州), 자는 자신(自新), 성호는 그의 호이다. 저서에 《성호전집》이 있다. 《성호전집》 권66에 〈관찰사학동이공행장(觀察使鶴洞李公行狀)〉이 수록되어 있다.

견(永堅)은 전공 판서(典工判書)를 지냈다. 공의 증조 휘 종림(宗林)은 좌통례(左通禮)에 증직되었고, 조부 휘 세헌(世憲)은 호가 우암(牛巖)이니 기묘년(1519, 중종14)의 사화 이후 과거 공부를 그만두었다가, 진사(進士)에 입격하였고 좌승지(左承旨)에 증직되었으며, 부친 휘 여해(汝諧)는 참봉을 지냈고 이조 참판에 증직되었으니, 증조 조부 부친이 모두 증직을 받은 것은 공이 귀하게 되었기 때문이다. 비(妣)는 일선 김씨(一善金氏)이니, 판사(判事) 성미(成美)의 후손 형손(亨孫)의 따님이다. 가정(嘉靖) 신묘년(1531, 중종26) 7월 모일에 공을 낳았다.

공은 어릴 적 담대한 용기를 지녔기에 처음에는 무예를 익혔다가 곧이어 그만두었다. 뜻을 독실히 하고 학문에 힘써, 임술년(1562, 명종17) 문과에 급제하여 성균관 학유(成均官學諭)에 제수되었고, 관례에 따라 승진되어 전적(典籍)에 이르렀으며, 형조 좌랑을 역임하였다. 외직으로 나가 하동(河東)과 창녕(昌寧)을 다스렸고, 다시 형조 정랑에서 외직으로 나가 임천 군수(林川郡守)와 예천 군수(醴泉郡守)가 되었다.

공은 성품이 강직하고 방정하였다. 심의겸(沈義謙)[72] 공과 사이가 좋았으나, 심공이 전랑(銓郎)이 되었을 때 그가 초방(椒房)[73]의 친척이라는 이유로 절대 교제하지 않았으니, 공이 몸을 낮추어

72 심의겸(沈義謙) : 1535～1587. 본관은 청송(青松), 자는 방숙(方叔), 호는 손암(巽菴)·간암(艮菴)·황재(黃齋)이며, 이황(李滉)의 문인이다. 선조 때 동서(東西) 분당의 계기가 되었던 인물로, 서인에 속한다.

73 초방(椒房) : 황후나 왕후의 궁을 의미하는 말로, 여기서는 왕실의 인척을 비유한다. 당시 심의겸은 외척 세력으로, 명종(明宗)의 비 인순왕후(仁順王后)의 동생이었다.

지방관을 한 것은 이 때문이었다. 창녕을 다스릴 당시 봉사신(奉使臣) 가운데 하인들을 풀어서 제멋대로 세금을 거두어 밀수하는 자가 있었는데, 공이 이자를 적발하여 관아로 잡아들여 민역(民役)에 충당시켰다.

임오년(1582, 선조15)에 모친상을 당하고 갑신년(1584, 선조17)에 부친상을 당하였는데, 상을 마친 뒤 청송 부사(青松府使)에 제수되었다. 임기가 만료되자 내직으로 들어가 성균관 사성(司成)이 되어 사제 간의 예를 준엄하게 하여 제생들을 이끄니, 제생들이 서로 면려하여 경박한 습속이 없어졌다.

당시 조정에는 남방을 염려하는 근심이 있었고 강릉부에 또 개미 떼가 바다를 뒤덮는 이변이 발생하자, 재주와 명망이 있는 자를 특별히 선발하여 공을 등용해서 강릉부를 맡겼는데, 수개월이 지나기도 전에 왜구가 대거 침입하여 여러 고을이 와해되었다. 적장 길성(吉成)[74]이 격문(檄文)을 전달할 사람을 차출해 강릉부에 이르게 하자, 공은 즉시 그의 목을 베어 군중에게 돌려 보이고,[75] 병사를 거느리고 험지에 주둔해 있다가 적을 만나면 힘써 싸워

74 길성(吉成) : 왜장(倭將) 모리길성(毛利吉成, ?~1611)을 말한다. 《해동역사(海東繹史)》 권61 〈본조비어고(本朝備禦考) 어왜시말(馭倭始末)〉에 의하면, 임진년(1592, 선조25) 당시 강원도에 파견된 장수가 길성이다.

75 목을……보이고 : 원문 '참이순중(斬以徇衆)'의 풀이로, 남조(南朝) 송(宋)의 주부(主簿) 안준(顔峻)이 문제(文帝)에게 제진(諸鎭)의 협력이 필요하다고 아뢰자, 심경지(沈慶之)가 "지금 대사를 일으키려고 하는 때에, 갓난아이가 모두 끼어들어서 이런 재앙이 일어났으니, 목을 베어 군중에게 돌려 보여야 한다.〔今方興大事, 而黃頭小兒皆參預, 此禍至矣, 宜斬以徇衆.〕"라고 한 데에서 온 말이다. 《南史 卷37 沈慶之列傳》

포획한 바가 많았다. 이 일이 조정에 알려져 품계가 통정대부(通政大夫)로 특진되었다. 계사년(1593, 선조26)에 관찰사 기령(奇苓)의 심기를 거슬려 파직되자, 공은 마침내 의주(義州) 행재소로 나아갔다.

이보다 앞서 중화군(中和郡)의 백성들이 성을 축조하여 왜적을 막자, 왜적이 분노하여 성을 함락시키고 백성을 죽인 일이 있었다. 조정에서는 중화군 백성들이 한 일을 가상히 여겨 중화군을 부(府)로 승격시키고, 잔폐한 고을을 소생시킬 수 있는 이를 뽑았는데, 주상은 주망(注望)[76]을 세 번 물리치고 끝내 공을 명하였다. 공이 부임해 보니 고을은 폐허일 뿐이었다. 공은 곧 몸소 삼태기와 삽을 들고 먼저 굴을 파고 그곳에 거처하면서 조수(鳥獸)처럼 달아난 백성들을 불러 모아 편안하게 해 주었다. 이때 명나라 병사가 소란스럽게 온갖 방법으로 물품을 요구하였는데, 공은 능숙하게 처리하고 해결함에 빠뜨림이 없었다. 또 둔전(屯田)을 크게 개간하고 농기구를 갖추어 백성들과 직접 농사를 지으면서 수천 섬의 곡식을 수확하였으니, 공사 간(公私間)에 모두 공에게 힘입었다. 이에 관사(官舍)를 짓고 학당을 세우니 읍이 옛 모습을 되찾았고, 군사를 훈련시키고 병기(兵器)를 수리하여 군사가 일어날 것을 대비하니 치적과 행적이 도내에 으뜸이었다. 조정에서는

76 주망(注望) : 관원을 임명하기 전에 전형(銓衡)을 맡은 이조(吏曹) 또는 병조(兵曹)가 합당한 사람을 임금에게 천거하는 것을 말한다. 3인의 후보를 추천하는 삼망(三望)이 상례이며, 합당한 사람이 부족하거나 한 사람밖에 없을 경우에는 이망(二望) 혹은 단망(單望) 하기도 한다.

공에게 재물을 하사하고 포상하여 가상히 여겼다. 임기가 만료되고도 3년을 더 다스리니, 백성들은 공을 자신의 부모처럼 사랑하고 받들었으며 비석을 세워서 덕을 칭송하였다. 공의 작고 소식을 듣고서 백성들이 송덕비 아래에 모여 곡을 하고 제사 지내며 추모해 마지않았다.

기해년(1599, 선조32)에 판결사(判決事)에 배수되었고, 외직으로 나가 충주 목사(忠州牧使)를 지냈다. 임인년(1602, 선조35)에 형조 참의에 배수되어서는 옥송(獄訟)이 알맞고 공평하였다. 계묘년(1603, 선조36)에 강원도 관찰사가 되었고, 임기가 만료되자 고향 집으로 돌아오니, 공의 나이 이미 일흔이 넘었다. 여유롭게 집에서 지내며 다시는 세상에 나아갈 뜻을 품지 않았다. 백담(栢潭) 구 선생(具先生)[77]과 막역한 사이였는데 매번 봄기운이 화창하고 햇살이 밝을 때면, 관동(冠童)을 데리고 장구(杖屨) 차림으로 산수 간을 소요하면서 서로 덕의(德義)를 논하였다. 이때 공의 두 아들이 모두 높은 벼슬을 하고 있었는데 조석으로 공을 곁에서 모시며 화락하였으니, 이를 본 이들이 사모하면서 영예롭게 여겼다.

만력(萬曆) 기유년(1609, 현종10) 7월 모일에 79세의 나이로 돌아가셨다. 부고가 조정에 전해지자, 예관(禮官)에 명하여 부의

77 백담(栢潭) 구 선생(具先生) : 구봉령(具鳳齡, 1526~1586)을 말한다. 본관은 능성(綾城), 자는 경서(景瑞), 백담은 그의 호이다. 퇴계의 문인이다. 1560년 문과에 급제한 후, 검열·수찬·병조 좌랑을 거쳐 충청도 관찰사·전라도 관찰사·대사성·이조 참판·대사헌 등을 역임했다. 저서에 《백담집》이 있다.

(賻儀)와 제물(祭物)을 규례대로 보내도록 하였다. 의성현(義城縣) 서쪽 하현(霞峴) 유좌(酉坐) 언덕에 장사 지냈다. 공이 일찍이 토구(菟裘)[78]의 계책으로 군위(軍威)로부터 의성현 금학산(金鶴山) 아래로 이거(移居)하였고 이로 인해 학동(鶴洞)이라 자호하였다.

배위는 평산 신씨(平山申氏)이니, 장절공(壯節公) 숭겸(崇謙)의 후손이고 선무랑(宣務郎) 권(權)의 따님이다. 집안을 다스리고 사람을 대함에 온순하고 선량하여 칭송할 만한 것이 많았으며, 이후 공의 막내아들이 귀하게 됨으로 인하여 공은 소종백(小宗伯)에 추증되었고 신씨는 정부인(貞夫人)에 추증되었다. 공에게 3남이 있으니, 장남 민홍(民宏)은 판서(判書)에 증직되었고, 차남 민성(民宬)은 문과(文科)에 급제하여 승지(承旨)를 지냈으며, 막내 민환(民寏)은 문과에 급제하여 참판(參判)을 지냈으니, 이들 모두 문집이 세상에 전한다. 딸은 문과에 급제하여 판결사(判決事)를 지낸 정사신(鄭士信)에게 시집갔다. 또 서자(庶子) 민개(民愷)가 있다. 판서 민홍은 1녀가 있으니, 김광악(金光岳)에게 시집갔다. 승지 민성은 동생의 아들 정기(廷機)를 데려와 후사로 삼았으며 문과에 급제하여 목사를 지냈다. 참판 민환은 5남 4녀를 낳았으니, 장남 정상(廷相)은 문과에 급제하여 군수를 지냈고, 그다음은 정숙(廷橚), 그다음은 정기(廷機), 그다음은 정재(廷材), 그다음

78 토구(菟裘) : 은거지를 말한다. 노(魯)나라 고을 이름으로, 지금의 산동성 사수현(泗水縣) 북쪽 지역인데, 노 은공(魯隱公)이 말하기를 "토구에 집을 짓게 하여, 내 장차 거기에서 늙으리라.〔使營菟裘, 吾將老焉.〕"라고 하였다. 《春秋左氏傳 隱公11年》

은 정빈(廷彬)이고, 사부(師傅) 이심(李𢕍)·박공구(朴玒衢)·정언(正言) 신홍망(申弘望)·사인(士人) 송세빈(宋世彬)은 그 사위이다. 판결사 정사신은 2남 2녀를 낳았으니, 장남은 억(億)이고, 그 다음 칙(侙)은 참봉을 지냈다. 세마(洗馬) 유단(柳褍)과 별좌(別坐) 김시침(金時忱)은 사위이다. 나머지는 다 기록하지 않는다.

공은 강직 명철하고 단정 중후하며, 식견과 국량이 한 방면을 감당해 내기 충분하였지만 이를 크게 시행하지 못하였다. 그러나 이로 말미암아 그의 전정(全鼎)[79]을 알 수 있다.

다스리는 고을 험준한 곳이었지만　有峻其坊
역량을 여유롭게 부려 잘 다스렸네[80]　有恢其鋩
행적은 김장[81]에 물들지 않았고　跡不染於金張
공적은 공황[82]보다 빼어났네　績有邁於龔黃

79 전정(全鼎) : '전정일련(全鼎一臠)'의 준말로, 큰 솥에 끓인 국은 고기 한 점만 맛보아도 그 전체의 맛을 다 알 수 있다는 말이다. 《회남자(淮南子)》〈설림훈(說林訓)〉에, "한 점의 고기를 맛보고서 온 솥의 고기 맛을 안다.〔嘗一臠肉, 而知一鑊之味.〕"라고 하였다.

80 역량을……다스렸네 : 원문 '회망(恢鋩)'의 풀이로, 훌륭한 능력으로 고을을 잘 다스렸다는 뜻이다. 백정이 소를 잡을 때, "저 소의 마디 사이에는 틈이 있고 칼날은 두께가 없으니, 두께가 없는 것을 그 틈에 밀어 넣으면 그 공간이 널찍하여 칼을 놀릴 적에 반드시 여유가 있다.〔彼節者有間而刀刃者無厚, 以無厚入有間, 恢恢乎其於遊刃, 心有餘地矣〕."라고 하였다. 《莊子 養生主》

81 김장(金張) : 한(漢)나라 때 7대 동안 자손들이 고관대작을 역임하여 대대로 부귀영화를 누렸다는 김일제(金日磾)와 장안세(張安世)를 말한다. 《漢書 蓋寬饒傳》

82 공황(龔黃) : 한(漢)나라 때 지방 장관으로 선정을 베풀었던 발해 태수(渤海太

이미 조정에 높이 오를 길이 없었고　既霄漢之末由高翺翔兮

강릉 감사의 직임을 임진왜란으로 감당하지 못함이 한스러우니

東關之鑰恨不於龍蛇間當也

후인들이여 어찌 이 명문을 보지 않겠는가　後之人盍視此銘章

守) 공수(龔遂)와 영천 태수(潁川太守) 황패(黃霸)를 말한다.《漢書 卷89 循吏傳》

증 자헌대부 공조 판서 겸 지의금부사 의민 박공 묘비명 병서

贈資憲大夫工曹判書兼知義禁府事謚毅愍朴公墓碑銘 並序

공의 휘는 이현(而絢), 자는 여수(汝粹), 성은 박씨이니, 신라 시조 혁거세(赫居世)의 후손이다. 고려조에 개국공신 영규(英規), 보문각 제학(寶文閣提學) 난봉(蘭鳳), 이부 시랑(吏部侍郞) 원룡(元龍), 평양 부원군(平陽府院君) 천상(天祥), 개성 판윤(開城判尹) 가권(可權)이 있었다. 조선조에 휘 유성(柳星)은 의주 목사(義州牧使)를 지냈고 청백리로 뽑혔다. 휘 숙근(叔根)은 호가 야계(倻溪)이고 기묘년(1519, 중종14)의 현량과(賢良科)에 천거되어 누차 부름을 받았지만 나아가지 않았으며, 70세에 부모상을 당해 여묘살이하며 상을 마치자, 사람들이 지극한 효성을 칭송하였으니, 공에게 증조가 된다. 참봉(參奉) 휘 대영(大榮)은 곧 공의 부친이다. 비(妣)는 밀양 박씨이니, 소요당(逍遙堂) 하담(河淡)의 따님으로, 가정(嘉靖) 갑자년(1564, 명종19) 4월 모일에 성주(星州) 수륜동(修倫洞)에서 공을 낳았다.

공은 젊은 시절부터 강개(慷慨)한 기절(氣節)을 지녀 늘 만 리(萬里) 밖까지 공을 세우려는 큰 뜻을 품었다. 만력(萬曆) 임진년(1592, 선조25)에 왜구가 대거 침입하여 모든 고을이 와해되자, 사람들이 모두 조수(鳥獸)처럼 달아나 숨고 뒤처질까 두려워하였다. 공은 주상이 도성을 떠나 피난한다는 소식을 듣고서, 떨쳐 일어나 적을 토벌하고자 의병을 창도하여 주(州)의 가천(伽川)에 머물며 진(陣)을 친 뒤, 제봉(霽峯) 고경명(高敬命)[83]과 서로 의지하여 성원(聲援)하니 포로로 얻은 자가 매우 많았다. 하루는 적이 갑자기 이르러 날이 저물 때까지 전투하느라 군사들이 모두 피로에 지쳐 쓰러졌다. 공은 말을 타고 강적에 맞서 싸워 상대 장수의 목을 베려 하였는데, 말이 바로 절뚝거리며 넘어지는 바람에 결국 공은 피살되었으니 당시 나이 49세였다. 이 일이 알려지자 조정에서 이를 가상하게 여겨 공을 특별히 공조 참의(工曹參議)에 증직하였다. 이후 아들 영서(永緖)가 순국공신(殉國功臣)이 됨으로 인하여, 공에게 공조 판서(工曹判書)를 가자(加資)하였고 의민(毅愍)을 시호로 내렸다.

공의 충심은 하늘로부터 얻은 것이었다. 이 당시에 봉록을 먹는 신하와 군사를 이끄는 장수도 오히려 위풍(威風)을 바라보고는 도주한 자가 매우 많았다. 공은 초야에서 거친 음식을 먹는 일개 미천한 자로서 나라에 은혜를 입은 적이 없었지만, 장순(張巡)과 허원(許遠)[84]의 무리들에게도 오히려 성을 수비하는 책임이 있

83 제봉(霽峯) 고경명(高敬命) : 1533~1592. 본관은 장흥(長興), 자는 이순(而順), 제봉은 그의 호이다. 1558년(명종13)에 문과 급제하여, 서산 군수·한성부 서윤 등을 역임하였으며, 1592년(선조25) 임진왜란이 일어나자 격문을 돌려 담양에서 6,000여 명의 의병을 규합하여 곽영(郭嶸)의 관군과 함께 금산(錦山)에서 왜군에 맞서 싸우다가 전사하였다. 저서로 《제봉집》이 있다.

84 장순(張巡)과 허원(許遠) : 원문 '순원(巡遠)'의 풀이로, 이들은 모두 당(唐)나라 현종(玄宗) 때의 충신이다. 장순(709~757)은 진원 현령(眞源縣令)이었고 허원(709~757)은 수양 태수(睢陽太守)였는데, 천보(天寶) 연간에 안녹산(安祿山)이 반란을 일으키자 함께 군사를 일으켜 강회(江淮)의 보장(保障)인 수양성(睢陽城)을 지켰으나 중과부적으로 성이 함락되자 함께 죽어 순국하였다. 이 두 사람은 같은 해

었던 것과 비교해 보면 또한 같지 않았다. 그리하여 나라를 위해 몸을 떨쳐 적개심을 품고서 기꺼이 희생하면서 사양치 않을 수 있었으니, 만약 평소 빛나는 충심이 가슴속에 가득 차 우리 군주만이 있는 줄 알고 자신이 있는 줄은 모르는 자가 아니었다면 어찌 그러할 수 있었겠는가. 이를 두고 '하늘로부터 얻은 것'이라 한 것이니, 하늘로부터 얻은 것이 온전했던 이가 또다시 몇 명이나 있겠는가. 아, 굳세도다! 울산 군수(蔚山郡守) 배응경(裵應褧)[85]은 공의 젊은 시절 친구인데, 당시 적에게 급습당하여 변방을 굳건히 방비하지 못했다는 이유로 그 처벌이 어찌될지 헤아릴 수 없었다. 그러자 공은 자신이 포획한 적군의 머리를 그에게 주어 죄를 면하게 해 주었으니, 그 신의(信義)가 또한 위대하다.

배위는 칠곡 도씨(桼谷都氏)이니, 남편을 섬기고 종족을 대함에 모두 아름다운 부녀자의 법도가 있었다. 4남이 있으니, 종서(宗緖), 판관(判官) 흥서(興緖), 무과 출신으로 부사(府使)를 지냈고 역적 이괄(李适)의 난에 뜻을 굽히지 않고 죽어 이른바 '순국(殉國)의 공이 있다'는 영서(永緖), 감찰(監察) 윤서(潤緖)이다. 2녀는 나숙(羅琡), 참봉 박인(朴絪)에게 각각 시집갔다. 내외손은 많아서 다 기록하지 않는다. 공의 묘는 토곡(兎谷) 병좌(丙坐) 언덕에 있다.

에 태어나서 한날에 순국하였다.《舊唐書 卷187 張巡傳》

85 배응경(裵應褧) : 1544~1602. 본관은 성산(星山), 자는 회보(晦甫), 호는 안촌(安村)이다. 1576년 문과 급제하여, 정랑을 거쳐 청도 군수로 재직하던 중에 임진왜란이 일어나자 의병을 일으켜 왜적과 대항하여 싸웠다. 저서에 《안촌집》이 있다.

지금 공의 8세손 규석(圭錫)이 법식에 따라 신도(神道)에 비석을 세우고자, 당시 여러 인사들이 쓴 행장과 묘지(墓誌)를 내게 보여 주며 명(銘)의 작성을 요청하면서, "선조께서는 이미 덕봉서원(德峯書院)에 제향되었으나 다만 신도에 비석이 없으니, 감히 이로써 청합니다."라고 하였다. 나는 사양하였으나 받아들여지지 않아 마침내 이상과 같이 서술한다. 이어 명(銘)을 붙인다.

대장부가 하늘을 이고 땅을 밟으며　　大丈夫頭天跟地
공처럼 옳은 죽음 맞이한다면 또한 영광이리라　得其死如公亦榮矣
이 빼어난 혼과 굳센 넋은　　是其英魂毅魄
필시 갠 날의 우레 가을 서리와 함께 우뚝하리니
　　必當與晴雷霜日共爲崢嶸
후세의 사람들이 말하지 않으랴　　後之人其無曰
오직 이 무덤 속에 잠들어 있다고　　惟藏於一片佳城也

증 병조 판서 충장 박공 묘비명 병서

贈兵曹判書諡忠壯朴公墓碑銘 並序

고(故) 창성 대도호부사(昌城大都護府使) 증 자헌대부(贈資憲大夫) 병조 판서(兵曹判書) 겸(兼) 동지의금부사(同知義禁府事) 충장(忠壯) 박공(朴公)의 휘(諱)는 영서(永緖)이고, 자(字)는 효원(孝源)이다. 공이 전사한 지 2백여 년 뒤에 여러 후손들이 논의하기를 "우리 선조의 드높은 절의(節義)와 조정에서 포숭한 은전(恩典)은 이미 지극하지 않은 바가 없고, 게다가 박 상사(朴上舍)의 행장, 여 시랑(呂侍郞)의 묘표(墓表), 팔도(八道)의 무신들과 사도(四道)의 유생들의 소장(疏章), 예조(禮曹) 종백(宗伯 판서)의 계문(啓文), 대제학의 시장(諡狀), 명공(名公) 거경(巨卿)의 만사(輓詞)·뇌문(誄文)·전(傳)·사당 건립 시의 봉안문(奉安文) 등은 모두 오랜 세월 동안 찬란하게 빛나고 있다. 그러나 묘도에 비석이 아직 없으니, 만약 다시금 법식에 따라 비석을 세워서 공의 공렬(功烈)을 싣고 그 모습을 그려 낸다면 무궁하게 전하는 데에 어찌 더욱 보장할 만하지 않겠는가."라고 하였다.

마침내 공의 방손(傍孫) 규석(圭錫)을 시켜 진양(晉陽) 정(鄭) 아무개에게 그 일을 부탁하게 하면서 말하기를 "충장공(忠壯公)의 시신이 고향으로 돌아왔을 때, 그대 선조 문장공(文莊公)이 연로(沿路)에 문서를 발행하여 상사(喪事)를 돕도록 하였고, 또한 같은 도(道)에 사는 사람에게 인력을 내어 돕도록 하였으니 정의상 사양할 수 있겠습니까. 감히 이로써 글을 청합니다."라고 하였다.

나는 공의 절의(節義)를 사모한 지 오래되었는데 그의 유적(遺蹟)을 살펴봄에 또한 그러하였으니 이에 하나하나 서술하여 명으로 삼는다. 명은 다음과 같다.

우리 나라의 박씨는	我東有朴
신라의 시조에서 시작하니	自羅祖始
순천이 그 관향이 된 것은	其貫于順
세대가 멀어 기록할 수 없네	世遠莫記
고려조 영규는	在麗英規
개국공신이고	曰開國臣
정승 난봉은	至相蘭鳳
사후 신이함을 드러냈네[86]	歿著異神
숙정은 문단에 이름을 날려	淑貞擅文
보문각 전형을 지냈고	寶閣典衡
원룡과 천상은	元龍天祥
대를 이어 출중하였네	連世蜚英
평양 부원군과 그 아들[87]은	平陽與子
망복[88]의 절개 세웠으니	節樹罔僕

86 정승……드러냈네 : 박난봉(朴蘭鳳)은 사후 인제산신(麟蹄山神)이 되었다고 한다. 《新增東國輿地勝覽 卷40 全羅道》

87 평양……아들 : 평양 부원군은 박천상(朴天祥), 그의 아들은 개성 판윤을 지낸 박가권(朴可權)을 말한다. 이후 박가원은 난을 피해 성주(星州) 수륜동(修倫洞)에 들어가 살았다.

88 망복(罔僕) : 망국(亡國)의 신하로서 의리를 지켜 새 왕조의 신복이 되지 않으려

판윤 가권은　判尹可權
난리를 피해 자취 감추었네　逃難斂跡
벽진(성주의 옛지명)에서 머물러 산 것이　其家碧珍
실로 이때부터였고　實肇于是
의주 목사 유성은　義牧柳星
청백리로 선발되었네　選淸白吏
야계 숙근은　倻溪叔根
현량으로 부름을 받았고　被徵賢良
70세에 여묘살이하면서　七耋廬墓
입에는 계강[89]을 끊었네　口絶桂薑
휘 대영에 이르러　逮諱大榮
또한 음보로 현달하였으니　亦由蔭顯
이분이 공의 조부이고　是爲公祖
부친의 휘는 이현이네　考諱而絢
부친은 임진왜란에　海寇之亂
백의로서 충정을 떨치니　白衣奮忠
의병을 창도하고 적개심 품어　倡義敵愾
누차 뛰어난 공적 세웠네　累立奇功
마침내 나라 위해 순국하여　竟以身殉

는 절조를 말한다. 은(殷)나라가 망하려 할 무렵 기자(箕子)가 "은나라가 망하더라도 나는 남의 신복이 되지 않으리라.〔商其淪喪, 我罔爲臣僕.〕"라고 하였다. 《書經 微子》

89 계강(桂薑) : 육계(肉桂)와 생강(生薑)으로, 일상에서 자주 접하는 조미 음식 중 하나이다.

의로움 빼어나 녹훈받으니	義邁食祿
공조 판서에 추증된 것은	水部正卿
조정에서 내려 준 직분이네	朝贈是職
시호는 의민이니	諡曰毅愍
영화로움이 고금에 넘쳤네	榮溢今古
모친 도씨의 부친은	妣都氏父
우후를 지낸 흠조이네	虞侯欽祖
만력 기묘년[90]	萬曆己卯
10월 초하루에	十月初吉
공이 비범하게 탄생하니	公生異凡
참으로 인걸이었네	展也人傑
초승[91]의 용맹함과	超乘其勇
천양[92]의 기예로	穿楊其藝
나이 24세에	年二十四
높은 성적으로 무과에 급제하였네	虎榜高揭

90 만력 기묘년 : 1579년(선조12)에 해당한다.

91 초승(超乘) : 말에 뛰어올라 타는 것으로, 용맹이 뛰어남을 비유한다. 춘추 시대에 진(秦)나라 군사들이 주(周)나라 서울의 북문(北門)을 지날 때에, 전차의 좌우에 탔던 전사들이 투구를 벗고 달리는 전차에서 내려 천자에게 경의(敬意)를 표하고는 다시 뛰어올라 탔다고 한다. 《春秋左氏傳 僖公33年》

92 천양(穿楊) : 활을 쏘아 버들잎을 명중시키는 것으로, 매우 뛰어난 활 솜씨를 비유한다. 《전국책(戰國策)》에, "초(楚)나라의 양유기(養由基)란 사람은 활을 잘 쏘는 사람이었다. 100보 떨어진 곳에서 버들잎을 쏘면 백 발에 백 번 다 명중시켰다.〔楚有養由基者, 善射者也. 去柳葉百步而射之, 百發而百中之.〕"라고 하였다. 《戰國策 西周策》

처음엔 몹시 진출이 막혔으나	始頗淹滯
끝내 천거되어 발탁되니	終得拔薦
외직으로 병마를 관장한 곳은	出管兵馬
저 영건이었네	于彼永建
육품으로 승진하여	遞陞六品
정략장군과 어모장군 되었다가	定畧禦侮
곧 옥구 현감에 임명되었으니	旋調沃溝
십고[93]에 줄곧 최고 등급이었네	十考連最
품계가 통정에 올라	階進通政
창성 지역을 다스리니	俾護昌城
창성은 중국과 인접한 곳이라	府濱上國
중국 사신이 왕래하는 길목이었네	使華交程
물품을 수송하고 책임질 일이	歸輸責應
다른 곳보다 곱절로 번다하였지만	煩劇倍他
능숙한 솜씨[94]로 공적 아뢰니	恢刃奏功
정치가 통하고 백성들 화락하였네	政通人和
매우 험준한 고갯길 있어	有嶺絶險

93 십고(十考) : 관리의 근무 성적을 임기 5년 동안에 열 번 고과하는 것을 말한다. 경관(京官)은 해당 관청의 장관이, 지방관은 감사가 해마다 6월 15일과 12월 15일 두 차례씩 행하였다.

94 능숙한 솜씨 : 원문 '회인(恢刃)'의 풀이로, 많은 업무를 잘 처리하는 것을 의미한다. 포정(庖丁)이 소 잡는 방법에 대해 말하기를 "두께가 없는 칼을 두께가 있는 틈새에 넣으니, 널찍하여 칼날을 움직이는 데에 반드시 여유가 있습니다.〔以無厚入有間, 恢恢乎, 其於遊刃, 必有餘地矣.〕"라고 하였다. 《莊子 養生主》

행객들이 모두 괴로워하자　　行旅皆惱
그 길 평탄하게 정비하니　　平治其道
오래도록 공의 덕택 입었네　　終古永賴
군리들이 뒤이어 칭송하며　　軍吏追頌
석벽을 쪼아 비석을 세웠네　　磨崖立石
갑자년 초에　　甲子歲初
이괄의 난이 갑자기 일어났네[95]　　适變忽作
군사를 일으켜 대궐을 침략해서　　稱兵向闕
횡역한 기운이 하늘에 닿으니　　逆氣滔天
도원수 또한 두려워하여　　都帥亦畏
진군이 지연되었네　　進軍稽延
공은 선봉장이 되어　　公爲前鋒
눈물 뿌리며 팔뚝 걷어붙이니　　雪涕奮臂
남씨와 정씨 두 장군[96]이　　南鄭二將
공격을 도와 뜻을 함께하였네　　翼攻同志
삼 천의 군사 감독하고 통솔하여　　董攣三千

95 갑자년……일어났네 : 1624년(인조2)에 이괄(李适)이 주동하여 반란을 일으킨 것을 말한다. 이괄이 인조반정 때 공이 컸음에도 불구하고 2등공신으로 책봉되고 외지에 부임하게 된 데 앙심을 품고 일으킨 반란으로 알려져 있다. 이괄은 황주 신교(薪橋)에서 관군과 처음 접전한 끝에 관군을 대파하여 선봉장 박영서 등을 사로잡아 죽였다.

96 남씨와……장군 : 1624년 이괄(李适)의 난에 박영서와 함께 싸운 남이흥(南以興)과 정충신(鄭忠信)을 말한다. 박영서가 선봉장이 되어 이 두 장수와 함께 난을 토벌하다 포로로 잡혔는데, 이괄의 회유에 굴하지 않아 결국 사살되었다.

용기를 고무시켜 진격하니　鼓勇以前
충정과 분노 격발함에　忠憤所激
공이 가장 선두에 있었네　公最居先
그해 2월 초　時二月初
신교로 뒤쫓아 달려가　趕及薪橋
한 번 싸움에 군사가 궤멸하여　一戰師潰
별처럼 흩어져 불러들일 수 없었네　星散莫招
필마 타고 번개처럼 내달려　匹馬電馳
곧장 적진으로 돌격하여　直突賊陣
맹세코 역적의 머리 가져오는 일　誓取逆竪
나의 칼날로 하리라 다짐하였지　我有我刃
관우(關羽) 장군이 안량(顔良) 찔러 죽이듯[97]　關將刺良
바로 결판내리라 기약하였건만　期辦卽地
불행하게도 말이 넘어져　不幸馬躓
적에게 생포당하였네　爲賊生致
적은 평소 공을 기이하게 여겼기에　賊素奇公
공의 빼어난 전략에 도움받으려　欲資英畧
칼과 창으로 에워싸　環以釖戟
공을 극도로 협박하였네　極其威脅

97 관우(關羽)……죽이듯 : 관우가 조조(曹操)에게 적토마(赤兎馬)를 하사받아 원소(袁紹)의 장수였던 안량(顔良)을 찔러 죽인 것을 뜻하는데, 여기서는 박영서가 이괄의 난에서 적군 이괄을 살해하는 것을 비유적으로 표현한 것이다. 관우는 조조에게 하사받은 말을 타고서 안량의 진(陣)으로 들어가 안량을 단번에 찔러 죽였다. 《三國志 卷36 關羽傳》

"만약 우리와 함께한다면 云若與同
작록과 지위를 높여 주리라" 하니 爵位可隆
공의 눈빛 불같이 타오르고 公目如炬
가슴속에 분노가 차올랐네 怒膽拄胸
말하기를 "우리나라가 曰我國家
너에게 무엇을 저버렸나 於汝何負
부원군에 봉해 주고 封府院君
부원수에 제수하여 授副元帥
공로에 보답한 것이 충분하거늘 酬功斯足
어째서 반란을 일으키는가 何故乃叛
내가 너에게 사로잡힌 것은 吾爲汝擒
말이 넘어졌기 때문이다" 하고 由馬蹶坂
칼을 뽑아 말의 목을 베어 拔劍斬馬
굴복하지 않는 뜻 내보였네 以示不屈
적이 또 옷을 벗기고 결박하여 賊又裸縛
밖에다 밤새도록 앉혀 두었네 露坐夜徹
매서운 기운 혹독하고 楚氛甚惡
칼날 같은 삭풍 불어닥치자 朔吹如刀
살갗 터져 갈라졌지만 肌肉坼裂
용맹함은 오히려 치솟았네 勇賁猶咷
협박하여 죽음 직전에 이르게 하고는 迫令濱死
공의 뜻이 혹 꺾일까 기대하여 期公或挫
이로 인해 초모[98]를 씌워 주자 因加貂帽
"나를 고통스럽게 하지 말라" 하며 云勿自苦

머리 흔들어 초모를 떨어뜨렸네 搖首脫去
"맹세코 너에게 더럽혀지지 않으리니 矢不汝汚
이 머리 장차 베어지고 此頭且斷
얼어 죽은들 무엇이 애석하리" 하였네 凍何足惜
물을 주어 갈증 해소시키려 하자 進水救渴
몸을 솟구쳐 발로 차 버렸네 踴身以蹴
"원컨대 내 속히 죽어서 惟願速死
귀신 되어 저들을 몰래 죽이리라" 하였네 作鬼陰誅
적들은 어찌할 수 없음을 알아채고 賊知無奈
기둥에다 밧줄로 묶어 피부 벗기니 縛柱剮膚
살점이 다 떨어져 뼈가 드러났지만 膚盡骨露
공은 끊이지 않고 꾸짖었네 罵不絶口
맹렬하고 굳센 혼백 烈烈毅魄
영원토록 여전히 살아 있어 窮宙猶生
의로운 명성 바람처럼 퍼져 나가 義聲風動
병사들이 우레처럼 진동하였네 戰士雷轟
여러 장수들 승세를 타고 諸將乘勢
고목을 베어 내듯 이괄을 꺾어 拉适如枯
마침내 큰 변란을 평정하였으니 遂平大難
아 또한 공의 영광이로다 緊亦公榮
조정에서 이를 가상히 여겨 聖朝嘉之
작록과 시호로 상을 내리니 爵諡以賞

98 초모(貂帽) : 털이 붙은 담비 가죽으로 만든 모자를 말한다.

작록은 병조 참판이요	爵爲兵判
시호는 충장이라네	諡則忠壯
부자가 순국한 일[99]	父子死國
세상에 이와 짝할 자 드무니	世罕其儷
우뚝한 선대의 절의가	先節之卓
여기에서 더욱 드러났네	於焉采著
적의 혀를 베어 씹던 일	割啗賊舌
또한 공의 아우[100]가 하였으니	亦有公弟
사람들이 말하기를 "그 충성	人曰其忠
그들 집안의 가법이로다" 하였네	乃家家計
추산 남쪽 기슭에	鷲山南麓
공의 묘소 우뚝이 솟아 있고	有屹公葬
덕봉서원과 충렬사에	德峯忠祠
공의 영령을 모셔 제향하네	公靈斯享
배위 철성 이씨는	配鐵城李
위임의 따님이고	衛紝之女
아들 흔은 감역을 지냈고	男訢監役
수진은 그의 아들이네	守眞其子

99 부자가 순국한 일 : 박영서의 부친 박이현(朴而絢, 1544~1592) 또한 1592년 임란에서 의병을 일으켜 김면(金沔)의 막하에서 동지들을 모아 고향에서 진을 치고 고경명(高敬命) 등과 함께 성주의 가천(伽川) 등지에서 많은 왜적을 무찌르고 전사하였다. 성주의 덕봉사(德峰祠)에 제향되었으며, 시호는 의민(毅愍)이다.

100 공의 아우 : 박윤서(朴潤緖, 1587~1651)를 말한다. 자는 계효(季孝), 호는 수당(修堂)으로, 정구(鄭逑)의 문인이다. 광해군 때 무과에 급제하여 부사(府使)를 지냈다.

공의 타고난 자품은	盖公天品
보통의 무인과는 달랐으니	異彼常武
사군자의 행실을	士君子行
법도로 삼았네	是度是矩
난리를 만나 부모 봉양할 때	遭亂養親
맛난 음식을 빠뜨리지 않았으니	甘旨無闕
지난번 유씨 장군에게 의지하였을 때	往依劉將
한결같이 쌀을 짊어지고 왔네[101]	負米一轍
사대부를 예로 대우하고	禮遇士夫
병사에게 미덥게 하였으며	信乎伍師
사양하고 받는 것을 구차하게 하지 않고	辭受不苟
우뚝하게 스스로 지조를 지켰네	嶷嶷自持
평소 견지하던 것은	尋常秉執
생삼사일[102]이었으니	生三事一
지금 그 순국의 절의는	今其死節
진실로 평소 지닌 뜻에서 나왔네	寔自平日

101 쌀을 짊어지고 왔네 : 원문 '부미(負米)'의 풀이로, 어버이 봉양을 위해 백 리 먼 곳에서 쌀을 짊어지고 오는 것을 말한다. 공자의 제자 자로(子路)가 '어버이를 위해 백리 밖에서 쌀을 구하여 짊어지고 와서〔爲親負米百里之外〕' 쌀밥을 해 드렸다는 고사가 있다. 《孔子家語 卷2 致思》

102 생삼사일(生三事一) : 자신을 살아갈 수 있게 한 세 사람, 즉 아버지와 스승과 임금을 똑같이 섬긴다는 뜻이다. 진(晉)나라 대부 난공자(欒共子)가, "백성은 세 분의 은혜로 살아가니 섬기기를 똑같이 하여야 한다. 아버지는 나를 낳아 주시고, 스승은 나를 가르쳐 주시고, 임금은 나를 먹여 주셨다.〔民生於三, 事之如一. 父生之, 師敎之, 君食之.〕"라고 하였다. 《國語 晉語》

만약 공이 오랜 수명을 누려	使公永年
평소의 포부 다 펼쳤더라면	展盡素抱
간성과 복심[103]됨이	干城腹心
공보다 나을 자 누구겠는가	誰出公右
칼끝을 물고서 초야를 기름지게 하여[104]	嘬鋒膏野
장도가 갑자기 꺾였으니	長道遽摧
시운인가 운명인가	時耶命耶
저 하늘의 도가 어긋나 버렸네	彼蒼泬洄
그러나 공이 수립한 바는	然公所立
강상을 부지한 것이니	撑拄綱常
곧은 충정과 맹렬한 기세가	貞忠烈氣
해와 별과 나란히 빛나네	日星齊光
하물며 아름다운 행적이	況有徽蹟
고을의 학당에 밝게 비추어	照耀黌塾

103 간성(干城)과 복심(腹心) : 간성은 방패와 성 같은 역할을 할 만한 뛰어난 인재를, 복심은 인체의 배와 심장처럼 중요하고 실력이 뛰어난 신하를 비유한다. 《시경》 〈토저(兎罝)〉에 "굳센 무부(武夫)여, 공후의 간성이로다. …… 굳센 무부여, 공후의 복심이로다.〔赳赳武夫, 公侯干城 …… 赳赳武夫, 公侯腹心.〕"라고 하였다.

104 초야를 기름지게 하여 : 원문 '고야(膏野)'의 풀이로, 죽은 시신이 들판에 묻힘으로써 풀이 자라는 들판을 기름지게 한다는 '신고초야(身膏草野)'의 뜻이다. 나라를 위해 충성을 바쳐 자신을 희생한다는 표현으로 사용된다. 서한(西漢) 대신(大臣) 곡영(谷永)이 북지 태수(北地太守)가 되었을 때 황제에게 바친 말 가운데에, "이에 천직되어 북지 태수가 되었으니 목숨을 바쳐 제 몸이 풀이 자란 들판을 기름지게 하더라도 성은의 만분의 일을 갚기에도 부족합니다.〔仍遷至北地太守, 絶命隕首, 身膏草野, 不足以報塞萬分.〕"라고 하였다. 《漢書 谷永傳》

천추토록 유전되니 流傳千秋
뜻있는 선비들 감격하였네 志士感激
이로써 나라를 보위하여 用以衛國
그 효과가 무궁하리니 其效無窮
내 이 때문에 명을 지어 我故作銘
이 무덤을 꾸미노라 賁此幽宮

우의정 수촌 오공 신도비명 병서
右議政水村吳公神道碑銘 並序

우리 정조대왕 8년 갑진년(1784)에, 숙종조 우의정 신(臣) 수촌(水村) 오공(吳公)의 복관(復官)을 명하였다. 공은 죄 없이 죽어 지극한 원통을 껴안은 지 이미 104년이 되었으니, 일월처럼 밝고 천지처럼 어진 성상(聖上)이 아니었다면 어찌 이처럼 말끔히 원한을 풀 수 있었겠는가.

삼가 살펴보건대 공의 휘는 시수(始壽), 자는 덕이(德而), 그 선대는 동복인(同福人)이다. 고려 시중(侍中) 문헌공(文憲公) 대승(大陞)으로부터 수문전(修文殿) 대제학(大提學) 식(軾)에 이르기까지 6대가 모두 크게 현달하였고, 조선조에 들어와 휘 천경(天經)이 이조 참의(吏曹參議)가 되었으니 이때부터 벼슬이 끊이지 않았다. 공의 고조(高祖) 휘 세현(世賢)은 직장(直長)을 지냈고, 증조(曾祖) 휘 백령(百齡)은 이조 참판을 지냈으며, 조부 휘 횡(竑)은 찬성(贊成)에 증직되었고, 생조(生祖) 휘 단(端)은 감사를 지냈으며, 부친 휘 정원(挺垣)은 감사를 지냈으니, 4대 모두 영의정에 증직되었다. 모친은 파평 윤씨(坡平尹氏)로 판서(判書) 의립(毅立)의 따님이니, 숭정(崇禎) 임신년(1632, 인조10) 2월 8일에 한성(漢城) 낙선방(樂善坊)에서 공을 낳았다.

공은 풍모와 자태는 옥처럼 깨끗하고 노을이 날리듯 마치 신선 세계 속 사람 같았다. 어릴 적부터 영민하여 4세에 곧 제물(祭物)이 중요한 것인 줄 알아 제사 음식을 맛보려는 또래 아이들을 때리며 꾸짖었다. 6세에 집에 화재가 일어나 어른과 아이들이 황급하게 도망갔지만, 공만은 거울 하나와 칼 한 자루를 손에 쥔 채 가장 마지막에 나와 "부친께서 아끼시는 물건이다."라고 하였다. 14세에 남궁(南宮)에서 강학할 때, 양파(陽坡) 정 상국(鄭相國)[105]이 공을 한번 보고는 공보(公輔)[106]의 기량이라 칭송하였다. 17세에 진사가 되었고, 25세에 문과에 급제하였으며, 35세에 중시(重試)에 발탁되었다.

전후로 역임한 관직은 성균관에서는 전적(典籍), 직강(直講), 사성(司成)을 지냈다. 제조(諸曹)의 경우, 예조(禮曹)에서는 좌랑(佐郎)·정랑(正郎)·상서(尙書), 병조(兵曹)에서는 좌랑(佐郎)·정랑(正郎)·참의(參議), 이조(吏曹)에서는 좌랑·정랑·참의·상서, 호조(戶曹)와 형조(刑曹)에서는 상서, 공조(工曹)에서는 참판을 지냈으며, 경조 판윤(京兆判尹)을 지냈다. 제시(諸寺)의 경우, 사복시 정(司僕寺正), 예빈시 정(禮賓寺正)을 지냈고, 사간원(司諫院)의 정언(正言)·헌납(獻納), 사헌부(司憲府)의 지평(持平)·집의(執義)·도헌(都憲), 세자시강원(世子侍講院)의 사서(司書)·문학(文學), 홍문관(弘文館)의 시독(侍讀)·시강(侍講), 승정원(承政院)의 동부승지(同副承旨)·우부승지(右副承旨)·도승지(都

105 양파(陽坡) 정 상국(鄭相國) : 정태화(鄭太和, 1602~1673)를 말한다. 본관은 동래(東萊), 자는 유춘(囿春), 양파는 그의 호이다. 효종과 현종 때 20여 년간 영의정을 5차례나 지냈으며, 저서에 《양파유고(陽坡遺稿)》·《양파연기(陽坡年紀)》가 있다.

106 공보(公輔) : 삼공(三公)과 사보(四輔)로, 임금을 보좌하여 국사를 다스리는 재상과 대신을 지칭한다. 삼공은 영의정·좌의정·우의정이고, 사보는 전의(前疑)·후승(後丞)·좌보(左輔)·우필(右弼) 등이다.

承旨)를 지냈다.

좌천되어 외직에 있을 때에는 상주 군수(尙州郡守)·호남 관찰사(湖南觀察使)·관서 관찰사(關西觀察使)·강도 유후(江都留後)를 지냈고, 관서와 호남 지역을 염문(廉問)하였으며, 영남에서 과거시험을 관장하였다. 사신을 접빈할 때에는 문례관(問禮官)·원접사(遠接使)가 되었고, 남학·한학 교수(南學漢學敎授), 수어종사(守禦從事), 비변사(備邊司)·승문원(承文院)·종부시(宗簿寺)·사역원(司譯院)·장악원(掌樂院)의 제조(提調), 춘추관(春秋館) 경연관(經筵官), 도총부(都摠府)·의금부(義禁府)의 판부사(判府事)를 지냈다. 의정부(議政府)에서는 사인(舍人)·참찬(參贊)을 지냈으며, 기미년(1679, 숙종5)에 정승(政丞)에 이르렀을 때 공의 나이 48세였다.

공은 총명하고 특출한 재주를 지녔으며 인자하고 걸출하여 내외직을 두루 역임함에 거행되지 않는 직분이 없었다. 간관(諫官)의 직책에서는 피할 바 없이 탄핵하였으니, 낭선군(朗善君)이 강가 누각을 조성할 적 승려들을 혹독하게 부린 일[107]과 이홍연(李弘淵)의 자질과 인망이 본디 경박하여 대사성(大司成)에 적합하지 않음[108]을 이유로 이들을 모두 파직할 것을 청하자 주상이 윤

107 낭선군(朗善君)이……일 : 낭선군은 선조(宣祖)의 제12남 인흥군(仁興君) 이영(李瑛)의 장남 이우(李俁, 1637~1693)를 말한다. 1664년(현종5) 12월 25일에, 오시수가 "낭선군 이우는 지난번 강가 누각을 지을 때 금천(衿川)과 과천(果川)의 절을 직접 두루 다니며 거주하는 승려들을 위협하여 일꾼을 징발하였으므로 승려들이 원망하고 있으니 파직을 명하소서."라고 하자, 주상이 낭선군 이우를 추고토록 한 일이 있다. 《顯宗實錄 5年 12月 25日》

허하였다. 또한 경연(經筵)에서 "전 판서 조경(趙絅)은 세 조정의 예우를 입었건만, 지금 논사(論事) 하나가 마땅치 않다 하여 쫓아내어 등용하지 않고 있습니다. 게다가 나이 80세인 자들에게 근래 우로(優老)의 은전(恩典)[109]을 성대하게 베풀어 주셨거늘, 어찌 유독 조경에게만 인색한 것입니까."[110]라고 아뢰자, 주상이 그 즉시 조경에게 가자(加資)하고 월봉(月俸)을 다시 지급할 것을 명하였다.

암행어사가 되었을 때, 수령(守令)의 능부(能否)와 백성들의 고통을 시찰하여, 간악한 자를 규탄하고 선한 이에게 상을 준 일은 한결같이 공정함에서 나왔다. 호남 관찰사가 되었을 때, 그해 흉년이 들어 마음을 다해 진휼하고 구제하여 온 도내의 백성들을 살렸다.

형조(刑曹)에 있었을 때, 조정에서 북한산성(北漢山城)을 축조하자는 논의가 있자, 공은 "이곳은 어가(御駕)가 머물 곳이 아닙니다. 강도(江都) 지역은 실로 나라의 보장(保障)에 해당하는 곳이거늘, 근심되는 점은 부(府)의 병사들이 적고 세력이 약한 것입

108 이홍연(李弘淵)의……않음 : 이홍연(李弘淵, 1604~1683)은 이덕수(李德洙)의 아들로, 오시수가 "대사성 이홍연은 자질과 인망이 본디 가벼워서 인재를 양성하는 일은 결코 감당할 바가 아니니 체차를 명하소서."라고 하자 주상이 윤허한 일이 있다. 《顯宗實錄 5年 12月 25日》

109 우로(優老)의 은전(恩典) : 80세가 된 노인을 우대하는 은전이다. 《경국대전(經國大典)》 〈이전(吏典)〉에 의하면, 나이 80세가 되면 양반이나 천인을 막론하고 품계를 제수하고, 본래 품계가 있는 자도 한 품계를 올려 준다고 하였다.

110 나이……것입니까 : 《顯宗實錄 6年 5月 22日》에 관련 사실이 보인다.

니다. 그러니 마땅히 강도와 가까운 통진(通津)·교하(交河)·부평(富平)의 병사들로 충당시켜 아침에 명령을 내리면 저녁에 출발할 수 있는 곳으로 만들어야 합니다. 부의 식량 또한 다른 지역으로 옮기지 말고, 강도의 병사를 선발하여 의병을 조직해서 활쏘기와 칼 쓰는 법을 가르쳐 위급한 시기를 방비하도록 해야 합니다."라고 아뢰었다.

호조(戶曹)에 있었을 때, 가뭄이 들어 주상에게 선농단(先農壇)[111]에서 기우제를 지낼 것을 청하자 이날 과연 비가 내렸다. 사람들이 "이것은 오공의 힘이다."라고 하였으니, 대개 공이 말한 것을 주상이 따르지 않음이 없었다. 매번 경연(經筵)을 출입할 때마다 행동거지가 여유로웠으며, 주대(奏對)하는 것이 분명하고 적절하여 행하는 모든 것이 주상의 뜻에 맞았으니, 이 때문에 주상이 의지하여 신임했던 것이다.

처음 가주서(假注書)로 육품(六品)에 올랐고, 승선(承宣)으로 이조 참의(吏曹參議)에 제수되었다가 평안도 관찰사로 승진하였으며, 강도 유수(江都留守)로 도령(都令)에 배수되었다. 뒤이어 형조 판서에 제수되었다가 곧 이조 판서에 배수되었으니, 이는 모두 특별한 성은(聖恩)에서 나온 것이며 끝내는 정승에까지 이르렀다. 당시 군신 간의 도타운 정의(情誼)가 진실로 성대하였지만

111 선농단(先農壇) : 임금이 봄날에 교제(郊祭)를 지내는 제단으로, 풍년이 들기를 기원하며 이곳에서 선농제(先農祭)를 지냈다. 제를 올린 뒤에는 선농단 남쪽에 마련된 적전(籍田)에서 친경(親耕)함으로써 백성들에게 농사일이 소중함을 알리고 농사를 권장하였다.

당인(黨人)들에게 질시받았던 것은 또한 이 때문이었다. 당시 저 당인들은 마침 산림(山林)[112]을 옹호하고 있었는데, 공이 영남 지역의 과거시험을 관장하였을 때 '불차초탁(不次超擢)'을 책문(策問)으로 제시하자 그 말뜻에 서로 연관된 것이 있다고 여긴 자들이 공에게 더욱 복수하고자 하였다.[113]

이보다 앞서 무오년(1678, 숙종4)에 우윤(右尹) 남구만(南九萬)이 양인(良人) 여성을 겁탈한 남성을 상소한 일[114]이 있었다. 이는 수상(首相) 허적(許積)[115]의 서자 견(堅)을 넌지시 지목한

112 산림(山林) : 서인(西人)의 한 분파로서 산당(山黨)을 가리킨다. 인조 초기에 서인(西人)이 청서(淸西)와 공서(功西)로 분열되었다가, 1623년 인조반정(仁祖反正) 이후 김상헌(金尙憲) 중심의 청서가 다시 산당(山黨)과 한당(漢黨)으로 나누어졌다.

113 공이……하였다 : 오시수는 당시 성균관 사성(司成)의 직분으로 경상좌도 시관(試官)으로 차출되었는데, 이때 '불차초탁'을 책문의 제목으로 삼은 일이 있었다. 불차초탁이란 차례를 지키지 않고 등급을 뛰어넘어 발탁하는 법을 말하는데, 이 사건은 송시열(宋時烈)을 중심으로 한 서인(西人)들이 당시 허명(虛名)으로 발탁된 것을 지목한 것이라 하여 이후 오시수는 서인들의 공격을 받게 된다. 《水村集 附錄 卷3 行狀(李瑞雨), 卷4 神道碑銘(閔黯)》

114 양인(良人)……일 : 당시 영의정이었던 허적(許積)의 서자 허견(許堅)이 서억만(徐億萬)의 아내 차옥(次玉)을 납치한 일로 벌어진 사건을 말한다. 《肅宗實錄 5年 2月 30日》 허견은 부친의 세력을 믿고 온갖 만행을 자행하였는데, 서억만의 아내를 약탈하는 행위로 비난을 받다가, 1680년(숙종6)에 복창군(福昌君) 이정(李楨), 복선군(福善君) 이남(李柟), 복평군(福平君) 이연(李樫) 형제와 결탁하여 역모를 꾀한다 하여, 김만기(金萬基)와 김석주(金錫胄) 등으로부터 고변당하였다. 결국 허적과 허견은 사사(賜死)되었으며, 이로써 당시 남인 실권자들이 죽음을 당하고 서인이 집권하게 되었으니 이것이 바로 경신환국(庚申換局)이다.

115 허적(許積) : 1610~1680. 본관은 양천(陽川), 자는 여차(汝車), 호는 묵재(默齋)이다. 1637년 문과에 급제한 이후 검열·판서·우의정·좌의정·영의정 등

것이었는데, 포도청(捕盜廳)에서 그 죄를 다스리다가 함부로 가한 형벌이 실정에 어긋나게 되었다. 이에 대신들이 차자(箚子)를 올려 "형옥(刑獄)은 유사(有司)가 있는 곳에 있어야지 도둑을 다스리는 관청에 맡겨서는 안 된다."라고 진술하였고, 주상은 이를 옳다고 여겨 그 일이 의금부(義禁府)로 돌아갔다. 공은 허견을 엄중히 추궁하고 조사하여 그 증거로 위협해서 몰래 꾀어낸 정황을 찾아내어 주달해 아뢰니, 주상으로부터 특별히 여러 죄수들을 석방시키고 포도청장 구일(具溢)을 유배 보내라는 명이 내려졌다. 경신년(1680, 숙종6)에 이르러 수상 허적은 무고로 사형되었고, 이에 "공이 사사로움을 따라 법을 어겼다."라 하여 삼수(三水)로 유배되었다.

을묘년(1675, 숙종1)에 청나라 조제사(吊祭使)가 왔을 때 공이 용만(龍灣)에서 접빈(接儐)하였는데, 두 번 치제(致祭)하는 것은 옛 상례가 아닌 점[116]을 역관(譯官) 안일신(安日新)·박정신(朴廷藎) 등을 시켜 통관(通官) 장효례(張孝禮)에게 물어보게 하였다. 장효례는 본래 우리나라 사람이라 그 즉시 말하기를, "황제께서

요직을 두루 역임하였고, 남인의 영수가 되었다. 1680년 조부 허잠(許潛)이 시호를 받게 된 축하연에서 난악(欄幄)을 사용한 사건과 아들 허견(許堅)의 역모 사건에 연좌되어 사사(賜死)되었다. 이 사건은 남인을 견제하기 위한 서인의 음모였음이 밝혀져 1689년 기사환국(己巳換局) 때 신원(伸冤)되었다.

116 두……점 : 당시 청나라에서는 조선 왕이 승하하면 중국 황제가 칙사(勅使)를 파견하여 치제(致祭)하는 관행이 있었는데, 이번 현종 조제 시에는 지난 인조대왕 조제(1649) 시와 효종대왕 조제(1659) 시와는 다르게 2회에 걸쳐 치제를 하도록 계획되어 있었다.

조선의 선국왕(先國王 당시 현종)이 고질병을 앓고 계심에도 사대(事大)의 예가 쇠하지 않았고 또한 강신(强臣)에게 제압당하였으니 특별히 이로써 민전(愍典)을 쓰셨던 까닭입니다."[117]라고 하였다. 역관들이 이 말을 공과 평안도 감사 신정(申晸)에게 아뢰었고, 또 황해도 감사 윤계(尹堦)는 본래 장효례와 같은 마을에 살았기 때문에, 장효례가 찾아와 직접 들은 뒤 공에게 말해 줄 수 있었다. 공은 그 말이 너무 패악스러워 감히 글로 써서 아뢸 수 없다고 여기고, 돌아가서 곧 주상을 뵙고 아뢰었다.

주상이 수상(首相) 허적(許積)에게 명하여 장효례에게 따져 묻도록 하였다. 허적이 말하기를, "들은 것을 주달하고자 하니 분명하게 변론하라. 중국의 법에 의하면 나라 안의 일을 누설한 자는 그 죄가 죽음에 이른다."라고 하였다. 장효례는 매우 두려워하면서 말을 경솔하게 하여 우연히 발설된 것이라 자백하였고, 윤계 또한 상소하면서 누차 말을 바꾸었다. 주상은 공이 상소하여 변론한 것을 통해 비답(批答)을 내려, "경(卿)이 지난번 진달한 것은 나라를 근심하며 분노했던 성심에서 나온 것이다. 그 말의 출처를 내 이미 자세히 알고 있거늘 윤계가 이에 시종 말을 바꾸어 군부를 속였으니, 먼 배소(配所)로 보낼 것을 특별히 명하노라."라고 하자, 주달하여 변론한 논의가 마침내 그치게 되었다.

공이 유배를 가게 되자 당인(黨人)들은 공에게 말을 조작했다는 죄를 더 씌우고자 박태손(朴泰遜)을 사주하여 상소해서 죄상을 파헤쳐 공을 잡아 가두게 하고, 중국에서 말의 출처를 탐문하

117 황제께서……까닭입니다 : 《肅宗實錄 1年 3月 3日》에 관련 사실이 보인다.

려 전 황해도 감사 신정(申晸)을 진주사(陳奏使)로 삼고 안일신(安日新) 등을 수역(首譯)으로 삼았다. 신정은 체포되어 임금에게 알려지길 꺼리는 자이고, 역관들은 모두 주상의 명령을 두려워하여 말을 바꾼 자들이었다.[118] 임금에게 알려지길 꺼리는 신정과 말을 바꾼 역관들에게 죽음이 두려워 말을 꺼리는 장효례를 대면하여 변론케 하였으니, 장효례가 "내가 말한 것이다."라고 기꺼이 말할 수 있었겠는가. 사신이 돌아와 결국 공이 말을 조작한 것이라 하여 결국 사사(賜死)되었으니, 곧 신유년(1681, 숙종7) 6월 12일이다.

공이 옥에 갇혔을 때 모친은 70세에 가까운 나이라 눈이 침침해 사물을 제대로 보지 못했음에도, 의금부 문밖으로 나아가 아들의 피눈물 나는 원통함을 하소연하였지만 주상은 살피지 않았다. 이때 공의(公議)에 항변하여 쟁론하던 이들이 있었으니, 예컨대 조지겸(趙持謙)은 "빈신(儐臣)은 여러 역관이 아니었다면 그 말을 들을 수가 없었을 것인데, 지금 여러 역관들의 죄는 다스리지 않고 다만 대신에게만 죄를 주었으니 옥사(獄事)의 본질에 어긋난다."라고 하였고, 박태보(朴泰輔)는 "여러 역관들을 풀어 주는 것을 옥사(獄事)의 정리(情理)와 무관한 것으로 여겨 바로 대신에게 죄를 주는 것은 사체(事體)가 아니다."라고 하였으며, 정재희(鄭載禧)는 "여러 역관들의 죄를 다스리지 않는다면 이는 역관의 말만 믿고 사대부의 말은 믿지 않는 것이니, 오공은 어찌 할 말을 다 하지 못하고 죽은 것이 아니겠는가."[119]라고 하였고, 윤지완(尹

118 신정은……자들이었다 : 《肅宗實錄 6年 6月 10日》에 관련 사실이 보인다.

趾完)은 "말의 출처는 타국인에서 나온 것이고 그 증거는 곧 역관들인데도, 지금 바로 대신에게만 죄를 주었으니 반드시 훗날의 시비가 될 것이다."[120]라고 하였다. 그 외 신익상(申翼相)·여성제(呂聖齊)·이현석(李玄錫)·엄집(嚴緝)·임영(林泳)·송광보(宋光輔)·심유(沈濡)·윤반(尹攀)·홍만수(洪萬遂) 등 여러 사람들이 계속해서 힘써 구원하였지만 모두 조정에 받아들여지지 않았으니, 분당(分黨)의 조짐은 이를 말미암아 시작되었다. 명성대비(明聖大妃)가 또 하교하기를 "이번 사건은 역옥(逆獄)과는 차이가 있으니, 마땅히 한번 큰 은혜를 관대하게 베풀어야 할 것이다."라고 하니 주상이 마침내 해배(解配)를 명하였으나, 결국 당인들에게 공격당하였다.

공의 사후 6년 뒤 병인년(1686, 숙종12)에 청나라 사람이 우리나라 북쪽 변방 백성이 국경을 침범하다가 잘못하여 사람을 죽인 사실에 대해 꾸짖으며 보낸 이문(移文)에서, "아, 그대의 나라는 군주가 약하고 신하는 강한 지 이미 하루 이틀이 아니다."[121]라고 하였고, 호가 담원(憺園)인 각노(閣老) 서건학(徐乾學)[122]의 소장

119 조지겸(趙持謙)은……아니겠는가 : 《肅宗實錄(補闕正誤) 6年 10月 12日》에 관련 사실이 보인다.

120 윤지완(尹趾完)은……것이다 : 《肅宗實錄 7年 4月 21日》에 관련 사실이 보인다.

121 아……아니다 : 병인년(1686)에 우리나라 변방 백성들이 국경을 넘어 총을 쏘아 사람을 죽였는데, 이에 청나라에서 이를 조사하고 책망하는 말이 임금에게까지 미치게 되었다. 당시 진하사절(進賀使節)로 갔던 정재숭(鄭載嵩)과 최석정(崔錫鼎)이 청나라 예부(禮部)에 올려 용서를 구하였고, 이후 예부에서 보내온 자문(咨文)에 이러한 내용이 수록되어 있다. 《水村集 附錄 卷4 神道碑銘(閔黯)》

(疏章)에도 또한 '주약신강(主弱臣强)'이란 이 네 글자가 있고 그의 문집에도 실려 있어 장효례의 말과 부합하니, 이를 두고 공이 말을 조작했다고 하는 것이 옳겠는가. 사후 9년 뒤 기사년(1689, 숙종15)에 대신들이 공의 원통함을 아뢰어 복관(復官)하고 치제(致祭)하였으며, 당인에게는 반좌법(反坐法)[123]을 시행하였고 여러 역관들은 곤장을 맞고 죽었다. 갑술년(1694, 숙종20)에 이르러 다시 공의 직첩(職牒)을 환수하였으니 지금으로부터 91년 전의 일이다.

공의 증손 석명(錫溟)이 조부와 부친을 이어 격금(擊金)[124]하여 상소한 것이 여섯 차례였고, 당시 재상 정존겸(鄭存謙)과 이복원(李福源) 등이 번갈아 가며 호소하였다. 그리하여 주상이 공의 원통함을 알아 숙종의 비답(批答)과 명성대비의 하교(下敎)에 따라 특별히 복관을 명하였으니, 만약 일월처럼 밝고 천지처럼 어진 정조대왕이 아니었다면, 어찌 이토록 통쾌하게 신원(伸冤)될 수 있었겠는가.

공이 의정부(議政府)에 있었을 때, 뇌우(雷雨)[125]의 변을 만나

122 서건학(徐乾學) : 1631~1694. 청(淸)나라 학자로, 강남(江南) 곤산(崑山) 사람이다. 자는 원일(原一)이고, 호는 담원(澹園)·건암(健菴)이며, 고염무(顧炎武)의 생질(甥姪)이다. 저서에 《담원집(澹園集)》, 《독례통고(讀禮通考)》 등이 있다.

123 반좌법(反坐法) : 남을 무고하여 죄(罪)를 덮어씌운 자에게 그 죄에 해당하는 벌을 주는 것을 말한다.

124 격금(擊金) : 격쟁(擊錚)의 뜻으로, 억울한 일을 당한 사람이 임금에게 하소연하기 위하여 거둥하는 길가에서 징이나 꽹과리를 쳐서 하문(下問)을 기다리는 일을 말한다.

사면(辭免)하는 차자(箚子)를 올려 '어진 이에 대한 예우를 끝맺지 못한 점, 궁궐이 엄정하지 않은 점, 은상(恩賞)이 제대로 이루어지지 않은 점, 명기(名器)가 바르지 않은 점, 재용(財用)을 증식하여 분경(紛競)의 단서를 열어 준 점' 등을 아뢰어 논쟁하였고, 글의 말미에서 두려운 마음으로 몸을 닦고 반성하는[126] 방도와 백성의 고충을 보호하고 구휼하는 방도를 논한 것이 모두 시무(時務)에 들어맞았다.

또한 수십 조목의 차자(箚子)를 진달하여 재앙을 없애고 군사를 다스리는 계책을 간절하게 아뢰니, 모두 주상의 가납(嘉納)을 받았다. 예컨대 우리나라의 관방(關防)의 애새(隘塞 좁은 요새), 호구(戶口), 성지(城池), 갑병(甲兵), 양저(糧儲 축적)의 험이(險易)와 다과(多寡), 수비(修備)의 정둔(精鈍)과 허실(虛實), 관향(管餉 군량) 재부(財賦)의 명색(名色 명목)·품가(品價 가격)·소식(消息 증감)·기영(奇贏 이익), 주객(主客)의 지비(支費 비용), 상고(商賈)의 기부(欺負 사기) 등에 대해 모두 손바닥 가리키듯 하나하나 기록하였다. 일의 성패와 이해를 미리 언급한 것은 사후에

125 뇌우(雷雨) : 군주가 과실을 사면해 주거나 너그러이 용서해 주는 것을 말한다. 《주역(周易)》 〈해괘(解卦) 상(象)〉에 "우레 치고 비가 내리는 것이 해이다. 군자는 이 상을 보고서 잘못을 저지른 자를 사면하고 죄 지은 자를 너그럽게 처리한다.〔雷雨作解, 君子以, 赦過宥罪.〕"라고 하였다.

126 두려운 …… 반성하는 : 원문의 '공구수성(恐懼修省)'의 풀이로, 재이(災異)가 발생하면 임금이 두려운 마음으로 몸을 닦고 허물을 반성한다는 뜻이다. 《주역》 〈진괘(震卦) 상(象)〉에 "천둥과 우레가 거듭되면, 군자는 이를 보고 두려워하고 반성한다.〔洊雷震, 君子以, 恐懼修省.〕"라고 하였다.

징험되지 않은 것이 없었고, 더욱이 의옥(疑獄)을 귀신같이 판결하였다. 그리고 소장(疏章)・차자(箚子)・공첩(公牒)을 막론하고 말의 이치가 조밀하고 분명하여 사람들이 '붓 끝에 혀가 있다'고 하였으니, 아, 공과 같은 이는 어찌 진정 공보(公輔)의 그릇이 아니겠는가! 애석하게도 가진 능력의 한둘도 제대로 펼쳐 내지 못하고 큰 화가 갑자기 일어났으니, 하늘은 어찌된 까닭인가.

공은 성품이 지극히 효성스러웠다. 부친 관찰공(觀察公)의 상을 당하자 슬퍼하다가 몸을 상하여 거의 목숨을 잃을 지경에 이르렀다. 모친을 섬김에 정성을 다하고 극진히 사랑하였으니, 공이 사약을 받았을 때 의관을 정제하고 감옥 문을 나와 자제들과 영결하며 "나의 죽음은 하늘을 우러러 부끄럽지 않고, 땅을 굽어 부끄럽지 않다. 다만 무슨 말로 어머니에게 아뢰겠는가."라고 하고는, 북향하여 네 번 절한 뒤 다시 모친이 있는 곳을 향해 두 번 절하고 죽었으니, 아, 슬프도다! 하늘은 어찌된 까닭인가.

배위는 안동 권씨이니, 봉사(奉事) 진(瑱)의 따님이요, 길성위(吉城尉) 대임(大任)의 후손이다. 부녀자로서의 행실이 매우 드러났다. 공이 유배 갈 때 시모를 봉양하느라 따라갈 수 없었지만, 거처하고 식사하고 옷 입는 것을 한결같이 삼수 유배지에서처럼 행하면서 공이 겪는 고초를 함께하였는데, 결국 근심과 걱정이 병이 되어 세상을 떠났다. 2남이 있으니 상유(尙游)는 문과(文科)에 급제하여 장령(掌令)을 지냈고, 상보(尙溥)는 진사(進士)이다. 2녀는 참봉 이경홍(李景鴻), 이신명(李申命)에게 각각 시집갔다. 나머지는 기록하지 않는다. 공의 묘소는 공주(公州) 월굴(月窟) 사향(巳向) 언덕에 있다.

석명(錫溟) 씨가 이미 공의 원통함을 씻었기에, 법식에 따라 신도(神道)에 비석을 세우고자 공의 유집과 학사(學士) 송곡(松谷) 이서우(李瑞雨)가 쓴 행장을 나에게 보여 주며 신도비명 작성을 요청하였다. 사양했지만 받아들여지지 않아 삼가 이상과 같이 쓴다. 명은 다음과 같다.

공자는 도가 폐해지려는 것도 명이다[127] 하였고	孔子謂道之將廢命也
맹자는 내가 만나지 못한 것은 천명이다[128] 하였네	孟子曰吾之不遇天也
인간의 생사화복은 모두 미리 정해진 것이니	夫人之死生禍福皆前定
만약 반성하여 허물이 없다면 태연할 수 있네	苟其內省而不疚斯可泰然
공이 저와 같은 일을 어찌하겠는가	公如彼何哉
모르겠구나 공에게 이러한 일이 벌어진 것은	抑未知逞於公者
또한 스스로 말미암지 못하기 때문인가	亦其不自由故耶
세상이 모두 이가 약하고 기가 강하다 하나	世皆謂理弱氣强
천하에 가장 강한 것은 이이고	然天下莫强者是理
가장 약한 것은 기이니	莫弱者是氣

127 도가……명이다 : 《논어》 〈헌문(憲問)〉에 "도가 장차 행해지는 것도 명이며, 도가 폐해지려는 것도 명이니, 공백료가 명을 어찌하겠는가.〔道之將行也與, 命也, 道之將廢也與, 命也. 公伯寮其如命何!〕"라고 하였다.

128 내가……천명이다 : 《맹자》 〈양혜왕 하(梁惠王下)〉에 "가는 것도 혹 누가 시켜서 할 수 있고, 못 가는 것도 혹 누가 막아서 못 가기도 하지만, 가고 못 가는 것은 사람이 할 수 있는 것이 아니다. 내가 노후를 만나지 못한 것은 하늘의 뜻이니 장씨의 자식이 어떻게 나로 하여금 만나지 못하게 하겠는가.〔行或使之, 止或尼之, 行止非人所能也. 吾之不遇魯侯天也, 臧氏之子, 焉能使予不遇哉?〕"라고 하였다.

이 때문에 떳떳한 이는 만세에 이르고	故理之常者亘於萬世
변하는 기는 한때에 그칠 뿐이네	氣之變者止於一時
공의 일에서 살펴보면 이를 알 수 있으니	觀於公之事其可知已
후인들은 마땅히 여기서 살필지어다	後之人宜鑑于玆哉

지중추부사 난졸재 이공 신도비명

知中樞府事懶拙齋李公神道碑銘

난졸재(懶拙齋) 선생 이공(李公)이 돌아가신 지 30여 년 되던 해에 고을 인사들이 풍암서원(楓巖書院)에 공을 제향하고, 몇 년 뒤 계유년(1813, 순조13)에 공의 증손 광집(光集)이 신도비(神道碑)를 세우고자 소산(小山) 이광정(李光靖)[129]이 지은 행장을 나에게 보여 주며 신도비명을 지어 달라고 청하였다. 나는 진실로 선생의 굳은 절개와 맑은 풍모를 사모한 지 오래되었다. 이미 그 요청을 사양했지만 받아들여지지 않으니, 삼가 행장을 살펴보고 다음과 같이 서술한다.

공의 휘(諱)는 산두(山斗), 자는 자앙(子仰), 전의 이씨(全義李氏)이니, 고려조 태사(太師) 아무개가 그 시조이다. 전농시 정(典農寺正) 확(礭)이 개성에서부터 처음으로 영남의 영가부(永嘉府) 풍산현(豐山縣)에 거주하였으니, 이분이 휘 화(樺)를 낳았다. 화는 조선조 세종(世宗) 대에 벼슬하여 대사마(大司馬)를 지냈고 시호는 양정(襄貞)이며 청백리에 뽑혔으니, 이분이 공의 7대조이다. 증조 휘 령(苓)은 좌대언(左代言)에 증직되었고, 조부 휘 명

129 소산(小山) 이광정(李光靖) : 1714~1789. 본관은 한산(韓山), 자는 휴문(休文), 소산은 그의 호이다. 대산(大山) 이상정(李象靖)의 아우이다. 1740년(영조16)에 대과에 낙방한 뒤로, 고향에 돌아와 형 이상정과 함께 학문에 전념하였다. 저서에 《소산집(小山集)》이 있다.

길(鳴吉)은 소사도(小司徒)에 증직되었으며, 부친 휘 필(泌)은 대사도(大司徒)에 증직되었고, 비(妣)는 광주 안씨(廣州安氏)로 판관 칭(偁)의 따님이며 정부인(貞夫人)에 증직되었으니, 증조·조부·부모가 모두 증직받은 것은 공이 귀하게 되었기 때문이다.

명릉(明陵) 경신년(1680, 숙종6) 6월 모일에 공이 태어났다. 공은 명수(明秀)하고 단호(端好)하여 뭇 아이들과는 달랐다. 스승에게 나아가 학업을 익힐 때, 혹독한 추위에도 홑옷을 입고 꼿꼿이 앉은 채 추워하는 기색이 없자 동학들이 이를 이상하게 여기며 그 이유를 물으니 공이 답하기를 "견뎌 내는 것이 이와 같아야 한다."라고 하였다. 기상과 지조가 우뚝하여 침범할 수 없었기에, 장자(長者)들은 공이 굶주릴 때에 감히 먹을 것을 건네주어 먹게 할 수 없을 줄 알았고, 굶주림이 혹 여러 날 이어져도 공의 글 읽는 소리는 더욱 낭랑하였다.

부백(府伯)이 주관한 월과(月課)에서 장원한 적이 있었는데, 당시에 공의 선친이 환곡을 미납한 일로 체포되었지만 부백은 공의 재주를 기특하게 여겨 선친의 죄를 경감하여 풀어 주었다. 부백이 공을 맞이하여 자신의 아들과 함께 학문 연마하는 데에 매우 정성을 들였지만, 공은 사양하고 따르지 않았다. 이종형 원외랑(員外郞) 김구성(金九成)이 공의 가난함을 듣고서 밭 몇 뙈기를 떼어 주어 머물게 하였지만, 집을 옮겨 갈 때에 그 밭을 내버려 두고 취하지 않았고 김구성 또한 받지 않았으니, 사람들이 이곳을 버려진 밭〔閒田〕이라 하였다.

갑오년(1714, 숙종40)에 성균관에 들어갔고, 신축년(1721, 경종1)에 응강(應講)[130]에 입격하였으나, 한 글자를 잘못 읽었다는 이유로 스스로 사양하니, 사람들이 모두 찬탄하며 남들은 미치지 못하는 점이라 여겼다. 그후 12년이 지난 임자년(1732, 영조8)에 전강(殿講)[131]에 응하여 급제하자 주상이 '마음을 잘 잡아 지키는 사람'이라고 칭찬하였고, 대신과 근신도 모두 인재를 얻었음을 하례하였다. 을묘년(1735, 영조11)에 전적(典籍)으로 승진하였고, 예조와 병조의 좌랑(佐郞)과 정랑(正郞)으로 옮겼으며, 그해 겨울 남포 현감(藍浦縣監)이 되었다.

남포현은 옛부터 군액(軍額)이 허위로 충당되고 전세(田稅)가 이중으로 징수되는 등 두 가지 고질적 폐단이 있어서 백성들이 목숨을 견딜 수 없었다. 공은 권세가에 의지하는 부호(富戶) 수백 명을 잡아들여 부족한 군액(軍額)을 채우고, 개인 장부로 수령에게 아첨하는 관리들을 제거하여 제멋대로 거둬들이지 못하게 하였으며, 창고에 쌓여 있는 수천 꿰미의 돈으로 조운선(漕運船)을 제작하여 취재(臭載)[132]의 근심이 없도록 하니, 몇 년 사이에 메말라 가던 백성들[133]이 모두 소생하여 윤택해졌다.

130 응강(應講) : 한림(翰林)에 추천될 때 행하던 경서의 암송을 가리킨다.

131 전강(殿講) : 성균관(成均館)·사학(四學)의 거재유생(居齋儒生)으로서, 도기(到記)의 원점(圓點)이 50 이상 되는 사람들을 매년 여섯 차례 궁중에 모아 임금이 친히 삼경(三經)을 강하여 행하던 시험이다.

132 취재(臭載) : 짐을 실은 배가 뒤집혀 가라앉거나, 배에 실은 곡물이 상하여 냄새가 나거나 못쓰게 되는 것을 말한다.

133 메말라 가던 백성들 : 원문 '학고(涸枯)'의 풀이로, 어려운 처지에 놓인 사람, 혹은 그러한 상황의 비유적 표현이다. 《장자(莊子)》 〈대종사(大宗師)〉에 "물이 말라 물고기들이 땅바닥에 처하게 되면, 서로 김을 내뿜어 축축하게 해 주고 서로 거품으로 적셔 준다.〔泉涸, 魚相與處於陸, 相呴以濕, 相濡以沫.〕"라고 하였다.

무진년(1748, 영조24)에 다시 예조 정랑(禮曹正郎)이 되었고, 사예(司藝)로 전직되었으나 부임하지 않았다. 병자년(1756, 영조32)에 장효왕(章孝王 정조)이 존호(尊號)를 받아 중외에 은혜를 더하니, 공은 이때 77세였기에 전례대로 통정대부(通政大夫) 첨지중추부사(僉知中樞府事) 장예원 판결사(掌隸院判決事)에 올랐다. 이보다 앞서 본도 관찰사가 조정으로 돌아가 공의 지조와 절개를 성대하게 진술하여 주상이 가상하게 여겼기 때문에 이러한 명이 있었던 것이다.

신사년(1761, 영조37)에 가선대부(嘉善大夫)에 올랐고, 공조참판(工曹參判)에 배수할 때에 특지(特旨)를 내려 부르길, "공은 나이 80을 넘겼음에도 정신이 여전히 쇠하지 않았다고 들었다."라고 한 뒤 도신(道臣)에게 명하여 수레를 타고 가도록 권하였다. 공은 편안하게 집에 있는 것이 온당하지 않다고 여겨 행차가 함녕(咸寧)까지 갔다가 글을 올려 사직하였다. 계미년(1763, 영조39)에 가의대부(嘉義大夫)에 올랐고, 병술년(1766, 영조42)에 자헌대부(資憲大夫)로 승진하였으며, 정해년(1767, 영조43)에 지중추부사(知中樞府事)로서 기로사(耆老社)에 들어갔다.

기축년(1769, 영조45)에 주상이 공의 초상(肖像)을 그릴 것을 명하고 그 자손들에게 와서 진상하도록 하였으며, 또한 두 본을 임모(臨摹)하여 한 본은 조정에 들이고 한 본은 기로사(耆老社)에 둘 것을 명하였다. 원본에는 '지중추 이산두(知中樞李山斗)' 여섯 자를 직접 썼고, 또한 원손(元孫)에게 명하여 '구십 세 상(九十歲像)' 네 글자를 적어서 궤(櫃)에 보관한 뒤에 내려가도록 하였으며, 손자 전춘(全春)을 특별히 영릉랑(寧陵郎)에 제수하여 역마(驛馬)로 모시고 돌아가게 하였으니, 모두 남다른 예우였다. 경인년(1770, 영조46)에 정헌대부(正憲大夫)에 승진하였고, 임진년(1772, 영조48) 4월 모일에 정침에서 돌아가셨으니, 향년 93세이다. 부고가 알려지자 주상이 직접 제문(祭文)을 지어서 본부(本府)에 명하여 치제(致祭)하도록 하였다. 그해 10월에 고을 남쪽 대봉산(大鳳山) 정좌(丁坐) 언덕에 장사 지냈다.

선생은 타고난 자품이 몹시 남달랐고 절제된 행동이 매우 위엄 있었다. 7, 8세 즈음부터 성품이 곧고 강직하여 잠깐 사이나 위급할 때에도 뜻을 바꾼 적이 없었고, 선배와 장자의 문하에서 학업을 익힐 때에는 마음을 다잡고 자신을 단속한 것이 더욱 치밀하였다. 평소에는 매일 새벽 일어나 세수하고 머리 빗고서 의관을 갖추어, 몸을 곧추세우고 두 손을 맞잡고 가슴까지 올려 눈을 지그시 감고 앉아서 늘 엄한 스승이 곁에 계시는 듯이 하였다. 책은 많은 양을 읽는 데에 힘을 들이지 않고, 날마다 잠심 완미하여 조금도 손에서 책을 놓지 않았다. 어버이를 사랑함에 독실하고 선대의 봉사(奉祀)에 삼가서, 오직 숙수(菽水)[134]로 기쁨을 다하고 한 그릇의 밥과 국으로 제사 올리는 것으로 어버이에게 정성을 다하고 제사에 정결함을 극진히 하는 방법으로 여겼다.

공이 곤궁함을 잘 견디고 가난을 편히 여겼던 것은 곧 평소 성품이었다. 일찍이 이웃 고을 수령이 공과 옛 친분이 있어서 공이

134 숙수(菽水) : 청고(清苦)한 생활 가운데 부모를 봉양하는 소박한 음식을 비유한다. 공자의 말에 "콩을 먹고 물을 마시는 가운데 그 기쁨을 다하니, 이것을 효라고 한다.〔啜菽飮水盡其歡, 斯之謂孝.〕"라고 하였다. 《禮記 檀弓下》

끼니를 잇지 못한다는 상황을 듣고는 쌀과 고기를 보내 준 일이 있었다. 당시 공은 출타 중이었고 부인은 사양하며 받지 않으니, 수령이 찬탄하며 "여기에서 집안에 본보기가 되었음을 볼 수 있도다."라고 하였다. 거처하는 방에 '거친 밥을 먹고 물을 마시며 팔을 베고 눕는다.〔飯蔬食水飮, 曲肱而枕.〕'[135]는 문장을 자리 오른편에 적어 두고 아침저녁으로 완미하며 읽었다. 만년에 어떤 이가 '관직은 높지만 녹봉이 적은 것'을 두고 고을원이 되는 것만 못하다고 하자, 공이 큰 소리로 꾸짖기를 "이 무슨 말인가, 벼슬은 진실로 때로는 가난 때문에 하기도 하지만, 녹봉의 많고 적음은 주상이 명한 것이니 감히 이를 논한단 말이냐."라고 하였다.

성균관에서 공부할 때 항상 개연(介然)히 스스로 지조를 지키니, 아래로 하인들에게 이르기까지 공을 공경하며 복종하지 않은 이가 없었다. 어떤 패악한 유생이 소란을 피우자 여러 하인들이 갑자기 쳐들어가 마구잡이로 돌을 던지니 사람들은 감히 누구냐고도 하지 못했는데, 공이 정색하며 한 번 꾸짖자 모두들 두려워하며 엎드린 채 물러갔다. 어떤 족인(族人)이 사납고 교활한 종놈을 쫓아내려 하자, 공이 자신의 수하인으로 두게 하였다. 얼마 지나지 않아 종놈이 교화되어 충직하고 공손해졌으니, 공의 위엄(威嚴)과 신의(信義)가 완악하고 사나운 이들에게 미더웠던 것이 이

135 거친……눕는다 : 《논어》 〈술이(述而)〉에 "거친 밥을 먹고 물을 마시며 팔을 굽혀 베더라도 즐거움이 또한 이 가운데 있다. 의롭지 못하고서 부유하고 귀한 것은 나에게 뜬구름과 같다.〔飯疏食飮水, 曲肱而枕之, 樂亦在其中矣. 不義而富且貴, 於我如浮雲.〕"라고 하였다.

와 같았다. 사람들과 교제할 때에는 한결같이 오직 충경(忠敬)으로 대하였고, 항상 "오늘날 사람들은 타인의 선을 가리고 악을 드러내는 걸 좋아하니, 상서롭지 못함이 막대하다. 반드시 순 임금이 악을 숨기고 선을 드러냈던 일[136]을 본보기로 삼아야 한다."라고 하였다.

공은 배움을 청하는 자가 있으면 반드시 사서(四書)를 먼저 익히도록 하면서, "이는 사람이 되는 배박(坯樸)[137]이다."라고 하였고, 평생 '마음을 속이지 않는다〔不欺心〕'는 석 자를 삼자부(三字符)로 삼아 이를 확고하게 지키고 오래도록 실천하였다. 일이 없을 때에는 담박하고 고요하게 있었고, 일이 있을 때에는 여유 있고 차분하였으니, 겉과 속, 처음과 끝이 전혀 허물이 없었다. 이 때문에 성덕(盛德)을 지닌 공의 모습은 마치 매화향이 피어나고 옥처럼 개결하며 봉황이 날아오르고 학이 서 있는 형상이 그림 속에 그려져 있는 것과 같았다. 이미 주상의 마음을 감동시키고 조정 관료들에게 공경받았던 청수(淸修)하고 정개(貞介)한 풍모가 항간의 논의에 전파된 것은, 여전히 완악한 이를 청렴하게 하

136 순 임금이……일 : 《중용장구》 제6장에 "순 임금은 묻기를 좋아하고 비근한 말을 살피기 좋아하며, 남의 나쁜 점은 감추어 주고 착한 점은 선양하며, 두 끝을 잡아 백성에게는 중용을 적용하였으니, 이것이 순 임금이 된 까닭이리라.〔舜好問而好察邇言, 隱惡而揚善, 執其兩端, 用其中於民, 其斯以爲舜乎!〕"라고 하였다.

137 배박(坯樸) : 어떠한 사물을 이루는 바탕 및 근본을 뜻한다. 《주자전서(朱子全書)》 권15에, "도에 뜻을 두는 것이란 바로 학문을 강론하고 힘써 행하는 것이 모두 그것이요, 덕을 가져 지키는 것은 이 사물이 이미 배박을 이룬 것이다.〔志於道, 如講學力行皆是, 據於德, 則是這箇物事已成坯樸子了.〕"라고 하였다.

고 나약한 이에게 뜻을 세우도록[138] 하기에 충분하니, 비단 공의 은택이 한 고을에만 베풀어졌을 뿐만이 아니다.

아, 슬프도다! 공의 높은 지조와 절개로 만약 조정에서 재주를 펼치고 임금에게 간언[139]했었다면, 주상의 잘못을 바로잡고 보필하여 출치(出治)의 근원을 맑게 한 공로가 어찌 작았겠는가. 그러나 막 공이 젊었을 때에는 주상이 공이 이와 같이 훌륭한 줄 잘 알지 못하였고, 알려져서 상이 시험해 보려 했을 때에는 공이 이미 연로하여 능력을 펼쳐 조정의 반열에 나아갈 방도가 없었으니, 어찌 개탄할 만하지 않았겠는가.

배위는 정부인(貞夫人) 안동 권씨(安東權氏)이니, 성보(聖輔)의 따님이다. 1남 1녀가 있으니, 아들 유(由)는 일찍 죽었고, 딸은 윤덕린(尹德麟)에게 시집갔다. 유는 1남 4녀가 있으니, 아들은 곧 전춘(全春)이고, 딸은 이기정(李基靖), 권천도(權天度), 유양춘(柳良春), 이여민(李汝敏)에게 각각 시집갔다. 윤덕린은 2남 2녀가 있으니, 아들은 사(伺)와 주(儔)이고, 딸은 정재범(丁載範), 유은춘(柳殷春)에게 각각 시집갔다. 광집(光集)은 곧 전춘의 아들이다. 명은 다음과 같다.

138 완악한……세우도록 : 《맹자》 〈진심 하(盡心下)〉에 "백이의 풍도(風度)를 들은 자는 완악한 사람이 청렴해지고, 나약한 사람이 뜻을 세우게 된다.〔聞伯夷之風者, 頑夫廉, 懦夫有立志.〕"라고 하였다.

139 간언 : 원문 '헌체(獻替)'의 풀이로, 가(可)한 것은 올리고〔獻〕 불가(不可)한 것은 버린다〔替〕는 의미로서, 임금을 받들어 선은 권하고 악은 하지 않도록 간한다는 의미이다.

옛적 양백기가 한밤에 금을 물리친 일[140]은 준 사람이 알았고

昔楊伯起之暮夜却金有予者之知

조열도가 매일 밤 향을 사르던 일[141]은 옆 사람이 보았으니

趙閱道之每夕焚香有傍人之覘

어찌 선생이 묵묵히 홀로 지내면서 밝게 그 마음을 속이지 않았던 것만 같겠는가 豈若先生之默然處獨而炳然乎其不欺其心乎

하물며 천탑 공부를 관유안은 오십 세에 그쳤는데[142] 선생은 구십 세가 되어서도 하였네

況穿榻之工管幼安則止於五十年而先生至九耋猶然

왕신민의 이른바 "나물 뿌리를 씹어 먹을 수 있다면 모든 일을 해낼 수 있다."[143]라는 말이 헛되지 않은 줄 비로소 알겠으니

140 양백기(楊伯起)가……일 : 양백기는 후한(後漢) 때의 양진(楊震)을 말한다. 그가 동래 태수(東萊太守)로 있었을 때에, 그의 친구 왕밀(王密)이 지난번 무재(茂才)로 천거받은 것에 사례하고자 밤중에 황금을 바치면서, "저물녘이라 아는 사람이 없습니다.〔暮夜無知者〕"라고 하자, 양진이 "하늘이 알고 귀신이 알고 내가 알고 그대가 아니, 어찌 아는 사람이 없다 하는가.〔天知, 神知, 我知, 子知, 何謂無知?〕"라고 하였다. 《後漢書 卷54 楊震列傳》

141 조열도(趙閱道)가……일 : 조열도는 북송(北宋) 때의 조변(趙抃)을 말한다. 그는 날마다 한 일을 그날 밤에 반드시 의관(衣冠)을 갖추고 향을 피운 후 하늘에 고했으며 하늘에 고할 수 없는 일은 감히 하지 않았다고 한다. 《宋史 卷316 趙抃列傳》

142 천탑(穿榻)……그쳤는데 : 천탑은 책상이 뚫어지도록 학문에 매진하는 것으로, 후한(後漢) 때 고사(高士) 관녕(管寧, 158~241)의 일화에서 나온 말이다. 관녕의 자가 유안(幼安)이다. 그는 속세(俗世)를 피하여 요동(遼東)에 우거하였는데, 50여 년 동안 하나의 목탑(木榻)에서 공부하느라 무릎 닿은 부분이 깊숙히 파였다고 한다. 《三國志 卷11 魏志 管寧列傳》

143 왕신민(汪信民)의……있다 : 왕신민은 송(宋)나라 사람으로, 이름은 혁(革)이

始知汪信民所謂咬得菜根則百事可做非虛言

후인들은 어찌 여기에서 살펴보고 본받지 않으랴

後之人盍於此觀效焉

고 임천인(臨川人)이다. 《소학(小學)》 〈선행(善行)〉에, 왕신민(汪信民)이 "사람은 항상 나물 뿌리를 씹을 수 있는 정도만 되면 모든 일을 할 수 있다.〔人常咬得菜根, 則百事可做.〕"라고 하였다.

대사헌 여주 이공 묘비명 병서

大司憲驪州李公墓碑銘 並序

동도(東都 경주) 대헌령(大憲令) 이공(李公)은 대현(大賢)[144]의 후손으로, 열성(列聖)의 지우(知遇)를 받았고 덕이 고을과 나라에 드러났으며 지위는 재상에 이르렀지만, 평생토록 물러나는 것을 쉽게 여기는 절개를 지녔다. 조정에서 현달한 관직에 있을 때엔 오래 머문 때가 없었고, 평소 근검(勤儉)을 스스로 실천하여 자신의 신분이 높다는 이유로 타인들과 조금의 차이도 두지 않았다고 한다.

나는 이 사실을 듣고서 공을 훌륭하게 여기며 공의 모습을 한 번 뵐 수 있길 원했었는데, 지난해에야 비로소 달성부(達城府)의 향음주례(鄕飮酒禮)의 연회[145]에서 인사드릴 수 있었다. 안부를 건네고 술잔을 주고받는 것에 불과했지만, 내면과 외면을 관통하는 순후하고 질박한 기상이 이미 훈훈하게 퍼져 온 좌중을 뒤덮었다. 게다가 공은 80세의 대로(大老)임에도 수저를 잘 집고 걸

144 대현(大賢) : 재주와 덕망이 뛰어난 인물로, 여기서는 회재(晦齋) 이언적(李彦迪, 1491~1553)을 가리킨다. 본관은 여주(驪州), 자는 복고(復古)이며, 1514년(중종9) 문과에 급제하여, 이조 판서·의정부 좌찬성 등을 지냈다. 성리학(性理學)에 밝았고, 수많은 저술을 남겼다. 저서에 《회재집(晦齋集)》이 전한다.

145 지난해에야……연회 : 1807년(순조7) 경상도 관찰사 윤광안(尹光顔)이 경상도 감영에서 향음주례를 시행하였을 때 정종로가 빈(賓)으로 초빙되어 참여한 일을 말한다.

음을 편히 하였으며, 향음주례를 행할 때에는 나무처럼 서 계시고 소상(塑像)처럼 앉아 계셨으며, 날이 저물어도 피로하거나 지친 기색이 없었다. 나는 마음속으로 공을 더욱 찬탄하고 경모하면서 성조(聖朝)의 정치를 보좌하고 우리 영남을 빛내는 일이 마땅히 무궁하리라 여겼는데, 그 후 4년 뒤 공이 갑자기 돌아가셨다. 지금 공의 손자 재형(在亨)이 구와(龜窩) 승선(承宣) 김굉(金㙆)[146]이 지은 묘지문(墓誌文)을 가지고 와 나에게 묘비명 작성을 부탁하였다. 아, 슬프도다! 인사(人事)를 알 수 없는 것이 곧 이와 같구나.

삼가 살펴보건대, 공의 휘(諱)는 정규(鼎揆), 자는 공택(公宅), 여주 이씨(驪州李氏)이니, 문원공(文元公) 회재(晦齋) 선생 휘 언적(彦迪)이 공의 8대조이다. 증조 휘 덕조(德祚)는 사복시 정(司僕寺正)에 증직되었고, 조부 휘 실중(實中)은 이조 참의(吏曹參議)에 증직되었으며, 부친 휘 헌일(憲一)은 이조 참판(吏曹參判)에 증직되었고, 모친 풍천 임씨(豐川任氏)는 정랑(正郎) 화세(華世)의 따님이고 정부인(貞夫人)에 증직되었으니, 증조·조부·부모 모두 증직받은 것은 공이 귀하게 되었기 때문이다.

공은 영조(英祖) 을묘년(1735, 영조11) 정월 26일에 태어났다. 어릴 때부터 재주가 뛰어나 청대(淸臺) 권 희정공(權僖靖公)[147]에

146 김굉(金㙆) : 1739~1816. 본관은 의성(義城), 자는 자야(子野), 호는 구와(龜窩)이다. 이상정(李象靖)의 문인이다. 1777년에 문과 급제하여, 전적(典籍)·지평(持平)·단양 군수(丹陽郡守) 등을 역임하였다. 저서에 《구와집(龜窩集)》이 전한다. 《구와집》 권10에 〈대사헌이공묘지(大司憲李公墓誌)〉가 수록되어 있다.

147 청대(淸臺) 권 희정공(權僖靖公) : 권상일(權相一, 1679~1759)을 가리킨다. 본관은 안동(安東), 자는 태중(台仲), 호는 청대(淸臺)이며, 시호는 희정(僖靖)이

게 크게 칭찬을 받았고, 자라서는 총명함이 날로 드러나 서책에 있어서는 한번 읽으면 곧 외웠다. 부친 참판공이 과거 공부를 익히게 하여 34세에 무자년(1768, 영조44) 문과에 급제하였다. 주상이 질문하여 공이 선정(先正)의 후손인 줄 알고서 기뻐하며, "이번 방(榜)에 그대를 얻은 것은 매우 귀한 일이다."라고 하였다. 임진년(1772, 영조48)에 승정원 주서(承政院注書)에 제수되었는데, 주상이 공에게 비망기(備忘記)[148]를 읽도록 명하고는 "오늘 주서가 장쾌하구나."라는 하교(下教)가 있었다. 일찍이 진찬연(進饌宴)에 참석하였을 때, 주상이 시를 읊은 뒤 제신들에게 화답시를 지어 올리도록 하였는데, 공의 시를 특별히 더욱 칭찬하고 장려하면서 《명사강목(明史綱目)》, 《갱장록(羹墻錄)》, 《영수백세록(永垂百世錄)》, 녹피(鹿皮) 등의 물건을 상으로 하사하였다. 공은 또한 기주(記注)에 민첩하고 교제에 능숙하여 대산(大山) 이 선생(李先生)[149]이 "훗날 관직 생활에서 반드시 명철(明哲)하여 스스로

다. 1710년 문과에 급제하여 부제학(副提學)・대사헌(大司憲)・지중추부사(知中樞府事)를 역임하였고, 기로사(耆老社)에 들어갔다. 저서에 《초학지남(初學指南)》・《관서근사록집해(觀書近思錄集解)》・《청대집(淸臺集)》 등이 있다.

148 비망기(備忘記) : 주상의 명을 적어서 승정원 승지(承旨)에게 전하는 문서를 말한다.

149 대산(大山) 이 선생(李先生) : 이상정(李象靖, 1711~1781)을 말한다. 본관은 한산(韓山), 자는 경문(景文)이며, 대산은 그의 호이다. 1735년(영조11) 증광 문과에 급제하여 벼슬을 시작하였으나, 곧 사직하고 고향으로 돌아와 대산서당(大山書堂)을 지어 학문에 전념하였다. 고산서원(高山書院)에 제향되었고, 시호는 문경(文敬)이다. 저서에 《대산집(大山集)》・《이기휘편(理氣彙編)》・《제양록(制養錄)》 등이 있다.

보전할 것이다."라고 하였다.

공은 성균관 전적(成均館典籍)·예조 좌랑(禮曹佐郎)·사헌부 지평(司憲府持平)·홍문관 부교리(弘文館副校理)·사간원 헌납(司諫院獻納)을 역임하였다. 정조(正祖) 즉위 후 24년간 공은 헌납(獻納) 다섯 번, 장령(掌令) 두 번, 부교리(副校理) 열두 번을 배수받았고, 문선전(文宣傳) 학교수(學教授)와 같은 것은 그간에 겸하였다. 교리(校理)는 열 번, 부수찬(副修撰)은 다섯 번, 사간(司諫)은 한 번, 사복시 정(司僕寺正)은 한 번, 동부승지(同副承旨)는 두 번, 좌우부승지(左右副承旨)는 열다섯 번, 좌우승지(左右承旨)는 일곱 번, 대사간(大司諫)은 열세 번, 호조 참의(戶曹參議)와 형조 참의(刑曹參議)는 각각 한 번, 공조 참의(工曹參議)는 두 번, 병조 참판(兵曹參判)과 형조 참판(刑曹參判)은 각각 한 번, 예조 참판(禮曹參判)은 두 번, 한성 우윤(漢城右尹)은 세 번, 한성 좌윤(漢城左尹)은 한 번, 도승지(都承旨)는 서른여덟 번, 대사헌(大司憲)은 열두 번 지냈다. 또한 부총부(副摠府), 동춘추(同春秋), 삼원(三院)[150]의 제거(提擧)를 지냈고, 외직으로 나가 군수(郡守)를 한 것은 한 번이었다.

정유년(1777, 정조1) 8월에 교리(校理)로서 소사(疏辭)를 올릴 때 글 말미에서 목욕(沐浴)의 의리[151]를 진달하였으니 그 대략은

150 삼원(三院) : 내의원(內醫院), 상의원(尙衣院), 사옹원(司饔院)을 가리킨다.

151 목욕(沐浴)의 의리 : 죄를 고하여 역적을 토벌하게 하는 의리를 말한다. 《논어》 〈헌문(憲問)〉에, 진성자(陳成子)가 제 간공(齊簡公)을 시해하자, 공자가 목욕을 하고 노 애공(魯哀公)의 조정에 가서 아뢰기를 "진항(陳恒)이 그 임금을 시해하였으니 청컨대 그를 토벌하소서."라고 하였다.

다음과 같다. "전하께서 도적을 다스리는 방도가 개인적 은혜로 정의(正義)를 가리고 사적인 것으로 공적인 것을 없애고 계십니다. 그리하여 안으로는 정처(鄭妻)[152]가 극심한 반역의 뿌리가 되었고, 밖으로는 충주(忠柱)[153]가 여러 도적들의 소굴이 되었으니, 만약 그 뿌리를 뽑아내고 그 소굴을 부수었다면 비록 패륜한[154] 본성을 지닌 저들이라 할지라도 어찌 감히 이토록 날뛰었겠습니까. 역적 홍계능(洪啓能)이 하늘을 꾸짖고[155] 역적 민항렬(閔恒烈)이 함부로 날뛰는 것[156]은 어리석은 신이 죽을 죄를 무릅쓰고 생

152 정처(鄭妻) : 영조(英祖)의 딸이자 정치달(鄭致達, ?~1757)의 아내 화완옹주(和緩翁主, 1738~1808)를 가리킨다. 정치달의 아들 정후겸(鄭厚謙), 홍인한(洪麟漢) 등과 결탁하여 정조의 즉위를 가로막았기에, 정조 즉위 후 정후겸과 홍인한은 사사(賜死)되었으나 화완옹주만은 목숨을 보존하였다.

153 충주(忠柱) : 김노충(金魯忠, ?~?)과 김귀주(金龜柱, 1740~1786)를 말한다. 김귀주는 영조의 계비 정순왕후의 오빠이며, 김노충은 김귀주의 아들이다. 김귀주는 1772년 공조 참판으로 있었을 적 영조의 탕평책을 반대한다는 이유로 유배 가게 되자, 이를 홍봉한(洪鳳漢) 외척 정치의 탓으로 돌려 그를 제거하자는 소장을 올렸다. 당시 홍봉한은 왕세손이던 정조의 외가였기에 이 소장은 왕세손의 지위를 위협하는 행위로 간주되어 정조 즉위년에 김귀주는 역적으로 지목되었다.

154 패륜한 : 원문 '효경(梟獍)'의 풀이로, 어미를 잡아먹는 올빼미 종류의 새 효조(梟鳥)와 아비를 잡아먹는 짐승 파경(破獍)을 가리키는 말로, 흉악해서 인륜을 모르는 사람을 비유한다.

155 역적……꾸짖고 : 홍계능(?~1776)의 본관은 남양(南陽), 호는 신계(莘溪)이다. 1768년에 풍산 홍씨(豊山洪氏) 일파가 시파(時派)를 이루어 당시 세손이었던 정조를 보호하려 하자 벽파(僻派) 홍인한(洪麟漢)과 더불어 정조의 즉위를 반대하였던 일을 말한다. 1776년 정조 즉위 후 하옥되어 옥사하였다.

156 역적……것 : 민항렬(1745~1776)의 본관은 여흥(驪興), 자는 유화(幼和)이다. 정조가 세손으로 있을 때 벽파(僻派) 홍인한(洪麟漢) 일당에 가담하여 세손의

각하건대 전하께서 징토(懲討)를 엄준하게 하시지 않아 이렇게 된 것입니다."라고 하였다. 그해 12월에 또 군주의 덕을 면려하고 수령을 선발하는 것과 황민(荒民)을 구휼하는 계책 등 수백 마디를 진달한 것이 당시 정세와 백성들의 고충에 잘 부합되었으니, 주상이 특별히 후한 비답(批答)을 내려 가납(嘉納)하였다. 이때 주상이 봉조하(奉朝賀) 홍봉한(洪鳳漢)[157]의 상(喪)에 가고자 하였는데, 공이 동료들과 연명(聯名)으로 차자(箚子)를 올려 가지 말 것을 요청하였다.

신축년(1781, 정조5)에 수찬(修撰)에 배수되는데, 당시 병으로 동가(動駕)[158]의 반열에 참여치 못했다는 이유로 소장(疏章)을 올려 스스로 탄핵하였고, 그 소장 말미에서 문원공(文元公)의 일강십목소(一綱十目疏)[159]를 진달하였다.

임인년(1782, 정조6)에 헌납(獻納)을 사직할 때 수령들이 자주 체직되는 폐단을 덧붙여 진달하자, 주상이 또한 후한 비답(批答)을 내려 "근래 들어 대각(臺閣)이 한마디 말도 없이 조용했었는데

대리청정과 즉위를 반대했던 일을 말한다. 1776년 정조 즉위 후 처벌당했다.

157 홍봉한(洪鳳漢) : 1713~1778. 본관은 풍산(豐山), 자는 익여(翼汝), 호는 익익재(翼翼齋), 시호는 익정(翼靖)이며, 사도세자(思悼世子)의 장인이자 정조의 외조부이다. 평안도 관찰사 · 좌참찬 등을 거쳐 영의정에 올랐다. 저서에 《익익재만록(翼翼齋漫錄)》 · 《정사휘감(正史彙鑑)》 등이 있다.

158 동가(動駕) : 임금이 수레를 타고 대궐을 나가는 것을 말한다.

159 일강십목소(一綱十目疏) : 1541년(중종36) 회재 이언적이 홍문관 부제학으로 있을 때, 자연 재앙을 극복하기 위해 임금이 힘써야 할 10가지 일에 관해 중종에게 올린 상소를 말한다. 《회재집》 권8에 〈일강십목소〉가 수록되어 있다.

그대가 눈앞의 일을 펼쳐 진달하니 진실로 가상히 여길 만하다." 라고 하였다.

을사년(1785, 정조9) 봄, 대사간(大司諫)으로서 달려가 숙배하는데 당시 조정이 화평하지 못하였다. 한 대신이 차대(次對)[160]에서 재상 번암공(樊巖公)[161]을 논핵하여 아뢰었던 것이 매우 급박하였지만 주상은 아무 말 없이 회답하지 않았다. 그러자 대신이 나와 큰소리치면서 "대신의 논계에 삼사(三司)[162]가 입을 다물고 아무 말 하지 않고 있으니, 어찌 이럴 수 있단 말인가."라고 하니, 공은 즉시 혐의를 피하여 물러났고, 다음 날 휴가를 청하여 고향으로 돌아왔다. 얼마 지나지 않아 또 사간원(司諫院) 대사간(大司諫)으로 의망(擬望)되자, 주상이 말하기를 "이 사람은 내려가길 잘하고 또한 여기에 있지도 않다."라고 하였다.

정미년(1787, 정조11) 8월에, 특별히 공을 봉산 군수(鳳山郡守)에 제수하면서 "봉산은 이름난 고을이니, 다만 잘 다스려야 할 것이다."라고 하교(下敎)하였다. 공이 부임하자 상관(上官)에 아직 판결되지 못한 의옥(疑獄)이 있었는데 공 덕분에 판결될 수 있었고, 그 후 의옥이 있을 때면 공에게 자문하였다.

160 차대(次對) : 대신(大臣)과 육조(六曹)의 당상(堂上), 삼사(三司)의 관원이 참석하는 고위 관료 회의로서, 매달 여섯 차례씩 의정(議政)・대간(臺諫)・옥당(玉堂)들이 입시하여, 중요한 정무(政務)를 상주(上奏)하던 것을 말한다.

161 번암공(樊巖公) : 채제공(蔡濟恭, 1720~1799)을 가리킨다. 본관은 평강(平康), 자는 백규(伯規)이고, 번암은 그의 호이다. 정조 대에 좌의정으로 오랫동안 있으면서 남인(南人)의 중심인물로 활동하였다.

162 삼사(三司) : 조선 시대에 언론을 담당한 사헌부・사간원・홍문관을 가리킨다.

공은 정치하는 것이 강명(剛明)하고 청렴하였으며, 어짊과 은혜로 백성을 구제하여 거듭된 기근을 겪게 되었을 때 자신의 봉급을 내어 백성들의 어려움을 막아 주었다. 고을에 칙고전(勅庫錢)[163]이 있었는데, 이에 앞서 관례상 관자(官資)로 사용하는 물품을 만들어 두었지만 공은 조금도 손을 대지 않았다. 고을 유생을 선발해서 제술(製述)·강경(講經)을 시험하여 흥기(興起)한 자가 많았다. 이듬해 가을에 침수(沈水)를 보고하는 기일을 놓친 일로 파직되었다.

기유년(1789, 정조13)에 사간원 대사간으로 입시하였을 때, 공이 조의(朝儀)에 대해 잘 기억하고 있다는 것에 대한 주상의 포숭(褒崇)이 있었다. 신해년(1791, 정조15) 겨울에, 주상은 사학(邪學)의 열기가 한창 치솟고 있음에도 영남 지역만이 여기에서 비껴나 있는 것은, 회재와 퇴계 두 선정의 남은 교화가 미친 곳이기 때문이라고 여겼다. 그리하여 영남 출신인 공에게 특별히 가선(嘉善)의 품계를 올려 주고, 본원(本院)에 치제(致祭)를 명하고 또 조정에 있는 그 자손들에게 고향으로 돌아가 제사에 참여하도록 하니, 공이 명을 받들고 고향으로 내려왔다.

계축년(1793, 정조17) 겨울에, 또 사간원 대사간으로 입시하였을 때, 주상이 옥산서원(玉山書院)의 학규와 지방 민생들의 고충을 물은 뒤, "그대는 한양으로 들어와 누구 집을 주인 삼는가."라고 물었다. 공이 대답하기를 "영남 사람들은 으레 반인(泮人)[164]의

163 칙고전(勅庫錢) : 칙고는 중국 칙사(勅使)의 접대를 위하여 모든 필요한 물품을 미리 저축해 두는 창고로서, 칙사 대접에 필요한 국고금을 칙고전이라 한다.

집을 주인 삼고 종유처가 없습니다."라고 하자, 주상이 오래도록 탄복하며 칭찬하였다.

을묘년(1795, 정조19) 겨울에 도승지(都承旨)로서 내의원 제조(內醫院提調)를 겸하였고, 또 상의원 제조(尙衣院提調)를 겸하면서 전례대로 내공(內供)[165]을 감독하였다. 금단(錦段)은 지공(支供)하는 것 외에 그 수가 너무 많으면 이전부터 제조(提調)가 사용하였지만 공은 일단(一段)만을 취하니, 주상이 이 사실을 듣고 말하기를 "영남 사람은 다른 지역 사람들과 다르구나."라고 하였다.

경신년(1800, 정조24) 6월에, 정조가 승하하자 공은 병을 무릅쓰고 곡반(哭班)에 나아갔는데 가는 도중에 도승지(都承旨)로부터 하유(下諭)를 받았다. 졸곡(卒哭) 후 고향으로 돌아올 때 경저(京邸)에 남겨져 있던 조복(朝服)과 환구(宦具)를 모두 가지고 왔다. 이후 동지돈녕부사(同知敦寧府事), 동지중추부사(同知中樞府使), 공조 참판(工曹參判)에 잇달아 제수되었지만, 모두 병을 아뢰고 나아가지 않았다.

경오년(1810, 순조10) 봄에 미세한 병이 점차 위독해져 7월 29일에 정침(正寢)에서 돌아가셨으니 향년 76세이다. 그해 11월 모일에 부(府)의 북쪽 신광현(神光縣) 죽동(竹洞) 술좌(戌坐) 언덕에 장사 지냈고, 이듬해 봄에 주상이 관원을 보내어 치제(致祭)하도록 하였다.

164 반인(泮人) : 여러 대(代)를 성균관 일대의 반촌(泮村)에 거주하던 사람들을 말한다.

165 내공(內供) : 대궐 안에 비단 등의 물건을 공급(供給)하는 일을 말한다.

공은 선대(先代)의 광영(光榮)을 이어받고 태어나 선조(先祖)가 남긴 가르침을 몸소 익혔으니, 스스로 행한 것은 꾸밈없고 정직하였으며, 일을 처리하는 것은 정밀하고 자세하였다. 이러한 도를 견지하여 조정에 섰으니, 뜻이 정해진 바가 있으면 여러 사람들이 잘못되었다 하여도 혹 뜻을 바꾸지 않았고, 의리상 온당치 않은 점이 있으면 임금이 돌보아 주어도 혹 그대로 따르지 않았다. 벗의 개인적인 부탁은 환난(患難)이나 풍화(風化)에 관계된 것이 아니면 일체 들어주지 않았고, 자제(子弟) 가운데 과거에 응시하여 관절(關節)[166]을 도모하려는 이가 있으면 엄준하게 꾸짖어 금지시켰다. 비록 지위가 높아져 현달해진 뒤라 해도, 집에서 거처할 때에는 반드시 몸소 밭을 일구어 농사지어서 스스로 가난한 선비처럼 지냈다. 옷과 음식은 오직 몸을 가리고 굶주림을 채우는 정도에 그쳤고, 화려하게 수놓은 비단 등의 물건은 집안에 들이지 않았다. 혼례와 상례가 아니면 한 마리의 희생물도 죽이지 않았고, 자손들에게 비단과 고기는 가까이하지 말 것을 훈계하였다.

공은 지위가 높아질수록 뜻은 더욱 겸손하였다. 집에서 거처할 때에는 고을 사람들이 공이 높은 관료인 줄 몰랐고, 집 밖으로 나왔을 때에 행객들이 공이 재상인 줄 알아채지 못하였다. 인륜(人倫)에 독실하여 부모가 살아 계실 때엔 늘 농사를 지어 맛난 음식을 드렸고, 혹 손수 땔감을 마련해서 불을 피워 온도를 알맞게 하였다. 부모가 모두 돌아가시자 늘 녹봉이 봉양에 미치지 못했던

166 관절(關節) : 남몰래 요로(要路)의 인물에게 뇌물을 바치고 청탁하는 일을 말한다.

것을 종신토록 애통하게 여겼다. 기일(忌日)에 반드시 미리 재계(齋戒)하고 직접 제기(祭器)를 점검하였으며, 단괄(袒括)[167]할 때와 같이 애달피 울부짖는 것이 70, 80세에 이르도록 한결같았다. 또 제례(祭禮) 법식을 상의해서 정하여 일가에 두루 행해질 수 있도록 하였다.

막냇동생이 학질(瘧疾)에 걸려 증세가 매우 위독하자 즉시 방으로 들어가 구제하고 간호하였지만 끝내 전염되지 않았으니, 사람들이 공을 옛적 유곤(庾袞)[168]에 비유하였다. 젊었을 적 족대부(族大父) 처사공(處士公)에게서 학업을 익혔던 까닭으로, 처사공의 기일(忌日)마다 반드시 참석하여 제수(祭需) 마련을 도왔다. 가난한 매제(妹弟)와 곤궁한 족친(族親)에게 모두 자금을 주어 본업(本業)을 세우도록 하였다. 문강(門講)의 옛 학규(學規)를 회복하여 매월 초하루마다 반드시 직접 강론하는 것을 게을리하지 않았다. 날마다 종족들과 만나 술을 마시고 글을 논하면서 돈목(敦睦)의 정을 펼쳤고, 사람을 대하거나 물건을 접할 때엔 정성과 진심이 늘 넘쳐 났다.

공은 병이 들었을 때 보원제(補元劑)를 사양하고 먹지 않으면

167 단괄(袒括) : 부모의 초상(初喪)에 소렴(小斂)을 마치고 상주가 왼쪽 어깨를 드러내고 풀었던 머리를 묶는 일을 말한다.

168 유곤(庾袞) : 진(晉)나라 언릉(鄢陵) 사람으로, 진나라 무제(武帝) 때 전염병이 크게 유행하여 유곤의 두 형이 모두 죽고 다음 형인 비(毗) 또한 생명이 위태로워지자, 부모와 아우들은 병이 전염될 것을 염려해 모두 밖에 나가서 생활하였다. 그러나 유곤은 홀로 남아서 형의 곁을 떠나지 않고 간호하였으며, 이후 유비는 병이 낫고 유곤 또한 전염되지 않고 건강하였다. 《晉書 卷88 庾袞列傳》

서 "내 나이 여든에 이르렀고 지위는 아경(亞卿)에 이르렀으니 분수에 만족하거늘, 또한 어찌 노병(老病)이 이와 같다 하여 약을 복용해서 수명을 연장할 이치가 있단 말인가."라고 하였다. 정조(正祖)의 기일(忌日)에 고기를 올리자, "한 가닥의 목숨이 붙어 있는 한 차마 이날 육식(肉食)을 할 수 있겠는가."라고 하였다. 임종 전날 저녁, 전후의 관교(官敎)[169]를 내오게 하여 연월일을 살펴서 차례 지어 보관하게 하였다. 친척 자제들에게 뒷일을 부탁하고 여러 부녀자들을 물러나게 하고서 "남자는 부인의 손에서 죽지 않는다."라고 하고, 마침내 자리를 바로 한 뒤에 돌아가셨다. 아, 슬프도다!

생각건대 우리 회재 노선생은 도(道)를 품은 채 세상에 시험하지 못하였고, 노년에 또 망극한 때를 만나 부릉(涪陵)[170]의 행차에서 결국 돌아오지 못하고 그곳에서 세상을 떠나셨으니, 하늘이 대현(大賢)에게 내릴 보답은 마땅히 그 자손에게 있어야 할 것이다. 또 우리 열성(列聖)의 즉철(則哲)[171]의 밝음이 일월(日月)과

169 관교(官敎) : 왕이 직접 내리는 관리 임명장을 말한다. 1품에서 4품까지 내린 왕의 교지(敎旨)를 관교라 하고, 5품에서 9품까지는 문하부(門下府)에서 교지(敎旨)를 받아 직첩(職牒)을 주는데, 이를 교첩(敎牒)이라 한다.

170 부릉(涪陵) : 장강(長江) 삼협(三峽)에 있는 지명으로, 북송(北宋)의 정이천(程伊川)의 귀양지이다. 여기서는 이언적의 유배지 강계(江界)를 비유한 말로 사용되었다.

171 즉철(則哲) : 사람을 알아보는 명철함을 뜻한다. 《서경》 〈고요모(皐陶謨)〉에 "요 임금도 이를 어렵게 여겼으니, 사람을 알아보는 것은 명철함이니 사람을 제자리에 쓸 수 있다.〔惟帝其難之, 知人則哲, 能官人.〕"라고 하였다.

나란하지만, 그 사람이 혹 주상의 마음에 합당치 않으면 명덕(命德)[172]의 벼슬을 반드시 가벼이 주지 않는 법이다. 이에 공은 꾸밈없고 진실된 자질, 평이하고 곧은 성품, 영민하고 통달한 식견, 청렴하고 곧은 지조 등을 지녔으니, 이는 곧 예장(櫲樟)[173]의 재목이 큰 집을 짓는 쓰임에 합당한 것과 같고, 호련(瑚璉)[174]의 제기(祭器)가 종묘에 마땅한 것과 같으니, 열성(列聖)이 대현(大賢)에게 광감(曠感)[175]했던 마음으로 공을 만나 총애한 것이 어찌 끝이 있었겠는가.

그리하여 높은 반열에 올라 해마다 제수되고 달마다 전직되어 참판(參判)의 지위에 올랐지만, 다만 공은 이를 다행으로 여기지 않고 선조(先祖)의 가르침이 혹 실추될까 군주의 특별한 성은에 혹 누를 끼칠까 늘 두려워하였다. 그리하여 주상이 조정으로 불러들이면 나아가 까닭 없이 사양한 적이 없었고, 체직(遞職)되면 자리에서 물러나 형세를 관망하며 지체한 적이 없었다. 그 마음은 오직 분의(分義)를 다하지 않을 수 없고 성만(盛滿)을 경계하지

172 명덕(命德) : 덕이 있는 자에게 내리는 벼슬이란 뜻으로, 2품 이상의 직분에 해당한다. 채침(蔡沈)의 《서경집전》 〈열명 중(說命中)〉의 주(注)에 "작위(爵位)는 덕(德)이 있는 자에게 명(命)하기 때문에 현(賢)이라 한다.〔爵以命德, 故曰賢.〕"라고 하였다.

173 예장(櫲樟) : 대들보로 쓸 만큼 크게 자라는 나무로, 훌륭한 인재를 비유한다.

174 호련(瑚璉) : 고대에 제사를 지낼 때 곡식을 담는 그릇으로, 큰 임무를 감당할 만한 재능을 지닌 자를 비유한다.

175 광감(曠感) : 광세지감(曠世之感)의 준말로, 동시대에 태어나지 못해 서로 만나지 못한 것에 대한 감회를 말한다.

않을 수 없어, 충성을 다하고 절개를 보전하는 뜻이 한결같이 가슴속에서 빛났으니, 진정 '만족할 줄 알아 위태롭지 않다'[176]는 고인의 뜻을 얻었다. 그리고 평소 우뚝하여 빛나던 여러 행실들은 또한 모두 후세에 모범이 될 만하여, 위로는 군주를 잘 만나 유종(有終)[177]한 신하가 되었고 아래로는 선대를 잘 계승하여 무첨(無忝)[178]한 후손이 되었으니, 이 어찌 오당(吾黨) 가운데 근고(近古)에 보기 드문 이가 아니겠는가.

배위는 정부인(貞夫人) 재령 이씨(載寧李氏)이니, 사인(士人) 종원(宗遠)의 따님이고, 존재(存齋) 선생[179]의 후손이다. 정숙하고 근검하여 덕 있는 자의 짝이 되는 데에 어긋남이 없었다. 공보다 19년 앞서 돌아가셨고, 흥해(興海) 달전(達田) 오향(午向) 언덕에 장사 지냈다. 2남이 있으니, 발상(發祥)은 재행(才行)이 있었

176 만족할……않다 : 《도덕경(道德經)》 제44장에, "만족할 줄 알면 욕되지 않고, 그칠 줄 알면 위태롭지 않다.〔知足不辱, 知止不殆.〕"라고 하였다.

177 유종(有終) : 처음부터 끝까지 좋은 결말을 맺는 것을 뜻한다. 《주역》 〈겸괘(謙卦) 구삼(九三)〉에 "공로가 있으면서도 겸손하여, 끝까지 군자의 면모를 보이니 길하다.〔勞謙, 君子有終, 吉.〕"라고 하였다.

178 무첨(無忝) : 조상을 욕되게 하지 않는 것을 뜻한다. 《시경》 〈군아(君牙)〉에 "내 날로 매진하거든 너도 달로 매진하라. 일찍 일어나고 밤늦게 자서 너를 낳아 주신 분을 욕되게 하지 말라.〔我日斯邁, 而月斯征. 夙興夜寐, 無忝爾所生.〕"라고 하였다.

179 존재(存齋) 선생 : 이휘일(李徽逸, 1619~1672)을 말한다. 본관은 재령(載寧), 자는 익문(翼文), 존재는 그의 호이다. 장흥효(張興孝)의 문인으로, 학행(學行)으로 천거되어 경기전 참봉에 제수되었으나, 벼슬에 나아가지 않고 고향에서 학문에 전념하였다. 저서에 《존재집(存齋集)》, 《구인략(求仁略)》, 《홍범연의(洪範衍義)》 등이 있다.

으나 요절하였고, 태상(台祥)이 있으며, 서자는 용상(龍祥)이다. 발상의 3남은 재원(在元), 재형(在亨), 재정(在貞)이고, 딸은 진사(進士) 이건기(李建基)에게 시집갔다. 태상의 아들은 재섭(在燮)이고, 딸은 이정백(李廷白)에게 시집갔다. 나머지는 어리다. 명은 다음과 같다.

대동의 맑은 기운이	大東淑氣
우리 문원공을 길렀으니	養我文元
남겨진 은택 끊어지지 않아	遺澤不斬
공이 이에 그 후손 되었네	公乃爲孫
깊고 넓은 바다 같은 인품[180]에다	泱泱者海
그 풍모 또한 순박하였고	其風又醇
갓난아이의 마음을 지녀	赤子之心
노년에도 오히려 순수하였네	白首猶純
처음 급제하였을 때	爰初登第
임금이 기쁜 안색으로	天顔有欣
내가 그대의 선조 생각하니	予念爾祖
전형이 그대에게 있도다 하였네	典刑其存
높은 관직 두루 역임한 것이	歷試華顯

180 깊고……인품 : 고결한 인품을 표현하는 말로, 앙앙(泱泱)은 깊고 넓다는 뜻이다. 송(宋) 범중엄(范仲淹)의 〈엄선생사당기(嚴先生祠堂記)〉에 "구름 낀 산 푸르듯, 저 강물 깊이 흐르듯, 선생의 풍도는 산 높고 물 유장한 듯하네.〔雲山蒼蒼, 江水泱泱, 先生之風, 山高水長.〕"라고 하였다.

30여 년 남짓이었으니 餘三十春
처하는 곳마다 직분을 수행함에 隨處擧職
내외직을 모두 고르게 하였네 中外惟均
때때로 훌륭한 계책 진달하여 時進嘉猷
주상의 포상이 그때마다 내렸으니 聖褒輒新
살아서 영예롭고 죽어서 애통해함[181]은 生榮歿哀
참으로 전례 없던 큰 성은이네 寔曠鴻恩
저 하늘의 보답이 彼蒼報施
공에게 곧 베풀어졌으며 於公卽伸
뜻이 고결하여 조용히 물러났고 志潔恬退
덕이 밝아 검소하고 근면하였네 德昭儉勤
명철로써 스스로 보전함[182]을 明哲自保
전현이 이미 말하였으니 前修已云
내 명은 꾸며 낸 것이 아니라 我銘不華
오직 사실을 따른 것이라네 惟質之循

181 살아서……애통해함 : 《논어》 〈자장(子張)〉에 "살아서는 영예롭게 여기고, 죽어서는 애통하게 여긴다.〔其生也榮, 其死也哀.〕"라고 한 데서 나온 말이다.

182 명철로써 스스로 보전함 : 《시경》 〈대아(大雅) 증민(蒸民)〉에, 윤길보(尹吉甫)가 주(周)나라 선왕(宣王)의 신하 중산보(仲山甫)가 선왕의 명을 충실히 수행한 것을 묘사하면서 "이미 명철하여 그 몸을 보존하네.〔既明且哲, 以保其身.〕"라고 하였다.

증 공조 판서 효자 인재 채공 묘비명 병서
贈工曹判書孝子訒齋蔡公墓碑銘 並序

순조(純祖) 11년 신미년(1811)에 본관이 인천(仁川)인 채군(蔡君) 석동(錫東)이 그의 조부 증 판서 인재공(訒齋公)의 행록을 나에게 보여 주며 묘비명 작성을 부탁하였다. 강재(剛齋) 이승연(李承延)[183]과 시랑(侍郎) 오대익(吳大益)[184]이 그의 행장을 지어 두었으니, 나는 마침내 삼가 이를 살펴보고서 차례 지어 적는다.

공의 휘(諱)는 형(泂), 자는 해여(海如)이니, 고려 보문각 대제학(寶文閣大提學) 금성공(錦城公) 아무개가 그 시조이다. 여말에 귀하(貴河)가 호조 전서(戶曹典書)로서 왕조가 바뀔 당시 두문동(杜門洞)에 들어가 삶을 마쳤으니, 호는 다의당(多義堂)이다. 조선조에 들어와 휘 수(壽)는 홍문관 제학(弘文官提學)을 지냈고 인천군(仁川君)에 봉해졌으며 시호는 양정(襄靖), 호는 나재(懶齋)이니, 이분이 공의 9대조이다. 이분이 형조 판서 소권(紹權)을 낳았고, 소권이 익찬(翊贊) 무태(無怠)를 낳았으며, 무태가 판결

183 강재(剛齋) 이승연(李承延) : 1720~1806. 본관은 연안(延安), 자(字)는 석여(錫予), 강재는 그의 호이다. 상주(尙州)에 거주하였으며, 식산(息山) 이만부(李萬敷)의 손자이다. 저서에 《남주세고(藍州世稿)》가 전한다.

184 시랑(侍郎) 오대익(吳大益) : 1729~?. 본관은 동복(同福), 자는 경삼(景參), 호는 운암(雲巖)이다. 오필운(吳弼運)의 아들이고, 번암(樊巖) 채제공(蔡濟恭)의 처남이다. 1774년(영조50) 문과에 급제하여 수찬, 대사간, 정주 목사(定州牧使), 호조 참판 등을 역임하였다.

사(判決事) 유부(有孚)를 낳았고, 유부가 참봉(參奉) 득호(得湖)를 낳았으며, 그 손자 규하(圭夏) 또한 참봉을 지냈다. 규하가 성귀(星龜)를 낳았고, 성귀가 호군(護軍) 휘 윤중(允中)을 낳았으니, 곧 공의 부친이다. 비(妣)는 축산 전씨(竺山全氏)이니, 축성군(竺城君) 원발(元發)의 후손이며, 숙종 병자년(1696, 숙종22) 12월 모일에 상주(尙州) 산양현(山陽縣)에서 공을 낳았다.

공은 어린아이였을 때부터 이미 어버이를 사랑할 줄 알았다. 5세에 선공(先公)이 어량(魚梁)에 들어갔다가 거머리에게 물려 정강이에서 피가 흐르는 것을 보고는, 놀라 울부짖으며 새 옷을 찢어서 부친의 정강이를 묶었다. 10세에 《효경(孝經)》과 《소학(小學)》을 익혀 집안에서 효도하고 집 밖에서 공경하는 것을 자식으로서의 첫 번째 뜻으로 삼았다. 장성해서는 부모에게 효도하는 것이 더욱 독실하여 부모의 안색을 살피며 뜻을 따르는 데에 공경하고 삼가는 것[185]을 하루같이 하였다. 부친이 90세에 이르렀을 때 공 또한 70세 남짓이었는데, 온화한 모습과 부드러운 낯빛으로 어버이 곁을 모시며 잠시도 떠나지 않았고 시키시는 일이 있으면 자제들에게 대신 하도록 하지 않았다.

선공(先公)이 병이 들어 생선회를 드시고 싶어 하자 공이 냇가에서 울며 찾고 있을 때 잉어 한 마리가 밖으로 튀어 올라 이를

185 공경하고 삼가는 것 : 원문 '동촉(洞屬)'의 풀이로, 《예기》 〈제의(祭義)〉에 "효자는 손에 옥을 잡고 있는 것같이 하고, 가득 찬 그릇을 받들고 있는 듯이 하며, 공경하고 삼가서 마치 들고 있는 것을 이기지 못하듯이 하고, 장차 잃지나 않을까 걱정하는 것처럼 한다.〔孝子如執玉, 如奉盈, 洞洞屬屬然, 如不勝, 如將失之.〕"라고 하였다.

잡아서 진상하였다. 선부인(先夫人)의 기일(忌日)에 집이 가난하여 희생(犧牲)을 갖출 수 없어 울고 있었는데, 갑자기 노루 한 마리가 담장 안으로 들어와 이를 가져다 제수(祭需)로 사용하였다. 선공이 병으로 분암(墳庵)에 누워 계신 적이 있었는데 공과의 거리가 30리 정도였다. 공이 이 사실을 듣고 곧장 찾아갔더니, 때는 이미 한밤중인 데다 비가 내려 날이 어둑해서 갈 곳을 알 수 없었다. 그런데 갑자기 호랑이가 앞길을 인도하며 안광(眼光)을 내어 길을 밝히자 길이 이로써 밝아지더니 공이 도착한 뒤에 빛이 사라졌다.

선공이 겨울 어느 날 대풍(大風)이 분다는 소식을 듣고서, 급히 공을 부르며 말하기를 "대추가 다 떨어지겠구나."라고 하였다. 공은 부친의 정신이 쇠약해진 것이 이러한 지경에 이른 것을 염려하면서 이 때문에 눈물 흘리고는 곧장 집에 모아 둔 대추 몇 움큼을 가져다가 드렸다. 하루는 선공이 뜨락에 골풀〔莞〕을 심게 하였는데, 골풀은 수초(水草)이기에 땅에 심는 것은 마땅치 않았지만, 공은 명을 받들어 마른 땅을 파서 오직 정성스럽게 손수 심었다. 선공이 고아가 된 조카아이를 애달피 여겨 밥 먹을 때마다 반드시 그와 함께하였기에 공은 늘 조카아이를 곁으로 불러온 뒤에야 밥을 내어 왔으니, 공이 부친의 뜻을 받든 것이 모두 이와 같았다.

매번 부친의 병에 인분(人糞)을 맛보아 병세를 살폈고, 병이 위독해지자 손가락에 피를 내어 입에 흘려 넣어 다시 소생하기를 기원하였다. 부친상을 당한 뒤 한 국자의 물도 입에 넣지 않은 것이 7일이었고, 상제(喪制)는 한결같이 《가례(家禮)》를 따랐다.

기일(忌日)에는 반드시 밤새도록 재실(齋室)에 머물면서 제물을 올리고 강신주를 따르는 일을 늙을 때까지 조금도 게을리하지 않았으니, 청대(淸臺) 권 희정공(權僖靖公)[186]이 "요즘 시대의 순효(純孝)는 오직 채 아무개 한 사람일 뿐이다."라고 하였다.

공의 숙부가 여러 해 동안 병을 앓은 데다가 거주하는 곳 또한 멀었지만 공이 달려가 약을 써서 밤낮없이 정성을 다해 간호하였다. 상을 당하자 염습(殮襲)과 장사(葬事)를 모두 스스로 감당하여 유감없이 하였고, 의지할 데 없는 고아가 된 조카에게 자신의 땅을 분할해 주고 혼사를 치러 자립할 수 있도록 해 주었다. 삼종제(三從弟) 업(業)이 부모상을 당하여 장지(葬地)를 마련치 못하자, 자신이 죽은 뒤에 쓰려던 땅을 그에게 내어 주었다. 내종제(內從弟) 전용제(全容濟)가 어릴 적 부모를 잃자 그를 데려다 양육하여 혼사를 치른 뒤에 돌아가도록 하였다. 이에 종족들이 감탄하고 집안사람들이 교화되어 모두 친족 간 화목한 풍습을 이루었다.

공은 평소 남의 장단점을 논하지 않았고 관장(官長)의 득실을 말하지 않았으며, 타인을 대하고 사물을 접하는 것이 한결같이 정성스러웠다. 80여 세에도 오히려 경전(經典) 가운데 자신에게 절실한 말을 외우면서 가슴에 새겨 잊지 않았고, 국조(國朝)의 기일(忌日)이면 금주(禁酒)와 소식(素食)을 3일간 하였다. 무신년

186 청대(淸臺) 권 희정공(權僖靖公) : 권상일(權相一, 1679~1759)을 가리킨다. 본관은 안동(安東), 자는 태중(台仲), 호는 청대(淸臺)이며, 시호는 희정(僖靖)이다. 1710년 문과에 급제하여 부제학, 대사헌 등을 역임하였고, 기로사(耆老社)에 들어갔다. 저서에 《청대집(淸臺集)》이 있다.

(1728, 영조4) 역변[187]이 일어나던 날, 의병(義兵)을 창도하는 임무를 맡아 강개한 마음으로 눈물을 뿌리며 늠름하게 순절(殉節)의 뜻을 품었다. 85세에 우로(優老)의 은전(恩典)으로 동지중추부사(同知中樞府事)에 배수되었고, 그해 7월 모일에 세상을 떠났으니, 원곡(圓谷) 해좌(亥坐) 언덕에 장사 지냈다. 정조(正祖) 을묘년(1795, 정조19)에 주상이 공의 효성을 가상히 여겨 공조 판서(工曹判書)에 증직하였다.

배위는 정부인(貞夫人) 전씨(全氏)이니, 맑은 덕행을 지녀 시부모를 섬기고 제사를 받들며 종족과 지내는 것이 모두 법도에 맞았다. 공과 해로(偕老)하여 중뢰(重牢)[188]의 예를 행하였다. 3남 1녀가 있으니, 아들은 첨추(僉樞)를 지낸 기로(耆老), 후사로 나간 기조(耆朝), 그리고 기백(耆百)이고, 딸은 승지(承旨) 조석회(趙錫晦)에게 시집갔다. 기로의 아들은 석동(錫東)·승동(昇東)이고, 딸은 유성동(柳星東)·윤은헌(尹殷憲)에게 각각 시집갔다. 기조의 아들은 덕동(德東), 후사로 나간 서동(瑞東), 그리고 억동(嶷東)이고, 딸은 신백겸(申百謙)·정상익(鄭象益)·이귀첨(李龜瞻)·홍철연(洪澈淵)에게 각각 시집갔다. 기백의 아들은 정동(定東)·복동(復東)·필동(弼東)·성동(晟東)·섬동(暹東)이고, 딸은 이만섭(李萬燮)에게 시집갔다. 나머지는 기록하지 않는다.

187 무신년 역변 : 1728년 3월 15일에 발생한 이인좌(李麟佐)의 난을 가리킨다. 경종(景宗)의 갑작스러운 죽음과 왕세제(王世弟)인 연잉군(延礽君)의 즉위로 인해 정권에서 배제된 이인좌 등 소론의 일부 세력과 남인의 과격 세력이 공모하여 소현세자(昭顯世子)의 증손 이탄(李坦)을 추대하고 무력으로 정권 쟁탈을 꾀하였던 사건이다.

188 중뢰(重牢) : 결혼 60주년을 맞이하여 잔치를 여는 회혼례(回婚禮)를 일컫는다.

나는 효(孝)는 모든 행실의 근본이니 선왕(先王)이 천하를 다스리는 지극한 덕(德)과 요체가 되는 도(道)는 효를 넘어서는 것이 없다고 생각한다. 때문에 공의 행실에 대해 우리 조정에서 기리고 가상히 여긴 것이 이미 이와 같았고, 여러 유명 인사들이 칭술한 것 또한 저와 같았으니, 내 말을 기다리지 않고도 백세토록 찬란하게 비출 만한 것이 있다. 그렇다면 지금 이 묘비명은 다만 법식에 따라 공의 무덤을 표시하는 것일 뿐이니, 이상과 같이 찬술하고 다음과 같이 명(銘)을 짓는다.

아름답도다 인재공이여　於休訒齋
그 효심 훌륭하였네　有卓厥孝
그 효심 어떠하였나　厥孝維何
어릴 적부터 드러났네　著自幼少
부친 정강이에 난 피에 놀라　驚父血脛
새 바지를 찢어 묶었네　裂褁新袴
온화한 모습으로 시킨 일 행한 것은　婉容執役
한결같이 오직 부친의 가르침 따른 것이네　一惟親教
칠순의 나이에 오색옷 입고　七旬衣斑
곁에서 모시며 정성을 바쳤네　侍側自效
정성이 하늘에 닿아　誠徹穹蒼
해처럼 밝게 드러났네　如日斯皦
상제는 매우 영험하니　上帝甚神
어찌 보답을 생각지 않으랴　曷不思報
이에 노루와 잉어에게 명한 것은　爰命獐鯉

오직 감응의 소치였으니	惟其感召
혹 희생물을 던져 주기도 하고	或爲牲投
혹 생선을 튀어 오르게도 하였네	或爲膳跳
한밤중 부친의 병석에 달려갈 때	夜奔父病
밤길 어두워 길을 헤매더니	昏黑迷路
또 호랑이에게 명하여	又令大虫
안광 밝혀 앞길 인도하게 하였네	放光前導
부친에게 이르자 불빛 그치니	及所而止
머나먼 삼십 리 길을	一舍其遼
저 짐승이 어찌 그러할 수 있었나	彼獸胡然
이 이치 참으로 오묘하네	此理儘妙
공의 지극한 효성	盖公至誠
그 변화 또한 교묘하였네	其變又巧
겨울에 가을 대추를 드리고	冬獻秋棗
땅에다 수초를 심었네	陸種水草
눈물로 부친의 뜻 순종하여	泣順庭意
노년까지 힘을 다하였네	竭力至老
부친이 병석에 눕게 되자	迨乎委褥
온갖 감정이 불타는 듯하였네	五情如燒
인분 맛보고 손가락 베어	嘗糞囓指
부친의 목숨 이어지길 바랐네	庶命得紹
갑자기 속광[189]하게 되니	奄忽屬纊

189 속광(屬纊) : 임종(臨終) 때에 솜을 코 밑에 대어 숨이 끊긴 것을 확인하는 것

신이 위로해 줄 수 없었네　神莫我吊
7일간 물도 마시지 않고　絶勺七日
밤낮으로 목 놓아 울부짖었네　晝夜叫叩
예제를 극진히 갖추어 상을 마쳤고　盡制終喪
기일 새벽에 넋 놓고 애통해하였네　隕慟忌曉
숙부를 부친처럼 섬김에 유감없이 하였고　替事無憾
남겨진 고아 따뜻하고 배불리 보살폈네　庇孤煖飽
친족 간에 돈목한 정을 펼치니　推以惇睦
교화가 내외종에게 젖어 들었네　化洽中表
임금을 사랑하는 충심은　愛君之衷
콩잎 먹으면서도[190] 오히려 빛났네　藿食猶皎
국난에 눈물을 쏟으며　國難灑涕
들판을 기름지게 하리라[191] 맹세하였네　身誓野膏

으로, 임종을 달리 이르는 말이다.

190 콩잎 먹으면서도 : 원문 '곽식(藿食)'의 풀이로, 야인(野人)의 생활을 의미한다. 옛날 조조(祖朝)라는 백성이 진 헌공(晉獻公)에게 글을 올려 나라 다스리는 계책을 듣기를 요청하자, 헌공이 "고기 먹는 자가 이미 염려하고 있는데, 콩잎 먹는 자가 어찌 정사에 간여하는 것인가.〔肉食者已慮之矣. 藿食者尙何與焉?〕"라고 하였다. 《說苑 善說》

191 들판을 기름지게 하리라 : 원문 '야고(野膏)'의 풀이로, 죽은 시신이 들판에 묻힘으로써 풀이 자라는 들판을 기름지게 한다는 '신고초야(身膏草野)'의 뜻이다. 나라를 위해 충성을 바쳐 자신을 희생한다는 표현으로 사용된다. 서한(西漢) 대신(大臣) 곡영(谷永)이 북지 태수(北地太守)가 되었을 때 황제에게 바친 말 가운데에, "이에 천직되어 북지 태수가 되었으니 목숨을 바쳐 제 몸이 풀이 자라는 들판을 기름지게 하더라도 성은의 만분의 일을 갚기에도 부족합니다.〔仍遷至北地太守, 絶命隕首, 身

국상을 당하면 상을 치르듯이 遇諱如喪
삼 일 동안 소식하였네 三朝茹素
밝게 빛나는 여러 선행은 焯焯衆善
모두 세상의 모범이 될 만하네 俱堪世標
구중궁궐에서 통촉해 주시어 九重下燭
높은 질직으로 조서 내렸네 峻秩以詔
성은이 정려에 넘쳐 나고 恩逾棹楔
이름은 영남에 드러났네 名顯南嶠
아 그대 후손들은 嗟爾後昆
공을 본받아 마땅히 닮아야 하리 式公宜肖
이에 두 편의 행장 엮어 肆綴二狀
훌륭한 행적 고찰토록 하였네 懿蹟俾考
내 명문이 무엇을 더 보태겠는가 我銘何加
다만 무덤을 표시할 뿐이네 聊識宅兆

膏草野, 不足以報塞萬分.〕"라고 하였다.《漢書 谷永傳》

고려 우복야 양헌 정공 유허비명 병서
高麗右僕射諡良獻鄭公遺墟碑銘 並序

아, 슬프도다! 이곳 경산현(慶山縣) 상방리(上方里)는 곧 고려 밀직제학(密直提學) 판 개성 부사(判開城府使) 팔천군(八川君) 양헌(良獻) 정공(鄭公)의 유허(遺墟)이다. 공의 휘(諱)는 연(瑌), 자는 맹순(孟淳), 본관은 초계(草溪)이니, 예부 상서(禮部尙書) 광유후(光儒侯) 홍문공(弘文公) 배걸(倍傑)이 공의 9대조이다. 좌복야(左僕射) 신(愼)과 진현관 대제학(進賢館大提學) 선(僐)을 거쳐, 보승 별장(保勝別將) 광조(光祖)에 이르렀으니, 이분이 공의 부친이다. 평강 채씨(平康蔡氏) 정승(政丞) 홍철(弘哲)의 따님에게 장가들어 공을 낳았다.

공은 음률(音律)에 정통한 데다가 예(禮)를 잘 안다고 알려져 후진들이 모두 공에게 가서 배웠다. 충목왕(忠穆王) 갑신년(1344) 서연(書筵)을 설치하였을 때 공은 대호군(大護軍)으로서 시독(侍讀)하였고, 정해년(1347, 충목왕3)에 안렴사(按廉使)·존무사(存撫使)를 겸하여 파견되어 평양(平壤)의 민전(民田)을 측량하였다. 공민왕(恭愍王) 병신년(1356, 공민왕5)에 강릉도(江陵道)와 교주도(交州道)의 지휘사(指揮使)가 되어 사공우복야(司空右僕射)를 맡았다가 폄직되어 청주 목사(淸州牧使)가 되었고, 정유년(1357, 공민왕6)에 경산(慶山)으로 유배 오면서 이곳에 거주하게 되었다. 무술년(1358, 공민왕7) 11월 갑인일에 밀직제학(密直提學)으로서 상방리의 집에서 세상을 떠났다. 팔천군(八川君)에 추봉(追封)되었고, 양헌(良獻)이라는 시호(諡號)가 내려졌으니, 《고려사(高麗史)》와 《동국여지승람(東國輿地勝覽)》에 수록된 것도 이와 같다. 공의 생년(生年)과 장지(葬地)는 모두 자세하지 않다.

하루는 공의 12대손 규삼(圭三)이 비석을 세워 유허(遺墟)를 표시하고자, 나에게 와서 한마디 말을 해 달라고 부탁하며 말하기를, "공의 아들 이온(以溫)은 판관(判官), 손자 영창(永昌)은 도사(都事), 영번(永蕃)은 현감(縣監), 증손 예손(禮孫)은 참봉(參奉), 5대손 기(麒)는 봉사(奉事), 변함(變咸)·변호(變護)는 모두 훈도(訓導)를 지냈습니다. 그러나 이후로는 후손들이 떨치지 못하였기 때문에, 비록 대대로 유허를 지켜 지금까지 이르렀다 한들, 당시에 손수 심었던 매화나무와 버드나무 등은 다시 남아 있는 것이 없으니, 훗날 마침내 유허를 알지 못하는 지경에 이르지 않을 줄 어찌 알겠습니까. 불초자는 다만 이 점을 두려워하나니 감히 이로써 글을 청합니다."라고 하였다.

내가 말하기를, "옛 나라와 옛 도읍도 오히려 바라보면 슬픈 마음이 일어나는 법입니다. 하물며 선조의 유허로 말할 것 같으면 표시하여 무궁토록 전하고자 하는 것이 또한 마땅하건만, 끝내는 그 선조의 어짊을 본받는 것만 한 것이 없을 것입니다. 양헌공은 지위가 재상에 이르렀으니 생각건대 단지 음률에 정통하고 예를 아는 것에만 그칠 뿐만이 아니었을 테고, 유배를 갔을 때에도 또한 올곧은 도로 행하여 시류(時流)에 용납되지 않았을 것이라 생각됩니다. 그렇다면 지금 마땅히 본받아야 할 것은 장차 여기에 있고 훗날 다시 후손이 떨쳐질 것 또한 여기에 있으니, 유허가 영원히 지켜질 수 있을 뿐만이 아닙니다. 어찌 서로 함께 권면하지 않겠습니까."라고 하였다. 마침내 이에 명(銘)을 짓는다.

훌륭하도다 양헌공이여	顯允良獻
고려의 이름난 신하였네	勝國名臣
당시에 뜻을 펼쳤고	有展于時
사람들을 감복시켰네	有服于人
어찌 근본이 없이	夫豈無本
여기에 이를 수 있었으리	斯焉以臻
슬프도다 세대가 이미 아득하여	嗟世已遠
상고할 방법이 없네	欲考無因
한 작은 유허지는	一片遺墟
아름다운 자취 여전히 새롭도다	徽蹟猶新
여러 후손들에게 부탁하노니	寄語諸昆
천년토록 삼가 지키라	謹守千春
감모의 마음 흥기시켜	感慕興起
선대를 계승할 것을 기약하리라	期躡前塵
석과[192]를 징험할 날	碩果之徵
반드시 그런 날 있으리라	會有其辰

192 석과(碩果) : 높은 가지 끝에 달려 있어 사람들이 따 먹지 못하는 큰 과일로, 평생 자신의 복을 다 누리지 않으면 자손이 대신 누리는 것을 의미한다. 《주역》 〈박괘(剝卦) 상구(上九)〉 효사(爻辭)에 "큰 과일은 먹지 않는다.〔碩果不食〕"라고 하여, 큰 과일을 먹지 않는 것은 그것이 종자가 되어 다시 훗날을 기약할 수 있다는 점에서 즉시 보답을 받지 않은 것을 비유한다.

지은이 **정종로(鄭宗魯)**

1738년(영조14)~1816년(순조16). 본관은 진주(晉州), 자는 사앙(士仰), 호는 입재(立齋)이다. 우복(愚伏) 정경세(鄭經世)의 6대손으로, 외가인 함창(咸昌 : 지금의 문경군 영순면)에서 태어나 상주 우산(愚山)에서 살았다. 그는 가학을 전수받는 한편 당시 영중삼로(嶺中三老)로 불리던 대산(大山) 이상정(李象靖), 남야(南野) 박손경(朴遜慶), 백불암(百弗菴) 최흥원(崔興遠)의 문하에 나아가 영남학파의 학통을 계승하였다. 그중에 특히 이상정에게 배운 호문삼종(湖門三宗 : 鄭宗魯, 李宗洙, 金宗德)에 속하는 사람으로, 영남학파의 퇴계학통을 잇는 데 중추적인 역할을 하였다. 관직에 뜻이 없어 학문에만 매진하다가 만년에 천거로 광릉참봉(光陵參奉)과 함창 현감 등을 역임하였다. 이후 벼슬에서 물러나 향리에서 성리학 연구와 후학 양성 및 저술에 힘썼다. 그는 또 상주(尙州) 지역에서 일정한 학맥을 세웠는데, 서애와 우복에서 내려오는 학맥을 서애의 후손인 강고(江皐) 유심춘(柳尋春)→낙파(洛坡) 유후조(柳厚祚)→계당(溪堂) 유주목(柳疇睦)으로 잇게 하는 중추적인 역할을 하였다. 사후에 우산서원(愚山書院)에 배향되었으며, 저서로는 《입재집》이 있다.

옮긴이 **김숭호(金崇浩)**

1969년 대구의 속칭 갓바위에서 태어났다. 한문학 전공으로 박사학위를 받았다. 현재 한국고전번역원 권역별거점연구소 경북대학교 영남문화연구원 선임연구원으로 재직하고 있다. 한문 공부 모임인 주덕회(周德會) 회원이다. 역서로 《전쟁은 속임수다》가 있고, 《주자대전》, 《목재집》, 《구사당집》, 《입재집》 등의 번역에 참여하였다. 편서로 《초결가·초천자》가 있다.

옮긴이 **송희준(宋憙準)**

1958년 대구시 달성에서 태어났다. 경북대학교 사학과를 졸업하고 고려대학교 국어국문학과에서 한문학 전공으로 박사학위를 받았다. 계명대학교 한학촌 교수를 역임하였고 현재 한국고전번역원 권역별거점연구소 경북대학교 영남문화연구원 책임연구원으로 재직하고 있다. 역서로는 《사미헌집(四未軒集)》 권1~권3과 《대동운부군옥(大東韻府群玉)》 권11~권20(공역)이 있고, 편저서로는 《심경주해총편(心經註解叢編)》 10권과 《근사록주해총편(近思錄註解叢編)》 10권 등이 있으며, 저서로는 《조선의 마지막 문장》이 있다.

옮긴이 **이미진(李美珍)**

경북대학교 한문학과를 졸업하고, 동 대학원에서 〈조선후기 잡체시(雜體詩) 창작에 대한 연구〉로 박사학위를 받았다. 현재 대구 문우관(文友觀)에서 공부하고 있으며, 한국고전번역원 권역별거점연구소 경북대학교 영남문화연구원 협동번역사업에 참여 중이다. 전근대 사회에서의 한시의 기능과 역할에 관심을 두고 연구하고 있으며, 주요 논문으로 〈《동경잡기(東京雜記)》와 시적(詩的)공간으로서의 경주(慶州)〉, 〈이름을 품은 한시 – 조선조 잡명시(雜名詩)의 종류와 창작 실상〉, 〈연구시(聯句詩)의 창작방식과 배경 고찰〉 등이 있다.

한국고전번역원 권역별거점연구소협동번역사업
경북대학교 영남문화연구원 연구진

연구책임자 정병호(경북대학교 한문학과 교수)
공동연구원 황위주(경북대학교 한문학과 교수)
책임연구원 송희준
선임연구원 김영옥
김승호
보조연구원 이미진
자문 이갑규(한국국학진흥원 대구강원 주임교수)
이세동(경북대학교 중어중문학과 교수)
박대현(한국고전번역원 번역위원)

입재집 8
정종로 지음 | 송희준 · 김승호 · 이미진 옮김
2019년 12월 31일 초판 1쇄 발행
편집 · 발행 경북대학교출판부 | 등록 1973년 10월 10일 ㉣97호
주소 대구시 북구 대학로 80
전화 053-950-6741~3 | 팩스 053-953-4692 | 이메일 press@knu.ac.kr
ⓒ 한국고전번역원 · 경북대학교 영남문화연구원 2019
Institute for the Translation of Korean Classics · Youngnam Culture Institute

값 30,000원

ISBN 978-89-7180-529-9 94810
978-89-7180-469-8 (세트)